Mi PC: Actualización, configuración, mantenimiento y reparación

5ª Edición

Mi PC: Actualización, configuración, mantenimiento y reparación

5ª Edición

José María Martín-Pozuelo

Ra-Ma®

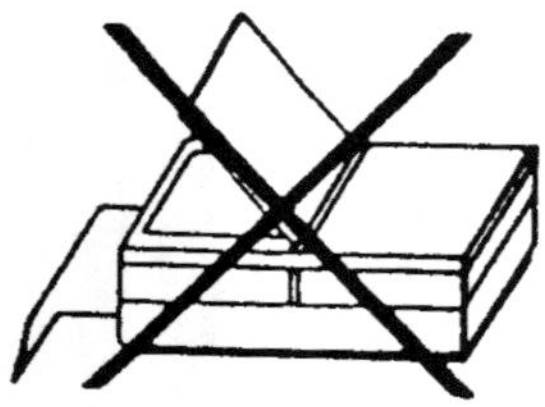

Mi PC: Actualización, configuración, mantenimiento y reparación. 5ª Edición

Editado por:
RA-MA Editorial
Calle Jarama, 3A, Polígono Industrial Igarsa
28860 PARACUELLOS DE JARAMA, Madrid
Teléfono: 91 658 42 80
Fax: 91 662 81 39
Correo electrónico: editorial@ra-ma.com
Internet: www.ra-ma.es y www.ra-ma.com
ISBN: 978-84-9964-025-9
Depósito Legal: M-39484-2010
Autoedición: Autor
Maquetación: Gustavo San Román Borrueco
Diseño Portada: Antonio García Tomé
Impresión: Closas-Orcoyen, S. L.
Impreso en España en octubre de 2010

"Para lograr todo el valor de una alegría
has de tener a alguien con quien compartirla".
Mark Twain

Dedicado a Ana, por estos últimos veintidós años de vida compartida.

ÍNDICE

AGRADECIMIENTOS

Escribir un texto, aun modesto en extensión como éste, es una labor que requiere tiempo. Hace ya tiempo que descubrí que el resultado final se enriquece y, por tanto, es más útil para el lector, si se cuenta con el apoyo de otras personas. Esta colaboración se ha plasmado con la aportación de ideas, fotografías... de grandes profesionales que, como denominador común, comparten la ilusión de una nueva edición de este libro. Sin el estímulo preciso para enfrentarse a una página en blanco, sería imposible comenzar a escribir. Me suscribo, nuevamente y con toda humildad, a las palabras de la alicantina Matilde Asensi en *El último Cantón*: "*crear mundos, personajes e historias utilizando las palabras como herramientas es una actividad que sólo puede llevarse a cabo en soledad y, en mi caso, además, en silencio y por la noche. Sin embargo, con la luz del sol, necesito a mi alrededor a todas esas personas que, conmigo, comparten este hermoso e increíble proceso que es escribir*".

Así, no podía terminar este libro –ya que estas líneas las escribo, como siempre, al finalizar– sin agradecer el esfuerzo a estas personas, manifestado de diferentes maneras y que, entre todas, han colaborado y hecho realidad el libro que tiene entre sus manos. Así, y es de justicia, intentar compensar a mi familia por todo el tiempo que no les dedico y ya no sólo cuando escribo: Ana, Diego y Patricia, supongo que habéis aprendido hace tiempo a aguantar mis ausencias.

Gracias a Zona Multimedia/Inverosimil, un grupo impresionante de profesionales del entorno multimedia que son responsables del CD-ROM adjunto al libro. Mi agradecimiento también para Alberto Garrote Martín, colega docente en el Centro Salesianos Loyola y, sobre todo, amigo, por sus aportaciones brillantes en materia de software. Gracias otra vez *Pauso*.

Por último, mi más sincero sentimiento de gratitud hacia la Editorial RA-MA, sin el apoyo de sus profesionales no habría escrito nunca.

José María Martín-Pozuelo.
Autor.

PRÓLOGO

All our dreams can come true, if we have the courage to pursue them[1] sentenció Walt Disney en una ocasión. Desde entonces, una legión de seguidores incondicionales ha adoptado esta frase como grito de guerra frente a los inevitables sinsabores que el destino reparte a diestro y siniestro. Como todo buen matemático, la postura que tomé ante esta incipiente filosofía de dibujos animados –abanderada por un ratón, no lo olvidemos–, fue de escepticismo. Pero todo cambió cuando José María me ofreció la posibilidad de aportar, con el prólogo, mi granito de arena a la quinta edición de esta magnífica obra. Así es como se cumplió uno de mis sueños. Todos mis intentos por declinar tan inmerecido honor fueron en vano, no ya por la admiración que profeso al autor, ni tan siquiera por la relación profesional que nos une –ambos somos docentes en el mismo centro educativo–, sino porque forma parte de ese reducido círculo de personas a las que considero amigos.

Durante la primera mitad del siglo XX, y a diferencia de mi caso, el británico Alan Turing, uno de los padres de la computación, no pudo ver realizado su gran sueño. En esa época, las máquinas sólo eran capaces de realizar una única tarea. Si se requería ejecutar un trabajo distinto, había que crear una máquina nueva o modificar una existente. Alan Turing fue el primero en vislumbrar en su imaginación una máquina universal que, sin alterar su hardware, fuese capaz de realizar cualquier tarea, siempre que un operador le especificara las instrucciones precisas para llevarla a cabo.

[1] Traducción libre: "Si ponemos el suficiente empeño, todos nuestros sueños se pueden hacer realidad".

Por desgracia, murió poco después de la aparición del transistor, el elemento clave que hubiera permitido la cantidad ingente de conmutaciones que precisaba su máquina ideal. Curiosamente, su muerte fue un homenaje a Disney, dada la macabra analogía que tuvo con el primer largometraje animado de éste, pues lo encontraron sin vida tras dar varios mordiscos a una manzana envenenada con cianuro.

El computador actual puede considerarse como la aproximación más fiel a la máquina perfecta que dibujó la mente de Turing. Comprender su funcionamiento se ha convertido en una tarea fundamental tanto si es usted un profesional del sector informático, como si es un simple aficionado. Los conocimientos que le va a aportar la lectura de este libro le dotarán de un arsenal de técnicas para salir airoso en eventuales labores de mantenimiento, actualización y resolución de averías, con el objetivo de que la convivencia con su compañero de silicio mejore notablemente. Y no sólo eso, además le enseñará a disfrutar realizando cambios de componentes y ampliaciones para adaptarlo a sus necesidades, de modo que la relación entre ambos se torne fluida y satisfactoria.

Para alcanzar este noble objetivo, es preciso desentrañar los secretos de los componentes que configuran un PC y conocer la base del funcionamiento de los principales periféricos del ordenador. Una vez asimilada esa información relativa al hardware, y para que éste cobre vida, es necesario instalar un sistema operativo que haga las veces de director de orquesta entre los periféricos y el PC. Por último, cuando ya disponemos de un computador funcional, el siguiente paso lógico consiste en lograr la comunicación entre, al menos, dos de ellos. Aquí es donde entran en juego los conceptos sobre redes de ordenadores. Si a estos ingredientes les añadimos ejercicios prácticos de lo explicado –acompañados con sus respectivas soluciones– habremos obtenido un estupendo libro de hardware.

El secreto que hace especial a éste sobre el resto –y realmente marca la diferencia entre un libro excepcional y otro que no lo es–, radica en el exquisito estilo del autor, cuya pluma tiene el don de transformar áridas y aburridas exposiciones en amenas descripciones, manteniendo meticulosamente el rigor y la claridad por encima de todo.

Para terminar, le animo a que hojeé su interior. Estoy convencido de que a partir de ese momento, el ejemplar que sostiene entre sus manos pasará a ocupar un lugar preferente en su biblioteca particular.

Si ha seguido mi consejo, estará usted en disposición de comenzar una gratificante lectura que le hará sentirse como Audrey Hepburn visitando Roma a lomos de una vespa conducida por Gregory Peck.

¡Que alguien prepare palomitas y toque la bandurria, porque está usted a punto de comenzar una apasionante aventura!

Alberto Garrote Martín

Licenciado en Ciencias Matemáticas

Profesor de Informática en el Centro Salesianos-Loyola

INTRODUCCIÓN

Mi buen amigo –ya desaparecido– Santiago Lorente, profesor de Sociología de la Universidad Politécnica de Madrid, comenzaba el prólogo que amablemente me dedicó en la tercera edición de *Hardware Microinformático: viaje a las profundidades del PC* con la frase *Mens sana in corpore sano* (una mente sana en un cuerpo sano). Así, establecía una analogía entre el binomio hardware/software y el de cuerpo/mente, llegando a la aceptación de que el hardware es al cuerpo lo que el software es a la mente. Este devenir de ideas buscaba una conclusión final premonizada por el viejo proverbio latino: *la salud del software depende de la salud del hardware*.

Todos los estudiantes de Informática, diría que de cualquier nivel, sienten (y yo también en su momento) una predisposición hacia el software. La programación es una potente herramienta de control y gestión que, con práctica, está al alcance de cualquiera. Sin embargo, y a medida que pasa el tiempo, condicionantes externos y sobre todo los de carácter laboral, acaban situando a cada uno en un entorno específico y concreto de ese gran abanico que ofrece la Informática. A decir verdad, yo aún no sé dónde está mi sitio pero lo que sí tengo claro es que una gran etapa de mi vida profesional ha estado y sigue estando vinculada al hardware.

Comenzaba diciendo que la tendencia inicial en cualquier alumno es hacia el software y así me sucedió, pero no hay que profundizar mucho para descubrir que el software tiene limitaciones importantes. Y no, no me refiero a las básicas y obvias como apuntaba al principio: sin duda un PC "sano" es imprescindible para poder trabajar, pero hay más. La principal limitación es la falta de interconectividad con el exterior. Así, de poco sirve hacer grandes aplicaciones que no sean capaces de aportar sentido en el mundo real.

Piénsese por un momento en los sistemas avanzados de producción industrial. Autómatas y máquinas de control numérico están trabajando fielmente conforme a las instrucciones que se les indica mediante un programa pero, si bien son importantes las directrices de trabajo, no lo son menos las interfaces y dispositivos necesarios para poder realizar físicamente el trabajo. Parece claro que es necesario dotar al PC de una potencia adicional y no necesariamente debe ser un trabajo interno.

Este libro pretende precisamente eso: profundizar en el conocimiento hardware de la máquina. Saber cómo trabaja y por qué, qué se puede esperar de ella, qué es posible ampliar y cómo se pueden dimensionar los componentes para que se ajusten al trabajo requerido.

Hasta hace muy poco, un ratón no dejaba de ser un pequeño roedor al que poníamos trampas con queso en los rincones más inaccesibles de nuestras casas; una arroba sabíamos que era un peso excesivo; un virus, algo de tamaño microscópico que se nos colaba en las entrañas y sólo los médicos eran capaces de extraernos; una carpeta, un recipiente de cartón en el que acumular folios, informes, cuadernos, papeles... El ratón, la arroba, el virus y la carpeta son ahora integrantes de un ingente ejército de elementos que forman parte del paisaje. Sin duda, es preciso conocer la potencia del nuevo entorno al que nos dirigimos –la Sociedad de la Información– comenzando por su base: las máquinas.

Por supuesto que esta labor puede ser tan extensa como uno se proponga pero, volviendo al símil de la salud del hardware, el libro que usted tiene entre sus manos sólo pretende ser un manual de primeros auxilios. Para análisis más profundos e, incluso, históricos (a pesar de hablar de poco más de dos décadas de PC), deberá remitirse a literaturas más especializadas.

En este libro podrá descubrir de forma somera qué componentes integran el PC, cuáles son sus características principales, problemas e, incluso, consejo sobre su uso. Se han propuesto una serie de ejercicios que, al final de cada capítulo, ayuden a asimilar los conceptos teóricos, resultando así un texto didáctico útil tanto para el aprendizaje individual como libro de soporte para docentes.

Por otro lado he de reconocer que el libro ha supuesto una liberación de temas obsoletos (si bien necesarios históricamente). Dicen que cultura es aquello que se recuerda una vez olvidado lo que se aprendió y, en este sentido, he echado mano de mi modesta cultura para sólo escribir aquello que recuerdo. Y no, no se trata de un reto personal, simplemente de la convicción de escribir todo aquello que realmente es imprescindible conocer para poder trabajar en el sector, dejando a un lado los aspectos formales de la teoría en ocasiones estéril. Esta quinta edición confirma que el objetivo propuesto se ha cumplido.

Así, mediante una concesión gratuita a la memoria, se han dejado de lado todos aquellos aspectos que no son de obligado conocimiento poniendo un especial énfasis en los más prácticos. Y no, no se trata de dejar de lado algunos que sólo con la teoría y una argumentación matemática pueden ser comprendidos, no... Simplemente ésa no es la finalidad de este libro y, en caso de que el lector desee un mayor nivel de detalle, puede recurrir al libro *Hardware Microinformático: viaje a las profundidades del PC* de esta misma editorial.

Así, la "cacharrería", como diría el físico y filósofo de Buenos Aires, Mario Bunge, en referencia al neologismo que es el hardware, toma especial relevancia en este texto, siendo protagonista pero sin obviar las inexcusables referencias al software. "Cacharrería", eso sí, que no quiere quedarse en la mera referencia comercial tan habitual en nuestros días, donde las tarjetas de vídeo se identifican por el juego que soportan y de las tarjetas de sonido sólo importa si son capaces de soportar "el cinco-punto-uno", aunque no se tenga claro qué es. Un estudio conceptual de cada elemento, de sus características básicas, ayudará a conocer cada uno de los elementos estructurales del PC y, por extensión, el ordenador en su conjunto.

De este modo se introduce e inicia esta quinta edición de *Mi PC: Actualización, configuración, mantenimiento y reparación*, un libro que incluso en su título es ambicioso en contenidos. Esto no va en detrimento de aplicar la mesura apropiada para determinar el grado de detalle a conseguir en cada tema. Éste ha sido el deseo siempre del autor y esta quinta edición viene a refrendar los propósitos expuestos, entendiendo la buena aceptación por parte de los lectores. Sobra decir que la ilusión y el trabajo puestos por el autor son denominadores comunes tanto en las cuatro primeras ediciones como en la quinta.

Se trata, por tanto, de un texto didáctico orientado a los aspectos técnicos de la Informática, a los entresijos del ordenador que, formando parte de nuestra vida, presente en casa y en el trabajo, se sigue antojando como una caja negra. (No en balde ya en el prólogo José Luis Martínez afirma que *"Hoy en día empleamos los ordenadores en la mayoría de nuestras actividades cotidianas, tanto en el trabajo como en la casa y por ello es importantísimo tener conocimientos básicos de la herramienta con la que trabajamos".*) Poco a poco descubrirá, bajo un buscado enfoque pedagógico, que el interior del PC no es tema de gurús informáticos, tan sólo es cuestión de querer profundizar en su interior. Por supuesto y además de los aspectos meramente hardware, se contemplan las cuestiones software ineludibles en las potenciales "enfermedades" de los ordenadores: los virus.

Sólo queda, por tanto, agradecer al lector la acogida que ha propiciado a este texto, así como a otros anteriores y, al igual que en esos otros libros, ponerme a su disposición para todo lo relativo a consultas, mejoras y correcciones que futuras ediciones pudieran reunir. Como no podía ser de otro modo en la era de las comunicaciones, Internet suplirá distancia y tiempo gracias al correo electrónico en jmaria_martin@hotmail.com. ¡Ánimo con el apasionante mundo del Hardware Microinformático!

José María Martín-Pozuelo.
Autor.

Capítulo 1

ENTENDIENDO EL PC

Toda idea de ordenador, tal y como la conocemos en la actualidad, en poco difiere de la propuesta hace aproximadamente tres décadas por IBM, cuando presentó en sociedad su producto estrella: el IBM PC XT. A pesar de haber llovido mucho desde entonces, todo no ha sido más que un devenir de avances tecnológicos que se han soportado sobre la misma base esencial. Esa base responde a la arquitectura marcada por Von Neumann donde planteaba de forma clara y concreta cuál debía ser el modelo conceptual de los ordenadores. Lejos de intentar hacer un análisis exhaustivo de la arquitectura buscando el objetivo práctico de la misma, sí que resulta imprescindible conocer algunos puntos básicos. Sólo así se puede entender realmente cómo funciona el PC.

Por tanto, lejos de un planteamiento teórico enrevesado, en este capítulo se dan las nociones básicas de cómo son los ordenadores, según Von Neumann y en contraste directo con la arquitectura práctica actual.

No se preocupe si algunos términos aún no le son familiares. Todos son tratados ampliamente a lo largo del libro y en breve formarán parte de su lenguaje habitual. En este sentido y para facilitar la asimilación del texto, se ha incluido en la parte final del libro un glosario de términos al que puede recurrir siempre que le sea preciso.

Este capítulo se complementa con una breve cronología histórica de, si no obligado conocimiento, sí al menos recomendable. Así, no basta con ser un hábil técnico capaz de ensamblar perfectamente un PC, es necesario, además, conocer qué se está realizando y el porqué. El conocimiento casi electrónico de los componentes es cuestión de otros libros más profundos pero, aun así, en un libro de estas características resulta imprescindible contar con una base que dé solvencia al lector a la hora de entablar una conversación técnica.

Poco más que añadir excepto preparar al lector para el apasionante mundo que su PC de sobremesa le puede abrir con ayuda de estas páginas.

1.1 ¿QUÉ ES ESO DE UN PC?

Quizás, antes de acometer otros temas, lo primero sea presentar el objeto de estudio del libro. Se trata del PC. Estas siglas corresponden a Personal Computer (ordenador personal) y es el elemento clave de la microinformática. Así, en función de la potencia de cálculo de las máquinas, se pueden hacer diferentes consideraciones –si bien es cierto que los límites son cada vez más difusos– en ordenadores, mini ordenadores y micro ordenadores. Por potente que nos pueda parecer un ordenador personal, éste está incluido en esta última catalogación.

El nombre de PC es original de IBM que quiso así distinguir este tipo de máquina de otras contemporáneas que eran multiusuario, es decir, capaces de trabajar con más de una persona a la vez. El PC, por tanto, será una máquina monousuario.

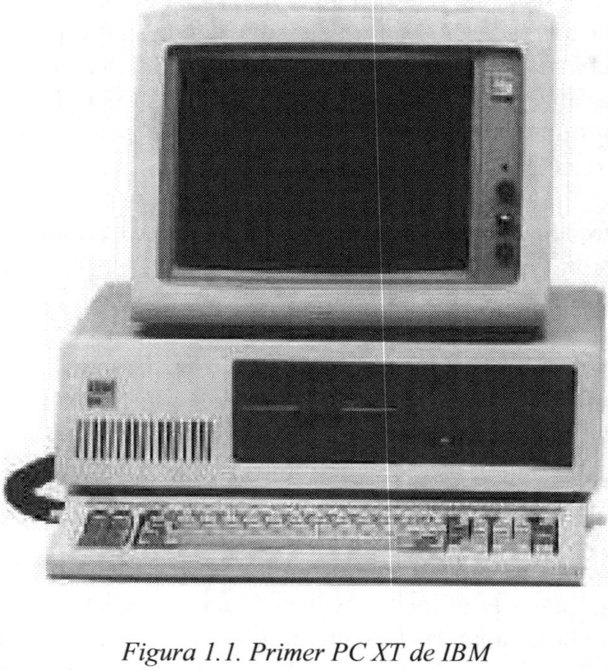

Figura 1.1. Primer PC XT de IBM

La importancia de este primer diseño por parte de IBM fue crucial ya que marcó los estándares de compatibilidad de las máquinas que se fueron sucediendo. Muchos eran los modelos similares al PC en su día e, incluso, algunos con más prestaciones específicas (como los Atari para el manejo de sonido, por ejemplo). Sin embargo, la estrategia de los ingenieros de IBM de hacer pública la arquitectura del PC consiguió que en un breve intervalo de tiempo fueran muchas las empresas que fabricaron dispositivos periféricos. Desde ese momento, a todos los micro ordenadores que siguieron la compatibilidad marcada por el PC pero que no fueron fabricados por IBM se les denominó "clónicos". Este término, actualmente, referencia a cualquier PC que no tiene una marca reconocida, sino que está ensamblado a partir de diferentes componentes como si de un mecano se tratara. Esto no tiene por qué ser una valoración peyorativa, es más: los clónicos aportan una mayor flexibilidad (admiten componentes de todos los fabricantes) y, por supuesto, son equipos "a la medida" ya que se puede diseñar en detalle cada uno de los componentes que se desea integrar.

No obstante, antes de entrar a conocer cada uno de los elementos de un PC, paso previo y obligado al ensamblaje de la máquina, resultará útil conocer algunos aspectos fundamentales de la Informática en su plano más genérico. El principal para seguir un orden lógico es el análisis de la arquitectura de la máquina, es decir, qué bloques en el ámbito conceptual la integran y, lo que es más importante, por qué. Sólo a partir de ese momento se podrán abordar con propiedad los aspectos más técnicos y tangibles de estas máquinas.

Por presuntuosa que esta afirmación pueda parecer, a poco que se reflexione se descubrirá que el mundo, tal y como lo conocemos, sería muy diferente si no existiesen los ordenadores. Este logro, que a veces ha sido fruto de la técnica pero, otras muchas, de políticas comerciales y otros tipos de intereses, ha convergido en el PC actual. Hay quien afirma que si la arquitectura hubiese sido otra y los sistemas operativos se hubiesen implantado de forma diferente a como lo han hecho, la informática habría avanzado muchos más años. Puede ser... pero de lo que no cabe duda es que el PC forma ya parte de los aspectos más cotidianos de nuestra vida.

1.2 JOHN VON NEUMANN, EL VISIONARIO

La vida pública de John Von Neumann (1903-1957), físico de origen húngaro –con grandes aptitudes para las matemáticas– nacido en Budapest, arranca en 1947 cuando, si bien en 1930 ya tenía cierto prestigio en el entorno de las matemáticas y la física cuántica, trabajando en el Laboratorio de Los Álamos, se encarga del problema que supone el recablear una máquina mítica como el ENIAC cada vez que era preciso alterar su programación.

Figura 1.2. Aspecto del ENIAC

Dos años más tarde aporta una solución revolucionaria para la época: usará tarjetas perforadas para introducir los programas estableciendo una relación entre la conexión/desconexión y la existencia o no de una perforación en la tarjeta. Es en 1949 cuando aporta la solución: ya no será preciso recablear físicamente la máquina. El nuevo prototipo recibirá el nombre de EDVAC pero jamás llegará a construirse.

No obstante, según John F. Kennedy, "*el futuro no es un regalo, sino una conquista*" y Von Neumann realizó su particular conquista legando al futuro una arquitectura que, a día de hoy, sigue siendo válida y operativa. Probablemente no sea la mejor e, incluso, hay quien asegura que a la larga ha supuesto una ralentización del desarrollo informático, pero la realidad es que el mundo, tal y como lo conocemos, se debe a la arquitectura a la que Von Neumann dio nombre.

Figura 1.3. John Von Neumann

El modelo funcional de Von Neumann dio paso años más tarde a lo que sería el principio de una era informática. Sus planteamientos fueron fielmente seguidos y plasmados de forma que hoy día siguen siendo válidos y, por supuesto, operativos. Sin la especial aportación de Von Neumann, no cabe duda de que la Informática habría sido muy distinta de como la conocemos actualmente y, por extensión del concepto, gran parte del mundo que nos rodea.

Von Neumann murió a la temprana edad de 53 años de un cáncer de próstata que, según muchos, fue consecuencia de la radiación a la que se vio expuesto cuando trabajó en el Laboratorio de Los Álamos en el proyecto Manhattan para la construcción de una bomba atómica.

1.3 ARQUITECTURA DE VON NEUMANN

Lo realmente notable de Von Neumann no fue su aportación profesional al ENIAC, sino que hubo bastante más. Es importante situarse en el contexto contemporáneo de Von Neumann donde existieron numerosas iniciativas para potenciar una ciencia (que se denomina Automática) y que aún no se sabe cómo. Es cierto que ya existen máquinas capaces de realizar trabajos específicos pero es preciso definir un estándar que determine cómo deben ser los computadores a partir de ese momento. Así, Von Neumann propone el siguiente modelo simplificado:

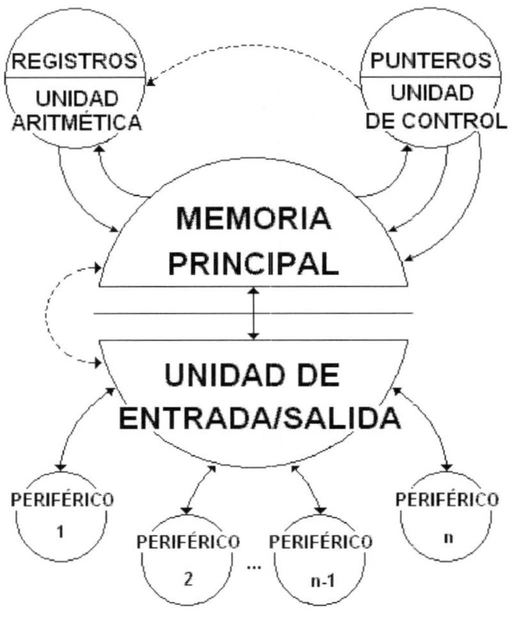

Figura 1.4. Arquitectura Von Neumann

Para entender en detalle su funcionamiento, se va a proceder a analizar cada uno de los elementos integrados:

Memoria Principal Von Neumann percibe la necesidad de almacenamiento temporal de datos para ejecuciones puntuales. Esto es, además de la posibilidad de poder almacenar unos datos de forma temporal, habilitar un espacio donde sea posible ubicarlos mientras dura el proceso, momento en el que se decidirá qué hacer con ellos. Este espacio deberá ser igualmente válido para instrucciones como para datos y habrá de dividirse en celdas de igual tamaño y referenciables mediante una dirección. Von Neumann establece diferencias entre lo que denomina "memoria permanente" y "memoria de trabajo".

De este modo comienza la gestación de lo que será la memoria RAM de los sistemas actuales, destinada al almacenamiento temporal de datos e instrucciones.

Unidad Aritmética

Parece clara también la necesidad de hacer un análisis de las operaciones que la máquina será capaz de realizar. Así, un grupo importante serán operaciones de tipo aritmético (operaciones matemáticas) y a otro gran grupo, pertenecerán las operaciones de tipo lógico (comparaciones en la mayor parte de los casos). Así, se define la unidad aritmética como una zona encargada de realizar operaciones básicas, tanto numéricas como lógicas. Todos los datos los recibirá de la memoria principal y en ella almacenará los resultados. Dispone de una serie de registros internos a modo de memoria y también permitirán el almacenamiento de datos.

Éste es el planteamiento inicial de la unidad aritmético-lógica, parte integrada del microprocesador, si bien Von Neumann lo consideraba un elemento diferenciado.

Unidad de Control

Otro de los puntos de inexcusable presencia para Von Neumann es un elemento capaz de concentrar y gestionar el sistema completo. Así concibe la unidad de control como la encargada de controlar todas las señales para que el proceso funcione. Lee las instrucciones de la memoria principal y se encarga de su ejecución. Una parte importante de este módulo es el puntero que guardará la dirección de la próxima instrucción a leer.

Junto con la unidad aritmética, la unidad de control conformará lo que serán los microprocesadores actuales.

Unidad de Entrada-Salida

Por supuesto, el sistema deberá tener un sistema de comunicación con el usuario donde éste pueda interactuar con el sistema. Éste será la interfaz que conectará no sólo los requerimientos propios de los usuarios sino, además, los diferentes elementos a través de los cuales se habilite el proceso de comunicación de información. Así, la unidad de entrada-salida será la encargada de enviar y recibir datos con el mundo exterior. Para globalizar los distintos dispositivos externos que pueden existir, se adopta el nombre de periféricos, con los que se comunicará a través de los buses. Este apartado se distingue en sus dos componentes tratados de forma independiente: por un lado la entrada y por otro la salida.

Von Neumann está premonizando lo que serán las controladoras de comunicación de dispositivos, interfaces de teclado y, por qué no, la multimedia.

El funcionamiento de la arquitectura, en esencia, está pensado para ejecutar programas, es decir, conjuntos de instrucciones elementales establecidas en un orden determinado. A través del contador de programa o puntero incluido dentro de la unidad de control se dispondrá de la dirección de memoria de la instrucción o comando que se desea ejecutar. Es preciso que se activen todos los dispositivos y señales de control implicados para la lectura del comando de la memoria. Tras disponer de la instrucción y analizarla, la unidad de control leerá, si es preciso, los operandos de la memoria del sistema. El siguiente paso sería la ejecución propiamente dicha. Este paso podrá ser de mayor o menor complejidad, guardándose los resultados obtenidos en registro o, incluso, en la propia memoria del sistema. Por supuesto, toda la operación es "autorizada" por la unidad de control. Para finalizar, es necesario generar la iteración: el contador de programa o puntero pasa a la siguiente dirección de memoria donde encontrará una nueva instrucción a ejecutar. De esta manera se vuelve a repetir todo el proceso.

1.4 COMPOSICIÓN DE UN SISTEMA MICROINFORMÁTICO

Inicialmente, puede parecer que el planteamiento de arquitectura realizado dista mucho del concepto de un PC actual pero nada más lejos de la realidad. Realmente representa un calco pormenorizado del diseño que Von Neumann realizó en su día. El planteamiento genérico, por tanto, de una máquina actual, responde a la siguiente figura:

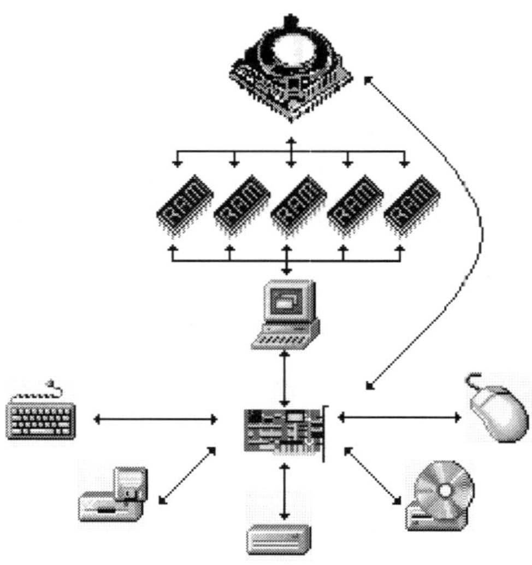

Figura 1.5. Estructura de un PC

Al igual que en el caso anterior, resulta preciso definir brevemente (a lo largo del libro ya se hará con detalle) cada uno de los elementos que conforman el ordenador, a saber:

Placa base Se trata de un elemento polivalente cuya misión es la de ofrecer soporte físico al PC además de otra serie de funciones como el control de buses, la gestión del sistema de encendido... Se trata de un elemento imprescindible que, según criterios, debería englobarse en todos y cada uno de los elementos conceptuales formulados por Von Neumann o, por el contrario, permanecer al margen como un elemento de "segunda fila" aunque imprescindible para el resto. Sí existe un elemento concreto que de forma habitual se incluye dentro de la placa base. Ese elemento es la controladora y, aunque no de forma única, es responsable y, por tanto, se identifica en un elevado porcentaje con la unidad de entrada/salida. No obstante, la tendencia actual tiende a una integración casi total, donde las tarjetas de sonido, red e, incluso, vídeo conforman la apuesta de los fabricantes de placas base. Este modelo sólo precisa de la memoria, microprocesador y sistemas de almacenamiento (además de la necesaria alimentación) para ser totalmente operativo.

Micro-procesador Claramente responde a dos modelos conceptuales: unidad aritmética y unidad de control. En gran medida, la potencia del PC reside en este elemento que define muchos parámetros de la potencia del PC. De él dependerá la capacidad y velocidad de proceso además de la gestión casi de forma exclusiva de la máquina.

Memoria Es otro de los elementos en los que no queda lugar a dudas. La relación con la formulación de memoria principal de Von Neumann es inequívoca. La memoria establecerá ese espacio lógico reservado al almacenamiento temporal de datos e instrucciones. El tamaño de la memoria determinará en gran medida la "agilidad" del PC evitando trasiego de datos innecesarios con el disco duro (emulación de memoria denominada "memoria virtual").

Puertos Son el medio a través del cual el ordenador podrá conectarse con su entorno. Según su tipo, serán diferentes las funciones a realizar. Desde puertos analógicos para dispositivos multimedia hasta los versátiles USB completamente estandarizados.

Unidades de disco duro	Se trata de otro elemento periférico que, en dependencia de la unidad de entrada/salida (controladora), permite el almacenamiento de datos de forma similar a como podría hacerlo una unidad de disco flexible, ahora bien, de mayor capacidad y una muy optimizada velocidad de acceso.
Sistema de vídeo	Seguiríamos englobando la posibilidad de vídeo dentro de la opción de periféricos. Por increíble que pueda parecer, los primeros ordenadores carecían de monitor ya que, entre otros motivos, no lo necesitaban: el resultado de la programación solía ofrecerse en formatos inalterables (cintas perforadas, por ejemplo).
Cajas, ratones y teclados	Se trata de un cajón de sastre. La caja actúa como mero elemento de ayuntamiento, esto es, la necesidad física de concentrar los diferentes elementos del PC en un mismo espacio físico. En cuanto a los ratones y teclados, la consideración sigue siendo la misma que la del sistema de vídeo: periféricos. Si sorprendente resultaba que algunos ordenadores no dispusieran de un sistema de vídeo, no menos llamativo debe resultar que careciesen de teclado ya que los datos y programas se introducían mediante tarjetas perforadas o, simplemente, volviendo a recablear.
Multimedia	Sin duda la idea de la multimedia fue algo que ni siquiera Von Neumann fue capaz de imaginar. No obstante, si hubiese que incluirlo en algún grupo, ése sería el de periféricos. La multimedia, tal y como se detallará en el capítulo específico dedicado a ese tema, no es más que una extensión en cuanto a la posibilidad de comunicación con un PC.
Monitores	Se trata de un elemento imprescindible que se catalogaría también dentro de los periféricos relacionados con la tarjeta de vídeo. Los monitores serán los encargados de "traducir" esos impulsos eléctricos que pululan dentro del PC en imágenes.

A lo largo de estas páginas –y éste es el planteamiento general del libro–, el lector podrá estudiar con detenimiento cada uno de los elementos expuestos, así como otros temas de obligado conocimiento. Este estudio se verá bajo un plano estrictamente práctico, con consejos, recomendaciones, lista de errores frecuentes, ejercicios... para, al final, llegar al capítulo definitivo con el ensamblaje del PC. No obstante y antes de adelantar acontecimientos, es preciso adquirir una breve pero sólida base teórica. Todo a su tiempo...

1.5 LAS TENDENCIAS

Establecida la arquitectura de Von Neumann, muchos son los diseños de ordenadores que empiezan a inundar el mercado. Llega un momento en el que existe una cantidad importante de máquinas, todas similares en prestaciones aunque con características propias y una tónica general entre sí: la incompatibilidad. Ya no se trata sólo de una diferencia en cuanto a lógica de los datos sino también en todo lo que en el aspecto físico se refiere. Así, hay equipos que utilizan como soporte cintas magnéticas, otros discos e incluso, entre aquellos que coinciden en el formato, no lo hacen en el tamaño. En definitiva, se trata de una situación caótica donde el usuario, antes de adquirir un equipo, debe plantearse con quién desea compartir información para, al menos, mantener la compatibilidad con un entorno inmediato.

Esta situación, indeseable por donde se quiera mirar, conduce a que se realicen avances independientes por algunas compañías que difícilmente pueden ser compartidas por otros. Se ve necesario unificar los estándares para así trabajar en una misma dirección. Esto es precisamente lo que sucede con el IBM PC.

Con esta máquina se marca la compatibilidad (o se es compatible o se está fuera del estándar). Como ya se adelantaba en la introducción, IBM tomó una decisión estratégica que le hizo conseguir el liderato absoluto de los microordenadores a pesar de que, probablemente, su máquina no fuese la mejor. Esta medida consistió en hacer público su diseño de modo que en un breve intervalo de tiempo, muchos fabricantes comenzaron a diseñar dispositivos y periféricos para esta máquina ("Compatible con IBM" rezaba en sus etiquetas).

Lógicamente, el resto de compañías no podía permanecer al margen de esta línea de negocio que se vaticinaba apetecible para todos. De este modo comenzaron a salir al mercado, primero tímidamente y más tarde de forma masiva, equipos que siguiendo las especificaciones de IBM se ensamblaban bajo otra firma. Éste fue el origen de los clónicos: ordenadores perfectamente compatibles con el estándar de IBM pero producidos por otros fabricantes. A medida que el mercado creció y se estabilizó, la consideración de clónicos perfiló más sus límites, aplicándose el término a aquellos ordenadores (siempre compatibles, eso sí), que no tienen una marca reconocida, es decir, son fabricado por ensambladores independientes que aúnan en una misma caja diferentes componentes. Al resto de ordenadores se les llamó "de marca" para distinguirlos de los clónicos. Así, aunque por ejemplo un equipo de la compañía Dell o Hewlett Packard sea un clónico bajo la consideración de ser compatible con IBM pero no fabricados por esta compañía, en la actualidad forman parte de ese conjunto denominado "de marca".

Una tercera opción, además de los equipos "de marca" y los clónicos, fructificaba en paralelo pero sin ningún punto de tangencia. Esta opción vino de la mano de la compañía Apple con sus ordenadores Apple primero y Macintosh después. Realmente consolidaron otro estándar pero incompatible totalmente con el propuesto por IBM.

Actualmente el mundo se encuentra en una condición proclive a favorecer las iniciativas relacionadas con el tratamiento automático de la información. Es la época de las grandes aventuras empresariales. Un breve resumen de las tres opciones se recoge a continuación:

Macintosh Apple nace en 1975 de la mano de Steve Wozniak y Steve Jobs que diseñaron su ordenador Apple. A éste le sucedió un año después el Apple II. En 1984 diseñan su primer Macintosh, popularmente conocido como Mac. El entorno de Apple se ha orientado siempre al diseño gráfico y la multimedia. Una de las reseñas más importantes de la compañía es su absoluta incompatibilidad con el entorno PC, subsanada exclusivamente por software y algunos programas de compatibilidad.

Los Mac se han caracterizado por su facilidad de manejo frente a los PC y sólo con los entornos gráficos y la multimedia, el PC ha conseguido ser más intuitivo y, por tanto, acercarse al entorno Mac.

Figura 1.6. Diseños de Macintosh

IBM El 12 de agosto de 1981 y ante la gran acogida por parte del mercado de los ordenadores Apple, IBM lanza al mercado su producto estrella: el IBM 5150 más popularmente conocido como IBM PC XT. En un mes se superaron las ventas previstas para cinco años y su apuesta de hacer públicas las especificaciones de la máquina, sin duda, fue un acierto. Esta máquina fue fruto del empeño e interés de una docena de ingenieros de la compañía donde destacaban David J. Bradley y Mark Dean. En la actualidad es una gran marca si bien es cierto que ya no lidera el mercado mundial de PC dada la dura competencia.

Tanto es así que la compañía tuvo que segmentar su gama de productos en diferentes empresas. De este modo, los sistemas de impresión han pasado a ser productos de InfoPrint Solutions Company y los sistemas portátiles ThinkPad, los sistemas de sobremesa ThinkCentre y otros productos de PC son ahora productos de la marca Lenovo.

Figura 1.7. Diseños de Lenovo

Clónicos Siguiendo la compatibilidad con IBM, los clónicos son todas aquellas máquinas PC que no han sido fabricadas por IBM. En esta especificación deberían entrar (aunque no ocurre así) los ordenadores "de marca" como Dell y otros. Un clónico es un equipo montado por un ensamblador que previamente ha elegido los elementos que bajo su criterio se han ajustado a la máquina que quería diseñar, esto es, sin circunscribirse a una marca concreta. Es cierto que hay una mala prensa al respecto pero no debe olvidarse que la calidad de un clónico puede superar la de cualquier otra máquina estando, eso sí, a expensas de la profesionalidad del ensamblador.

1.6 BREVE CRONOLOGÍA HISTÓRICA

A pesar del carácter eminentemente práctico del libro, a veces resultan imprescindibles algunas reseñas históricas. Esto, lejos de pretender ser una "culturilla informática", aporta sentido a la hora de conocer cómo ha sido el pasado para entender el futuro. Probablemente la conclusión sea que, en la microinformática, los cambios son vertiginosos, tanto como los propios de la Electrónica pero, además, incrementados por las prestaciones del software.

Un breve repaso por cinco milenios permite obtener una visión clara de cómo en poco más de treinta años el devenir de los acontecimientos nos ha hecho ser protagonistas de uno de los mayores avances tecnológicos de la Historia.

3000 a.C. Se encuentra la referencia al primer ábaco (el mismo ingenio que se repite históricamente hace 2.500 años en China y 100 años a.C. en Roma).

2000 a.C. Se escribe el *Libro de las mutaciones* o *I-Ching* en China. Se trata de una aproximación al sistema binario, base de los sistemas digitales utilizados en la actualidad.

600 a.C. En el libro XVIII de *La Ilíada* de Homero, hay una referencia literaria a un autómata.

500 a.C. Tales de Mileto define la electricidad estática, obteniendo de su texto la palabra "electrón".

100 a.C. Herón de Alejandría construye el primer robot, con fines lúdicos basado en sistemas hidráulicos.

1642 Blaise Pascal, con tan sólo 19 años crea la primera máquina capaz de sumar.

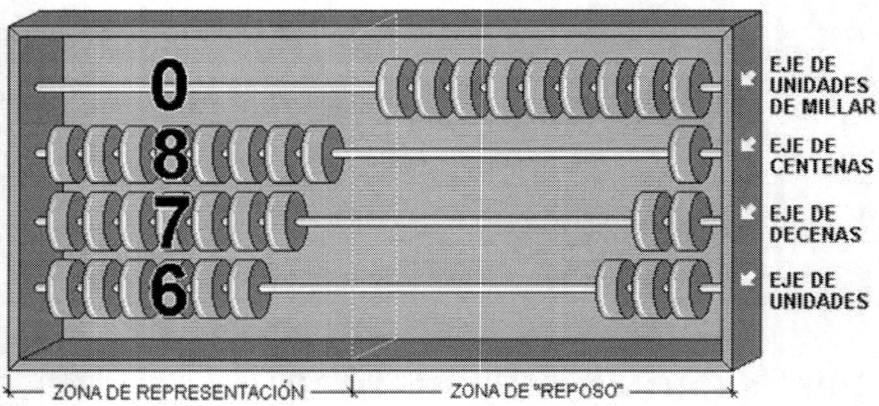

Figura 1.8. Funcionamiento del ábaco

1666 Samuel Morland construye la primera máquina capaz de realizar operaciones que, hasta el momento, sólo se atribuían a los humanos sobre la base previamente establecida por el francés Blaise Pascal.

1671 Se implementa la máquina multiplicadora de la mano de Gottfried W. Leibniz, matemático alemán, llegando a multiplicar y dividir.

1800 Dorr E. Felt inventa una calculadora a la que denomina *Comptómetro*.

1800 Bill S. Burroughs diseña una sumadora capaz de *recordar* el resultado de la operación anterior (inicios del concepto de memoria).

1821 Charles Babbage, profesor en la Universidad de Cambridge que en 1821 presenta ante la Royal Astronomical Society su "máquina de diferencias", capaz de resolver ecuaciones polinómicas mediante el cálculo de las diferencias sucesivas entre los conjuntos de números.

1822 La máquina de Charles Babbage es premiada en 1822 con la Medalla de Oro de la Royal Astronomical Society.

Figura 1.9. Máquina diferencial de Babbage

1847 George Boole publica *El análisis matemático del pensamiento* dando las bases de "su" álgebra: el Álgebra de Boole.

1878 Ramón Verea desarrolla una máquina capaz de dividir y multiplicar directamente sin el uso de tablas. Verea se negó a la comercialización de la máquina argumentando que su único motivo para el diseño era demostrar la capacidad creadora española (paradójicamente este señor residía en Nueva York).

1890 Bajo el respaldo comercial de "Tabulating Machine Company", aparece la máquina tabuladora de Herman Hollerith, basada en los ensayos de Boole y Babbage.

1903 Nace John Von Neumann, matemático de origen húngaro nacido en Budapest.

1912 Nace el ilustre matemático británico Alan Mathison Turing. Con una vida tortuosa, aporta numerosos avances en Inteligencia Artificial, así como en sistemas de codificación de información.

1913 A. Meisner diseña la primera válvula de vacío, elemento electrónico previo al transistor.

1914 Leonardo Torres y Quevedo escribe *Ensayos sobre la Automática* donde define una máquina que opera según unas reglas previas definidas (metodología de la programación).

1924 T.J. Wason, comercial de CTR, ve claras posibilidades de negocio en las máquinas interpretadoras de tarjetas perforadas y crea su propia compañía como evolución de CTR: la *International Business Machines*, más popularmente conocida como IBM.

Figura 1.10. Logo inicial de IBM

1932 James Bryce (IBM) trabaja en un proyecto de implementación de válvulas de vacío en máquinas calculadoras.

1934 El alemán Konrad Zuse desarrolla dos máquinas denominadas Z1 y Z2 bastante similares a un ordenador actual entre 1934 y 1939.

1937 Primer proyecto de cerebro artificial realizado por Alan Mathison Turing.

1937 Se firma un convenio entre IBM y la Universidad de Harvard para el desarrollo de una máquina electromecánica basada en relés.

1941 J. W. Manchyl desarrolla un proyecto que servirá de base años después para el desarrollo del ENIAC.

1943 Se destruye el Z3 en un bombardeo. Una réplica de la máquina se encuentra en el Museo Deutsche de Munich.

1943 Alan Mathison Turing y Tommy Flowers construyen "Colossus", una máquina encargada de descifrar los mensajes alemanes codificados en la Segunda Guerra Mundial (lo que hoy se llamaría un ordenador "dedicado"), formado por 2.400 válvulas, cinco paneles de entrada de datos con tarjetas perforadas y un rudimentario sistema de impresión.

Figura 1.11. Válvula de vacío

1944 El convenio IBM-Harvard firmado en 1937 para el desarrollo de una máquina electromecánica basada en relés da sus frutos: el MARK I.

1945 A partir de un proyecto de J. W. Manchyl en 1941 y con un total de entre 17.468 y 19.000 válvulas (los historiadores no coinciden en este respecto), John P. Eckert y Mauchly construyeron el ENIAC ("Electronic Numerical Integrator and Calculator").

1945 Turing trabaja en el Laboratorio Nacional de Física intentando construir una máquina a semejanza del cerebro humano, que no llegó a buen puerto al desconocer otras disciplinas como la neurofisiología.

1947 Alan Mathison Turing publica *Maquinaria Inteligente* donde establece relaciones entre el cerebro "virgen" de un niño y una máquina sin programación.

1947 John Bardeen, Walter Brattain y Willian Shockley, ingenieros de los Laboratorios Bell, consiguen sustituir a las válvulas de vacío con un nuevo elemento basado en semiconductores: el transistor.

1949 John Von Neumann aporta una solución a la programación del ENIAC: ya no será preciso recablear físicamente la máquina, sino que las operaciones a realizar también se introducirán en la máquina a través de tarjetas perforadas.

1951 La Oficina del Censo de los EE.UU. adquiere una máquina UNIVAC I para procesar el censo del año anterior.

1953 Comienza la fabricación de los IBM 701 de los que entre 1953 y 1957 se fabricarán 18 unidades.

1955 La utilización de transistores en los ordenadores es por fin real, disminuyendo de forma espectacular en tamaño, consumo, precio y disipación de energía.

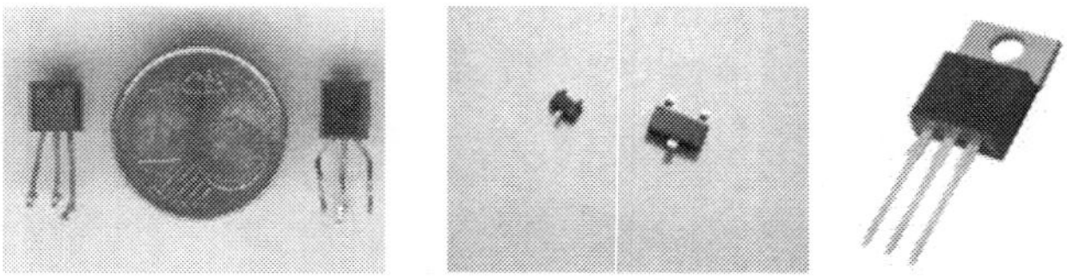

Figura 1.12. Transistores comunes

1955 Comienza la segunda generación de ordenadores.

1957 Fallece John Von Neumann.

1964 Se inicia la tercera generación de ordenadores.

1964 Aparece el IBM 360. De forma paralela Gordon Moore enuncia la difundida ley que lleva su nombre, vaticinando que los integrados duplicarán su efectividad cada 12 meses.

1971 Aparece el primer microprocesador de la historia: el 4004 de Intel.

Figura 1.13. 4004 de Intel

1974 Se inicia la cuarta generación de ordenadores.

1975 Steve Wozniak y Steve Jobs diseñan su primer ordenador al que llaman Apple.

1976 Aparece la segunda versión del Apple: el Apple II.

1981 Se venden 800.000 ordenadores a escala mundial.

1981	Aparece el IBM PC XT.
1982	Se venden 1.400.000 ordenadores a nivel mundial. Entre 1984 y 1987 las ventas mundiales de ordenadores alcanzaron los 60 millones de máquinas.
1982	Nace la compañía Compaq Deskpro Corporation que se consolidará como uno de los grandes fabricantes de hardware y que posteriormente será absorbida por HP.
1983	Se establece el inicio de la quinta generación de ordenadores, en la que se supone que nos encontramos aún.
1984	Aparece el Macintosh de Apple, como fruto de la experiencia adquirida por máquinas anteriores e influenciado por la tecnología de Xerox en Palo Alto.
1986	Compaq desbanca como fabricante mundial de PC a IBM que, hasta el momento, había contado con el liderazgo de ventas.
1989	En CERN (Ginebra) se acuña el HTML que más tarde dará origen a la expansión del World Wide Web.
1993	Aparece el www como una realidad. El inicio de la revolución de Internet está servido.
1997	Gary Kasparov, campeón mundial de ajedrez, es derrotado por un ordenador: Deep Blue de IBM.
2001	Aparece la "Nueva HP" como fruto de la absorción por parte de Hewlett Packard de la compañía Compaq.
2003	Los microprocesadores funcionan a más de 3 GHz y esto parece no tener fin. Los límites de velocidad empiezan a vislumbrarse como un problema físico.
2006	La aventura de la velocidad continúa. Los micros aún no alcanzan los 4 GHz pero se potencian otras características como el Hyper-Threading, el doble (e incluso cuádruple) núcleo o la multimedia.
2007	El uso de la electrónica miniaturizada y, en ocasiones, basada en microprocesador es común. Dispositivos MP3, MP4, teléfonos móviles, PDA... forman parte del entorno cotidiano.

Figura 1.14. Reproductor de MP4

2008 Se alcanza el PetaFLOP (10^{15} FLOPS[2]), por el superordenador Roadrunner.

2009 Se afianza cada vez más el concepto de WEB 2.0 como respuesta social a la tecnología, haciendo de ésta una herramienta y restándola protagonismo.

2010 La constante evolución de las máquinas se ha convertido en una tónica donde "lo que no cambia es el cambio". Se espera la nueva versión de puertos USB 3.0 con tasa de transmisión de 4,8 Gbps.

[2] *Floating point Operations Per Second* (operaciones de punto flotante por segundo).

Capítulo 2

PLACAS BASE

Obviar que el protagonismo en cuestiones microinformáticas corresponde sólo a un pequeño grupo de componentes, sería negar la realidad. Así, al hojear la publicidad de cualquier equipo, el lector habrá observado que siempre la referencia principal es hacia el microprocesador y, en un segundo plano, hacia la memoria principal del sistema y el disco duro. En raras ocasiones se alude a la placa base, objeto de estudio de este capítulo.

La placa base, como elemento "soporte" del resto, es uno de los pilares sobre los que se fundamenta el rendimiento del PC. Así, ya no sólo debe estar adecuada a las prestaciones que de ella se esperan (soporte de microprocesadores, velocidad de memoria, tipo de slots...), sino que marcará, además, todos los aspectos físicos ineludibles de ensamblaje hasta decidir sobre qué caja se desea instalar el PC, en la medida que será el soporte del mismo.

Pese a lo que pudiera parecer, la placa base ha evolucionado de forma considerable, si bien es cierto que también, en este caso, las metonimias no han funcionado: se ha hecho alusión al avance de los buses, los zócalos de memoria y micro, los chipsets... olvidando que todos estos elementos forman parte de un conjunto que, en inglés, se denomina *mother board* (placa madre) que, como su nombre indica, sirve de soporte al resto de elementos "hijos" con los que conforma el conjunto que es el PC.

En este capítulo se trata, por tanto, de descubrir la importancia de la placa base con el conjunto de diferentes elementos que la integran. Al igual que en el resto de los capítulos, se ha intentado dar una panorámica amplia y actual del mercado, y hacer hincapié en aquellos aspectos característicos y diferenciadores a la vez que distinguen unas placas de otras, sin entrar en el debate de las marcas o los modelos. Se trata, por tanto, de un capítulo extenso en la medida que las prestaciones de la propia placa también lo son pero, igualmente, imprescindible a la hora de consensuar qué placa base es la adecuada para las exigencias concretas de un usuario específico.

2.1 PLACAS BASE

Si el análisis de cada componente en el interior de un PC suele ser una operación concreta en la medida de la definición de sus funciones, el tema se complica cuando se trata de hablar de placas base. Las placas base o *mother boards* son las tarjetas de circuito impreso de mayores dimensiones en el PC. Esto es así ya que darán consistencia al resto de la electrónica, alojando al resto de las placas independientes. Así, las funciones a desempeñar son variadas: desde el propio alojamiento de tarjetas con la consecuente definición de estándares de datos (tanto en amplitud como en frecuencia) a los más básicos requerimientos de alimentación.

Parece que el rendimiento del PC depende exclusivamente del protagonismo de las tarjetas más conocidas como pueden ser las de vídeo, sonido y otras. Si bien es cierto, al final, todas dependerán de las prestaciones ofertadas por la propia placa base y de ella dependerá el rendimiento final del equipo. Una placa base de mala calidad irá, por tanto, en detrimento de la actuación global de todas las tarjetas.

Por otro lado, los fabricantes, cada vez más conscientes de la importancia de una calidad clara en las placas base, han potenciado su desarrollo con independencia, en ocasiones, de las habituales normas que un mercado tan competitivo como es el microinformático impone. Esto ha llevado a que muchos ensambladores y mayoristas incluso oferten dos catalogaciones de placas base: las "malas" y las "buenas". Y no, no es que existan realmente "placas malas", pero lo que sí es cierto es que sí existen "placas buenas", es decir, productos que pueden duplicar el precio pero que aún así siguen mereciendo la pena en cuanto a prestaciones se refiere. Sólo cuando se ensamblan dos PC exactamente iguales con placas base diferentes se pueden apreciar las diferencias en el rendimiento.

El mercado ha hecho que, como ya se comentaba, el protagonismo lo tomen determinados componentes concretos. Es más, a la hora de publicitar sus equipos, los minoristas suelen hacer referencia al microprocesador y su velocidad, memoria y poco más. Son una minoría los que detallan las características y prestaciones de las placas. Mientras el mercado sea así, la placa base seguirá siendo ese componente "de segunda" que debe ofrecer prestaciones "de primera". Será cuestión de tiempo que la mentalidad cambie, seguro.

Parece que de unos años a esta parte se empieza a vislumbrar una ligera tendencia a dar la importancia merecida a la placa base. Esto se observa claramente cuando en la publicidad se hace referencia al chipset, componente que, fruto de la integración de otros muchos, determina en gran medida la calidad de una placa base. Si bien esto es un avance (un chipset decidirá cuánta memoria es direccionable o cuántos micros serán soportados, entre otras cosas), hay más parámetros que tener en cuenta.

Este capítulo determina, a efectos prácticos, qué aspectos hay que tener en cuenta a la hora de evaluar una placa y, sobre todo, cómo trabajar y proceder con ella. Quizás, para abordar correctamente el tema, lo mejor será identificar una placa base y abordar el estudio parcelado de cada componente.

Para entender de forma clara cuál es la constitución básica de una placa base, lo más interesante será enumerar cada uno de los componentes que la conforman. Para realizar este ejercicio, se ha optado por el análisis de una placa común, no atendiendo tanto a su innovación tecnológica como al aspecto didáctico. En esta propuesta (una GA-EX58-EXTREME de Gigabyte[3]) se aprecian los elementos más comunes.

[3] http://www.giga-byte.com

Figura 2.1. Placa base Gigabyte

Esta placa soporta microprocesadores de la familia Core i7 de Intel encapsulados en formato LGA1366. Con chipset X58 Express e ICH10R, es capaz de gestionar hasta 24 GB de memoria DDR3 en frecuencias de 2100/1333/1066/ 800 MHz. Incluye, como es habitual de unos años a esta parte, una tarjeta de sonido de altas prestaciones como es la Realtek ALC889A y también integra dos tarjetas de red Realtek 8111D, con tecnología de 1 GB. En cuanto a los slots de expansión, destinados a albergar tarjetería externa, esta placa base provee de cinco PCI Express: dos de x16 y el resto de x8, x4 y x1. Además complementan el conjunto dos slots PCI destinados a tarjetas con poca demanda de ancho de banda (módems y similares).

En cuanto a las posibilidades de conexión de unidades de disco y ópticas, proporciona seis conectores SATA con una transferencia de 3 GB/s, admitiendo RAID 0, RAID 1 y RAID 10. También incluye un conector IDE para dispositivos más antiguos. Cómo no, vienen diseñadas para soportar hasta 12 dispositivos USB donde 8 son externos y 4 internos. Un largo etcétera de características complementa la descripción de esta placa de altas prestaciones, todas ellas detalladas en la web del fabricante (http://www.giga-byte.es).

No se preocupe si muchas de las características indicadas no le resultan familiares: poco a poco se profundizará en cada uno de los conceptos. A modo de introducción, se enumeran a continuación los principales componentes de la placa para su identificación visual según la relación siguiente:

1. Puertos PS/2 para teclado y ratón.
2. Alimentación para ventilador auxiliar.
3. Alimentación para ventilador de CPU.
4. Selector de tensión para CPU.
5. LED indicador de temperatura (entre 61 ºC – 80 ºC verde, rojo a más temperatura).
6. LED indicador de overclock (azul si está activo).
7. Conectores óptico y coaxial de salida SPDIF.
8. Conector de alimentación de placa base (1/2).
9. Puerto IEEE 1394a.
10. Pulsador para borrar la BIOS.
11. Zócalo para micro LGA 1336.
12. Bancos de memoria.
13. Pulsador de RESET y pulsador de encendido.
14. Puertos USB.
15. Puertos USB y conector de red RJ45.
16. Conector de alimentación de placa base (2/2).
17. Selector de tensión para la memoria DDR.
18. Entradas/salidas multimedia (micro, altavoces...).
19. Entradas/salidas multimedia (micro, altavoces...) para el panel frontal.
20. Selector de tensión del chipset (North Bridge).
21. Chipset (North Bridge).
22. Selector de tensión del chipset (South Bridge).
23. Batería.
24. Conectores SATA.
25. Slots PCI Express (1x, 4x, 16x...).
26. Entrada SPDIF.
27. Alimentación del ventilador del chipset.
28. Chipset (South Bridge).
29. Clear CMOS.
30. Salida SPDIF.
31. Entrada CD analógico.
32. Conector FD.
33. Conexiones para frontal 1394.
34. Puerto USB (para frontal).
35. Conector IDE.
36. Power LED.
37. Conexiones LED para el frontal.

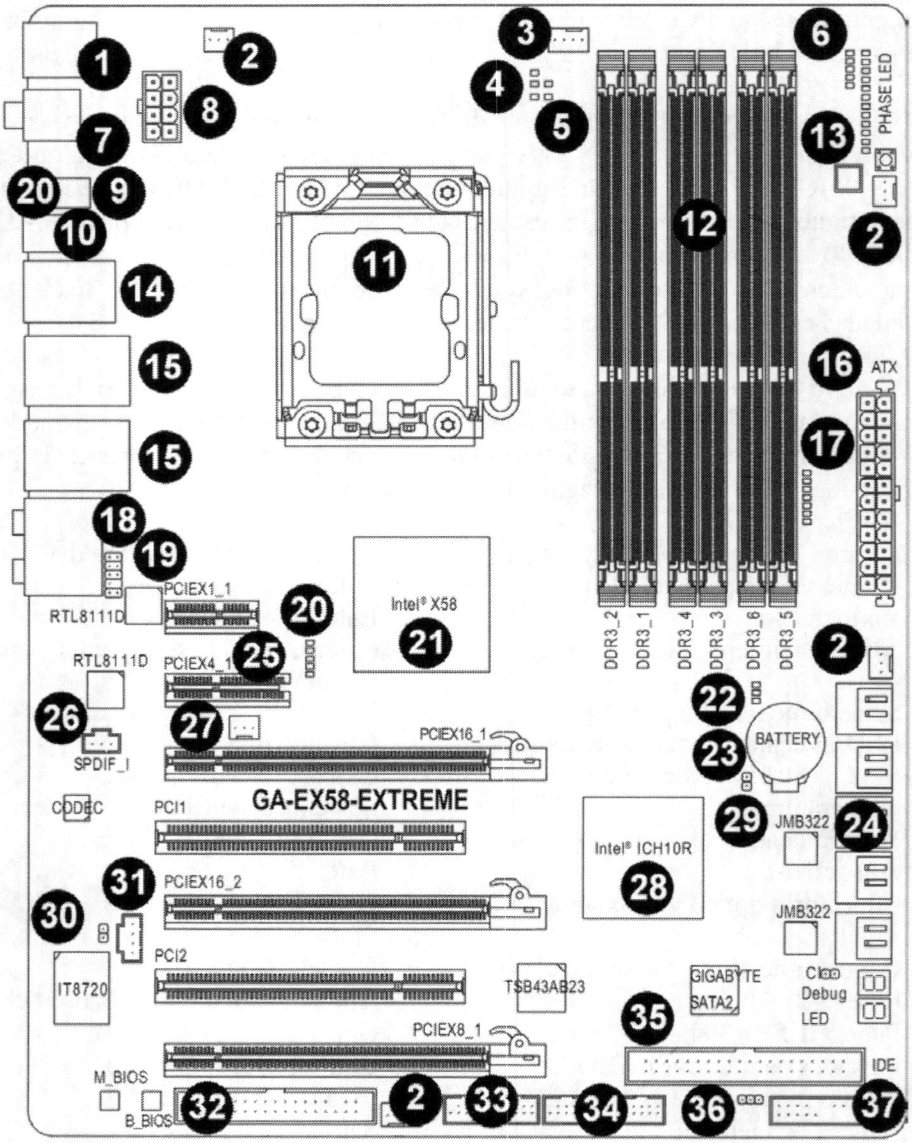

Figura 2.2. Esquema de placa base Gigabyte

Así pues, el objetivo de este capítulo es, exclusivamente, realizar una identificación básica de los principales elementos que integran la placa. A tal fin, vamos a enumerar los circuitos responsables de las características citadas así como los conectores más comunes.

2.2 LOS COMPONENTES

Cualquier placa base, con independencia del fabricante y grado de prestaciones, debe ofrecer una serie de mínimos para su ensamblaje. Todos están estandarizados para no presentar problemas con el resto de elementos que integran el PC. Así, la placa analizada corresponde a un modelo en el que se han encontrado muchas características, algo que la hacía idónea para su descripción. No obstante, hay otra serie de elementos que, quizás por básicos, escapan de la configuración de una *mother board* como la comentada, destinada a actuar en ordenadores servidores. Otros, sin embargo, a pesar de estar presentes, requieren un mayor grado de detalle. La definición básica de cada uno de los posibles componentes adicionales es la siguiente:

BIOS Se trata del *Basic Input Output System* o, lo que es lo mismo, el sistema básico de entrada-salida. En este componente se almacena la configuración del ordenador que previamente es introducida a través del Setup o programa de configuración. El método de acceso al Setup suele consistir en la pulsación de una tecla durante el arranque de la máquina (*Supr* en este caso, tal y como se aprecia en la figura.

Es importante destacar que este elemento precisa de una alimentación constante aun con el PC apagado, motivo por el cual las placas base incorporan una pila o una batería. Los fabricantes más comunes son AMI, Award (como es el caso de esta placa) y Phoenyx.

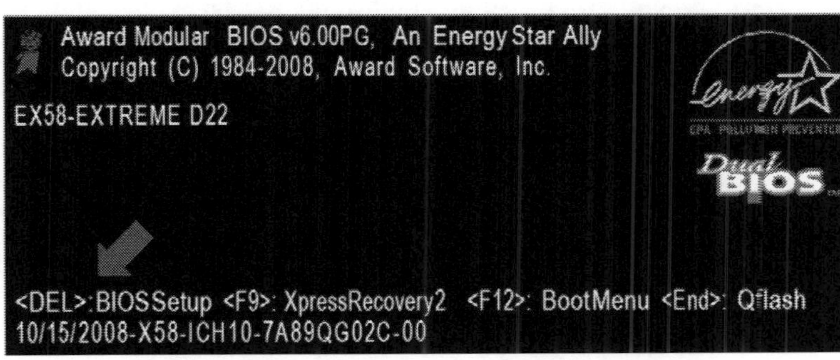

Figura 2.3. Acceso al Setup de la BIOS

Chipset Sin duda es el integrado de mayor protagonismo en la placa base. Se trata de un circuito que puede estar compuesto por varios integrados (entre 2 y 9) y que surge como fruto de la integración de toda la electrónica analógica discreta que se encuentra en la placa base. La idea es clara: en lugar de tener muchos componentes diseminados por el circuito impreso, se integran consiguiendo un elemento único que aglutina multitud de funciones. Tanto es así que, en gran medida, las prestaciones ofrecidas por una placa base dependen del chipset. Esta placa lo implementa en dos módulos (North y South) con los integrados X58 Espress e ICH10R.

Figura 2.4. Chipset refrigerado

Slots La misión de cualquier slot, con independencia de su tipo, es la de servir de interfaz a las distintas tarjetas que se conectarán a la placa base. Ahora bien, fruto del cuello de botella que supone el aumento de frecuencia de los micros cuando se trabaja con un bus de bajas tasas de transferencia, surge la necesidad de buses especializados, con mayores anchos de banda a fin de suplir requerimientos críticos de transferencia. En el caso de la placa analizada, se incorporan cinco PCI Express: dos de x16 y el resto de x8, x4 y x1, además de otros dos slots PCI.

Figura 2.5. Diferentes slots

Batería Como ya se adelantaba, los ordenadores disponen de una pila cuya misión es la de alimentar de forma constante a la BIOS. La tensión suministrada debe ser de 3,6 voltios, si bien se permite un amplio margen de variación. Así, no era difícil encontrar hace tiempo ordenadores con dos pilas de 1,5 v en el formato AA. En la actualidad se suelen poner pilas de las denominadas "de botón" en lugar de baterías ya que, dado el bajo consumo de la BIOS, la longevidad de las pilas supera ampliamente la propia vida de un ordenador medio. En la figura se aprecia la pila de botón (con la polaridad positiva hacia arriba).

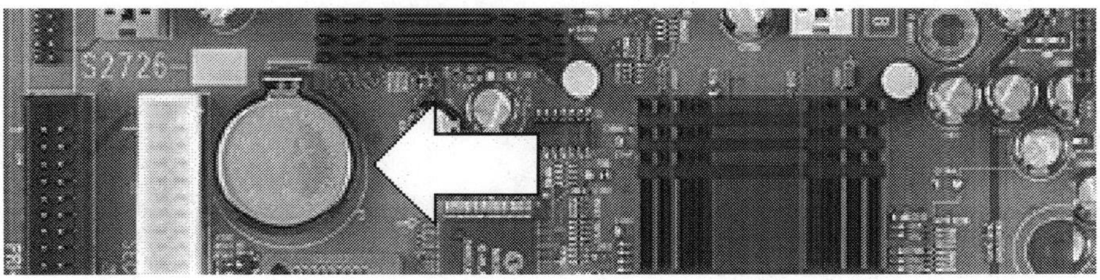

Figura 2.6. Pila de botón

Zócalo El *socket* o zócalo del microprocesador es la interfaz física donde se ensambla y consigue una total integración con la placa base. Obviamente, este zócalo irá en función del tipo de microprocesador utilizado. Es importante que se asegure de que la placa base elegida será la apropiada para el micro y no sólo en cuanto a la marca sino también en lo referente al tipo (o modelo).

Figura 2.7. Socket para Pentium 4 (LGA775)

Bancos de memoria Los bancos de memoria son los "conectores" (y ciertamente así podría denominárseles) destinados a albergar los diferentes módulos de memoria. Éstos, obviamente, deben ser conformes al tipo de memoria deseada y, según el tipo, se procederá a un modo de ensamblaje u otro. De cualquier forma y sea cual sea el tipo de memoria elegido, siempre se trata de una operación delicada dada la proximidad de los contactos (consulte el apartado dedicado a la memoria para mayor información).

Figura 2.8. Insertando memoria

Conexiones SATA/IDE/ /FDD Son los conectores encargados de comunicar los diferentes dispositivos de lectura y almacenamiento de datos con la placa base. De forma habitual se componen de un conector denominado FD correspondiente a la disquetera y dos canales IDE (IDE0 e IDE1) cuya misión es la de conectar los discos duros, unidades de CD, etc. En la actualidad la tecnología IDE (en su concepto de transferencia en paralelo) está obsoleta y se usa la SATA, con mayores tasas de transferencia. A medida que avance en la lectura y en el capítulo dedicado a los soportes de información, descubrirá los pormenores de su conexión física, configuración lógica y proceso de habilitación software, imprescindibles para su uso (operaciones de creación de particiones, formatos…).

Figura 2.9. Puertos SATA

Puertos USB

La funcionalidad de este tipo de puertos es la de permitir las comunicaciones con el exterior. Las conexiones USB se han impuesto para la conexión de cualquier tipo de dispositivo (cámaras fotográficas, impresoras, escáneres, PDA...).

Figura 2.10. Puerto USB

Puertos PS/2

Los puertos PS/2 (o mini DIN) son los usados para la conexión del ratón y el teclado. Son exactamente iguales y habitualmente el del teclado es el más próximo a la placa base.

Figura 2.11. Conectores de teclado y ratón

2.3 OTROS CONECTORES

De forma opcional, y en ocasiones casi por modas, aparecen en las placas base otra serie de conectores que casi podrían clasificarse de propietarios. Se trata de conectores específicos para un componente o varios pero muy concretos no pudiendo ser usados de forma genérica.

La característica que los distingue es que están diseñados para albergar elementos que no cumplen todas sus funciones por hardware, es decir, se abarata el dispositivo en cuestión eliminando parte de la electrónica y el peso de esta carencia recae sobre el propio ordenador. Se trata de un caso parecido al sistema que usan algunas impresoras (ver el capítulo dedicado a estos componentes) para abaratar el producto aprovechando los recursos del sistema (si bien algunos tienen una función específica que va más allá del aprovechamiento del PC, como puede ser el WOL, tratado a continuación).

Por supuesto que se trata de una decisión personal pero no dude de que esta rebaja de precio la está pagando sobradamente con los recursos de su propio sistema. Son varios los conectores que se pueden encontrar e, incluso, algunos son una evolución fruto de diseños anteriores. Los más populares son los siguientes:

WOL El WOL o *Wake on Lan* es un conector que posibilita el arranque del PC (que debe ser ATX) mediante una tarjeta de red. En otras palabras permite un control de encendido (al menos) remoto. Esta tecnología implica que, por supuesto, tanto la tarjeta de red como la propia placa base soporten este modo y, además, que exista un cable formado por tres hilos que las comunique.

AMR Es el *Audio Modem Riser* que en esencia es un conector diseñado de forma específica para módems que aprovechan los recursos del sistema. De este modo su precio es considerablemente inferior al de un módem convencional.

CNR Es el *Communication Network Riser* y se trata de una versión evolucionada del AMR que, básicamente, incorpora funciones para el manejo de tarjetas de red.

ACR El *Advanced Communication* es un avance más de los anteriores donde se contemplan, además, soportes específicos para comunicaciones DSL y *wireless*. Es importante destacar que es perfectamente compatible con el AMR pero no con los CNR, motivo por el cual algunos fabricantes incorporan de forma conjunta conectores ACR y CNR.

2.4 CONEXIONES

El conexionado de la placa base es tan diverso como las prestaciones que ofrece. Dadas sus características específicas de soporte para el resto de tarjetas, las placas base ofrecen conexionado para datos, tensión e, incluso, indicativos de proceso. A grandes rasgos, se podrían establecer tres grupos de conexionado dejando aparte, claro está, los propios relativos a las tarjetas. Estos tres grupos serían los correspondientes a la alimentación, datos e indicativos y control.

Dentro del primer grupo aplicado a la alimentación eléctrica, hay que tener en cuenta, por un lado la propia alimentación de la placa base que se puede realizar con dos o más conectores y, por otro, la tensión suministrada a los ventiladores disipadores que no se alimentan desde la propia placa base. Los conectores destinados a suministrar el fluido eléctrico a la placa base tienen un diseño que impide su inserción errónea.

El conector de suministro eléctrico para los ventiladores disipadores suele ser gestionado por la placa, donde la tensión es proporcional a la temperatura y detectada a través de una NTC. De este modo, a mayor temperatura, mayor tensión y, por tanto, mayor número de revoluciones en el ventilador.

Figura 2.12. Conexión del ventilador de la CPU

El segundo grupo que se establecía era el destinado a los datos. Aquí se hace referencia fundamentalmente al trasiego de información que debe producirse con las disqueteras, discos duros... Estas conexiones se realizan mediante cables SATA o los popularmente denominados "buses" que son unas fajas de hilos para dispositivos. El destinado a la disquetera (opcional en el caso de la placa tratada) es fácilmente reconocible ya que tiene un "doblez" entre dos de sus conectores (ya se verá el porqué en este libro). Todos los detalles de conexionado específicos están detallados en los capítulos correspondientes a disqueteras y al de discos duros. También puede ser interesante leer el dedicado al ensamblaje del PC. De cualquier manera, sí hay algo con lo que debe comenzar a familiarizarse: observe que en todos los cables IDE, uno de sus hilos, justo en un lateral, está tintado de color rojo. Éste será el lado del conector que deberá insertarse en el pin número 1 del dispositivo en cuestión o de la propia placa base. Obviamente, esta indicación deberá venir serigrafiada o advertida de algún modo en la placa o el dispositivo donde se desee conectar. En el caso de los SATA, la propia disposición del conector identifica clararmente su posición.

El tercero y último de los grupos establecidos es el denominado indicativos y control. Su nombre deriva de que aglutina a varios conectores con la función de ofrecer información al usuario del estado de la máquina mediante diodos LED (uso del disco duro, disquetera, indicador de encendido...) y permitir a éste la intervención mediante el uso de pulsadores (RESET y encendido fundamentalmente). En este punto deberá ponerse atención a la polaridad de los LED ya que, comúnmente, se usa el color blanco para determinar la masa en lugar del color negro como es habitual.

2.5 PROBLEMAS TÍPICOS

Por dura que pueda resultar la afirmación, las placas base son uno de los componentes con mayor índice de fallos, quizás por el amplio número de funciones que abarcan. Por supuesto, generalizar es un error y esto depende en gran medida de las marcas. De cualquier manera, ya sea por el intrusismo de fabricantes con poca calidad o por la complejidad del circuito (vaya usted a saber...), lo cierto es que en una comparativa de índices de error con, por ejemplo, los microprocesadores, las placas base quedarían en muy mal lugar. Asegúrese de leer atentamente el manual de instrucciones antes de proceder a operar y sea especialmente cuidadoso con la electricidad estática. Algunos de los problemas más clásicos son los siguientes:

PROBLEMA	POSIBLE SOLUCIÓN
El ordenador pierde la fecha y la hora	Probablemente el error se deba a que la pila o la batería de la placa base está gastada. Estos componentes, si bien están garantizados por años, pueden presentar errores. Por otro lado, hay quien acostumbra a tener desconectado durante un largo período de tiempo el ordenador, lo cual puede provocar la pérdida de carga en la batería. Por otro lado, no olvide los problemas que las pilas de cualquier tipo pueden presentar como, por ejemplo, contactos sulfatados.
No se enciende un LED	El error puede estar en el propio LED o en la placa base. Compruebe con un polímetro el LED (debe mostrar continuidad en un sentido y un circuito abierto con la polaridad invertida). Si no dispone de polímetro, pruebe a conectarlo sobre otra salida de LED (si prueba, por ejemplo, el HDD LED, conéctelo al Power LED). Si aún así falla, revise la polaridad de los cables (recuerde que el hilo de color blanco es la masa). Desestimadas estas posibilidades, el error puede deberse a la propia placa base (concretamente a un transistor encargado de la iluminación del LED). Resígnese, si sólo es ése el fallo, a no disponer del indicativo averiado.
El PC no hace nada	Cuando el problema no es de alimentación (tal y como verá en el capítulo dedicado a este tema), la placa base, aun en el peor de los casos, debe emitir unos pitidos típicos (POST). Si esto no ocurre se puede afirmar casi con total seguridad que el fallo se encuentra en la placa base o en el micro (si bien es cierto que el índice de errores en un microprocesador es realmente bajo).

2.6 ALGUNOS CONSEJOS

Puede que algunos de los consejos aquí enumerados le sean de utilidad. En la mayor parte de los casos son fruto de la experiencia. Motivo por el que resultaría complejo el intentar justificarlos. De cualquiera de las maneras, siempre pueden ser un punto de vista más a la hora de tomar una decisión.

1. No escatime a la hora de comprar una placa base: un equipo debe estar dimensionado con coherencia primando los aspectos más fundamentales. Sin duda, una buena placa base resulta imprescindible para ofrecer soporte a los requerimientos de las tarjetas.

2. En su elección de compra, elija aquellas placas que vengan bien documentadas: la configuración es un aspecto básico y, sin manuales, puede resultar una labor más intuitiva que técnica.

3. Una placa de calidad se aprecia a simple vista: observe los disipadores usados en chipsets y resto de circuitos con riesgo de calor, revise el acabado final de la placa (por ejemplo, no debe haber cables soldados por encima de las pistas). Fíjese en las soldaduras: deben ser brillantes y toda la cara de pines soldados debe estar protegida por un barniz protector. Desconfíe de grandes alardes de imprenta con mensajes publicitarios muy estridentes.

4. Sea especialmente cuidadoso en la manipulación: evite la posibilidad de descargas electroestáticas y ponga atención a la inserción de componentes como memoria o micros.

2.7 PRÁCTICAS PROPUESTAS

Los ejercicios y prácticas siguientes pretenden ayudar al lector a profundizar en los conceptos tratados en el capítulo. Un apéndice al final del libro describe, paso a paso, las soluciones propuestas. Se recomienda que el lector lo use como método de autoevaluación para comprobar la asimilación del tema que abre el capítulo.

1. Con ayuda del manual de su placa base, identifique cada uno de los elementos principales de la misma.

2. Identifique las principales características de su placa base.

3. Defina brevemente los principales elementos de una placa base.

Capítulo 3

MICROPROCESADORES

Ya avanzados en la composición del PC, los microprocesadores son, sin lugar a dudas, el elemento estrella dentro del mundo del PC. Y no es para menos: cualquier publicidad que sobre hardware microinformático trate comienza siempre denominando al microprocesador y su frecuencia de trabajo. Lo cierto es que se han asociado casi de manera inseparable a los ordenadores pero no es realmente así: en la actualidad, se utilizan microprocesadores en multitud de dispositivos pasando desapercibidos en calculadoras, increíbles teléfonos móviles o juguetes.

Según Michael Malone, en su libro *One Digital Day*, el número de microprocesadores que hay actualmente en el mundo es de $15 \cdot 10^9$. Por supuesto que es un dato más que cuestionable pero lo cierto es que aun aplicando un margen de error elevado, la cifra sigue resultando astronómica. El gran número de micros en conjunción con su vertiginoso incremento de velocidad (Gordon Moore estableció la Ley de Moore asegurando que cada año y medio se duplicaría la potencia y, sin duda, se quedó corto) hace que estos elementos estén siempre presentes en revistas técnicas abriendo nuevas necesidades de mercado.

Hace tiempo que se oye hablar de otras alternativas a los microprocesadores tal y como se conocen en la actualidad. Desde los micros biológicos hasta la computación molecular rondan los sistemas microinformáticos, previendo los límites físicos de integración del silicio. Ciertamente se ha llegado a tal punto que pueden cuantificarse los átomos empleados para realizar determinados procesos de fabricación y, asumiendo la indivisibilidad del átomo (no tan asumida, vaya), parece que necesariamente deberá producirse un cambio en cuestión de no demasiados años. De cualquier manera, la realidad abre aún un abanico de opciones interesantes y todavía queda tiempo para seguir concibiendo los microprocesadores tal y como se hace en la actualidad, basados en semiconductores. El tiempo, sin duda, deparará nuevas sorpresas.

3.1 EL CEREBRO DEL ORDENADOR

Si algún símil biológico pudiera aplicarse al microprocesador (no, no es tan raro: piénsese en memoria, virus...), ése sería el de cerebro. El microprocesador es, por excelencia, el elemento vital del cual dependen el resto de subsistemas. Por supuesto que todos son necesarios y, en la medida de la evolución específica del componente, cada vez más inteligentes, pero el micro (como comúnmente se le denomina) es el impulsor de todos.

Así será el encargado no sólo de realizar operaciones lógicas y aritméticas, sino que, además y dentro de sus cometidos, se encuentran tareas tan importantes como el acceso y direccionamiento de la memoria, el control de atención a interrupciones y muchas más.

Históricamente dos competidores han rivalizado por el mercado de los microprocesadores: Intel y AMD. No han sido los únicos y otros como Harris, Zilog, IIT, TI, Cyris, se han quedado en el camino o, simplemente, han guardado un discreto tercer lugar.

Intentando dar un enfoque práctico, este capítulo se centrará en el estudio sobre los dos fabricantes principales, sin menospreciar, por supuesto, al resto. Lo cierto es que más de un 95% de las máquinas actuales dentro del parque microinformático se abastecen de estos micros. Por otro lado se ha considerado interesante incidir no sólo en los productos de más candente actualidad sino también, en esos otros que, desfasados por meses, siguen constituyendo un número importante de máquinas. Obviamente, el estudio de los micros sólo puede realizarse de "patas hacia fuera", entendiendo que los secretos de fabricación y diseño quedan relegados a los fabricantes y, el resto, asumimos la información que nos proporcionan como veraz. Por supuesto que los aspectos prácticos, así como las experiencias más comunes, se reunirán en estas líneas.

3.2 MIDIENDO LOS MICROS

Aunque el parámetro más llevado y traído de los microprocesadores es una velocidad expresada en megahercios, lo cierto es que no resulta un parámetro del todo fiable. El microprocesador funciona con dos frecuencias de trabajo: por un lado su propia cadencia, es decir, a la que realizará todas las operaciones internas y, por otro lado, la externa, es decir, a aquélla a la que funcionarán el resto de los componentes a él conectados. Lógicamente, la división entre la frecuencia interna y la externa dará un valor que se conocerá como factor multiplicador.

Esto justifica que los aumentos de frecuencia sean proporcionales pero no lineales, es decir: un supuesto microprocesador que funcionase a 1 GHz (1.000 MHz, a modo de ejemplo y por trabajar con números "redondos") y una frecuencia externa (también llamada "de bits") a 133 MHz, dispondrá de un factor multiplicador de 7,5, dado que 133 · 7,5 = 997,5 MHz ≅ 1 GHz. Por otro lado, otro microprocesador a 1,5 GHz sólo variará su factor multiplicador hasta 11 (133 · 11 = 1.463 MHz ≅ 1,5 GHz). Como se observa, el rendimiento real de la placa base y todos los componentes en ella conectados no ven alterada su frecuencia de trabajo. Serán sólo las operaciones realizadas en el interior del propio microprocesador los que experimenten un aumento de velocidad de un 50%. Parece claro que la frecuencia, si bien es un valor orientativo, no es, ni mucho menos, el valor definitivo de rendimiento. Si a esto añadimos la capacidad multiprocesos de los microprocesadores multinúcleo, la referencia de la frecuencia como valor determinante se aleja aún más.

En este punto es coincidente Kevin Krewel, analista senior del The Microprocessor Report, que afirma que los usuarios finales deben ser conscientes de que el rendimiento del PC es más que sólo la frecuencia del procesador. Los procesadores de PC de hoy en día pueden proporcionar un mayor rendimiento a través de mejoras en la arquitectura tales como un aumento de la memoria caché y velocidades de bus más rápidas. El rendimiento global de un sistema es lo importante y eso es en lo que los compradores deben enfocarse cuando toman una decisión de compra.

Intel acostumbra a usar un parámetro de medida denominado índice iCOMP que, en modo gráfico, da una perspectiva del rendimiento. Lo cierto es que resulta cuestionable, no en cuanto a la veracidad de los datos pero sí en la medida que no resulta un elemento realmente determinante de evaluación del microprocesador. De algún modo, se puede interpretar que da un valor específico muy elevado a la velocidad que, como ha quedado demostrado, no es el único parámetro a tener en cuenta. No obstante, dentro del mismo fabricante, Intel ofrece una opción interesante de comparativa de micros en http://www.intel.com/home/compare/index.htm.

Otra medida, quizás la más acertada, son los MIPS o millones de instrucciones por segundo. En este caso sí se evalúa el rendimiento en cuanto a los resultados obtenidos. Por supuesto que también podría ser cuestionable pero, al final, con algún parámetro de referencia hay que quedarse. La decisión final debe inclinarse por el binomio prestaciones-precio asegurando, eso sí, la compatibilidad y eficiencia del micro que, en la inmensa mayoría de los casos, está garantizada con cualquiera de los principales productores de microprocesadores.

Los principales aspectos a tener en cuenta con respecto al microprocesador son los siguientes:

Arquitectura Hace referencia al diseño del micro. Así, puede haber dos microprocesadores que, aun trabajando a la misma frecuencia, consigan rendimientos distintos por la optimización del diseño, así como por otras mejoras en la arquitectura.

Caché Se trata de una memoria con carácter temporal para la información más consultada en base a algoritmos de disponibilidad o cadencia de acceso. Se trata de un aspecto determinante en el rendimiento.

Frecuencia Como ya se ha indicado, determina el número de ciclos de máquina que se pueden ejecutar por unidad de tiempo. Lo habitual es que se sitúe en miles de millones de ciclos por segundo (Gigahercios).

Multi Core Indica el número de "cerebros" o núcleos del micro. Aunque este tema se trata más adelante en el mismo capítulo, el concepto guarda una vaga relación con el multiproceso que algunas placas ofrecían.

Intel determinó a través de un estudio de satisfacción del mercado para evaluar sus equipos móviles que no era la frecuencia el parámetro más valorado por los usuarios, sino que cobraban protagonismo la autonomía de la batería, la disponibilidad de conexión inalámbrica, el tamaño y el peso. Tanto es así que en las previsiones de la compañía entra el cambiar la denominación de los microprocesadores por una secuencia numérica de tres dígitos que sea identificativa de un conjunto de características y no sólo de la frecuencia.

En resumen, el microprocesador es importante (muy importante) pero también depende de forma muy directa del resto de la circuitería. Al igual que un motor potente en un coche requiere de unas ruedas adecuadas o un amplificador HI-FI de unos altavoces concretos, el resultado final del ordenador requerirá de un buen microprocesador y, además, de una buena circuitería adyacente. En la mayor parte de los casos, suele resultar más recomendable acudir a configuraciones de menor frecuencia pero con una cantidad generosa de memoria y componentes de calidad.

Así, para elegir un buen micro, y como ya se adelantaba, es preciso saber un poco más acerca de su rendimiento, no bastando como parámetro único la frecuencia de reloj. Por esta razón, a continuación, se expone cómo medir el rendimiento en base a otros criterios.

3.2.1 Micros orientados al uso

Los microprocesadores han pasado por cambios significativos durante las últimas tres décadas pero, sin embargo, el modelo computacional básico no ha evolucionado demasiado. Así, al igual que un programa consiste en un conjunto de instrucciones y datos, en los microprocesadores las instrucciones están codificadas en una ISA (Instructions Set Architecture) específica, algo así como que todas las instrucciones del set[4] obedecen a una arquitectura específica. El modelo computacional es todavía un solo flujo de instrucciones de ejecución secuencial (se ejecutan una tras otra), y operan sobre una arquitectura de estados, esto es, memoria y registros. Es el trabajo de la microarquitectura (la forma como está organizado el microprocesador internamente), la lógica y los circuitos el llevar a cabo este flujo de instrucciones de forma óptima. Esta optimización va en función del uso final dado que no son los mismos requerimientos los demandados por servidores, PC de sobremesa o implementaciones móviles. Por ejemplo, los servidores están diseñados para alcanzar el más alto rendimiento posible, mientras que los sistemas móviles están optimizados para el menor consumo de potencia dado. Cada segmento del mercado tiene diferentes características y restricciones.

3.2.2 Parámetros fundamentales

Las métricas clave para la caracterización de un microprocesador incluyen una serie de parámetros a ser tenidos en cuenta, a saber: rendimiento, consumo de potencia, costo (relacionado con el tamaño del chip) y complejidad.

Rendimiento Este concepto es medido en términos del tiempo que le toma al microprocesador el completar una tarea dada. El rendimiento depende de muchos parámetros: desde el microprocesador en sí mismo, la carga de trabajo específica, la configuración del sistema, las optimizaciones del compilador... hasta el propio sistema operativo. No obstante, es posible medir de forma objetiva el rendimiento a partir de una fórmula implantada en la década de 1980, vigente a día de hoy y considerada como una *iron law* (ley de hierro) del rendimiento:

$$R = 1/ET = \frac{IPC \cdot Frecuencia}{IC}$$

En la expresión, *ET* es el tiempo de ejecución de una instrucción,

---

[4] Todo microprocesador tiene un conjunto finito de instrucciones que es capaz de ejecutar, a este conjunto se le conoce como "set de instrucciones".

IPC es el número promedio de instrucciones completadas por ciclo, *Frecuencia* es el número de ciclos de reloj por segundo e *IC* es la cuenta de instrucciones, que mide el número total de comandos ejecutados. A partir de estos datos es posible iniciar un análisis objetivo del rendimiento del microprocesador. Como resulta obvio, este valor puede ser mejorado por el incremento de los factores *IPC* y *Frecuencia*, o por el decremento del denominador *IC*. En la práctica, *IPC* varía dependiendo del ambiente de trabajo, la aplicación y la configuración del sistema. *IC* varía en función de la ISA y el compilador usado. Para un programa ejecutable dado, donde el flujo de instrucción no varía, el rendimiento relativo depende sólo del producto *IPC* · *Frecuencia*. El rendimiento, en este caso, es medido en millones de instrucciones por segundo (MIPS).

Así, una vez más queda claro que la medición del rendimiento de un microprocesador es relativa (aunque no por ello cuantificable, tal y como se ha explicado) en dependencia de muchos factores controlables por quien realiza las pruebas. Esto justifica que haya que ser cauteloso con los *benchmarks* facilitados por los fabricantes, ya que éstos están optimizados para obtener grandes valores y de esta forma facilitar el marketing. De hecho, las colecciones[5] de *benchmarks* usadas comúnmente han sido definidas para medir el rendimiento, pero apuntando a diferentes segmentos del mercado. Ejemplos válidos de éstos pueden ser SPEC y SysMark.

Potencia

Define el consumo de energía por unidad de tiempo, el cual es medido en watios (w). Un alto rendimiento requiere más potencia dado que, entre otras cuestiones, el aumento de frecuencia conlleva necesariamente un aumento de consumo. Sin embargo, la potencia debe ser limitada debido a las siguientes cuestiones:

Densidad de potencia y la temperatura: la potencia disipada por el chip por unidad de área es medida en w/cm^2. A fin de mantener a los transistores integrados que conforman el dispositivo en su rango de temperatura de operación, el calor generado tiene que ser disipado sin olvidar la relación costo-efectividad, algo que plantea que la densidad de potencia podría pronto limitar el crecimiento del rendimiento debido a las limitaciones de disipación térmica.

---

[5] Una colección de benchmarks consiste en un conjunto de diferentes aplicaciones. El tiempo que lleva completar la colección en cierto sistema refleja el rendimiento del mismo.

Potencia entregada: la potencia entregada a un componente de muy alta escala de integración (VLSI) o ultra alta escala de integración (ULSI), como puede ser un microprocesador, debe corresponderse con los niveles de tensión requeridos y la corriente suficiente para que el componente pueda funcionar. Un regulador/transformador muy preciso controla la alimentación de corriente que puede variar en nanosegundos. Así, como la corriente se incrementa a consecuencia del necesario incremento en el rendimiento del dispositivo, el costo y complejidad de estos reguladores/transformadores se incrementa también.

Vida de la batería: en el caso de los equipos portátiles, las baterías están diseñadas para soportar un cierto número de watios por hora. Un incremento en el consumo de potencia acorta el tiempo que la batería puede operar de manera autónoma.

Hasta no hace demasiado, la eficiencia en el consumo de potencia fue un asunto casi exclusivo de los sistemas que operaban con baterías, tales como ordenadores portátiles o teléfonos móviles. Recientemente, la complejidad y frecuencias de reloj incrementadas de los microprocesadores han causado que el consumo de potencia haya crecido hasta un nivel tal que ha llegado a ser una especificación de primer orden. En la actualidad, cada segmento del mercado tiene sus propios requerimientos de potencia y límites, haciendo de la limitación de potencia un factor clave en cualquier microarquitectura moderna. La maximización del consumo de potencia es incrementada con la tensión de operación del microprocesador y con la frecuencia tal y como se define:

$$P = CxV^2 xFrecuencia$$

En la fórmula se define *C* como la capacitancia de carga efectiva de todos los dispositivos y conexiones del microprocesador. En algunos rangos de tensión, la frecuencia podría subir con el voltaje de alimentación *V* $(Frecuencia = kxV^{\alpha-1}, \alpha \geq 1)$. Ésta es una buena forma de ganar rendimiento pero con un incremento de potencia proporcional a $V^{2+\alpha}$. Otra métrica importante relacionada con la potencia es la *eficiencia de energía*, reflejada por la relación rendimiento/potencia y medida en MIPS/w.

Core

De un tiempo a esta parte y dado el vertiginoso incremento de la potencia de cálculo, las compañías fabricantes de microprocesadores han optado por incorporar varios *cores* (núcleos) en sus micros. Esta implementación aumenta la capacidad de trabajo de forma espectacular y de forma más económica a lo que implicaría el montaje de dos micros en una misma placa.

Costo En primer lugar es determinado por el tamaño físico del área de silicio manufacturada. Mientras más grande sea el área, más caro será el microprocesador. Por otro lado, generalmente un área manufacturada mayor usualmente implica un mayor consumo de potencia, y potencialmente, podría implicar una menor frecuencia debido a la longitud de las conexiones internas. El *rendimiento de manufactura* puede entenderse como una relación entre el número de microprocesadores obtenidos dividido entre el número total de microprocesadores construidos. Este valor que mide la efectividad del proceso de fabricación tiene un impacto directo en el costo por cada uno de los microprocesadores.

Complejidad Refleja el esfuerzo requerido para diseñar, validar y fabricar un microprocesador. La complejidad es afectada por el número de dispositivos en el área fabricada de silicio, el rendimiento perseguido, la potencia y el área de silicio fabricada.

Tecnología del semiconductor Viene expresado en nm[6] y, obviamente, relacionado con el grosor del micro. Un aumento de densidad conlleva un "aumento de la electrónica" implementada que se refleja en un mayor rendimiento. El nuevo proceso de Intel a 45 nm basado en el óxido de hafnio en lugar del dióxido de silicio le permite que los transistores se puedan encapsular de forma más densa que el proceso a 65 nm, consiguiendo un aumento de velocidad y una disminución de la temperatura.

3.3 INTEL

Sin lugar a dudas es el principal fabricante del sector. Esto hace que se le dedique una atención especial en este libro, sin que esto vaya en menoscabo de otros fabricantes como puede ser el caso de AMD (al que también se le hace una referencia en este mismo capítulo). Dado el dinamismo del sector, escribir sobre "lo último" de cualquier fabricante de microprocesadores es, cuando menos, arriesgado. La continua evolución de este componente consigue, día a día, eliminar límites y plantear nuevos retos de procesamiento. Aun así, es necesario correr ese riesgo.

[6] Un nanómetro (nm) es la mil millonésima parte de un metro.

La anterior edición de este libro se cerraba con un análisis de *Core 2 Extreme QX6700* de Intel, no muy difundido en su momento debido a su elevado coste. Este microprocesador de cuatro núcleos se entendía como la integración en un único componente de dos *Core 2 Duo*, algo así como dos microprocesadores doble núcleo.

En el momento de escribir estas líneas, la compañía apuesta por cuatro productos estrella, a saber: Intel Core i3, i5, i7 e i7 Extreme Edition, todos de 2010. Todos los productos descritos a continuación están avalados por Intel a través de su web. Si precisa información adicional referente a los distintos microprocesadores de la compañía, acceda a http://www.intel.com/espanol/ para obtener la información más actualizada de los últimos productos de la marca. Realicemos un análisis más pormenorizado de los más comunes.

Figura 3.1. Logos de los Intel Core i7 Extreme Edition, i7, i5 e i3 micros de Intel

3.3.1 Intel Core i3 2010

El Intel Core i3 de 2010 viene precedido del slogan comercial "El estilo inteligente empieza aquí" y no es para menos. Se trata de un micro capaz de optimizar el rendimiento dosificando oportunamente el consumo energético, algo fundamental para los equipos móviles, además de gestionar una multitarea inteligente con la tecnología Hyper Threading.

Hasta un total de cinco modelos de este micro se han presentado por Intel, donde las características en cuanto a núcleos, subprocesos... se mantienen, variando exclusivamente la frecuencia de trabajo y el consumo.

	Procesador	Núcleo/ subprocesos	Reloj (Ghz)	Smart Caché (MB)	Silicio (nm)	Turbo Boost	Hyper Threading
Portátil	Consumo convencional						
	i3-350M	2/4	2,26	3	32	✗	✓
	i3-330M	2/4	2,13	3	32	✗	✓

	Muy bajo consumo						
	i3-330UMM	2/4	1,20	3	32	×	✓
Sobremesa	i3-540	2/4	3,06	4	32	×	✓
	i3-530	2/4	2,93	4	32	×	✓

Tabla 3.1. Intel Core i3 2010

Algunas características concretas como la tecnología Intel Turbo Boost o la Intel® Hyper-Threading (Intel HT) requieren funcionalidades adicionales que deben ser proporcionadas por elementos externos, tanto hardware como software. En el caso de la tecnología Intel Hyper-Threading, se precisa de un sistema con chipset, BIOS y sistema operativo que utilicen esta tecnología. Como dato llamativo, la tecnología Intel HT no está disponible en el procesador Intel Core i5-750, tratado a continuación.

3.3.2 Intel Core i5 2010

El Intel Core i5 del 2010 es el modelo inmediatamente superior en gama al popular i3. En esencia mantiene todas las características de la gama, ofertando micros tanto para equipos portátiles como de sobremesa en consumo normal y reducido. La frecuencia aumenta gracias a la tecnología Intel Turbo Boost, que acelera automáticamente el procesador cuando se requiere un rendimiento extra, pero, como ya se ha comentado, es preciso que el resto del sistema lo soporten.

	Procesador	Núcleo/ subprocesos	Reloj (Ghz)	Smart Caché (MB)	Silicio (nm)	Turbo Boost	Hyper Threading
Portátil	Consumo convencional						
	i5-540M	2/4	2,53 a 3,60	3	32	✓	✓
	i5-520M	2/4	2,40 a 2,93	3	32	✓	✓

	i5-430M	2/4	2,26 a 3,53	3	32	✓	✓
	Muy bajo consumo						
	i5-540UM	2/4	1,2 a 2,0	3	32	✓	✓
	i5-520UM	2/4	1,06 a 1,86	3	32	✓	✓
	i5-430UM	2/4	1,2 a 1,73	3	32	✓	✓
Sobremesa	i5-750S	2/4	2,44 a 3,20	8	45	✓	N/C
	i5-750	2/4	2,66 a 3,20	8	45	✓	N/C
	i5-670	2/4	3,46 a 3,73	4	32	✓	✓
	i5-661	2/4	3,33 a 3,60	4	32	✓	✓
	i5-660	2/4	3,33 a 3,60	4	32	✓	✓
	i5-650	2/4	3,20 a 3,46	4	32	✓	✓

Tabla 3.2. Intel Core i5 2010

Como se desprende de la tabla, el procesamiento multitarea de 4 hilos permite que cada núcleo del procesador trabaje en dos tareas al mismo tiempo.

3.3.3 Intel Core i7 2010

El i7 viene a completar la gama potenciando los aspectos multimedia. Por supuesto, aumenta la frecuencia de trabajo (nuevamente condicionado a la disponibilidad del Turbo Boost por parte del equipo) y una mayor capacidad de memoria caché complementa este diseño.

	Procesador	Núcleo/ subprocesos	Reloj (Ghz)	Smart Caché (MB)	Silicio (nm)	Turbo Boost	Hyper Threading
Portátil	Consumo convencional						
	i7-820QM	4/8	1,73 a 3,06	8	45	✓	✓
	i7-720QM	4/8	1,60 a 2,80	6	45	✓	✓
	i7-620M	2/4	2,66 a 3,20	4	32	✓	✓
	Muy bajo consumo						
	i7-640LM	2/4	2,73 a 2,93	4	32	✓	✓
	i7-620LM	2/4	2,0 a 2,8	4	32	✓	✓
	i7-660UM	2/4	1,33 a 2,4	4	18	✓	✓
	i7-640UM	2/4	1,20 a 2,26	4	32	✓	✓
	i7-620UM	2/4	1,06 a 2,13	4	32	✓	✓

Sobremesa	i7-960	4/8	3,20 a 3,46	8	45	✓	✓
	i7-950	4/8	3,06 a 3,33	8	45	✓	✓
	i7-940	4/8	2,93 a 3,20	8	45	✓	✓
	i7-920	4/8	2,66 a 2,93	8	45	✓	✓
	i7-870	4/8	2,93 a 3,60	8	45	✓	✓
	i7-860S	4/8	2,53 a 3,46	8	45	✓	✓
	i7-860	4/8	2,80 a 3,46	8	45	✓	✓

Tabla 3.3. Intel Core i7 2010

Como se aprecia en la tabla de la página anterior, el Hyper Threading alcanza el procesamiento multitarea de 4 u 8 hilos que permite que cada núcleo del procesador trabaje en dos tareas al mismo tiempo.

3.3.4 Intel Core i7 Extreme Edition 2010

Sin duda es la joya de la corona. Con capacidad de overclocking, consigue un rendimiento extra. Por otro lado, el aumento de la memoria caché y su mayor frecuencia le hace recomendable para procesamiento crítico donde se precisen altas prestaciones. La gama de este modelo se reduce a cuatro micros: uno para portátil y tres para sobremesa, tal y como se aprecia en la tabla siguiente.

	Procesador	Núcleo/ subprocesos	Reloj (Ghz)	Smart Caché (MB)	Silicio (nm)	Turbo Boost	Hyper Threading
Portátil	i7-920XM	4/8	2 a 3,20	8	45	✓	✓
Sobremesa	i7-980X	6/12	3,33 a 3,60	12	32	✓	✓
	i7-975	4/8	3,33	8	45	✓	✓
	i7-965	4/8	3,20	8	45	✓	✓

Tabla 3.4. Intel Core i7 Extreme Edition 2010

3.3.5 La gama ofimática

Además de los micros destacados de la compañía, Intel proporciona otros orientados a un uso menos exigente. En esta línea se encuentran los Pentium y los Celeron. En el caso de los Pentium, se cuenta con la fiabilidad de un microprocesador más que testeado en los entornos básicos (ofimática principalmente).

Figura 3.2. Logo del Intel Pentium

Las posibilidades del Pentium de 2010 abarcan desde los 1,30 GHz hasta los 2,93 GHz, en modelos específicos para portátiles y sobremesa. Se trata de una gama alta adecuada para equipos de oficina que se resume en la siguiente tabla:

	Procesador	Núcleos	Reloj (GHz)	Bus sistema (MHz)	Caché L2 (MB)	Silicio (nm)	Turbo Boost	Hyper Threading
Portátil	Consumo convencional							
	T4200	2	2,00	800	1	45	×	×
	T3200	2	2,00	667	1	65	×	×
	T2330	2	1,60	533	1	65	×	×
	T2310	2	1,46	533	1	65	×	×
	T2130	2	1,86	533	1	65	×	×

	T2080	2	1,73	533	1	65	x	x
	T2060	2	1,60	533	1	65	x	x
	T2370	2	1,73	533	1	65	x	x
	Muy bajo consumo							
	SU4100	2	1,30	800	2	45	x	x
	SU2700	1	1,30	800	2	45	x	x
Sobremesa	E6500	2	2,93	800	2	45	x	x
	E5400	2	2,70	800	2	45	x	x
	E5300	2	2,60	800	2	45	x	x
	E2200	2	2,20	800	1	65	x	x
	E2180	2	2,00	800	1	65	x	x
	E2160	2	1,80	800	1	65	x	x
	E2140	2	1,60	800	1	65	x	x
	G6950	2	2,80	N/D	3	32	x	x

Tabla 3.5. Intel Pentium 2010

La otra opción para configuraciones básicas que propone Intel es el Celeron. Una buena solución para sistemas sencillos donde no se exigen situaciones críticas de proceso. La gama de este micro es alta, ajustándose a la mayor parte de las necesidades ofimáticas, desde los 1,20 GHz hasta los 2,40 Ghz. Ésta es la relación completa:

	Procesador	Núcleos	Reloj (GHz)	Bus sistema (MHz)	Caché L2 (MB)	Silicio (nm)	Turbo Boost	Hyper Threading
Portátil	Consumo convencional							
	T3100	2	1,90	800	1 MB	45	x	x
	T3000	2	1,80	800	1 MB	45	x	x
	T1700	2	1,83	667	1 MB	65	x	x
	T1600	2	1,66	667	1 MB	65	x	x
	T1500	2	1,86	533	512KB	65	x	x
	T1400	2	1,73	533	512KB	65	x	x
	900	1	2,20	800	1 MB	45	x	x
	570	1	2,26	533	1 MB	65	x	x
	560	1	2,13	533	1 MB	65	x	x
	550	1	2,00	533	1 MB	65	x	x
	540	1	1,86	533	1 MB	65	x	x
	440	1	2,00	800	512KB	65	x	x
	Muy bajo consumo							
	SU2300	2	1,20	800	1 MB	45	x	x
	743	1	1,30	800	1 MB	45	x	x
	723	1	1,20	800	1 MB	45	x	x

	Procesador	Núcleos	Reloj (GHz)	Bus sistema (MHz)	Caché L2 (MB)	Silicio (nm)	Turbo Boost	Hyper Threading
Sobre-mesa	E1600	2	2,40	800	512MB	65	x	x
	E1500	2	2,20	800	512MB	65	x	x
	E1400	2	2,20	800	512MB	65	x	x
	E1200	2	2,20	800	512MB	65	x	x
	440	1	2,20	800	512MB	65	x	x
	430	1	2,20	800	512MB	65	x	x
	420	1	2,20	800	512MB	65	x	x

Tabla 3.6. Intel Celeron 2010

Figura 3.3. Logo del Intel Celeron

3.4 LA OPCIÓN DE AMD

AMD, fundada en 1969 y con sede en Sunnyvale (California) representa una opción más a tener en cuenta antes de decidir qué microprocesador adquirir. Desde aquellos legendarios 80386 a 40 MHz que ganaron la partida tecnológica y legal a Intel con su 80386 a 33 MHz, AMD se ha consolidado como un serio rival. ¡Cuánto ha llovido desde entonces!

La política de AMD ha sido siempre la de sacar al mercado microprocesadores muy potentes, a fin de poder rivalizar "de tú a tú" con Intel, líder indiscutible, al menos históricamente, ya que en ventas andan muy a la par.

No es de extrañar que en esta línea de producto en cuanto a microprocesadores se refiere (también fabrica procesadores de vídeo, memorias, chipsets...), muchas sean las marcas que hayan apostado por AMD. Si bien hace años existían alianzas –escritas o no– entre fabricantes de PC y de microprocesadores (tal podía ser el caso de IBM e Intel), en la actualidad los fabricantes de las grandes marcas escudriñan el mercado buscando el mejor producto. Un equilibrio entre prestaciones y precio es lo que el sector demanda y los fabricantes lo saben. De este modo compañías como Packard Bell, ATI Technologies, Ulead Systems y otras forman binomio perfecto entre sus productos y los microprocesadores *de la flecha*.

AMD ofrece soluciones no sólo en el ámbito de los microprocesadores de consumo (de usuario) sino también para servidores, estaciones de trabajo... En el momento de escribir estas líneas, la compañía apuesta por los siguientes productos en su gama de equipos de sobremesa de consumo: AMD Phenom II, AMD Phenom X4 Quad Core y X3 Triple Core, AMD Athlon X2 Dual Core, AMD Athlon, AMD Sempron y AMD Athlon II.

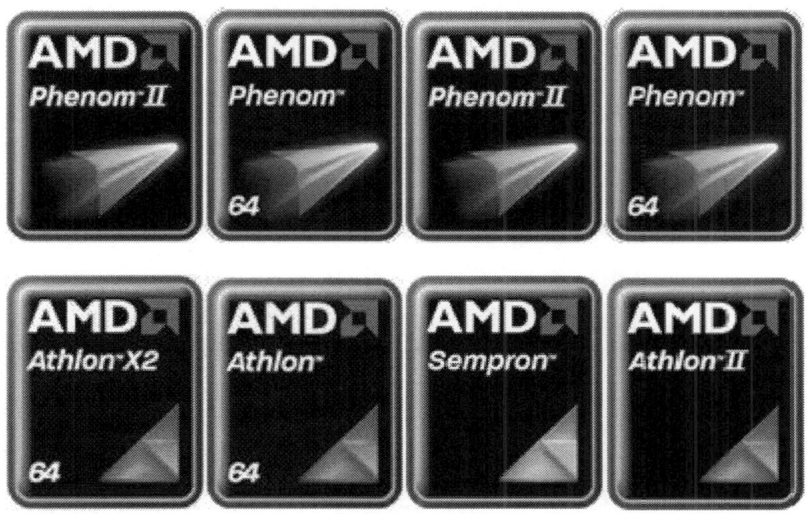

Figura 3.4. Logos de micros de AMD

3.5 IDENTIFICACIÓN DEL MICRO POR EL S.O.

Si quiere saber a través de Windows qué microprocesador tiene instalado (o al menos el que hay configurado en la placa base) puede acceder a *Panel de Control/Sistema/Propiedades del Sistema* y ver cuál es la identificación de Windows desde la pestaña etiquetada como *Hardware*, tal y como se aprecia en la figura siguiente:

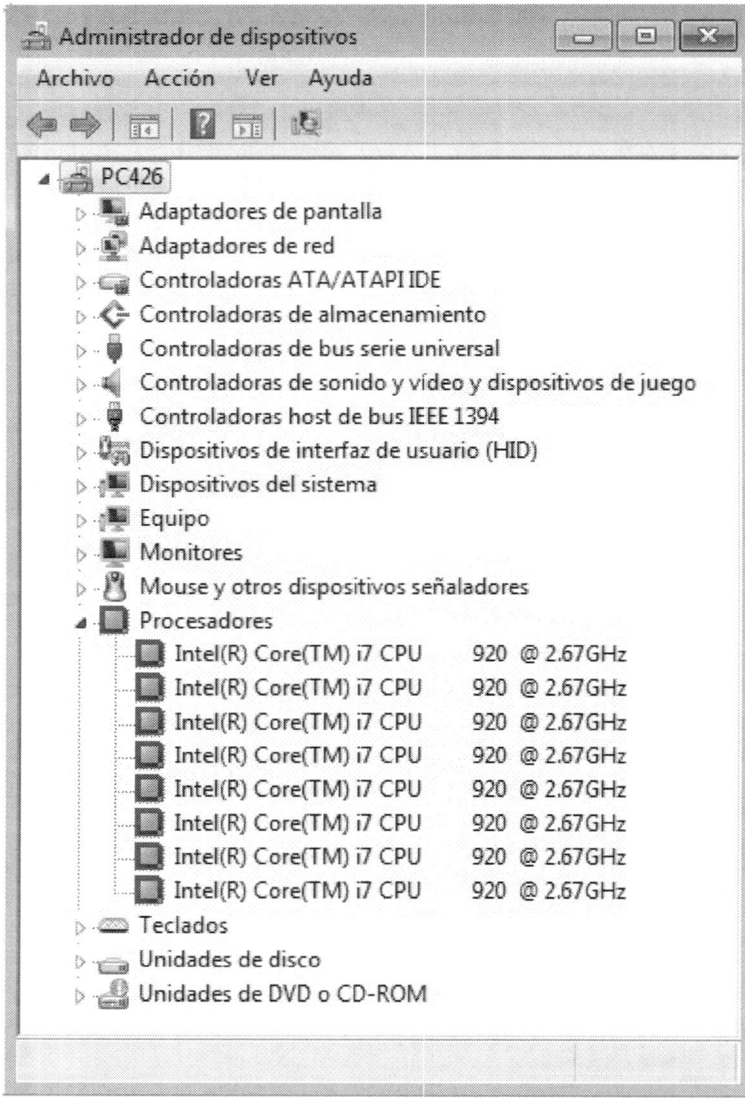

Figura 3.5. Identificación por XP

Como se puede observar, la definición es absoluta en cuanto a fabricante, tipo de microprocesador y frecuencia de trabajo. No obstante, esto no debe llevar a engaño ya que el sistema operativo refleja exclusivamente aquello que previamente ha sido configurado en la placa base (si se hubiese realizado un *overclocking*, el micro que aparecería sería aquél para el que se configuró la frecuencia). El sistema más fiable de identificación del micro consiste en comprobar físicamente el componente, esto es, abrir la caja y retirar el disipador para comprobar la serigrafía. Sólo así se dispondrá de la certeza de contar con una información realmente veraz.

No obstante, si el usuario opta por investigar las *Propiedades* del objeto en cuestión, encontrará información relativa al funcionamiento del microprocesador, así como a su estado actual y drivers usados en este momento.

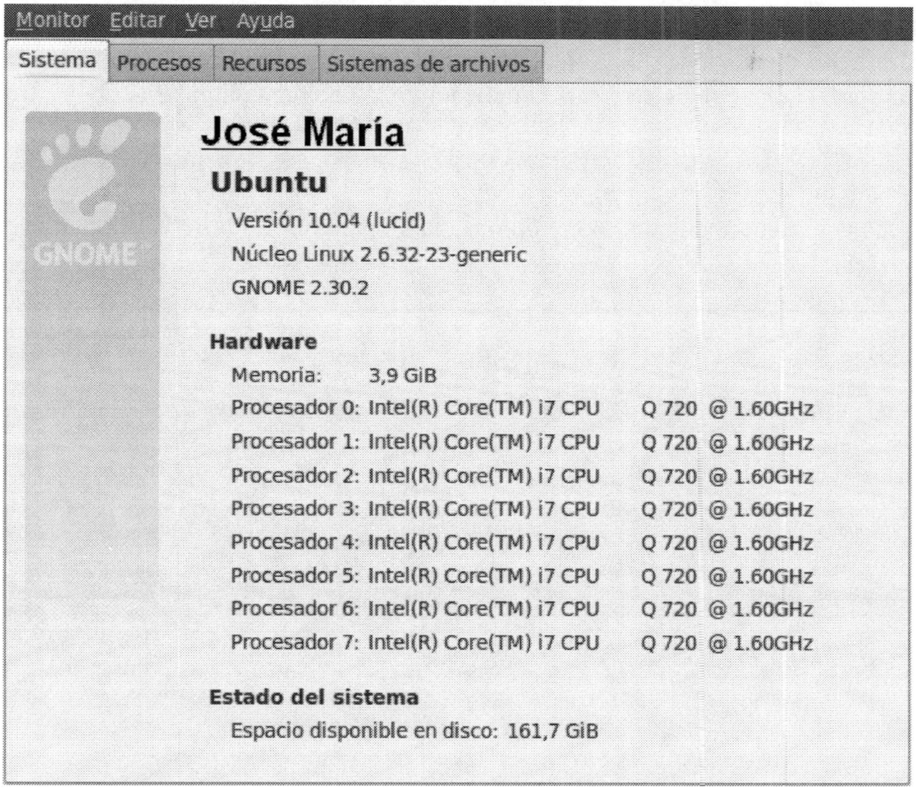

Figura 3.6. Identificación por Ubuntu

Si la prueba se realiza sobre un ordenador portátil actual de la gama Intel, probablemente se encuentre con alguno de los modelos que la compañía ofrece a tal fin, ordenados de más a menos prestaciones: Intel Core2 Extreme (serie X9000), Centrino (series T5000 a T9000), Pentium de doble núcleo (serie T2000), Celeron de doble núcleo (serie T1000) o Celeron "sencillo" (serie 500).

3.6 HABLANDO DE RESULTADOS

Llegado a este punto, queda claro que los criterios para valorar un ordenador no deben ajustarse estrictamente a observar su microprocesador y aún más allá: la valoración del propio microprocesador no es un tema exclusivo de la frecuencia, tal y como ya se ha explicado en este mismo capítulo.

Así, ¿cómo determinar el microprocesador adecuado? Sin duda una labor compleja al igual que todas las decisiones que se quieran tomar de modo consecuente. Además de la experiencia de otros usuarios y la valoración de revistas especializadas, existen aplicaciones cuya misión es la de valorar el rendimiento de una máquina. Claro está que tampoco el test de rendimiento de un programa debe ser un dato incuestionable, pero si se incrementa el número de tests en programas distintos, sí se puede llegar a una conclusión medianamente lógica.

Son muchos los programas que tienen esa función (la de evaluar prestaciones) y, en ocasiones, son usados también para la detección de averías. En este caso y a fin de ilustrar un ejemplo, se ha optado por *MetaBench*[7], en su versión beta 0.98.

Figura 3.7. Arranque de MetaBench

El test se ha ejecutado de forma similar en dos máquinas muy sencillas y semejantes en prestaciones pero con dos micros radicalmente opuestos: AMD Athlon XP 2600+ e Intel Pentium 4 2,00 GHz. Estas máquinas cuentan con la misma memoria básica de sistema (512 MB) y mientras que el micro Intel aporta más memoria de tipo L2 (512 KB frente a los 128 de su competidor), el AMD ofrece 128 KB de L1 frente a los 8 KB de Intel. Bien es cierto que no todo es tan sencillo y hasta los propios datos identificados por el programa son cuestionables (realmente no son "del todo ciertos") pero, sin duda, es un criterio más. En la figura siguiente se aprecian ambas identificaciones.

[7] Esta aplicación junto con otras utilidades interesantes está disponible en http://7byte.com/index.php?page= metabench bajo los criterios de descarga y uso especificados en la *web*.

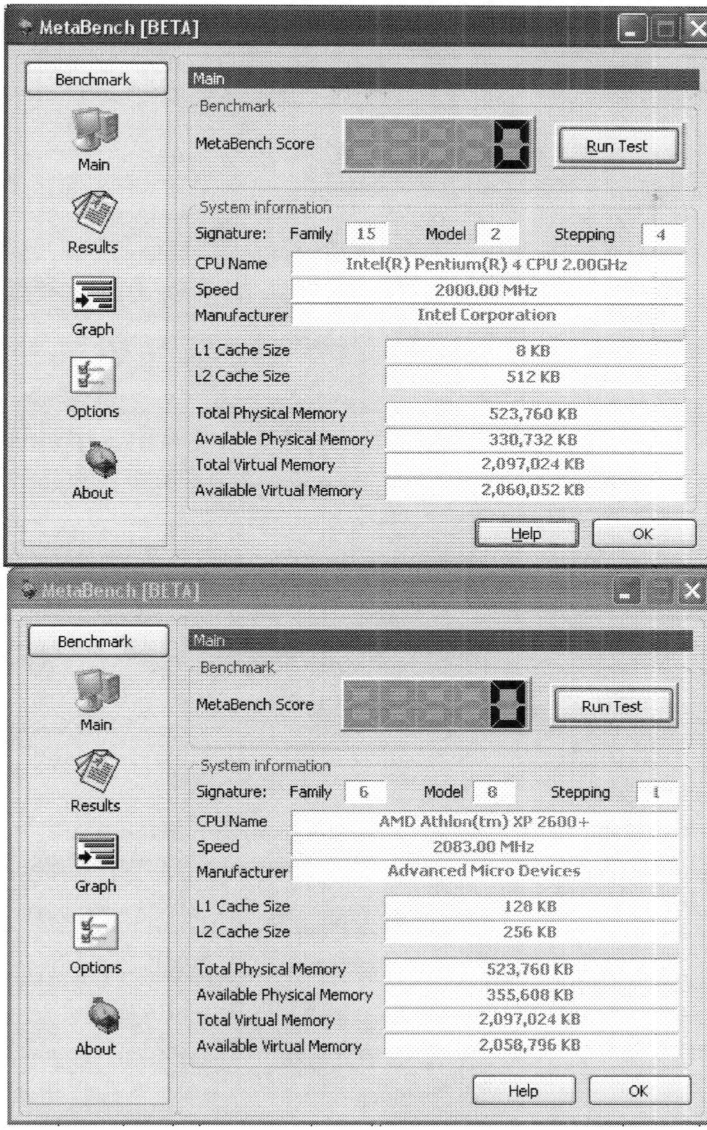

Figura 3.8. Configuraciones de Intel y AMD

Durante el proceso, en el que es preciso no mover el ratón ni pulsar teclas pero donde no se hace referencia a la ocupación de memoria por parte de potenciales aplicaciones residentes, se ejecutan hasta un total de 54 acciones distintas. El resultado en valores generales (la aplicación ofrece los valores específicos) es el siguiente:

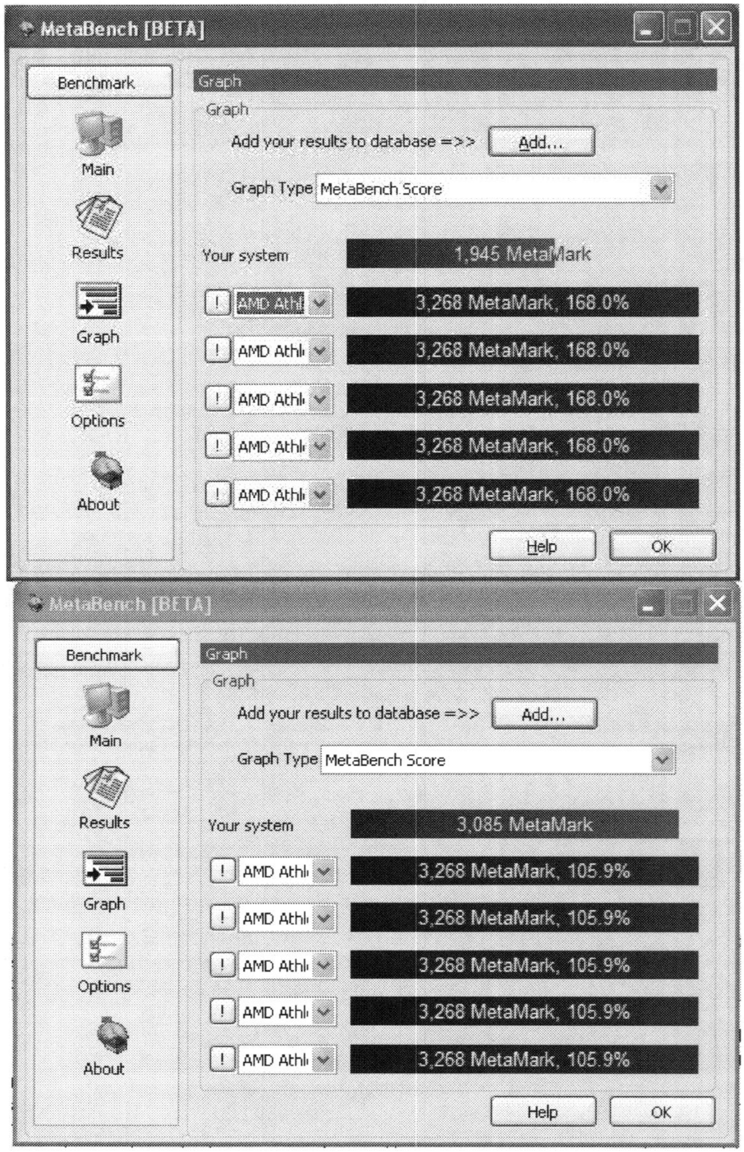

Figura 3.9. Resultados de Intel y AMD

Claramente la configuración del AMD rebasa a la de Intel de forma espectacular donde, sin entrar en consideraciones parciales, arroja un resultado de 3,085 (índice MetaBench de la aplicación) frente a un 1,945 del equipo Intel, es decir, casi un 37% menos de rendimiento. Si a esto se le añade la diferencia de precio (Intel es sustancialmente más caro que AMD), la recomendación en esta gama es clara.

3.7 MULTINÚCLEO

Aunque conceptualmente ya se apuntaba la idea en la introducción del apartado relativo al rendimiento de los microprocesadores, de un tiempo a esta parte, han aparecido nuevas denominaciones que, en ocasiones, inducen a error. Se trata de un concepto nuevo con el aspecto de perpetuarse como una mejora en los micros, motivo por el que requiere una aclaración. Se trata de los microprocesadores Dual Core, Core Duo y, en definitiva, la gama multinúcleo.

A poco que se profundice en Internet, rápidamente se aprecia la confusión que hay sobre este tema. Son muchos los autores que afirman que se trata de una tecnología única con dos denominaciones pero es algo más que eso.

La tecnología Dual Core es aquélla que usan los microprocesadores que incorporan en la misma CPU dos núcleos de procesamiento, compartiendo la interfaz con el bus y parte de la memoria caché. Esto lleva asociado la potencialidad (siempre que el sistema operativo lo permita) de trabajar en multiproceso, concretamente con dos procesos en paralelo e independientes. Esta idea no debe confundirse con la tecnología HyperThreading que permite la ejecución de dos hilos de proceso. Así, los microprocesadores con dos núcleos de proceso son los Dual Core. Si a éstos se les añade el HyperThreading, se les denomina Extreme Edition, con capacidad de ejecutar hasta dos procesos con dos hilos de ejecución en cada uno de ellos.

De forma paralela, los Core Duo son los microprocesadores Dual Core diseñados para equipos portátiles, con características específicas donde sobresale el bajo consumo.

Figura 3.10. Intel Pentium 4 Extreme Edition

La independencia de los núcleos de estos procesadores posibilita tanto el funcionamiento por separado o de manera conjunta en una tarea con mayores requerimientos. Los programadores que quieren aprovechar esta tecnología dividen su código en subprocesos capaces de ser atendidos por el núcleo que esté disponible (doble núcleo o cuatro núcleos) consiguiendo realizar más operaciones en el mismo tiempo y transmitiendo un resultado más eficiente al usuario.

3.8 EL OVERCLOCKING

El *overclocking*, en una traducción un tanto libre, significa "más allá del reloj" y sin duda se ajusta a la realidad del hecho. Esta técnica consiste en hacer trabajar a un microprocesador a una velocidad superior para la que ha sido diseñado. Sin entrar en precisiones técnicas, los semiconductores, elementos sobre los que se basa toda la electrónica del PC, microprocesador incluido, funcionan perfectamente en rangos de temperatura comprendidos entre los 5 ºC y los 25 ºC. Por otro lado, es conocido que, ante un aumento de frecuencia (de velocidad del microprocesador, por ejemplo) la potencia de la electrónica aumenta generando más calor que debe ser evacuado a fin de mantener la temperatura idónea de la máquina. Probablemente la primera pregunta que surja es qué interés tiene esto si bien resulta obvio: cabe la posibilidad real de conseguir que un micro funcione como otro de gama superior pero, lógicamente, manteniendo el precio del microprocesador "real" de que se dispone.

Si bien esto puede ser una práctica lícita y hasta beneficiosa, desaparecen todos estos calificativos (o al menos el de "lícito") cuando algunos proveedores o ensambladores realizan el *overclocking* a espaldas del usuario, cobrando por un microprocesador de una velocidad concreta el precio de su inmediato superior.

En principio parece sencillo pero, ¿cómo es posible? La respuesta es clara: las compañías aseguran sus productos a unas pruebas de laboratorio extremas y en cualquier situación garantizan el correcto funcionamiento del microprocesador a la frecuencia a la cual viene serigrafiado. Si más tarde el usuario final hace uso de su componente en unas condiciones más benévolas sobre todo en cuanto a temperatura se refiere, el resultado es que ese mismo microprocesador puede trabajar por encima de las especificaciones dadas por el fabricante.

Hay tres métodos básicos para realizar el *overclocking*: a través de la BIOS, cambiando el cristal de cuarzo o puenteando la placa.

Jumpers El tercero de los casos se da sobre todo en placas base donde se permite la instalación de varios tipos de microprocesadores. Aquí bastará con seguir las instrucciones detalladas de la placa y configurar un micro superior. Este sistema está en desuso y se tiende a modos de configuración donde no sea precisa la intervención física sobre la máquina. No obstante, los jumpers se siguen usando como elementos de configuración para múltiples dispositivos además de las placas base (discos duros, unidades de CD y DVD…).

Figura 3.11. Jumpers de PC

Cristal El elemento de base que establece la frecuencia es el cristal de cuarzo. Se puede identificar rápidamente por su forma plateada y su serigrafía. En función de la frecuencia del micro, vendrá con un valor u otro en aquellas placas donde se trate de un componente integrado (muchos portátiles, por ejemplo). Esta operación requerirá, probablemente, el uso del soldador, aunque ésta es una tarea no recomendable salvo para los muy experimentados (y sin garantías de éxito ni vuelta atrás: una opción para definir didácticamente pero nunca para recomendar su puesta en práctica). Los cristales se usan como componentes discretos en multitud de circuitos, especialmente en aquéllos relacionados con la radiofrecuencia. Si bien es posible su sustitución, las placas base de los ordenadores comunes son multicapa, es decir, están formadas por diferentes estratos de circuitos impresos donde la conexión de los componentes (isletas) es común y asegura el contacto electrónico. Una soldadura mal realizada puede provocar una falta de continuidad entre las diferentes capas y, como consecuencia, la avería irrecuperable de la placa.

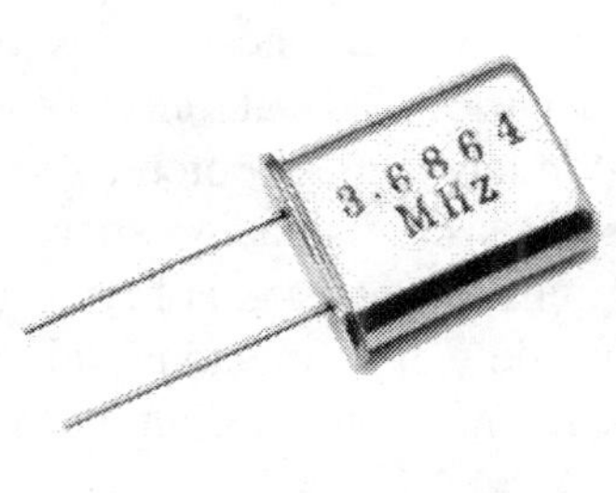

Figura 3.12. Cristal de cuarzo

BIOS Se trata de la opción más común. La mayoría de las BIOS incluyen la posibilidad de configuración completa del micro a través del *Setup*. Para ello posibilitan que se establezca la frecuencia de la placa y un factor multiplicador. Como producto de ambos parámetros surge la frecuencia del micro.

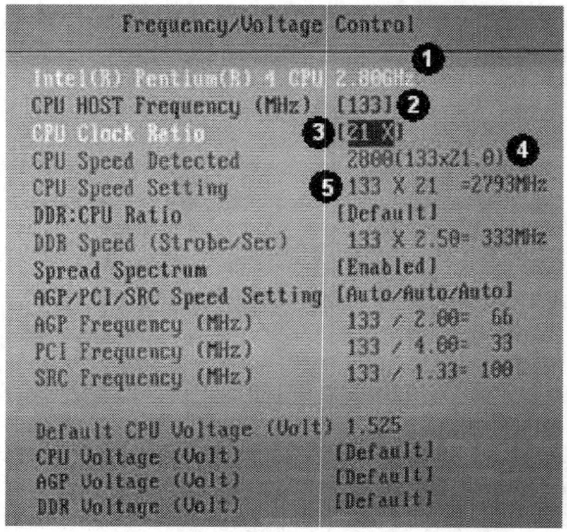

Figura 3.13. Configuración de CPU por BIOS

Si se varía ligeramente alguno de estos parámetros, la frecuencia a la que se hará trabajar el microprocesador también variará. Así, tal y como se muestra en la figura superior (no es posible realizar captura de pantallas de BIOS), la CPU tratada es un Pentium 4 a 2,8 GHz (❶), con un bus de 133 MHz (❷) y un factor multiplicador de 21 (❸). Estos datos, de forma obvia, configuran la CPU descrita ya que 133 MHz x 21 = 2.800 MHz (❹) que, calculados con exactitud, darían un total de 2.793 MHz (❺). La BIOS ofrece otra serie de datos que escapan de los objetivos de este apartado. De cualquier modo, la alteración de valores debe ser tratada con extremo cuidado ya que puede producir graves daños.

Esta técnica se encuentra en auge con la aparición del *modding* o, lo que es lo mismo, el modo de elevar prestaciones de las máquinas gracias a mejoras realizadas por el propio usuario. Así, algunos pioneros comienzan a utilizar disipadores mayores, ventiladores más potentes e incluso algunos, los más atrevidos, a implantar radiadores de disipación sobre la circuitería. De este modo, conjuntos "extraños" se dan cuando se aprecia la más moderna tecnología ayudada en la labor de evacuación de calor mediante el radiador de un sistema de refrigeración del parabrisas de una furgoneta. Sin duda, una estampa cuando menos curiosa.

Poco a poco, este tipo de mejoras van diseñando máquinas únicas, máquinas capaces de aumentar su rendimiento en un porcentaje que si bien no es significativamente importante, representa un aumento en seguridad, estabilidad y longevidad de la máquina. Dentro de estas técnicas se incluye la de *lapping* o, lo que es lo mismo, la planificación total mediante una operación de pulido de la superficie del microprocesador y el disipador. Esta operación hace desaparecer las serigrafías y troquelados consiguiendo una mayor superficie de contacto y, por tanto, de disipación.

Figura 3.14. Disipadores modding con neones

De cualquier modo recuerde que esta operación puede provocar daños en su equipo (basados en la electromigración y el aumento de temperatura) si bien, a nivel personal, jamás he podido constatar un error irreversible. No obstante, recuerde que esta práctica, como la mayor parte de las expuestas en el libro, entrañan cierto riesgo y que en ningún modo están asumidas por el autor. Asegúrese bien antes de realizar los cambios que impliquen cierto riesgo. No obstante, si al final se decide, opte por dotar a su sistema de potentes sistemas de refrigeración.

Figura 3.15. Detalle de un ventilador disipador

3.9 PROBLEMAS TÍPICOS

Lo cierto es que los microprocesadores, en condiciones de trabajo normales, no suelen ser una fuente de problemas. Realmente la incidencia se situaría por debajo del 3% en averías, por lo que, salvo casos muy obvios, piense que su microprocesador se encuentra en buen estado. No obstante, sí hay algunas averías que podrían tipificarse, a saber:

PROBLEMA	POSIBLE SOLUCIÓN
El ordenador se "cuelga" cuando lleva un tiempo en funcionamiento	Si bien no tiene por qué ser un error propio del microprocesador, sí puede estar íntimamente ligado a él. Este síntoma es bastante típico de una falta de ventilación: debido al aumento de temperatura, si el disipador-ventilador no es capaz de evacuar adecuadamente el calor, el microprocesador entrará en un estado inestable (recuerde que la temperatura idónea de trabajo se sitúa entre los 5º y los 25 ºC). Sustituya el ventilador-disipador y use pasta térmica para asegurar que no se producen zonas sin contacto.
El ordenador no hace nada	Otro de los síntomas de un posible error de micro es cuando, a pesar de haber alimentación en el ordenador, no funciona absolutamente nada. Los componentes vitales (micro, placa base y memoria) suelen mostrar síntomas de error. Así, un fallo en memoria se suele manifestar a través de la BIOS de la placa base mediante unos pitidos. Si no hay actividad ninguna, centre su atención en la placa base y el micro: sin duda, uno de estos componentes es el causante de la avería.

Con independencia de lo expuesto, a veces se han dado microprocesadores con errores de diseño. Esto no ha sido un caso aislado e Intel lo ha reconocido en más de una ocasión (quitando importancia al tema, eso sí). No obstante, esos casos puntuales se suelen hacer rápidamente públicos y las compañías suelen asumir los "bugs" y aportar soluciones (bien con patches o mediante el cambio del producto).

3.10 ALGUNOS CONSEJOS

Puede que algunos de los consejos aquí enumerados le sean de utilidad. En la mayor parte de los casos son fruto de la experiencia; motivo por el que resultaría complejo el intentar justificarlos. De cualquiera de las maneras, siempre pueden ser un punto de vista más a la hora de tomar una decisión.

1. Use disipadores-ventiladores de calidad. No debe escatimar con la fiabilidad de un producto que, si bien es barato, puede provocar importantes averías (ya se sabe aquello de la sabiduría popular que dice que "lo barato es caro").

2. Use siempre pasta térmica entre el disipador y el microprocesador: aumentará la fiabilidad del PC y prolongará la vida del microprocesador.

3. Compre el "penúltimo" microprocesador. Si bien éste, al igual que el resto, es un consejo muy personal, lo cierto es que cada poco tiempo aparece un micro "estrella" desbancando al que lo era hasta ese preciso instante y que, por supuesto, es tan eficaz y válido como lo había sido hasta el momento. Los "penúltimos microprocesadores" experimentan en un breve intervalo de tiempo una bajada de precio que aumenta la proporción calidad-desembolso.

4. Extreme las precauciones a la hora de ensamblar el microprocesador en el zócalo.

3.11 PRÁCTICAS PROPUESTAS

Los ejercicios y prácticas siguientes pretenden ayudar al lector a profundizar en los conceptos tratados en el capítulo. Un apéndice al final del libro describe, paso a paso, las soluciones propuestas. Se recomienda que el lector lo use como método de autoevaluación para comprobar la asimilación del tema que abre el capítulo.

1. Con ayuda de diferentes micros, configure una misma placa base para que los soporte según el caso. Realice algún test de rendimiento para comprobar los resultados.

2. Usando un ventilador-disipador potente, pruebe a aumentar la frecuencia de trabajo del microprocesador al modelo superior. Precaución: si bien esta operación no ha supuesto nunca ningún problema para el autor del

texto, recuerde que en ningún caso se asumen riesgos sobre las prácticas propuestas.

3. Exclusivamente con una finalidad didáctica, con ayuda de un calibre o *pie de rey*, mida el grosor del microprocesador y anótelo en una tabla. Repita el ejercicio con cuantos microprocesadores pueda.

Capítulo 4

LA MEMORIA

Al hablar de microinformática se habla de una evolución constante. Esto no es nada nuevo pero no deja de ser sorprendente cómo las más optimistas previsiones se quedan ridículas comparadas con la realidad. De hecho, la ambiciosa previsión de Gordon Moore, uno de los padres del primer microprocesador 4004 junto a Robert Noyce y Andrew Grove que vaticinaba en 1965 la duplicidad de potencia y velocidad de proceso de los microprocesadores cada 18 meses, se ha visto desbordada.

Son muchos los ejemplos históricos que sobre la memoria se pueden encontrar. Así, en *Inside the IBM PC* de Peter Norton de 1983 se indica que: "*IBM ha equipado a sus ordenadores PC XT con lo mínimo que se considera necesario para un ordenador personal serio. Disponer de 10 MB de disco duro y 128 KB de memoria (¡un octavo de MB!) es lo propio para una máquina profesional*". Bill Gates aseguraba dos años más tarde que "*640 KB debería ser suficiente para cualquiera*".

La memoria, actualmente, es uno de los componentes que más se están potenciando de cara a obtener mayores capacidades y frecuencias más elevadas. Estos cambios se experimentan no sólo a través del formato físico ya que se trata de uno de los componentes que más ha cambiado su aspecto (módulos SIP, SIMM, DIMM, RIMM…), sino a través de los diferentes tipos de tecnología usados para el proceso de datos.

Aceptada la importancia de la memoria, muchos han sido los altibajos de precio que ésta ha experimentado. Así, dos crisis aumentaron el precio de forma alarmante (multiplicando por 4 el precio normal) como consecuencia de sendos supuestos incendios en fábricas de resinas productoras de módulos que nadie sabía ubicar.

Marketing o realidad, lo cierto es que la capacidad mínima de memoria de los equipos básicos actuales supera en mucho la ofertada por los discos duros de hace pocos años. En este capítulo se detallan los aspectos más prácticos de montaje y funcionamiento de los módulos más comunes.

4.1 ALMACENAMIENTO TEMPORAL

Bien entendido el diseño de arquitectura de Von Neumann en referencia a los ordenadores, todos los elementos que allí aparecen están perfectamente justificados. Intentando discernir qué elementos son activos y cuáles pasivos dentro de este concepto, aparece la necesidad del almacenamiento temporal como uno de los principales requerimientos de forma conjunta al microprocesador. Probablemente estos dos componentes (microprocesador y memoria) sean los elementos activos frente al resto que, en definitiva, están al servicio del trasiego de información o almacenamiento de los datos.

Si algún símil biológico es apropiado aplicar a la memoria principal del sistema, es, sin duda, la memoria humana. Es necesario que el cerebro (microprocesador) cuente con una zona donde manejar datos temporales (memoria RAM). Si además se requiere de una permanencia mayor, habría que escribirlos en un libro (discos duros y similares).

Figura 4.1. Analogía biológica/informática

La memoria actúa precisamente como eso: un almacenamiento temporal de los datos relacionados con la aplicación en ejecución actual. Así, de poco servirá disponer de un gran disco duro capaz de almacenar cantidad de aplicaciones y datos si no dispone de una memoria dimensionada para la ejecución de dichas aplicaciones ya que se requerirá mucho tiempo para procesar la información antes de ser grabada. Tampoco será útil una memoria generosa con un disco duro pequeño ya que no se dispondrá de espacio para almacenar la información procesada en caso de que así se desee.

Así se justifica que, si bien todas las mejoras en un PC son significativas, el incremento de memoria se manifieste como un elevado porcentaje de aumento de prestaciones. Esto, en los entornos gráficos multitarea, es especialmente significativo ya que, dado que se utiliza la denominada memoria virtual (espacio en disco duro que suple la carencia de memoria y se utiliza para el *swapping* o intercambio de datos), con el decremento de velocidad que implica con respecto a la memoria del sistema, a mayor memoria real, menos requerimiento de la virtual.

No obstante, no es sólo la capacidad lo que define las prestaciones que puede ofrecer la memoria. También la velocidad a la que es capaz de trabajar y el tipo de tecnología empleada influyen en el rendimiento.

La memoria se encuentra presente en prácticamente todos los dispositivos del sistema. Basándose en su función y capacidad podrá denominarse registro (en referencia al microprocesador), caché (con respecto a la placa base) o buffer (en dispositivos externos como la impresora, por ejemplo). Sea cual sea la función específica, la genérica será siempre la misma: almacenamiento temporal de datos. En este capítulo se detalla todo lo relativo a los tipos de memoria actuales que, como siempre, son una evolución de formatos y tecnologías ya superados. Una buena elección de la memoria repercutirá de forma importante en el rendimiento del equipo, llegando incluso a ser más significativo el contar con la capacidad adecuada más que con un microprocesador potente con una escasa capacidad de memoria RAM. Tome buena nota si está pensando en diseñar su propio PC: además de un micro *adecuado* (obsérvese que no se usa el calificativo de "rápido", consulte el capítulo anterior), dote de una cantidad apropiada de memoria al sistema.

4.2 ¿CÓMO FUNCIONA LA MEMORIA?

Son muchos los diferentes tipos de memoria que se han usado durante la historia del PC e, incluso, en la actualidad, conviven varios tipos de tecnologías. Cada una se caracteriza por una serie de prestaciones concretas, pero todas tienen un denominador común: el almacenamiento temporal de datos.

La memoria debe imaginarse como una cuadrícula formada por filas y columnas de igual longitud. Cada celda corresponderá a la posibilidad de almacenar un dato y, normalmente, coincidirá con el "ancho" del bus de datos del microprocesador aunque esto no siempre es así. En aquellos casos donde el número de bits que maneja el bus de datos del microprocesador sea superior a la capacidad de la celda, es preciso instalar de forma conjunta el número de módulos de memoria que logren una coincidencia.

Las referencias a cada una de las celdas se realiza a través del bus de direcciones del micro y es éste el que precisamente limita la capacidad de memoria direccionable mediante 2^n donde n corresponde al número de bits del bus de datos. No obstante, no se preocupe: es habitual que esta capacidad sea muy elevada y que las limitaciones provengan de otros componentes de la placa base como, por ejemplo, el chipset.

La memoria puede ser clasificada bajo diferentes criterios como tecnología empleada, formato y otros, pero la consideración que más interesa en un carácter pedagógico es la de estática y dinámica. Estos calificativos indican si la memoria es capaz de almacenar los datos "por sí sola" o si precisa de un "recuerdo", respectivamente. Esto se debe a la tecnología de construcción empleada basada por un lado en transistores o en condensadores por otro. Ese "recuerdo" se denomina refresco y es un proceso que se realiza un número concreto de veces por unidad de tiempo para evitar la pérdida de datos. De forma habitual la memoria caché es memoria estática (SRAM), mientras que la memoria principal del sistema es memoria dinámica (DRAM).

4.3 INSTALACIÓN Y RECONOCIMIENTO

La instalación de los módulos de memoria no requiere mayor dificultad que una mínima destreza manual, tal y como se detallará a continuación. La memoria que se encuentra en el mercado actual responde casi de forma única al formato DIMM pero aún coexisten ordenadores más antiguos con otros tipos de memoria. Exclusivamente con fines didácticos se abordan estos formatos, ya en desuso:

SIMM 72c Este formato, ya obsoleto, dispone en uno de sus laterales de un rebaje practicado sobre la fibra de vidrio del circuito impreso. Igualmente una muesca en la parte de los contactos divide al módulo en dos. En primer lugar será preciso verificar la correcta posición del módulo observando, en el banco de memoria que lo alojará, dónde se encuentra el ya citado rebaje lateral. Una vez comprobado, el módulo deberá insertarse con una inclinación de unos 45° en el banco, de modo que los contactos del mismo descansen sobre la base del módulo. El siguiente paso será bascular el módulo sobre este punto de apoyo de modo que quede en vertical. Será en ese preciso instante cuando se escuche un "clic" característico correspondiente al impacto de los anclajes laterales al sujetar el módulo.

Para su extracción el proceso es similar: basta con liberar con ambas manos los anclajes laterales que aprisionan el módulo ejerciendo una pequeña presión sobre ellos hacia el exterior. En ese momento el módulo basculará situándose de forma inclinada sobre el banco y sujeto por los contactos de su base. En este instante se puede retirar el módulo sin ninguna dificultad.

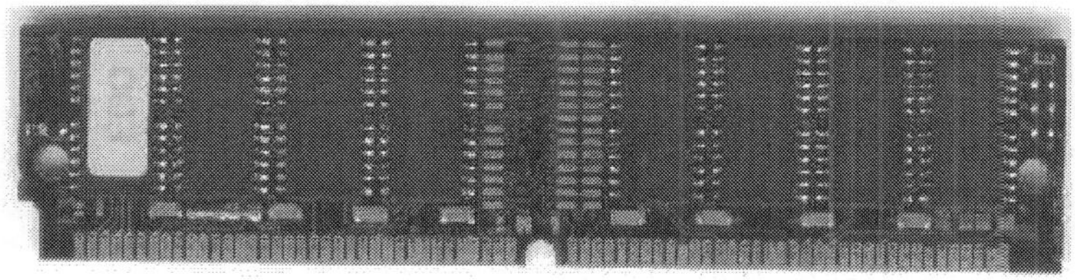

Figura 4.2. Memoria DIMM de 72 contactos

DIMM

El módulo DIMM dispone de dos pequeñas ranuras en su zona de contactos situadas de forma asimétrica, lo que garantiza su correcta posición en el bando, que dispone de dos salientes coincidentes. Su inserción es tan sencilla como practicar una presión de forma perpendicular a la placa, quedando los módulos insertados formando 90° con la superficie de la placa base. Para asegurar esta sujeción física, se debe actuar sobre dos pestañas laterales que se alojarán en dos rebajes que el módulo tiene en sus extremos. La extracción es similar pero habrá que comenzar desbloqueando el módulo mediante las pestañas laterales y, a continuación, extraerlo libremente. Esta memoria se puede encontrar en 168 contactos (en desuso) y hasta 240 contactos.

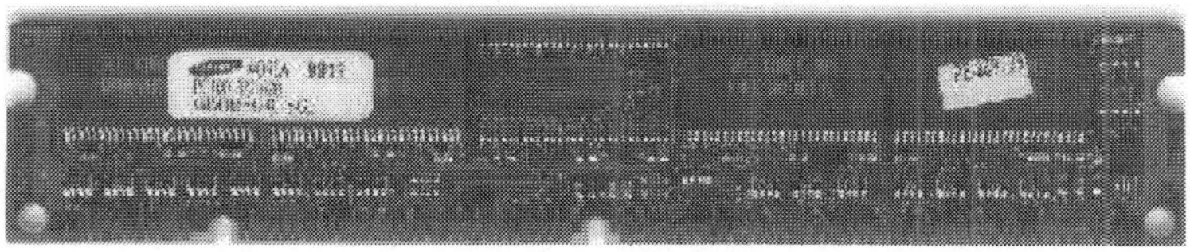

Figura 4.3. Memoria DIMM de 168 contactos

RIMM El módulo, físicamente, está constituido por 184 pines (contactos) e incorpora su propio bus de direcciones, datos y control de gran velocidad ($500 \cdot 10^6$ transferencias/segundo). Probablemente lo primero que llame la atención en este formato sea la placa metálica que cubre los chips. El motivo de la misma estriba en actuar como disipador de calor por lo que es absolutamente precisa: su eliminación podría dañar el módulo de memoria. Samsung Electronics fue el primero en implantar el RIMM o "Rambus In-line Memory Module" en formato básico de 64 MB (que en su día fue una revolución) y totalmente compatible. Estos módulos funcionan por encima del GHz.

Figura 4.4. Memoria RIMM de 184 contactos

En cualquiera de los casos, una vez realizada la instalación física es necesario que el equipo reconozca la memoria. En muchos casos este proceso es transparente al usuario, es decir, el equipo, mediante una característica denominada *autobanking* de la que disponen la mayor parte de las placas actuales, incorpora la nueva configuración al *Setup*. En otros casos, es preciso entrar en la BIOS (generalmente mediante la pulsación de la tecla *Supr* justo en el momento de arranque) y entrar en la opción etiquetada como *Standard CMOS Setup*. Será aquí donde el sistema reconozca la memoria y bastará con la opción de salir guardando cambios (*Save & Exit*). El proceso habrá concluido.

La comprobación de la cantidad de memoria se puede realizar en el momento de arranque de la máquina, cuando se produce el POST (*Power On Self Test*) y comienza el conteo. En caso de ser Windows su sistema operativo, podrá comprobar cuánta memoria le reconoce el sistema, tal y como se aprecia en la figura siguiente.

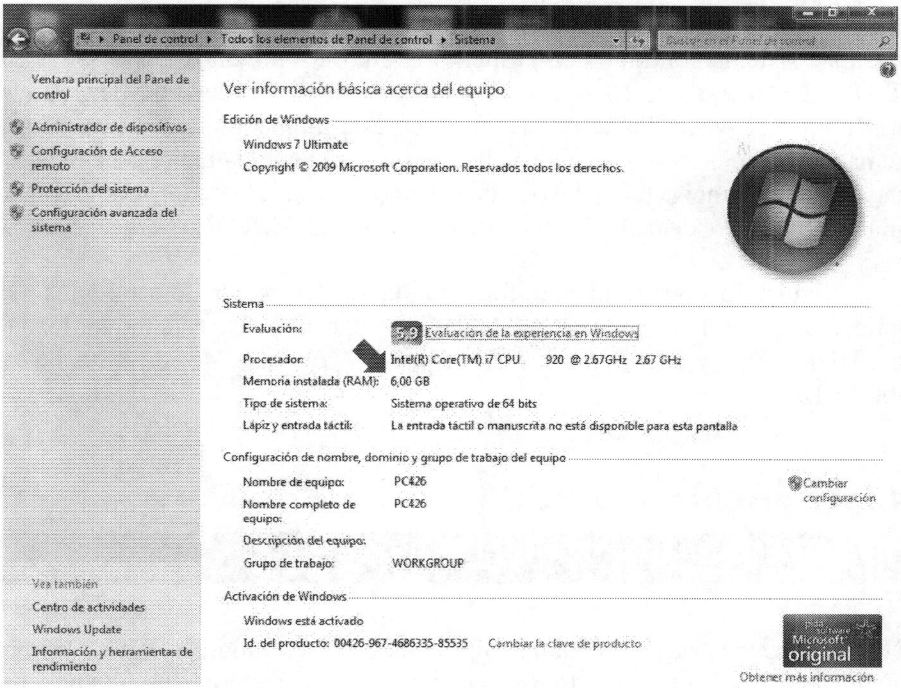

Figura 4.5. Memoria del sistema por Windows

No obstante y con independencia de los valores mostrados por su sistema operativo, compruebe tal y como se indicaba anteriormente el proceso de arranque, el conteo de memoria y la totalización que de la misma se hace. En ocasiones puede encontrarse con que los valores no se corresponden con los esperados. Esto debe ser analizado y solventado según el problema específico de que se trate (mala configuración, error del sistema operativo, error físico de memoria…).

En cualquiera de los casos, si se trata de una ampliación, asegúrese de instalar módulos iguales a los ya existentes en cuanto a tecnología, formato y frecuencia. Quizás el parámetro más propicio a inducir a errores sea este último, motivo por el que habrá que atender a las especificaciones del fabricante. Algunos módulos (los más antiguos) llevaban serigrafiada su velocidad en el formato *PC<frecuencia>*. De este modo, un módulo PC60, PC100 o PC 133 se correspondería a una frecuencia de trabajo de 60, 100 o 133 MHz respectivamente y así sucesivamente.

Posteriormente la memoria DDR (Double Data Rate) recurrió a indicar el doble de la velocidad del bus, comprendiendo inscripciones con el formato *DDR<doble_frecuencia>*. Tal es el caso de los módulos DDR200, DDR266, DDR333, DDR400, DDR433, DDR466, DDR500, DDR533 y DDR550, respondiendo respectivamente a frecuencias de bus de 100, 133... hasta los 275 MHz. Este sistema continuó con la memoria DDR2 a módulos DDR2 533, DDR2 667, DDR2 800 y DDR2 1066, con frecuencias respectivas de 266 MHz, 333 MHz, 400 MHz y 533 MHz. Es de destacar que en este momento se comenzó a usar un sistema nuevo consistente en indicar la tasa de transferencia expresada en MB/s en lugar de la frecuencia. Esto llevó a una denominación *PC<transferencia>* en los módulos DDR y *PC2<transferencia>* en la SDRAM DDR2.

Siguiendo con el mismo formato, la evolución de los módulos DDR3 mantiene el doble de frecuencia que la del bus soportado. De este modo, los DDR3 1066, DDR3 1200 y DDR3 1600 se corresponden con buses de 533 Mhz, 667 MHz y 800 MHz.

4.4 PROBLEMAS TÍPICOS

PROBLEMA	POSIBLE SOLUCIÓN
El conteo de memoria inicial en el POST no coincide con la memoria total instalada	Probablemente alguno de los módulos falle. Compruebe que todos son de iguales características (cuando menos de velocidad) y pruebe a conectarlos de forma independiente. Si aún así persiste el problema, pruebe a cambiar todos los módulos: es posible que tenga algún problema relacionado con la compatibilidad (diferentes umbrales de reconocimiento de datos).
El ordenador presenta errores aleatorios	Si bien esto puede ser síntoma de un posible virus, placa base e, incluso, refrigeración del microprocesador, también cabe la posibilidad de que se trate de un error de memoria.
El ordenador indica "dirección de memoria no fiable"	El propio sistema operativo dispone de rutinas de comprobación de memoria. Si recibe un aviso explícito como éste, recurra al manual del software que le advirtió.
El PC no arranca y emite pitidos	Este error puede estar provocado por múltiples causas pero compruebe especialmente la tarjeta de vídeo y la memoria. Los mensajes y pitidos corresponden a un código preestablecido por la BIOS del fabricante. En el capítulo dedicado a las averías puede encontrar modelos de referencia.

4.5 ALGUNOS CONSEJOS

Puede que algunos de los consejos aquí enumerados le sean de utilidad. En la mayor parte de los casos son fruto de la experiencia. Motivo por el que resultaría complejo el intentar justificarlos. De cualquiera de las maneras, siempre puede ser un punto de vista más a la hora de tomar una decisión.

1. Actúe siempre con los sistemas apropiados para la prevención de daños por electricidad estática. Todos los componentes son sensibles y las memorias en especial medida.

2. Intente, en la medida de lo posible, que la memoria instalada sea del mismo fabricante, además del mismo tipo y características. Es recomendable que los módulos sean homogéneos.

3. Ponga especial cuidado en la inserción de los módulos. Es relativamente común que los pines de los bancos, dada su proximidad, se doblen y entren en contacto provocando anomalías en el funcionamiento del PC e, incluso, impidiendo el arranque de la máquina.

4.6 PRÁCTICAS PROPUESTAS

Los ejercicios y prácticas siguientes pretenden ayudar al lector a profundizar en los conceptos tratados en el capítulo. Un apéndice al final del libro describe, paso a paso, las soluciones propuestas. Se recomienda que el lector lo use como método de autoevaluación para comprobar la asimilación del tema que abre el capítulo.

1. Identifique el tipo de memoria que tiene instalada su PC, así como la capacidad de la misma.

2. Con ayuda de módulos de memoria auxiliares y coincidentes con el tipo de la ya instalada, realice una ampliación en la memoria del sistema.

3. De cara a identificar los errores provocados por memorias en mal estado o una mala inserción, retire todos los módulos de memoria de su PC e intente arrancar, ¿qué ocurre?

4. Ante la necesidad de instalar 4 GB de RAM en su sistema y disponiendo éste de cuatro hipotéticos bancos de memoria, ¿qué opciones hay?, ¿cuál sería la más recomendable?

Capítulo 5

ALMACENAMIENTO EXTERNO

Tratar la información si, de algún modo, ésta no es "portable" no sirve de nada. Así, tras un proceso de elaboración de datos y tratamiento de los mismos, surge la necesidad de contrastar, comparar o, simplemente, compartirlos con otras personas y, por tanto, con otros PC.

Esta portabilidad puede producirse a partir de documentos impresos pero esto provoca que los datos sean inalterables, es decir, el receptor no podrá modificar ni interactuar con la persona que los generó. Como consecuencia de esta limitación, aparece la necesidad de compartir estos datos en formato digital, es decir, con las mismas posibilidades de manejo que la persona que generó el sistema original.

Muchas son las posibilidades que en este sentido aporta la tecnología actual. Desde la propia Internet, pasando por redes de ámbito más reducido o los CD... No obstante, de cara a pequeños volúmenes de información (esto de "pequeños" no puede por menos que ser una referencia relativa) están las memorias externas o *pendrives* en el lugar que antes ocupaban los disquetes. Estos dispositivos de memoria ofrecen una solución a la portabilidad de información pudiendo almacenar de modo fiable varios GB de datos.

Los entornos operativos basados en aspectos gráficos consiguieron que la capacidad de los discos flexibles se quedase pequeña para las necesidades medias de un usuario mientras que las unidades de CD primero y las memorias externas después, tomaron mayor auge. La realidad es que los cambios no son tan radicales como cabría pensar y en la actualidad es fácil encontrar equipos donde conviven obsoletas unidades de disco con unidades de CD y, por supuesto, puertos USB dispuestos a interconectar el PC con memorias externas.

Basado en todo lo anterior, este capítulo ofrece una panorámica por los sistemas de almacenamiento citados (a excepción de los CD que merecen un capítulo aparte), haciendo especial hincapié en los más actuales.

5.1 AQUELLAS DISQUETERAS...

A la hora de redactar estas líneas surgió la duda sobre la conveniencia o no de incluir referencias explícitas a las ya prácticametne desaparecidas disqueteras. Lo cierto es que, consultado el sector comercial, las disqueteras (y obviamente los disquetes) siguen en uso, sobre todo el el entorno de los colegios (aunque delicados, son más resisitentes que los CD para su manejo por niños). Por otro lado, como el lector recodará del capítulo dedicado a las placas base, la GA-EX58-EXTREME de Gigabyte, con socket LGA1366 diseñada para la familia de microprocesadores Intel Core i7 y plenamente vigente, incluye conector para disquetera (aunque curiosamente el cable para la misma es opcional). Por todos estos motivos se ha optado por al inclusión de este dispositivo, con el absoluto convencimiento de que esta duda se volverá a presentar en futuras ediciones.

Una disquetera o *floppy* es la unidad periférica que permite el manejo (lectura y escritura) de disquetes. La permanencia y, por tanto, éxito de este dispositivo se basa en la posibilidad de intercambio de información. Las disqueteras, obviamente, han evolucionado en la misma medida que los discos que han manejado que si bien en un momento coexistían varios modelos, en la actualidad se han visto estandarizados prácticamente de forma exclusiva a sólo uno: $3^{1/2}$" HD. De cualquiera de las maneras, el proceso, en esencia, no se ha visto afectado de forma significativa desde las primeras unidades hasta las actuales, basándose siempre en propiedades magnéticas para el almacenamiento.

Figura 5.1. Interior de una FD de $3^{1/2}$"

Los diferentes discos que han existido se reúnen en la siguiente tabla. Por supuesto, para cada modelo ha habido una disquetera indicada aunque es común que las disqueteras sean capaces de leer iguales formatos aunque de distinta densidad. Esto es que una disquetera de $5^{1/4}$" fabricada para leer discos de alta densidad deberá ser capaz de trabajar también con discos de $5^{1/4}$" de doble densidad. El mismo ejemplo es aplicable a las disqueteras de $3^{1/2}$".

Figura 5.2. Interior de una FD de $5^{1/4}$"

Como ya se adelantaba, los formatos de los discos flexibles más comunes hasta el momento han sido los siguientes:

Ø	**PISTAS**	**SECTORES/ PISTA**	**SECTORES/ DISCO**	**ENTRADAS EN DIRECTORIO RAÍZ**	**CAPACIDAD**
5¼" DD	40	9	720	112	2·40·9·512 = 360 KB
5¼" HD	80	15	2.400	224	2·80·15·512 = 1,2 MB
3½" DD	80	9	1.440	112	2·80·9· 512 = 720 KB
3½" HD	80	18	2.880	224	2·80·18·512 = 1,44 MB
3½" XD	80	36	5.760	448	2·80·363·512 = 2,88 MB

Tabla 5.1. Formatos de discos flexibles

5.1.1 Funcionamiento

El funcionamiento de las disqueteras se basa en un proceso magnético no muy diferente de los discos duros (también tratados en este libro). En esencia se hace girar una superficie (el disco en cuestión) fabricado con un substrato plástico en el que se ha depositado una sustancia susceptible de ser magnetizada, a unas 300 rpm. Según la magnetización de cada uno de los minúsculos imanes que cubren la superficie del disco, se entenderá que se ha grabado un dato u otro (recuérdese que todo el proceso se produce con información binaria).

Dos motores gobiernan todo el proceso. Uno es el encargado de giro que oscila, según el modelo de disquetera, entre 300 y 360 rpm. Otro, engarzado a un eje sinfín, es el que controla el movimiento de la cabeza de lectura-escritura. Durante el acceso al disco, se produce un contacto físico entre la cabeza y la superficie del disco, motivo este que limita la vida tanto del disquete como de la disquetera. Una electrónica adicional es la encargada del control general de la unidad, asegurando, así, la velocidad de giro, el acceso de las cabezas, controles de protección contra escritura, codificación de datos...

5.1.2 Conexiones

El conexionado de las disqueteras es realmente sencillo. Exclusivamente precisa un conector de datos y otro de alimentación. El de alimentación, claramente identificable al estar formado por cuatro hilos (rojo-negro-negro-amarillo) suministrará el fluido eléctrico necesario para el movimiento del motor y la alimentación de toda la circuitería lógica. Las tensiones que debe suministrar –si se miden con un polímetro– deberán ser de +5 v, masa, masa y +12 v en correspondencia a los colores rojo-negro-negro y amarillo. Las disqueteras de $3^{1/2}$" usan un conector de alimentación de los pequeños suministrados por la fuente, mientras que las de $5^{1/4}$" usan un conector grande. La introducción del conector es sencilla ya que físicamente tiene una forma que impide una conexión equívoca. Únicamente precisa asegurarse de que la introducción es firme y se produce correctamente el contacto eléctrico de alimentación.

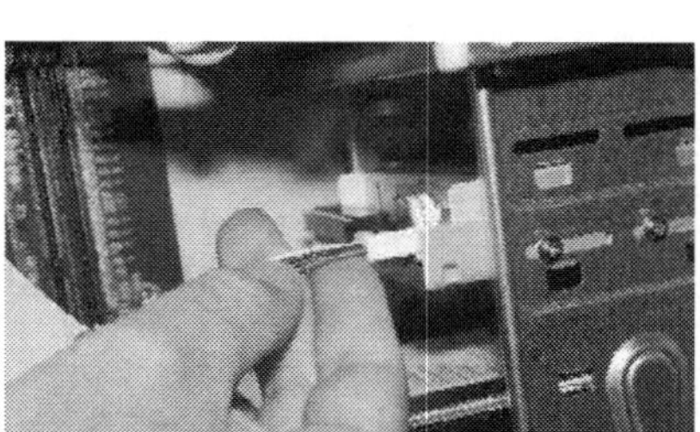

Figura 5.3. Alimentación de una FD

La conexión de datos será a través de un cable plano (habitualmente denominado "faja") que partirá desde la controladora. Este cable tendrá tintado uno de los hilos de un extremo, habitualmente en color rojo, a fin de identificar cuál es el pin número 1. La controladora se encuentra en las placas base actuales integrada dentro de la propia *mother board* y su configuración se realiza por el *Setup* (programa de configuración albergado en la BIOS). Al igual que en la alimentación, los conectores de datos son diferentes según el tipo de disquetera. De cualquiera de las maneras, sólo debe prestarse atención a que la introducción del conector en la disquetera sea firme (cuidado con los pines) y bien orientada, recordando que siempre el pin identificado con el número 1 se corresponde con el cable de color rojo del bus.

Figura 5.4. Datos en el FD

5.1.3 Configuración

En el caso de las disqueteras, la configuración no existe como tal, exceptuando lo que a su declaración en BIOS se refiere y su identificación lógica a través del conexionado. Así, la identificación (unidad A: o unidad B:) se realizará exclusivamente mediante el conector usado a la hora de su conexión. De este modo se podrá comprobar que, desde la placa base, hay una faja de datos que va hacia la disquetera, normalmente con dos conectores y un cruce de hilos entre ambos. Es precisamente el cruce el que define qué identificación tendrá la unidad en cuestión. De este modo, el conector situado tras el cruce (tomando como referencia el inicio en la placa base) corresponderá a la unidad A: mientras que, antes del cruce, será la B:.

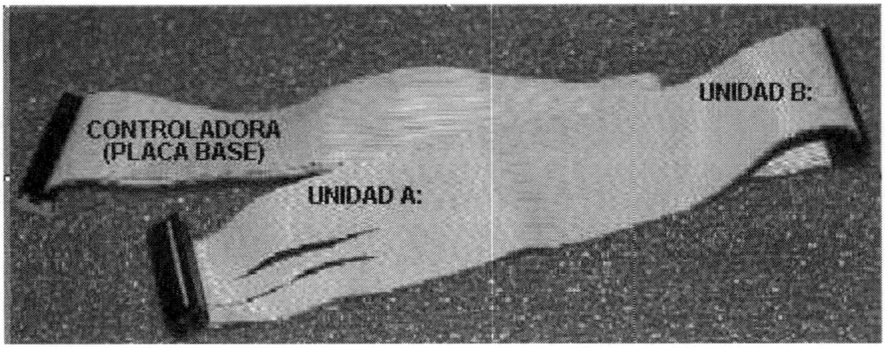

Figura 5.5. Bus de datos en el FD

Dada la práctica estandarización de las unidades de $3^{1/2}$" en el mercado y la desaparición absoluta de las de $5^{1/4}$" (en la actualidad sólo se encuentran como "herencia" de equipos antiguos), la mayor parte de las fajas de hilo ofrecen un único tipo de conector para disqueteras (las de $3^{1/2}$", precisamente). Cuando aún coexistían ambos formatos, era habitual encontrar cables con los dos tipos de conectores antes y después del cruce. En algunos casos concretos de unidades antiguas, la distinción entre unidades se hacía mediante *jumpers* pero este sistema está totalmente en desuso.

Una vez identificada la disquetera, será preciso definir de qué tipo se trata. Esto se hará a través del *Setup* que, como el lector sabe, es un programa residente en BIOS. Así y aunque es difícil generalizar entre los diferentes fabricantes y modelos de BIOS, habitualmente se puede encontrar la configuración en el apartado de *Standard CMOS Setup*. Aquí, deberá ofrecerse por el *Setup* un apartado de unidades (*Drives*) donde se pueda determinar, para cualquiera de las unidades, el formato deseado. Esta selección suele venir indicada por la capacidad de los discos admitidos:

	DD	**HD**
$5^{1/4}$ "	360 KB	1,2 MB
$3^{1/2}$ "	720 KB	1,44 MB

Tabla 5.2. Discos flexibles

Como ya se indicaba al principio del texto, lo más común es que el usuario sólo disponga de una unidad declarada como A: y que ésta sea de $3^{1/2}$" HD.

5.1.4 Problemas típicos

Lo cierto es que las disqueteras tienen pocos problemas y, cuando los hay, es más recomendable proceder a su sustitución antes que a su reparación. Lo cierto es que actualmente (y cada vez más) su adquisición puede resultar difícil. Los fabricantes, a fin de aportar una solución, han comercializado unidades de disco externas $3^{1/2}$" HD con conexión USB que solventan esta carencia en equipos portátiles y pueden servir también para los de sobremesa.

No obstante, los problemas que pueden presentar (reparables y que no impliquen ningún error mecánico) pueden ser, de forma puntual, de limpieza. Esto se puede solucionar abriendo la disquetera y realizando un "soplado" de la misma a través de los sprays de aire comprimido comercializados a tal fin o mediante disquetes limpiadores. No obstante y dado que el proceso de lectura/escritura es magnético, es poco probable que el polvo provoque un error. Aún así, pequeños objetos (papeles, etiquetas despegadas...) sí pueden hacer que la disquetera falle. Incluso, y dado que existe un contacto físico entre la cabeza y la superficie del disco, las pequeñas partículas que se desprenden de la fricción pueden acabar contaminando (magnetizando) la propia cabeza.

Otro error habitual es que, tras haber cambiado o manipulado una disquetera interna de un PC, ésta se quede con el LED indicativo de uso permanentemente encendido y no funcione. Este problema está provocado por la mala inserción del bus de datos, habiéndolo insertado al revés. Se deberá revisar, en estos casos, la correcta polaridad del bus (hilo rojo de la faja al pin número 1) tanto en la placa como en la disquetera. Obviamente este caso no puede presentarse en una disquetera USB.

Por último e intentando tipificar fallos, aunque menos común, a veces se presenta que, cambiando de disco, la lectura que se aprecia es la del disco anterior. Esto suele estar provocado por un fallo en el bus, concretamente en el hilo número 34.

5.1.5 Recordando los disquetes

Y si de disqueteras se ha hablado, resulta obligado hablar de los disquetes. Lógicamente, las disqueteras deben disponer de un disco apropiado a su formato y, aunque no se pretende entrar en los pormenores de los mismos, sí resulta conveniente conocer algunas peculiaridades.

En la actualidad, y como ya se ha repetido en este capítulo, el formato de disco estandarizado, casi de manera única, es el de $3^{1/2}$" HD. No obstante, por proximidad, se tratarán, además los de $5^{1/4}$". Éstos son los dos únicos discos compatibles con el modelo IBM PC. Si bien es cierto que otras marcas han usado otros formatos, parece necesario ajustarse a la normativa y dejar para libros más técnicos estudios más profundos (véase *Hardware Microinformático: viaje a las profundidades del PC* de esta misma editorial).

El primer formato en aparecer fue el de $5^{1/4}$". Estos discos, popularmente conocidos como "discos flexibles", recibían este nombre debido a su fragilidad: el disco como tal era un círculo de plástico sobre el que se había depositado una sustancia magnética y, como protección, exclusivamente disponía de un cartón plastificado que lo envolvía como si de un sobre se tratase. Estos discos presentaban una muesca en uno de sus laterales que correspondía a la pestaña de protección de escritura. Así, cuando esta pestaña era cubierta con una pegatina, el disco sólo podía ser usado en modo de lectura mientras que descubierta, también permitía la escritura y, por tanto, modificación y borrado. En la parte inferior también se podía apreciar por ambos lados (ya que la lectura se realizaba por ambas caras) una ventana de acceso al disco, que descubría la superficie magnética. En lo referente a formato (DD: doble densidad; HD: alta densidad), no había ninguna diferencia física.

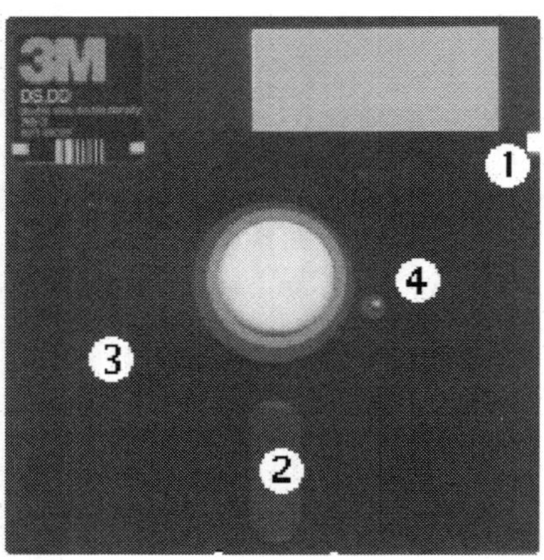

1 Protección contra escritura
2 Ventana de lectura/escritura
3 Cubierta
4 Índice

Figura 5.6. Disco de $5^{1/4}$"

Este formato presentaba distintos problemas. En primer lugar, su constitución física hacía de éste un formato débil, fácilmente dañable. Por otro lado, el sistema de protección de escritura acababa acarreando problemas ya que las pegatinas suministradas junto al disco, tras varios usos, acababan despegándose y, si esto ocurría dentro de la unidad, las consecuencias podían ser fatales. Por último, las ventanas de lectura/escritura dejaban al descubierto el substrato, por lo que fácilmente podía ser dañado mediante arañazos o suciedad. Por si esto fuera poco, la ausencia de distinción de formato podía provocar el uso incorrecto de los discos.

Para evitar éstos y otros problemas (como la falta de capacidad), aparece el formato de $3^{1/2}$". En primer lugar, este formato es de dimensiones más pequeñas, lo que siempre representa una ventaja. Además, su "envoltorio" es una estructura plástica rígida, lo que también garantiza una mayor resistencia ante golpes y daños externos. También el sistema de protección de escritura es más elaborado. A tal fin se dispone de una pestaña plástica móvil integrada en el propio disco que, con un simple desplazamiento habilita o no la escritura (agujero cerrado o descubierto respectivamente). Las ventajas siguen con el acceso a la ventana de lectura/escritura. En este caso, una lengüeta metálica cubre la parte por donde el disco es accesible. Mediante un sencillo proceso mecánico, al introducir el disco en la unidad, la lengüeta se desliza dejando al descubierto la superficie. En cualquier otro caso, la superficie está protegida. Por último, el formato es fácilmente deducible a partir del simple formato físico. De este modo, los discos de alta densidad (HD) mostrarán dos agujeros en su parte inferior: una destinada a la protección de escritura y otra como indicativo de alta densidad. Los de doble densidad (DD) sólo tendrán el orificio correspondiente a la protección.

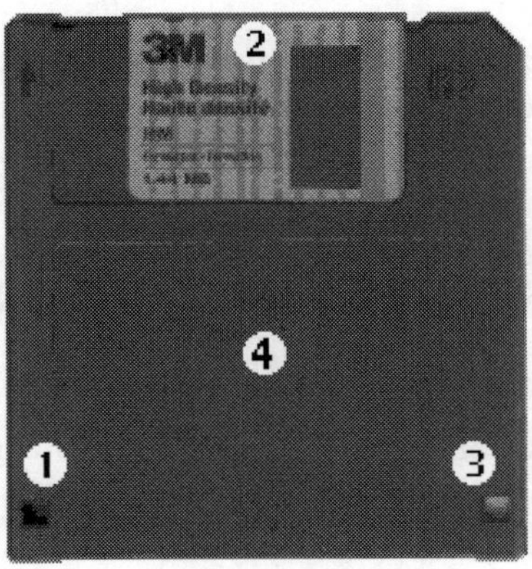

1 Protección contra escritura
2 Lengüeta de protección
3 Indicativo de formato HD
4 Cubierta

Figura 5.7. Disco de $3^{1/2}$"

5.2 PENDRIVES: EL RELEVO

Sobradamente justificadas las carencias de capacidad de los discos en función de las necesidades actuales (programas más grandes, con más gráficos...), aparecen las memorias externas o *pendrives*. Tal ha sido el éxito de estos dispositivos que en la actualidad es prácticamente imposible encontrar ordenadores con unidades de disco flexible salvo las ya citadas unidades USB. Esta nueva opción de mercado hizo rivalizar durante un tiempo otras alternativas como pudieron ser los discos ZIP (de 100 MB), el Super Disk (2 MB) o las unidades JAZZ (1 GB).

Lo cierto es que en poco tiempo los pendrives irrumpieron de forma decidida en el mercado respaldados por una capacidad razonable a un buen precio que mejoró aún más con la aparición en escena de fabricantes asiáticos.

Figura 5.8. Pendrive

Los pendrives no son más que módulos de memoria flash que llegan a alcanzar varios GB de capacidad y que progresivamente nos sorprenden con mayores espacios de almacenamiento[8]. Su funcionamiento es sencillo: lo habitual es conectarlos a un puerto USB para que sean reconocidos automáticamente si se dispone de un sistema operativo actualizado. Sistemas operativos ya obsoletos como Windows 98 podían exigir la instalación de drivers específicos. Una vez reconocido por el sistema, su uso es el de una unidad más.

No obstante, estos pendrives no han quedado sólo como instrumentos de almacenamiento; muchos modelos incorporan funciones como la reproducción de archivos multimedia, sintonización de emisoras de radio y posibilidad de grabación de audio externo en formato digital. En definitiva, un dispositivo multifunción que se ha acomodado en un mercado que, sin lugar a dudas, le ha resultado propicio en un auge de las TIC.

5.2.1 Profundizando un poco más

Los pendrive, como ya se adelantaba, son memorias de tipo flash que utilizan los puertos USB tanto para recibir alimentación –si bien algunos de los primeros modelos precisaban pilas– como para comunicarse con el PC. Su naturaleza electrónica les hace inmunes a problemas clásicos de otros dispositivos tales como los obsoletos disquetes o las unidades ópticas. Así, el polvo o los

[8] Algunos lectores recordarán aún las primeras unidades de pocos MB.

campos magnéticos no son dañinos –aunque tampoco recomendables– para la estabilidad de los datos.

Todos los sistemas operativos actuales reconocen de forma específica estas unidades, ya sea desde cualquier distribución de Linux, Windows o Mac O.S. y, en cualquiera de ellos, ha de respetarse la pauta de funcionamiento especificada. De este modo, no es recomendable retirar del puerto una memoria USB sin que previamente se le haya indicado a la máquina de forma oportuna (*Desmontar*, *Quitar el Hardware con seguridad*, *Expulsar*…) ya que podría dañarse tanto el dispositivo como los datos. Es habitual que la información se graba en diferido optimizando ciclos de acceso y esto puede provocar que, aunque aparentemente se haya almacenado la información en el pendrive, ésta no esté todavía grabada.

En lo referente al consumo, actúan como un dispositivo USB más, limitados a las características propias del puerto. De este modo consiguen 5 v de tensión continua con una corriente máxima de 500 ma. Esto limita el consumo energético del pendrive a:

$$\text{Potencia}_{\text{MAX}} = 5{,}0 \text{ v} \cdot 0{,}5 \text{ A} = 2{,}5 \text{ W}$$

Por último, en cuanto a la tasa de transferencia, va pareja a la evolución de los propios puertos, esto es, hasta 12 Mbp en USB 1.0/1.1 y 480 Mbs en 2.0. Lo habitual es que estas memorias trabajen con el estándar USB 2.0 aunque será cuestión de tiempo disponer de modelos de la versión 3.0 con unos previsibles 4,8 Gbs.

La duración efectiva de estas memorias se ve superada por su propia obsolescencia. Así, se puede considerar fiable un pendrive por encima del millón de ciclos de escritura/lectura de memoria, algo que aún con un uso intensivo supondría varios años. Dado el rápido crecimiento en capacidad, lo habitual es sustituirlo mucho antes. No obstante, en función de las condiciones medioambientales en las que se encuentre el pendrive, éste puede conservar sus datos hasta más de 15 años.

Estos dispositivos han encontrado un mercado receptivo tanto por su bajo precio como por sus prestaciones. Es común encontrar pendrives usados como regalos publicitarios con el exterior serigrafiado. Algunos incluso disponen de un software específico que se arranca automáticamente cuando son conectados a un PC. Por otro lado, su propio sistema de archivos les hace idóneos no sólo para el almacenamiento de datos sino, además, para ser usados como unidades de arranque o de respaldo, al disponer de un ancho de banda superior al de una unidad óptica convencional.

5.2.2 Analizando internamente

Internamente un pendrive resulta un dispositivo sencillo ya que gran parte de la responsabilidad operativa está delegada al propio PC. Básicamente se limita a usar un chip encargado del direccionamiento de la propia memoria, generalmente un microprocesador RISC, gestionado por un cristal de cuarzo de 12 MHz encargado del sincronismo. De forma puntual pueden incorporar algún dispositivo mecánico que asegure los datos impidiendo que la unidad pueda ser borrada.

Una aproximación de lo expuesto se corresponde con la figura siguiente.

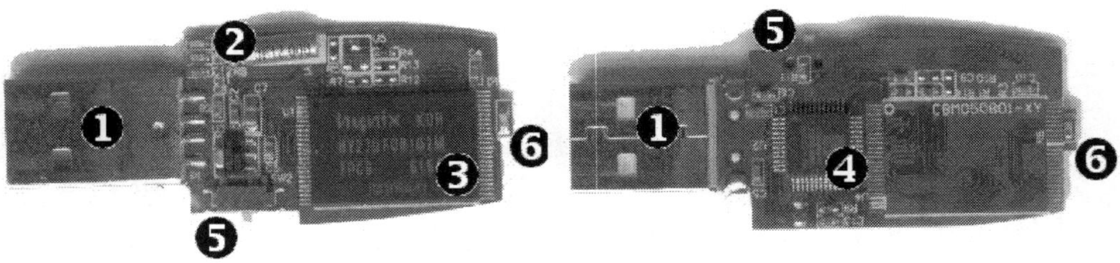

Figura 5.9. Interior de un pendrive

El despiece de la figura se corresponde con los siguientes elementos:

1. Conector USB
2. Cristal de cuarzo
3. Memoria
4. Controlador RISC de memoria
5. Conmutador de seguridad
6. LED

5.3 ALGUNOS CONSEJOS

Puede que algunos de los consejos aquí enumerados le sean de utilidad. En la mayor parte de los casos son fruto de la experiencia. Motivo por el que resultaría complejo el intentar justificarlos. De cualquiera de las maneras, siempre pueden ser un punto de vista más a la hora de tomar una decisión.

1. No desconecte de forma directa su memoria USB sin seguir los pasos indicados por el sistema operativo ya que podría dañar la unidad y perder los datos en ella contenidos.

2. No use discos en mal estado, con etiquetas despegadas, lengüetas dañadas o, simplemente, discos viejos. Pueden, además de hacerle perder la información en ellos contenida, dañar la disquetera.

3. No repare una disquetera ya que, salvo casos puntuales y de errores muy obvios, el ajuste mecánico puede resultar una barrera infranqueable. Por otro lado, el precio actual de las unidades hace desaconsejable invertir tiempo en una unidad que, con seguridad, volverá a dar problemas.

4. A pesar de su robustez, trate los pendrive con cuidado, evitando los golpes y el calor excesivo.

5. Aleje el ordenador en general y las disqueteras y disquetes en particular de fuentes de emisión electromagnética (motores, altavoces...). Pueden dañar los discos y las cabezas de la disquetera.

6. Sea cuidadoso en la introducción y extracción del pendrive en el PC. En muchos casos (en los portátiles siempre) los puertos USB van soldados a la propia placa base y una mala manipulación podría dañar el ordenador.

7. Use discos de marcas que le resulten conocidas. Tenga en cuenta que un substrato demasiado abrasivo puede desgastar prematuramente las cabezas de la unidad, provocando errores en la lectura y la escritura.

5.4 PRÁCTICAS PROPUESTAS

Los ejercicios y prácticas siguientes pretenden ayudar al lector a profundizar en los conceptos tratados en el capítulo. Un apéndice al final del libro describe, paso a paso, las soluciones propuestas. Se recomienda que el lector lo use como método de autoevaluación para comprobar la asimilación del tema que abre el capítulo.

1. Instale en su PC dos unidades de diferente formato. Configúrelas de modo apropiado y compruebe su correcto funcionamiento. Repita el ejercicio intercambiando las unidades lógicas de las dos unidades físicas.

2. Cambie la unidad lógica de su disquetera en su PC (teniendo una unidad A:, cámbiela por B:). Esta práctica requerirá que intercambie el conector del bus de datos de la disquetera y la posterior reconfiguración a través de BIOS.

3. Configure de forma inadecuada su disquetera en cuanto a formato reconocido (si es de $3^{1/2}$"), cámbiela en la BIOS (a $5^{1/4}$"). Inserte un disquete e intente leer y escribir. Observe los errores presentados.

4. Cambiando en BIOS la configuración de la disquetera, observe en el arranque del PC (POST) la definición de la misma. Compruebe así que no se trata de un dispositivo Plug&Play.

5. Con un disco estropeado (intente conseguir uno de $3^{1/2}$" y otro de $5^{1/4}$" si le es posible), ábralos y realice un despiece. Observe e identifique cada una de las partes.

6. Introduzca un pendrive en ordenadores con diferentes sistemas operativos. Observe de qué modo lo reconocen y anote el modo correcto de extraerlo.

7. Identifique qué capacidades son las que actualmente se están comercializando en memorias USB.

Capítulo 6

UNIDADES DE DISCO FIJO

El proceso de la información es, sin duda, la ventaja aportada por la informática frente a otras disciplinas, pero de poco serviría esta información elaborada si no pudiese ser almacenada. El sistema de almacenamiento puede variar pero resulta fácilmente deducible la necesidad de un dispositivo destinado a tal fin excluyendo las opciones ya estudiadas. De este modo, la memoria del sistema es válida en tiempo de ejecución pero su volatilidad la hace inadecuada para la permanencia de datos durante largos períodos de tiempo.

Justificada, por tanto, la necesidad de los discos duros, este capítulo tratará de dar una panorámica general de los mismos a la vez que profundizar en aquellos aspectos más prácticos de montaje y configuración. En lo referente a reparación hay poco que abordar ya que se trata de elementos muy sensibles y sólo en casos puntuales justificados por la importancia de los datos, es viable (que, además, debería realizarse por empresas especializadas).

Como todos los componentes, en mayor o menor medida, los discos duros han evolucionado optimizando sus principales parámetros: tiempo de acceso y capacidad. Así, cada vez es más sencillo encontrar discos con capacidades que hace pocos años eran impensables y con tasas de transferencia realmente increíbles. Así, por cuantificar de algún modo el incremento, sirva de ejemplo el recordar que en el año 1994, los discos más comunes eran de 300 MB frente a los actuales que llegan a alcanzar el TB (1024 GB). Esto ha supuesto un incremento de capacidad desmesurado y un dato para reflexionar y recordar cómo era la informática de hace unos años.

La realidad es que hablar de varias centenas de GB en un solo disco duro es algo habitual ya no sólo en la microinformática profesional, sino también en el entorno doméstico. La barrera del TB se ha superado y, además, se ha logrado un avance importante en las tasas de transferencia y reducción de tamaño. Será cuestión de esperar qué sorpresas deparan los fabricantes.

6.1 DISCOS DUROS

Los discos duros, como ya se adelantaba, son la respuesta a la necesidad de almacenamiento de gran volumen. Así, resulta impensable a día de hoy disponer de un sistema operativo en disquete, algo común hace algunos años. No obstante, los discos duros no sólo deben aportar capacidad, objetivo que logran sobradamente gracias a una mayor precisión mecánica, sino también, velocidad.

Sin duda, la rapidez es la primera de las exigencias a una máquina ya que no hay nada más desesperante que mirar a una pantalla sin posibilidad de interactuar porque el ordenador está "a lo suyo". Los tiempos de acceso son cada vez más cortos pero todavía se encuentran en menos de una decena de milisegundos, factor que hay que optimizar. Uno de los parámetros clave para la reducción de tiempos se basa en el aumento de la velocidad de rotación ya que resulta más sencillo que depurar aún más el sistema de posicionamiento de cabezas. No obstante, la microinformática nos tiene acostumbrados a los cambios y, quizás, sólo sea cuestión de tiempo.

Figura 6.1. Antiguos discos duros

Superadas las barreras de velocidad y capacidad, el tercer aspecto a tener en cuenta (no por ello menos importante) es la fiabilidad. Lo cierto es que existen pocos estudios serios al respecto y el único valor ofrecido por algunos fabricantes (que no todos) es el MTFB que mide el tiempo medio entre fallos expresado, generalmente, en miles de horas. En el campo de la seguridad, una iniciativa software ha intentado dar respuesta a esta carencia pero parece que, por lo menos hasta el momento, no acaba de implantarse. Se trata de la tecnología SMART (*Self Monitoring Analysis and Reporting Technology*, algo así como *Tecnología de Autocomprobación, análisis e informes*) que, jugando con el significado inglés de su acrónimo (inteligente), trata de dar un reporte y monitorización del disco en tiempo real. El sistema en el que se basa es relativamente sencillo: se miden algunos de los parámetros vitales del disco (temperatura, distancia entre el disco y las cabezas…) y se informa al usuario cuando éstos varían peligrosamente.

La única realidad a día de hoy es que el mejor sistema de seguridad es el backup, es decir, las copias de seguridad sistemática que aseguren la integridad de los datos, ya sea a través de sistemas redundantes o mediante copias en otros medios físicos. No obstante y como se indicaba en esta exposición, el hardware microinformático evoluciona de forma vertiginosa, y seguro que en breve aparecerán soluciones efectivas a un problema que, si somos realistas, tampoco es tan preocupante.

Figura 6.2. Disco duro PATA (IDE) en la bahía

6.2 UN CONCEPTO, DOS TECNOLOGÍAS: PATA Y SATA

La norma ATA o "AT Attachment" debe su nombre a su aparición con los PC AT y no es más que otra denominación que se le daba al bus IDE. Esta tecnología fue evolucionando el estándar ATA-5. Algunas de estas tecnologías han conllevado cambios físicos drásticos, si bien se ha intentado mantener siempre una compatibilidad con el resto de versiones. Así, el cable usado para conectar dispositivos en el ATA-5 es de 80 pines en lugar de los 40 habituales hasta ese momento.

No obstante y a pesar de la evolución, el denominador común había sido una transferencia de datos en formato paralelo que, ya en el dispositivo en cuestión, se adecuaba a una transmisión serie.

Fruto del frenético empuje de la tecnología, irrumpió en el mercado un nuevo tipo de tecnología que conseguía un mayor rendimiento. Realmente existían muchos aspectos comunes con la tecnología en paralelo pero, la novedad estribaba en que la comunicación se realizaba en formato serie. Esto dio lugar, en un primer momento, a una necesidad de matizar la denominación del popular ATA en función del tipo de transmisión realizada. Así, la transmisión paralelo pasó a llamarse PATA (Parallel ATA) para distinguirse del nuevo bus: el SATA (Serial ATA), vigente en la actualidad.

La tecnología SATA no sólo contempla mejoras en la transferencia de datos, sino que elimina problemas que la ya venerable tecnología PATA no había contemplado en sus inicios, allá por la década de los años 80. De este modo, los cables son sustancialmente más reducidos lejos de las "fajas" típicas permitiendo longitudes de hasta 1 m frente a los 46 cm máximos del ATA convencional. Por otro lado, este nuevo formato consigue un cableado aerodinámico que favorece la evacuación de calor y, por tanto, el rendimiento de la máquina. También es menor el número de pines, reducidos hasta 7 que, en Fast ATA, alcanzaba los 80 –si bien 40 de ellos eran señales intermedias de masa para evitar ruidos en las señales–. En lo referente al conexionado, se realiza punto-a-punto, es decir, cada dispositivo tiene su propio cable y esto le permite al usuario el uso concurrente de sus dispositivos, algo que no podía realizarse en una arquitectura de tipo bus como la PATA donde los cables podían ser compartidos.

Figura 6.3. Conexionado de un HD SATA

Ahora bien, los cambios no son sólo físicos: las transferencias oscilan desde los 150 MB/s hasta los 600 MB/s[9]. Por otro lado, solventa otro de los caballos de batalla: la alimentación. Si bien los discos duros de forma tradicional precisaban de 12 v para conseguir el giro del motor y 5 v para que la lógica actuase, se ha conseguido reducir este último valor hasta los 250 mv (¡¡20 veces menos!!).

Todos estos cambios han llevado a los fabricantes a realizar interfaces que permitan aprovechar el hardware existente con la nueva tecnología, si bien, no habrá que esperar demasiado para que los discos SATA sean los únicos que existan en el mercado.

Figura 6.4. Adaptadores SATA/PATA

6.3 FUNCIONAMIENTO

El funcionamiento de los discos duros se basa en un proceso magnético no muy diferente del ya comentado con las disqueteras aunque con algunas peculiaridades orientadas, sobre todo, al aumento de la velocidad y la capacidad mediante un mayor ajuste mecánico entre otras cosas.

En esencia, se trata de uno o más platos que giran de forma solidaria con respecto a un mismo eje. Dado que estos platos, por supuesto cubiertos de un substrato susceptible de ser magnetizado, se encuentran encerrados dentro de la carcasa que conforma el disco duro, la precisión puede ser mayor. De este modo, las cabezas "sobrevuelan" el disco a una distancia mínima llegando incluso a rozarle en ocasiones. Aunque esto puede parecer extraño, no lo es: los "aterrizajes" de las cabezas sobre el disco provocando daños son algo del pasado. En la actualidad, una sustancia superdeslizante con carbono como principal elemento hace que, en caso de una colisión de las cabezas sobre el disco, el resultado no sea nocivo para éste. Dada, por tanto, la proximidad de las cabezas, y la ausencia de contacto físico salvo, como se ha comentado, en ocasiones puntuales, se consiguen

[9] Existen controladoras PCI que proporcionan puertos serie ATA para equipos que no los posean. El problema está en que se encuentran limitados a 150 MB/s no pudiendo aprovechar futuras ventajas del bus.

dos efectos: por un lado, una mayor densidad de grabación dado que es posible acceder a zonas más concretas del disco. Esto se manifiesta como un aumento de capacidad. Por otro lado, una mayor duración del componente ya que la ausencia de rozamiento reduce los puntos de error.

El disco dispone en su parte inferior de una electrónica denominada comúnmente "precontroladora". Dado que la grabación de la información se realiza en formato serie (un dato tras otro) mientras que la información es enviada en paralelo (todos los datos a la vez) en los discos PATA, la precontroladora tendrá, entre otras funciones, la de realizar la conversión paralelo-serie para la escritura y serie-paralelo para lectura. Otras funciones serán las de controlar la posición de las cabezas, asegurar la velocidad de giro de manera constante...

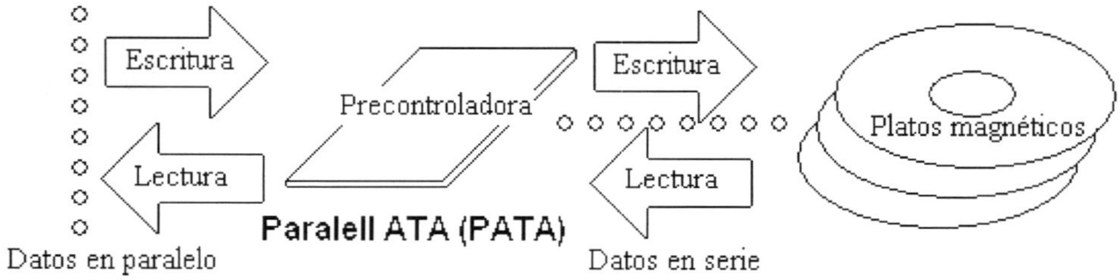

Figura 6.5. Transferencia PATA

En el caso de los SATA, la precontroladora sigue cumpliendo con sus funciones pero se ve exenta de realizar la conversión de datos citada, tal y como se aprecia:

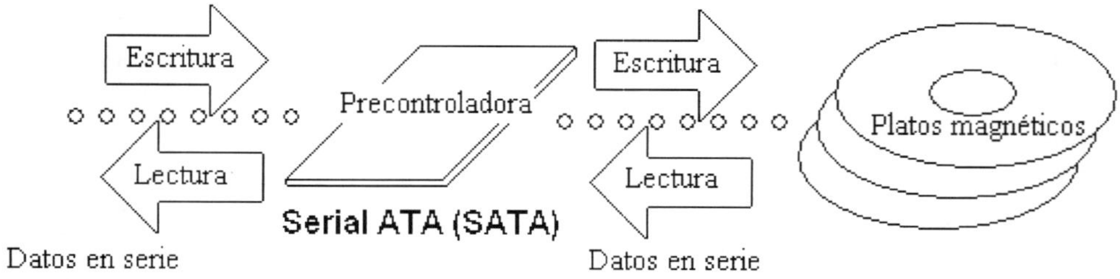

Figura 6.6. Transferencia SATA

Otro dato a tener en cuenta a la hora de elegir un disco es su velocidad de rotación, expresada en revoluciones por minuto (rpm). Dado que las cabezas deben posicionarse en un punto concreto del disco, existe un tiempo denominado "de latencia" que es el que hay que esperar para que la parte del disco que contiene los datos "pase" por debajo de la cabeza. Resulta obvio que una mayor velocidad de rotación implica un menor tiempo de latencia. Las velocidades actuales más comunes en los desaparecidos UDE se situaban en torno a las 7.500 rpm, si bien los discos SATA parecen encaminados a estandarizar las 10.000 rpm.

6.4 CONEXIONES

El conexionado de los discos duros, en esencia, no difiere demasiado con respecto a las casi desaparecidas disqueteras. Es necesario, al igual que en el resto de dispositivos, establecer dos vínculos necesarios para la autonomía del disco y su vinculación con el resto del PC: la alimentación y los datos. El conector de alimentación parte de la fuente y esto lo hace fácilmente identificable. Las tensiones suministradas asociadas a sus respectivos colores son de +12 v para el cable amarillo, 0 v de masa para el negro y +5 v para el rojo.

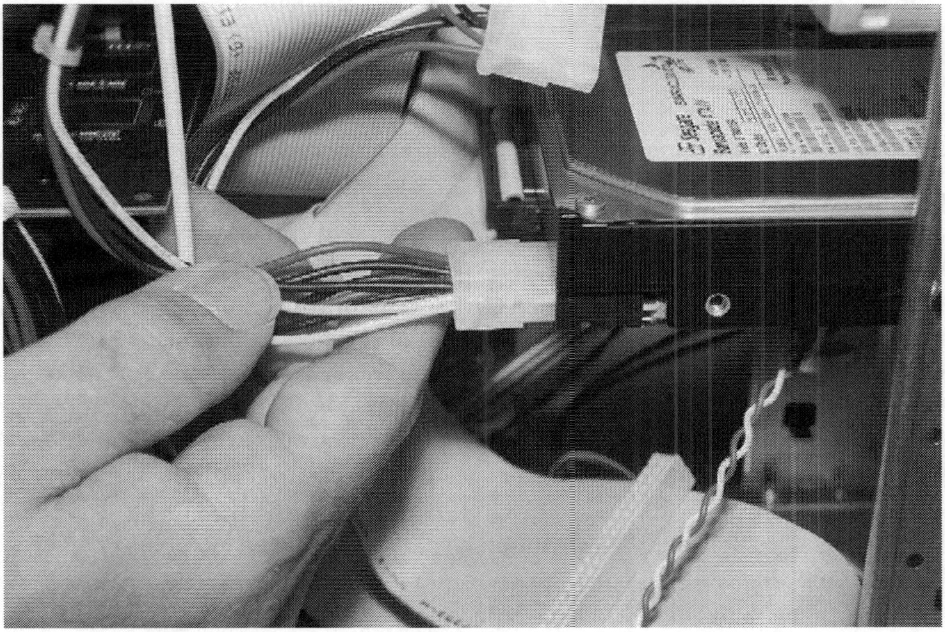

Figura 6.7. Alimentación de una HD

Será también necesario conexionar el bus de datos. En el caso de los IDE (PATA), éste puede variar en cuanto al número de hilos ya que se pueden encontrar "fajas" de 40 u 80 hilos. La única diferencia estriba en que, las de 80, incluyen un hilo de masa por cada hilo original, duplicando así el ancho. No obstante, el conector en ambos casos será de 40 pines. En los SATA el cable es estándar y único por dispositivo, sin posibilidad de confusión.

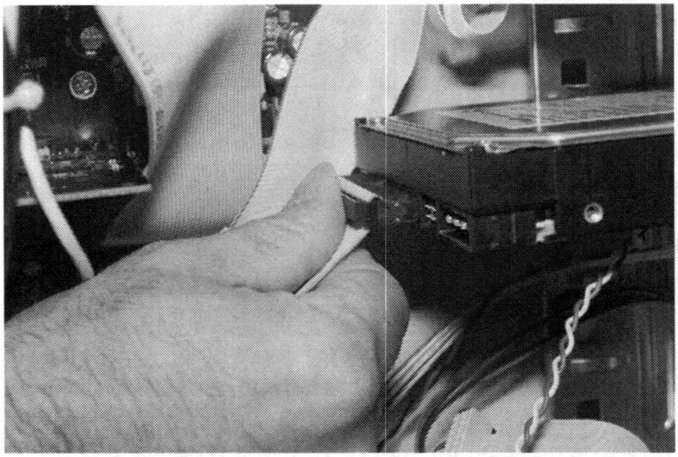

Figura 6.8. Bus de datos de un HD

Tanto en un caso como en otro, la propia forma física de los conectores impide su inserción incorrecta.

De forma exclusiva en los discos PATA, una vez alimentados y con el bus de datos, sólo resta, en cuanto a nivel lógico se refiere, determinar la posición que ocuparán dentro del bus. De este modo, lo habitual es que un PC con tecnología PATA disponga de dos conectores IDE (realmente E-IDE) y cada uno de ellos es capaz de gestionar hasta dos dispositivos. La única condición es que, si dos dispositivos ocupan un mismo canal, uno de ellos debe ser maestro (*Master*) y el otro esclavo (*Slave*). Esta determinación se realiza en el propio dispositivo, generalmente, mediante la inserción apropiada de *jumpers*. Es el propio fabricante del dispositivo quien debe ofrecer de forma clara y visible la configuración del dispositivo. De forma habitual existe una tercera posibilidad denominada *Cable Select* (selección por cable). Esta opción permite que, mediante el uso de cables (fajas) especiales donde se ha suprimido en parte de su recorrido el hilo número 28, sea el propio dispositivo el que se configure. No obstante, en la medida que se pueda, resulta recomendable realizar esta configuración de forma explícita.

En el caso de los SATA no es necesario ningún tipo de especificación ya que el concepto *Maestro/Esclavo* desaparece. Si bien es posible encontrar jumpers, éstos sólo están destinados a su uso por el fabricante, careciendo de interés para el usuario. Así, cada unidad de disco cuenta con un cable de uso exclusivo que no puede ser compartido con otro disco y que se conecta directamente a un adaptador host ATA serie o, directamente, a un puerto ATA serie.

6.5 CONFIGURACIÓN

La configuración de los discos duros se realiza, de forma exclusiva, a través del *Setup* del PC, residente, como el lector conoce, en la BIOS del sistema. No hay ningún parámetro que deba manejar a nivel físico o nivel lógico aparte de la configuración estricta del *Setup*.

Con este fin, el usuario deberá entrar en la BIOS de su PC según su propio sistema indique. De manera habitual se suele hacer mediante la pulsación de la tecla *Supr* justo en el momento de arranque de la máquina, aunque otras máquinas lo hacen con *F2* o, incluso, con la pulsación de teclas combinadas como puede ser *Ctrl + Alt + Esc*. Sea cual sea el sistema, es normal que el propio PC lo indique en el momento de arranque. En ocasiones, se puede intentar provocar un error a la máquina para que sea ella la que indique el problema y dé acceso a la configuración. En esta línea puede intentarse dejar pulsada una tecla de manera constante durante el inicio con la intención de que la máquina dé un *Keyboard error* y la opción de entrada a la configuración.

Una vez en la BIOS, será necesario entrar en el *Standard CMOS Setup* o *Estándar CMOS Features*, según el caso, donde se encontrarán todos los parámetros precisos para la configuración del disco duro. Éstos, en esencia, son cilindros, cabezas y sectores. El producto de todos ellos por la capacidad del sector dará como resultado la capacidad del disco.

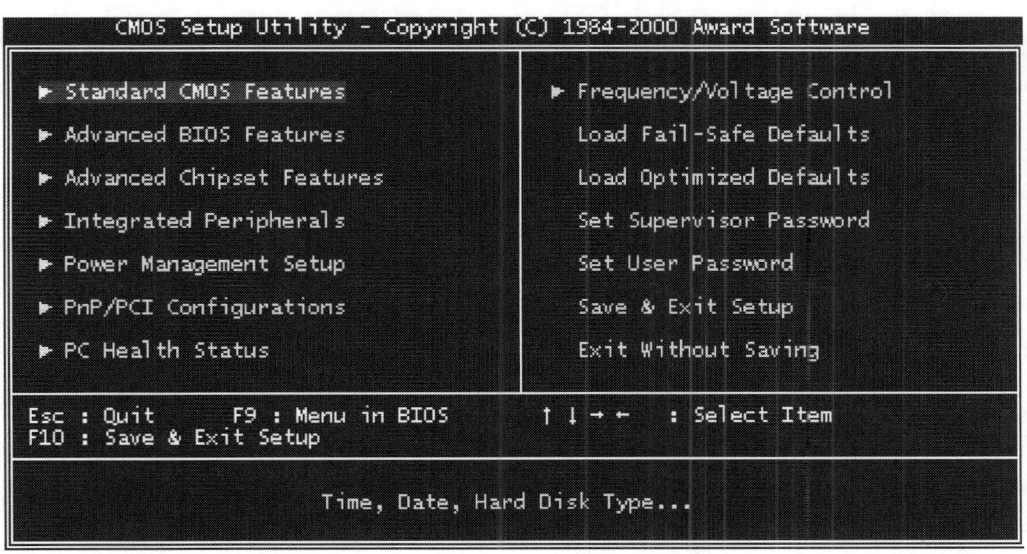

Figura 6.9. Entrada a la BIOS

No obstante, últimamente resulta normal que las BIOS ofrezcan una opción denominada *Auto* que permite, en el momento de arranque, la detección automática del disco. Este sistema, si bien es cómodo ya que no requiere configuración alguna, penaliza el arranque necesitando un tiempo adicional de detección.

Otra solución suele venir dada desde otro punto del *Setup*: *IDE Autodetection*. Este menú posibilita la detección del disco ofreciendo, generalmente, tres opciones. La aceptación del disco ofertado (normalmente el correcto) reconfigura automáticamente el *Standard CMOS Setup* con los parámetros obtenidos.

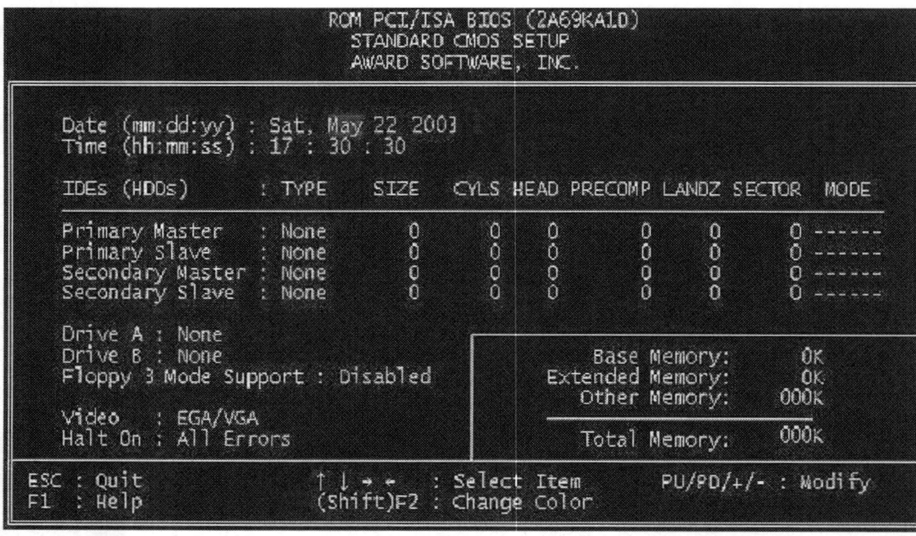

Figura 6.10. Aspecto del Standard CMOS Setup

6.6 PROBLEMAS TÍPICOS

Antes de acometer los posibles errores que se pueden dar en los discos duros, sería conveniente realizar una clasificación de los mismos en problemas hardware y software.

En cuanto a los primeros, los discos duros, por lo general, no suelen presentar problemas físicos resolubles por el usuario. Dadas sus características técnicas (fundamentalmente la de hermetismo del disco), el usuario y el técnico no pueden hacer absolutamente nada. Si el error es del disco físico (de los platos magnéticos, vaya), su apertura podría implicar que partículas de polvo penetren en el interior y sean la causa de otras averías. Si por el contrario, el error se encuentra en la electrónica del disco (la precontroladora), las posibilidades de éxito son pocas incluso para un electrónico experimentado si no se dispone de los esquemas oportunos y el instrumental preciso. A este respecto, téngase en cuenta que los componentes que no son circuitos integrados son de tecnología SMT (*Surface Montain Device*) y su tamaño les hace difícilmente manipulables.

En lo referente a problemas software, los más comunes, por otro lado, pueden ser variados. Los más comunes son los detallados a continuación:

Desconfiguración por BIOS Éste, probablemente, es el problema que más puede alarmar a un usuario y el de más fácil solución. Sus síntomas son fácilmente reconocibles: el ordenador no arranca y requiere el sistema operativo. Esto está motivado porque en la BIOS no aparece declarado el disco lo que, a efectos prácticos, se interpreta por la máquina como que no hay disco duro. La solución, como ya se adelantaba, es realmente sencilla: basta con volver a declarar en el *Setup* del PC la definición del disco duro mediante una simple detección o mediante la cláusula "Auto" (ver el capítulo dedicado a las BIOS para más detalle). Una vez hecho, el PC arrancará sin problemas. Este error, que realmente no es de disco sino de BIOS, puede ser un aviso de que la pila o batería del sistema (según el caso) comienza a fallar y precisa ser sustituida. También puede tratarse de un error puntual que no tiene por qué volver a repetirse. Lo mejor será observar la máquina y, en caso de desconfiguración habitual, reemplazar la batería.

Pérdida de partición Se trata de un problema software provocado, en muchas ocasiones, por virus. Una partición es la asignación de todo o parte del disco duro físico a una o más unidades lógicas. Así, un disco duro podrá ser particionado, por ejemplo, para trabajar con diferentes sistemas operativos o, simplemente, para una mejor administración del mismo. Estas particiones, que se denominarán como C:, D:, E:.., corresponderán al mismo disco duro físico. La pérdida de particiones implica que se pierde esa conexión entre la unidad física y la unidad lógica que, a grandes rasgos, reside en la FAT (*File Allocation Table*), que es la encargada de señalar, entre otros datos, en qué posición del disco se encuentra cada uno de los ficheros. El resultado es que la información continúa estando en su lugar original pero resulta inaccesible. Existen herramientas para su recuperación, algunas desde el propio sistema operativo como puede ser FDISK/MBR aunque, en la mayor parte de los casos, es conveniente recurrir a aplicaciones especializadas. Si aun así no es posible recuperar los datos o éstos no tienen la importancia necesaria como para invertir tiempo y dinero en su recuperación, se recomienda la creación de nuevas particiones, acudiendo, en caso de ser ésta la opción elegida, al sistema operativo en cuestión para ver qué utilidades ofrece (FDISK u otras). De cualquier manera, la pérdida de particiones precisará de la instalación del sistema operativo y, la inmensa mayoría contempla la creación de la partición de manera automática durante el proceso de carga. Si trabaja, por tanto, con un sistema operativo "convencional", tenga la seguridad de que el proceso se realizará de forma transparente al usuario.

Pérdida de formato

Éste es un caso similar al anterior en la medida que implica una pérdida de datos y los virus pueden ser una causa probable. Dado que el formato se realiza sobre una unidad lógica, es preciso que previamente exista una partición creada. Lo que realmente ocurre es que la FAT (recuerde que es el vínculo entre la información y los parámetros físicos del disco) se ha borrado pero los datos suelen seguir estando intactos. En este caso, es muy importante no realizar ninguna operación sobre el disco (de escritura) ya que, si bien la información puede estar latente en espera de ser actualizada en la FAT, el disco ofrece todos los permisos para escribir, corriendo el riesgo de hacerlo sobre zonas con información susceptible de ser recuperada. Como siempre, es importante recurrir a herramientas propias del sistema operativo (la antigua UNFORMAT puede ser un ejemplo en obsoletos entornos DOS) o ajenas.

No gira el disco

Es fácilmente comprobable si el disco duro gira ya que se produce un sonido característico e, incluso, es posible apreciar una pequeña vibración. En caso de no girar, el problema puede estar en la alimentación del disco o en un defecto de la unidad. Algunas placas bloquean el giro en caso de no encontrarse correctamente insertado el bus de datos. Este último caso, obviamente, sólo se puede dar en discos PATA ya que los SATA disponen de un conector que físicamente impide esto.

Otra serie de problemas colaterales pueden darse, sobre todo, en función del sistema operativo usado. Así y, como siempre, centrándonos en el sistema operativo más difundido de la factoría Gates, pérdidas de velocidad pueden ser achacables a discos con excesiva fragmentación de ficheros, subsanables con la aplicación Defrag; sectores erróneos pueden ser obviados mediante herramientas como Scandisk. En todos estos casos, se recomienda consultar las herramientas inherentes al propio sistema operativo antes de acudir a aplicaciones externas. Si su sistema operativo no es Windows, probablemente no tendrá estos problemas pero tampoco dispondrá de una información tan detallada para solventar sus dudas. Al final, todo se circunscribe al binomio de novedad-información, al cual bien podría aplicarse el viejo refrán castellano de *más vale malo conocido que bueno por conocer* (o no...).

6.7 SOBRE DISCOS DUROS...

Lo cierto es que pocas consideraciones habría que hacer sobre discos duros si no se desea acceder a un nivel técnico no pretendido por este libro: el proceso de funcionamiento ya ha sido explicado en el inicio del texto y sólo restaría señalar que la evolución y aumento de capacidad han sido fruto de una progresión en la mecánica de la unidad mucho más que en cuanto a la electrónica se refiere. La precisión con la que son ensamblados los discos actuales ha conseguido que las distancias entre cabeza y superficie sean mínimas, la velocidad de rotación más estable, la estabilización de parámetros (velocidad de giro, movimiento de cabezas...) casi inmediata. Todo, en conjunto, da como resultado que en el mismo espacio físico que hace unos años se albergaba un triste puñado de "megas", hoy lo hagan una cantidad importante de "gigas".

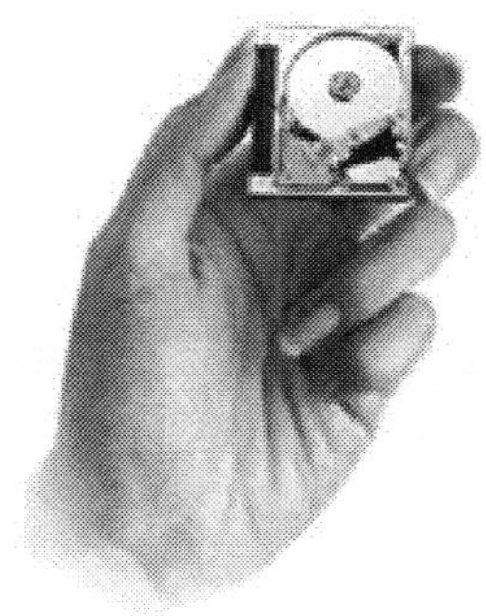

Figura 6.11. MicroDrive de IBM[10]

La inmensa mayoría de los discos duros son idénticos en cuanto a su instalación, características y aspecto. Quizás sólo añadir un único matiz en cuanto a este último punto: el aspecto. Los discos más comunes tienen unas dimensiones de $3^{1/2}$" (sí, como las disqueteras). Esta medida corresponde al diámetro del disco físico albergado en el interior de la carcasa. Obsérvese que su montaje se realiza, precisamente, sobre una bahía de 3 ½". A este respecto hubo en su día discos de 5 ½", esto es, discos de proporciones mayores que debían ser instalados en las bahías

[10] Fotografía cortesía de IBM.

que en la actualidad se destinan a las unidades de CD-ROM. Existen otros de tamaño inferior que son exclusivos de ordenadores portátiles cuyas medidas oscilan entre 2" y $2^{1/2}$".

6.8 ALGUNOS CONSEJOS

Puede que algunos de los consejos aquí enumerados le sean de utilidad. En la mayor parte de los casos son fruto de la experiencia. Motivo por el que resultaría complejo el intentar justificarlos. De cualquiera de las maneras, siempre pueden ser un punto de vista más a la hora de tomar una decisión.

1. Ejecute con frecuencia algún programa de diagnósticos (Scandisk de Windows puede ser perfectamente válido). Esto le ayudará a conocer el estado de su disco y a anticiparse a posibles errores.

2. No apague nunca el ordenador si éste se encuentra realizando alguna operación. Es preciso recurrir a las opciones indicadas para apagar el sistema ya que una parada en un proceso de lectura o escritura de disco podría provocar serios daños en la unidad.

3. Haga copias de seguridad periódicas. A poco que comience a trabajar con su PC, descubrirá que lo importante no es el equipo en sí, sino los datos en él contenidos.

4. Mantenga una higiene informática no instalando programas de cuya procedencia no esté seguro ni aceptando correos electrónicos de desconocidos. Los virus son una amenaza real.

5. Use software legal, ya sea "de pago" o de libre distribución (*freeware*). Sólo el uso de un software respaldado evitará que desaprensivos intenten sabotear su plataforma informática.

6. Sea cuidadoso con los programas de descarga *peer-to-peer*. En muchas ocasiones, el coste del desarrollo del software de los programas de descarga se suple a través de patrocinadores que introducen su publicidad en forma de ventanas emergentes, accesos directos, *dialers*... Todo esto puede llegar a desestabilizar el sistema del usuario.

7. No olvide que los discos duros son frágiles. Sea cuidadoso evitando golpes y tomando las precauciones oportunas con respecto a la electricidad estática. No apriete los componentes ni etiquetas ya que puede dañar la electrónica del disco.

6.9 PRÁCTICAS PROPUESTAS

Los ejercicios y prácticas siguientes pretenden ayudar al lector a profundizar en los conceptos tratados en el capítulo. Un apéndice al final del libro describe, paso a paso, las soluciones propuestas. Se recomienda que el lector lo use como método de autoevaluación para comprobar la asimilación del tema que abre el capítulo.

1. Entre en la BIOS de su PC y determine las características del disco duro instalado (cilindros, cabezas, sectores...).

2. Con ayuda de otro disco duro o, incluso, una unidad de CD-ROM, realice los montajes siguientes:

	IDE 1	IDE2	IDE 1	IDE2	IDE 1	IDE2	IDE 1	IDE2
MASTER	HD	-	-	HD	HD	CD	-	-
SLAVE	CD	-	-	CD	-	-	HD	CD
MASTER	CD	-	-	CD	CD	HD	-	-
SLAVE	HD	-	-	HD	-	-	CD	HD

¿Sería posible realizar el ejercicio anterior con tecnología SATA? Argumente su respuesta.

3. Abra su ordenador y compruebe la coherencia entre los datos de la BIOS (anótelos) y los suministrados por el fabricante o vendedor de su ordenador. Indique las diferencias y ambigüedades en caso de que éstas se den.

Capítulo 7

EL SISTEMA DE VÍDEO

Dentro de los sistemas comprometidos, el de vídeo probablemente sea uno de los más destacados. Y no, no se trata sólo de una consideración a nivel técnico, hay mucho más... El sistema de vídeo completo (tarjeta gráfica y monitor) es el dispositivo estándar de salida, esto es, el medio por el que el usuario y la máquina establecerán una comunicación desde el primero hacia el segundo (salvo el caso de los monitores táctiles). Esto implica que se trate de una interfaz importante en la medida que es el último paso en la cadena de proceso antes de llegar al usuario.

El uso habitual de un sistema de mala calidad puede provocar incomodidad en el mejor de los casos y serias lesiones en el peor de ellos. Es recomendable, en caso de tener que elegir, dimensionar de manera más humilde otros aspectos de la máquina que el sistema de vídeo ya que los ojos del usuario tienen más valor que cualquiera de los componentes del PC.

Un parpadeo excesivo, una falta de frecuencia "de refresco", una falta de nitidez... son causas de dolores de cabeza y, en definitiva, de trastornos que no tienen por qué producirse trabajando con un sistema adecuado.

Sirva como referencia un ejemplo del pasado donde una de las mayores compañías mundiales de microinformática tuvo que retirar del mercado un monitor que, dadas sus características, provocaba dolores de cabeza.

Este capítulo trata de conocer todo aquello imprescindible relacionado con la salida por excelencia del ordenador y sus posibilidades de ampliación, sustitución, reparación además de, por supuesto, consejos de interés. Obviamente, la ligazón con respecto a los monitores es ineludible aunque éstos son tratados en otro capítulo. De cualquiera de las maneras, si en ocasiones cabe realizar la matización de uso doméstico o profesional para algunos componentes, en el caso del vídeo no lo dude: tienda al mejor sistema dentro de sus posibilidades.

7.1 TARJETAS GRÁFICAS Y MONITORES

El sistema de vídeo se compone, fundamentalmente, de dos componentes: tarjeta gráfica y monitor. Ambos deben estar conectados con cierta coherencia, es decir, de poco servirá una tarjeta de altas prestaciones si el monitor al que está conectado no reúne las mismas características. El ejemplo inverso es igualmente válido. Ambos dispositivos deben estar conformes a lo que se desea obtener.

La tarjeta gráfica es la encargada de procesar toda la información que se visualizará en el monitor. Esto conlleva varias operaciones donde, en esencia, cabe reseñar dos esenciales: proceso de datos y conversión digital analógica. El proceso de datos hace referencia a todas las operaciones que la tarjeta debe realizar para conseguir los efectos deseados de vídeo. Si bien en el pasado ésta era una función exclusiva del microprocesador del sistema, en la actualidad los potentes micros de las tarjetas se encargan de realizar gran parte de las operaciones. Así, por ejemplo, la rotación de una pieza en 3D ya no debe ser calculada (al menos en su totalidad) por el microprocesador del sistema, sino que en gran medida, a partir de unas coordenadas básicas, la propia tarjeta de vídeo será capaz de generar la información precisa para su representación.

Tal es la importancia de este sistema que hasta, en determinadas ocasiones, se consumen recursos generales del sistema a fin de agilizar el sistema gráfico. Tal es el caso de la Turbo Caché. Este sistema aprovecha la memoria principal del sistema cuando le es preciso pudiendo ampliar, por tanto, la memoria base instalada de forma "virtual". El problema estriba en que, obviamente, la memoria destinada al vídeo se resta de la principal del sistema. Un sistema similar se daba hace más de una década (con notables diferencias con respecto a la tecnología Turbo Caché) pero no tuvo gran éxito. Este tipo de tarjetas está dirigido al sector medio de los usuarios.

Figura 7.1. Tarjeta GeForce 9800GX2

Por otro lado surge otra necesidad ya adelantada: la conversión digital-analógica. Si bien todo el proceso en el interior del PC se realiza de forma binaria (dos estados posibles), la salida de vídeo tiene parámetros analógicos (infinitos estados posibles). Esto es provocado por la riqueza que la información analógica ofrece frente a la digital, si bien es cierto que esta última es mucho más sencilla de procesar. Claro está que este proceso de conversión debe ser lo más rápido posible para no provocar retrasos en el sistema de vídeo, motivo por el que se cuenta con el RAMDAC (*Random Access Memory Digital to Analogic Converter*). Este sistema tiene como misión la de transformar la información de un sistema a otro soportándose sobre una memoria de características conformes a las necesidades. Su parámetro fundamental es el ancho de banda que estará en dependencia de la resolución a la que se desea trabajar y la frecuencia con la que se desean renovar las imágenes.

De cara a eliminar los retardos de conversión del RAMDAC y aumentar en prestaciones el sistema de vídeo, una nueva tecnología digital irrumpió en lo que ya parecía una balsa de estandarización: el vídeo digital DVI. Este sistema viene a cuestionar el eterno dilema de la calidad digital *versus* la analógica en asuntos de vídeo.

El conector que en algunos equipos se identifica como "PC digital", es conocido en el sector como DVI y suele presentarse en tres formatos diferentes: 20 pines en dos filas (DVI), 24 en tres filas (DVI-D) y 30 en 10 filas (DVI-I o DVI-A) aunque sólo se usan 29. Según el tipo de conector, se ofertan unas posibilidades u otras, correspondiendo los dos primeros a interfaces digitales, mientras que el tercero es ambivalente: admite tanto información digital como analógica. En cualquiera de los formatos no es recomendable usar cables superiores a 5 m.

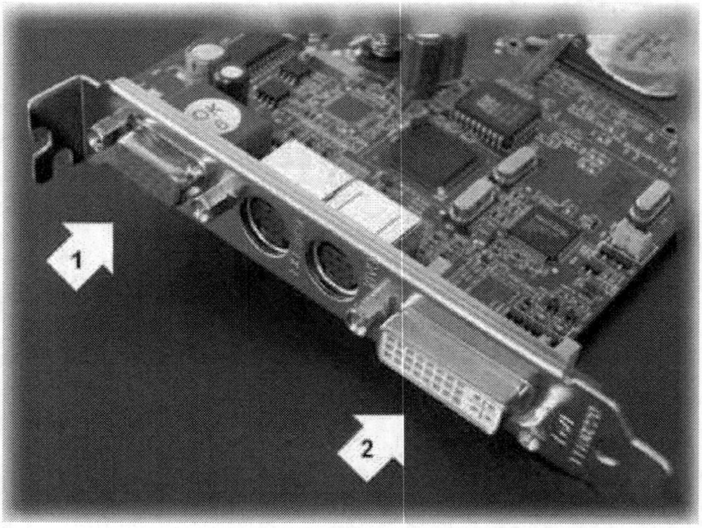

Figura 7.2. Salida analógica (1) y digital (2)

En definitiva se trata de la eterna pugna: la fidelidad de la información digital frente a la riqueza de las señales analógicas. Si bien en los albores de la Microinformática los monitores eran digitales, pronto la tendencia cambió al formato analógico. Es ahora cuando nuevamente se vuelve a los orígenes pero, ¿cómo afrontar esta migración? El sistema es sencillo: los conectores DVI-I o DVI-A, tanto en tarjetas de vídeo como en monitores, aceptan ambos formatos. Si aun así fuese poco, existen adaptadores de un formato a otro, si bien no se trata de una opción aconsejable. Así, un usuario con una tarjeta gráfica convencional (analógica) y un nuevo monitor con DVI-I o DVI-A (digital) puede hacerse con un adaptador que, en definitiva, hará la operación inversa a la que hizo su tarjeta gráfica.

Sea cual sea la opción tomada por el usuario, el futuro es claro. Será cuestión de tiempo el comprobar cómo el vídeo digital se instaura en los hogares o, por el contrario, pasa a dormir el sueño de los justos.

El otro protagonista del sistema de vídeo es el monitor. Es el encargado de recepcionar toda la información (recuérdese que es analógica) y mostrarla sobre el monitor. Tradicionalmente se han usado monitores TRC (tubo de rayos catódicos) aunque han desaparecido casi completamente a favor de los monitores planos. Los TRC conseguían generar altas tensiones (del orden de miles de voltios) hasta provocar un haz de electrones que incidía sobre la pantalla, preparada para ser impresionada y mostrar las imágenes "al otro lado". En el caso de los monitores de plasma, se consigue el mismo efecto con menores tensiones mediante la oscilación de partículas. Este modo de funcionamiento, además de un menor consumo, se traduce en una menor disipación de calor y una ausencia de radiación, si bien es cierto que la calidad de imagen es menor a la ofrecida por los TRC.

Sea cual sea el sistema elegido, debe ser capaz de responder a las características de vídeo exigidas, esto es, mantener los parámetros fundamentales de visualización desde su generación en la tarjeta gráfica hasta su exposición en el monitor.

7.2 CONEXIONES

La conexión del sistema de vídeo no conlleva ninguna dificultad. Por un lado, en cuanto a la tarjeta gráfica se refiere, el proceso es exactamente el mismo que con cualquier otra tarjeta. Así, será preciso introducirla en el slot apropiado. Si bien es cierto que han existido tarjetas gráficas con diferentes slots (ISA, VESA, PCI, AGP...), lo habitual en la actualidad es que, si se trata de un equipo nuevo, la conexión se haga PCI-E (*PCI Express*). El slot es fácilmente identificable, tal y como se aprecia en la figura.

Figura 7.3. Inserción de tarjeta de vídeo

Sea cual sea el tipo de tarjeta, dejará en la parte posterior del ordenador un conector apropiado para su conexión con el monitor. Éste podrá ser VGA (15 pines hembra formado por tres filas), Super video (apropiado para TV) o DVI[11] destinado a salidas de vídeo digitales (sólo para monitores que lo acepten). De cualquier manera, habrá que prestar atención a su introducción ya que los pines de los conectores son delicados y cualquier brusquedad puede romper uno de los contactos.

Figura 7.4. ATI 9800PRO (VGA, S-VHS y DVI)

El vídeo debe ser operativo desde el primer momento (aun sin haber cargado el sistema operativo). Otra cuestión será la configuración específica según el software con el que se desee trabajar para poder obtener todas las prestaciones del sistema.

7.3 CONFIGURACIÓN

Como siempre, la configuración dependerá del sistema operativo. Si bien la mayor parte de los monitores se identifican como Plug & Play sin necesidad alguna de drivers (aunque algunos sí los incluyen), no ocurre lo mismo con las tarjetas de vídeo.

Lo habitual es que la tarjeta disponga de los drivers oportunos para su configuración, esto es, el software necesario para aprovechar al máximo las prestaciones de la tarjeta y aunque el propio sistema operativo la identifique de forma genérica, suele ser conveniente instalarlos ya que incluirán las últimas

[11] Consultar más información en el capítulo 10 dedicado a los monitores.

actualizaciones y mejoras realizadas por el fabricante además de utilidades diversas que el sistema operativo no podrá aportar. Para el proceso de instalación, conviene remitirse a las instrucciones dadas por el fabricante. No obstante y en caso de no disponer de los drivers oportunos, siempre es posible hacerlo de forma manual esperando que el sistema incluya el software apropiado.

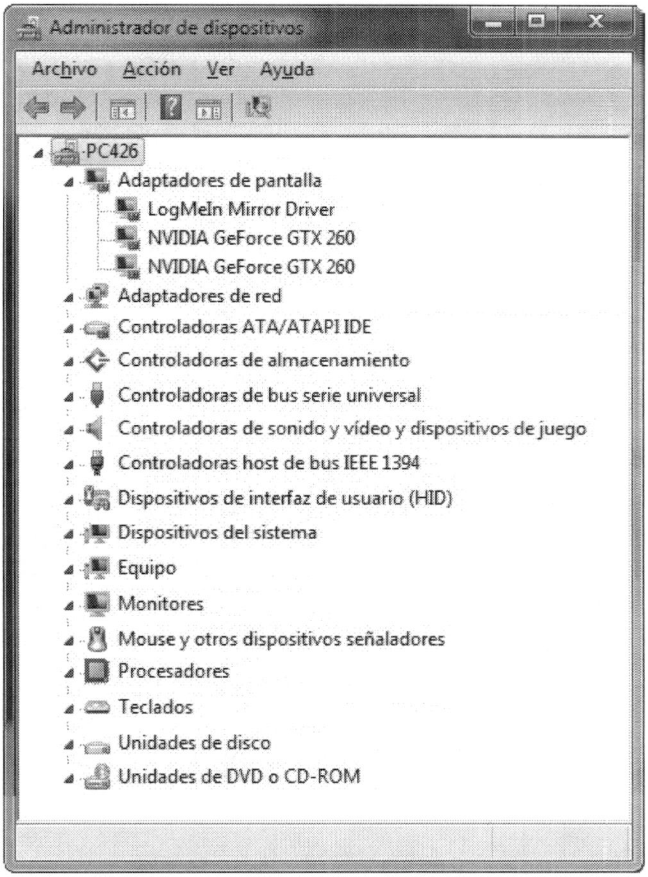

Figura 7.5. Administrador de dispositivos de Windows

Bastará con seleccionar mediante un doble clic *Adaptadores de pantalla* para acceder a una ventana donde la segunda de las lengüetas corresponde a *Controlador*. En este entorno, se permiten todas las opciones relacionadas con el cambio, actualización y recuperación de drivers. Si es la primera que se instala, será conveniente acceder a *Actualizar controlador* e indicar que se desea *Instalar desde una lista o ubicación específica*. Windows requerirá dicha ubicación (si se trata de un CD-ROM, generalmente será la unidad D:) iniciándose un proceso guiado por el asistente.

Hasta aquí, la instalación software propiamente dicha de la tarjeta. Queda ahora el apartado de configuración que, si cabe, es más sencillo aún. Será preciso acceder a las propiedades del monitor y el sistema más rápido es realizando un clic con el botón derecho del ratón (que no el izquierdo) sobre el *Escritorio*. El resultado será un menú contextual donde la opción de *Propiedades* es la deseada.

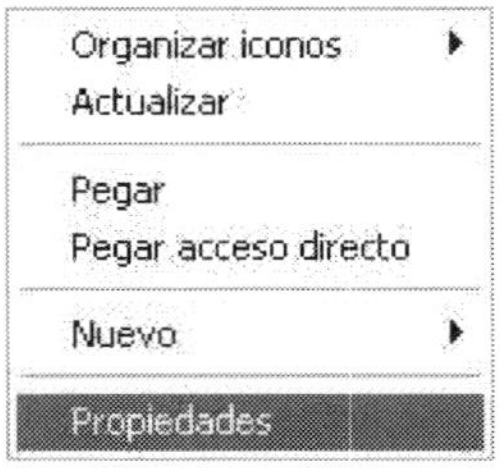

Figura 7.6. Acceso a las propiedades de vídeo

Una vez allí, se desplegará una ventana con diferentes opciones donde habrá que seleccionar la lengüeta denominada *Configuración*. Allí será fácil cambiar la resolución y el número de colores mediante sencillos selectores. Pruebe a realizar cambios y observe los resultados.

Figura 7.7. Cambio de resolución y colores

7.4 JUGANDO CON LA TV. ¿POR QUÉ NO?

Cada vez es más común que las tarjetas gráficas actuales permitan una salida de vídeo adecuada para su visualización en TV. Esto permite que el usuario pueda usar su pantalla de televisión como si de un monitor se tratase aunque eso sí: la resolución será mucho menor si bien el tamaño será por lo general más grande. Asumida pues esta salida, cabe plantearse la posibilidad de decepcionar la señal de la antena para conseguir la reproducción de TV a través del PC. Y puestos a continuar... ¿por qué no plantear el tratamiento software de la señal codificando, decodificando y, en definitiva, investigando científicamente sobre la misma? La respuesta viene de la mano de las capturadoras de vídeo.

Figura 7.8. TV a través de una capturadora

En la instalación de la tarjeta capturadora, habrá que atender a dos aspectos: la instalación hardware y la relativa al software. Ninguna de las dos revierte mayor complejidad pero es preciso, sobre todo en el plano del hardware, tener claros los conceptos para conocer las posibilidades reales de la tarjeta. Obviamente, habrá una relación directa con la tarjeta de sonido, encargada de convertir la "información sonora" en una señal analógica audible.

Así, la disposición de entradas/salidas será la siguiente:

Antena (IN) Será la entrada a la que se conectará, desde la roseta de la pared, la antena del edificio. A partir de aquí se obtendrá la información necesaria para poder reproducir los canales de TV en tiempo real. Deberá entenderse el PC en esta conexión como un paso intermedio entre la antena y el aparato de TV, al que antes iba conectada de forma directa. En caso de disponer de más aparatos intermedios (vídeos, por ejemplo), la conexión puede realizarse en “cascada” (uno detrás de otro).

En la medida de lo posible y en términos generales, siempre será más recomendable usar el euroconector para el resto de dispositivos.

Antena (OUT) Se trata de la salida de la señal de antena desde la tarjeta hacia el aparato de TV, si bien puede conectarse a dispositivos intermedios como, por ejemplo, un vídeo. En caso de no estar operativo el ordenador, la señal pasará de forma directa hacia la televisión. Sólo en el caso de estar conectado, se podrá manejar a través de software la reproducción en tiempo real, reproducción de otras fuentes de vídeo, etc.

Audio (OUT) Es la señal de sonido dispuesta para ser amplificada. Esta señal, que generalmente requerirá un cable estéreo, puede ser llevada directamente a un amplificador Hi-Fi.

La ventaja de conectarla a la tarjeta de sonido será el control total desde el PC, es decir, además de aprovechar determinadas características no disponibles aún en la mayor parte de amplificadores convencionales (altavoces 5.1 o 7.1), el propio mando de la tarjeta capturadora permitirá controlar los ajustes del volumen.

AV (IN) Se trata de la entrada de audio-vídeo. Ésta será la entrada destinada a conectar *webcams*, videocámaras e, incluso, cámaras de fotografía digital.

S-VHS (IN) Es la entrada destinada a las señales de aparatos de vídeo, videocámaras o cualquier otro dispositivo emisor de señal de vídeo. Como ya se indicaba, un modo de conexión alternativo puede ser a través del euroconector en cascada con la propia tarjeta.

Control remoto (IN/OUT) El control remoto, no disponible en todas las tarjetas, permitirá gestionar algunas funciones básicas del equipo desde un dispositivo exterior (un mando a distancia). El receptor de la señal será un pequeño dispositivo de pocos requerimientos hardware y que generalmente se conectará al puerto serie del ordenador.

Un resumen de todo lo expuesto se aprecia de forma esquemática en la figura:

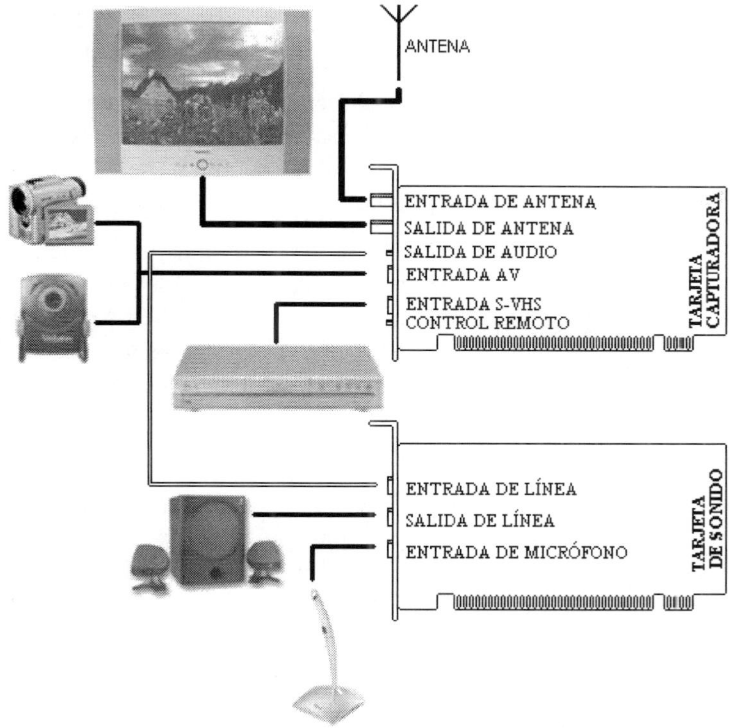

Figura 7.9. Conexionado de una capturadora

7.5 PROBLEMAS TÍPICOS

Al igual que en muchos componentes, los problemas relacionados con los periféricos de interfaz de usuario pueden provenir de dos fuentes: software o hardware. En ocasiones, la sintomatología puede ser común. Por este motivo, se propone a continuación una serie de errores comunes con la solución hardware y/o software asociada:

PROBLEMA	POSIBLE SOLUCIÓN
No se observan bien los colores	Revise la configuración software de la tarjeta y la definición del número de colores. Asegure el cable de conexión entre el monitor y la tarjeta gráfica. Observe que los pines se encuentran en perfecto estado.
Vibra la imagen	Separe del monitor posibles elementos generadores de campo electromagnético (impresoras, altavoces, acumuladores de calor, equipos de aire acondicionado...).
Zonas concretas de la pantalla no se actualizan o presentan colores aleatorios	Probablemente se trate de un error de la memoria de la tarjeta de vídeo, reemplácela si es posible o inhabilítela. No obstante, la solución más frecuente es cambiar la tarjeta.
Sólo se ven líneas horizontales	Si se ha realizado un cambio de configuración en la tarjeta, es posible que el monitor no sea capaz de reproducir los cambios. Reinicie el sistema con alguna opción que no cargue los *drivers* (*Modo seguro* o *A prueba de fallos* si trabaja con Windows) y restaure la configuración original.
No aparece nada en el monitor	Si el PC está funcionando, compruebe la conexión eléctrica del monitor y el interruptor, así como el control de brillo. Distinga entre la falta de imagen en un monitor operativo y un monitor sin alimentación.
La capturadora de TV no recibe los canales	Probablemente no se haya realizado la operación de escaneado de la antena (utilidad generalmente suministrada por el software de la tarjeta). Búsquela y ejecútela varias veces hasta conseguir los resultados deseados.

7.6 ALGUNOS CONSEJOS

Puede que algunos de los consejos aquí enumerados le sean de utilidad. En la mayor parte de los casos son fruto de la experiencia. Motivo por el que resultaría complejo el intentar justificarlos. De cualquiera de las maneras, siempre pueden ser un punto de vista más a la hora de tomar una decisión.

1. Si aún trabaja con un monitor TRC. Aléjelo de cualquier fuente de campo electromagnético. Éste puede provocar vibraciones incómodas de la imagen. Así, tenga especial cuidado con los motores de las impresoras, altavoces, etc.

2. Use una resolución correcta. Hay quien gusta de aplicar altas resoluciones a monitores de pocas pulgadas. Esto, si bien consigue que en pantalla aparezca más información, siempre será a costa de disminuir el tamaño de fuentes y gráficos, requiriendo un esfuerzo mayor de visión.

3. A la hora de adquirir una pantalla, exija, en la medida de lo posible, una prueba comparativa entre varios modelos. Para evitar hacer "actos de fe" con respecto a las características de las pantallas, un sistema efectivo es, además de confiar en una marca reconocida, visualizar al tiempo la misma imagen en dos monitores diferentes.

7.7 PRÁCTICAS PROPUESTAS

Los ejercicios y prácticas siguientes pretenden ayudar al lector a profundizar en los conceptos tratados en el capítulo. Un apéndice al final del libro describe, paso a paso, las soluciones propuestas. Se recomienda que el lector lo use como método de autoevaluación para comprobar la asimilación del tema que abre el capítulo.

1. Cambie la resolución y el número de colores con los que es capaz de trabajar su sistema de vídeo. Observe los resultados.

Capítulo 8

CAJAS, RATONES Y TECLADOS

Entender a primera vista que existen componentes de primera y segunda categoría a la hora de evaluar todos los componentes de un PC es algo obvio. De hecho, si el análisis se hiciese en cuanto a texto dedicado a cada uno (no ya en este libro sino en cualquier texto microinformático), se llegaría a la conclusión –conocida de antemano por otro lado– de que el microprocesador, la tarjeta de vídeo, la memoria… son los elementos "estrella" del PC.

En pocas ocasiones se habla de otros elementos que, si bien son imprescindibles, en todos los casos se dan por supuestos. Sí es cierto que estos componentes "de segunda fila" no son definitivos a la hora de determinar la potencia de un PC pero, una buena elección de los mismos, les puede hacer perdurar frente a otros de una acusada obsolescencia.

Tal y como indica el título del capítulo, se está haciendo referencia a las cajas, ratones y teclados. La caja del PC, además de los elementos físicos de soporte fácilmente constatables en cuanto a calidad se refiere, lleva consigo la fuente de alimentación que es un elemento clave en el PC. Así, la elección de una buena caja apropiada a las necesidades del usuario puede ser una buena inversión por la que "deambulen" varios microprocesadores.

En cuanto a ratones se refiere, hay que ser honesto y aceptar que quizás no sea el elemento fundamental pero sí que resultan imprescindibles en los nuevos entornos gráficos. Se trata de un elemento muy personal ya que, como comprobará al poco de su uso, hay ratones que se adaptan mejor a las exigencias de cada usuario.

Si de apreciaciones personales se hablaba en cuanto a ratones, más aún si cabe se percibe esto en los teclados. La variedad existente hace que los usuarios se decidan por un tipo de tecnología específica de una forma casi polarizante (mecánicos o membrana). En este capítulo se estudian los parámetros fundamentales de cada uno de estos elementos de forma que se puedan reconocer sus diferencias.

8.1 LAS CAJAS

Hasta ahora han quedado claros todos los componentes del PC. Sin duda, cada uno en su medida realiza una función específica que los valida para estar ahí pero... ¿dónde es "ahí"? Es necesario integrar cada una de las partes para que formen un todo en su conjunto y el elemento imprescindible para ello es la caja[12]. Pudiera parecer que éste sea el elemento de menor importancia pero no es así: al igual que el resto, cumple su función específica y requiere de una normalización para que se convierta en un estándar capaz de aceptar sin problemas el resto de elementos. En esencia, cualquier caja deberá proporcionar:

- Estabilidad a la circuitería interna, sirviendo de soporte físico para los componentes, protegiendo el interior del ordenador del polvo y, en general, del exterior.

- Protección electromagnética, actuando como una jaula de Faraday impidiendo que cualquier tipo de campo (compresores de máquinas de aire acondicionado, imanes de altavoces...) pueda afectar al funcionamiento del equipo.

- Ventilación adecuada, consiguiendo canalizar la entrada de aire a través de los componentes y expulsando el aire caliente.

- Dada la importancia de la estabilidad térmica, todas las cajas, a través de la fuente de alimentación, cuentan con un ventilador que extrae el aire, además del propio que se encuentra en el disipador del microprocesador. No obstante se recomienda alguno más que, en la parte posterior o frontal, ayude a evacuar el aire caliente. De un tiempo a esta parte han proliferado las cajas en las que se encuentra un conducto específico denominado "tobera de ventilación" para comunicar el ventilador del microprocesador con el exterior. De esta forma se consigue optimizar la disipación expulsando de un modo directo el aire

[12] En muchos países de habla hispana también se la denomina "gabinete".

caliente del componente que mayor temperatura alcanza. Un conjunto de rejillas y orificios complementan el sistema de ventilación de la caja.

Por otro lado, la caja es, además, el elemento con el que generalmente se suministra la fuente de alimentación, encargada de proporcionar el fluido eléctrico adecuado a toda la circuitería. Como se puede adivinar, además del aspecto estético, hay otra serie de factores que hacen que la elección de una caja apropiada sea una tarea tan importante como en el resto de componentes. Será cuestión de profundizar en sus características para conocer los pormenores imprescindibles para una correcta elección.

8.1.1 El formato

En las cajas existen una serie de parámetros inalterables que se deben mantener, como puede ser el caso de las bahías (en mayor o menor cantidad) o habitáculos específicos para el alojamiento de dispositivos. No obstante, hay otra serie de aspectos que dependen, exclusivamente, del aspecto estético.

Así, cualquier caja debe ofrecer en su parte frontal una serie de superficies troqueladas destinadas a albergar las diferentes unidades que deben ser accesibles por el usuario, esto es, unidades de CD-ROM (en cualquiera de sus variantes), unidades de disco, etc. De forma normalizada, las bahías responderán a dos formatos adecuados al dispositivo a instalar: 5¼" y 3½". Será cuestión del fabricante el determinar cómo se liberan para introducir el elemento en cuestión. Lo normal es que se trate de unas "tapas" de plástico afianzadas por una pestaña y que, desde el interior, se puedan liberar con facilidad permitiendo la introducción de la unidad. Algunos fabricantes también requieren que se desprenda una chapa metálica en el interior de la caja además de la cubierta de plástico citada. Sea cual sea el formato, habrá que comprobar el modelo en cuestión para ver el modo en que el fabricante diseñó su producto. Cabe incluso el caso en el que sea preciso desmontar el frontal de la caja para poder acceder a la bahía. De cualquiera de las maneras, esta operación no debe representar mayor dificultad. El número de bahías dependerá del formato elegido ajustándose, normalmente, a los siguientes:

FORMATO	BAHÍAS 3 ½"	BAHÍAS 5 ¼"
Sobremesa	3	2
Minitorre	3	2
Semitorre	5	3
Torre	6	6

Tabla 8.1. Formato de las cajas

Por supuesto, estas denominaciones pueden variar y aparecer otros formatos. La tabla no tiene otra misión que la de ser orientativa en cuanto a la oferta actual. No obstante, cada vez es más común que las cajas faciliten al usuario el acceso a los conectores más usados. Así, los puertos USB, conectores de audio e incluso conectores MIDI para joysticks son habituales en los frontales.

Un tipo de caja dedicado a entornos profesionales son los denominados de "rack". Su diseño las hace aptas para ser ubicadas en armarios que proporcionan, por lo general, estabilidad de alimentación y refrigeración. De este modo es posible agrupar varios elementos en un espacio físico reducido. Estas cajas deben ajustarse al estándar marcado por los armarios que pueden ser de 19, 24 o 30 pulgadas de ancho. En cuanto a la altura, podrá variar según el tipo de máquina a alojar, siempre en proporción a las "U" (unidad mínima de medida equivalente a 4,44 cm).

En todos los casos, pasando a la parte posterior de la caja, se deben encontrar los mecanizados oportunos para albergar los conectores externos de la caja (ratón, teclado, puertos...) además de las diferentes tarjetas instaladas. A día de hoy no suele haber mayor problema en cuanto a los conectores de las placas. Se encontrarán los orificios apropiados en las medidas justas correspondientes a todas las conexiones necesarias. Hubo un tiempo en el que esta parte podía variar y los fabricantes suministraban diferentes formatos de "chapas" que, mediante tornillo, se sujetaban a la caja. Era cuestión del usuario determinar qué modelo era el que precisaba.

1. Vista posterior de la fuente de alimentación. Se aprecia el ventilador, la entrada y la salida de corriente.
2. Rejilla de ventilación para un segundo ventilador opcional. En la parte inferior se aprecia otra apertura.
3. Conectores de puertos, ratón, teclado y dispositivos multimedia. El mecanizado depende en gran medida de la placa base, hasta el punto de proporcionar la chapa troquelada adecuada.
4. Tarjeta de vídeo instalada mostrando el conector hacia fuera del PC.
5. Cubierta protectora de tarjetas que se retira cuando se inserta alguna en un slot.
6. Chasis para la sujeción de unidades de formatos de 5¼” y 3½”.

Figura 8.1. Vista posterior de una caja

En cuanto a las diferentes tarjetas, la caja debe ofrecer unas aberturas correspondientes a la posición física que ocuparán las tarjetas insertadas en los slots oportunos de la placa base. Estas aberturas vendrán cubiertas con una chapa troquelada que se retirará a la hora de insertar a la tarjeta, o bien con un protector anclado con un tornillo. Será en el momento de la instalación cuando se retiren las tapas oportunas y se vuelvan a cubrir con las propias tarjetas.

Ya en el interior, la caja debe mostrar el mecanizado apropiado para albergar la placa base y las unidades de disco, CD-ROM y disquete. En este sentido hay dos sistemas muy definidos: algunas cajas permiten que la placa base se afiance sobre una “parrilla” metálica que, a su vez, se atornillará a la caja. Otras, por el contrario, requieren que las placas se afiancen al fondo de la caja sin permitir la movilidad de la parrilla. Sin lugar a dudas, resulta mucho más cómodo y funcional que la caja sea desmontable ya que no obliga a desmontar las unidades frontales para, por ejemplo, cambiar la placa base. No obstante, esta operación tampoco suele representar mayor dificultad.

Volviendo a girar la caja, obtenemos el frontal del que aún quedan cosas por comentar. Sin duda el aspecto estético es un punto a tener en cuenta. Tanto es así que éste es uno de los principales argumentos de venta. Asumidos todos los mecanismos indispensables que deben figurar y que se comentarán más adelante, el diseño juega un papel fundamental. En estos casos, guíese por su gusto ya que, realmente, poco más se puede aconsejar. De cualquier modo, hay una serie de elementos imprescindibles que deben aparecer, a saber:

Pulsador de Encendido Denominado habitualmente como Power On/Off, se trata de un pulsador sin polaridad alguna (es decir, no tiene una posición concreta de conexión) que se conecta a la placa base y cuya misión es la de activar el circuito encargado de arrancar la fuente de alimentación. Obviamente esto permite que si el técnico precisa hacer alguna comprobación de encendido, pueda hacerlo cortocircuitando directamente los pines de este contacto. Es habitual que el apagado se realice de forma igual al encendido (accionando el pulsador) o, en ocasiones y según la definición de la BIOS, accionándolo durante 4 segundos seguidos.

Pulsador de Reset Al igual que el anterior, tampoco tiene polaridad. Su función es la de reiniciar la máquina de forma similar a si se apagase y volviese a encender el ordenador. La única diferencia esencial frente a un apagado real es que algunos registros del microprocesador siguen conservando sus valores.

Power LED Es el indicativo de encendido. Habitualmente es de color verde y su misión es la de informar que la máquina se encuentra en funcionamiento. A pesar de resultar una función aparentemente sin importancia, sí la adquiere cuando se trata de determinar si la inactividad del equipo está provocada por no estar en funcionamiento o haber pasado a un estado de hibernación.

HDD LED Este LED, habitualmente de color rojo, indicará las operaciones de lectura/escritura que se están produciendo en el disco duro. Es habitual, por tanto, que parpadee cuando se encuentra trabajando la máquina. Tanto este LED como el anterior (y como todos los LED, vaya) sí disponen de polaridad.

Figura 8.2. Conexionado caja-placa base

De forma opcional pueden aparecer tantos dispositivos como el fabricante de la caja haya pensado. Así es posible encontrar desde vúmetros que miden la señal de salida del entorno multimedia hasta indicadores de frecuencia, botones de Turbo que activan ventiladores auxiliares... Incluso un gran número de cajas incluyen en una bahía algo similar a lo que podría ser una unidad de $5^{1/4}$" cuya misión es, exclusivamente, la de albergar discos CD-ROM o DVD, tal y como se aprecia en la figura.

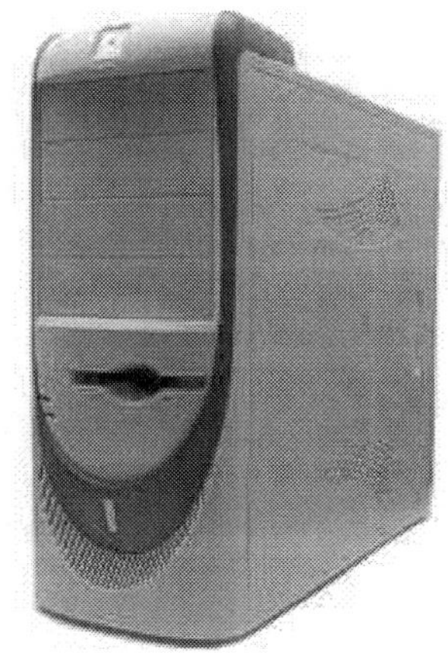

Figura 8.3. Caja con alojamiento para DVD

8.1.2 Un matiz imaginativo

Admitiendo la clara multifuncionalidad del PC, algunos fabricantes ya apuestan por diseños más propios, más integrados con el nuevo escenario que ocupa la informática actual. Así, surgen los *barebone,* que no son otra cosa que cajas que, por cuestiones físicas de espacio, determinan una serie de componentes concretos (como el tipo de placa base, por ejemplo). A partir de esto, todo tiene cabida. Obviamente el aspecto está encaminado a conseguir la mínima disonancia entre los equipos de audio convencionales y este nuevo dispositivo, al que se le pretende dar una orientación de reproductor de audio, vídeo, cine, TV... lo cierto es que la idea tampoco va tan desencaminada. En contra está la dificultad de ampliación con nuevos dispositivos dadas las reducidas dimensiones, además de una peor evacuación de calor al haber menos espacio, algo que se solventa con eficaces sistemas de refrigeración.

El efecto de los nuevos barebone ha sido tal que algunas compañías han dedicado una línea de negocio a este sector. Es posible que en muchos casos se trate sólo de una tentativa pero, sea cual fuere el motivo real y el nivel de seguridad de apuesta por estos nuevos "ordenadores", hay compañías que están ofreciendo soluciones realmente espectaculares.

De cara a conseguir una total integración en el entorno doméstico, estos sistemas son prácticamente inaudibles en cuanto a su funcionamiento y consiguen trabajar a bajas temperaturas gracias a un elaborado sistema de refrigeración. Es común que dispongan de sintonizador de radio y TV y reproductor de CD, pudiendo hacer uso de estos elementos sin necesidad de arrancar el ordenador –esto es, sin cargar el sistema operativo–.

Figura 8.4. Sistema barebone

8.1.3 La fuente de alimentación

Si hay un elemento al que hay que prestar especial atención a la hora de elegir la caja para el PC, ése es la fuente de alimentación. De forma habitual se suministra con la caja y, si bien es posible encontrarla de forma separada, en la mayor parte de los casos no merece la pena económicamente renunciar a la caja por la escasa diferencia de precio.

La misión de la fuente de alimentación es la de suministrar el fluido eléctrico preciso y adecuado para alimentar los diferentes dispositivos que conforman el PC. Así, desde la propia placa base hasta la disquetera, pasando por las diferentes unidades de disco duro o DVD precisan de alimentación.

El suministro eléctrico proporcionado por las compañías no es el adecuado para el PC ni para prácticamente ningún electrodoméstico electrónico. Es necesario realizar una serie de operaciones previas para que sea adecuado a las necesidades de la electrónica concreta. Si bien es cierto que en la mayor parte de los casos las fuentes no se suelen reparar (salvo casos obvios que afecten a fusibles o diodos), sí es interesante que tenga una idea de qué ocurre por dentro. Las operaciones modulares que se realizan son las siguientes:

Transformación La tensión habitual que llega a las líneas domésticas es de 220 v o 127 v, con el intervalo que las compañías prevén de un ± 10%. Esta tensión es muy elevada para lo que se requiere ya que, como mucho, se precisan niveles de 12 v. Para esta primera fase se usa un transformador electrónico cuya única diferencia con uno convencional es que la transformación no se realiza por inducción en devanados (lo que requiere un gran volumen, además de ser costoso), sino que se "secciona" la tensión tomando la precisa para producir la transformación.

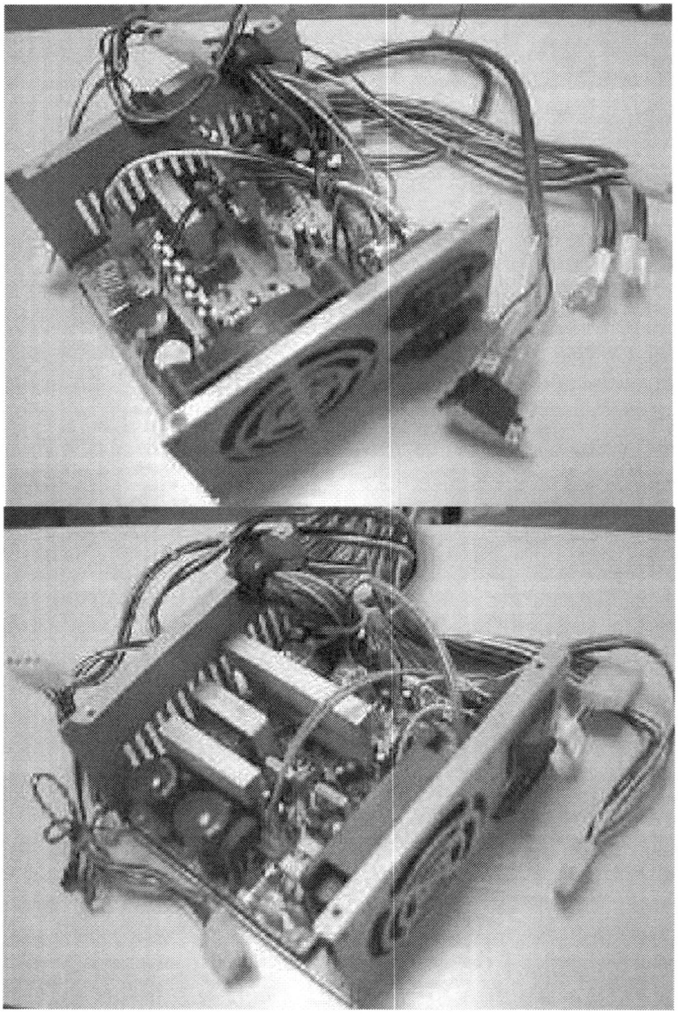

Figura 8.5. Fuentes de alimentación AT y ATX

Rectificación

A pesar de contar con la tensión disminuida, aún se cuenta con una corriente alterna, es decir, donde el valor oscila alternativamente entre valores positivos y negativos. El PC requiere de una alimentación continua por lo que se recurre a un rectificador en puente. Este tipo de rectificadores está formado por cuatro diodos que, dispuestos de modo adecuado, consiguen una rectificación de doble onda, es decir, consiguiendo corriente continua pulsatoria. Esto es, que la tensión no alcanzará valores negativos, sino que oscilará entre un nivel determinado y masa (0 v).

Estabilización y Filtrado

En esta etapa (que bien podría haber sido definida en dos puntos) se pretende conseguir, a partir de la corriente continua pulsatoria, una corriente continua de calidad, es decir, estable en el tiempo y con el valor adecuado. Para ello se recurre a estabilizadores basados en circuitos con diodos zener que garantizan la tensión de salida. También es común (y lo más habitual) usar integrados con una entrada de tensión y una salida estabilizada, tan sencillo como eso. El filtrado, si bien en muchos estabilizadores está integrado, se suele hacer mediante condensadores electrolíticos que eliminan los armónicos o señales indeseables.

Por supuesto, todo lo explicado está resumido atendiendo al fin pretendido: conocer las diferentes etapas de la fuente. Incluso el autor se ha permitido algunas licencias para hacer más didáctico el texto. El estudio pormenorizado de una fuente de alimentación (cortocircuitable y conmutada) sería una labor más profunda además de un tema más propio de electrónicos que de informáticos. Tal y como se iniciaba el texto, rara vez se reparará una fuente de alimentación ya que no se dispondrá de la documentación adecuada por un lado y, por otro, no merecerá la pena económicamente.

Como se puede comprobar, la fuente va anclada en la propia caja y, de forma exterior, sólo presenta el conector de alimentación para los 220 v de la línea y, ocasionalmente, otro conector para la alimentación del monitor.

Figura 8.6. Conectores "externos" de la FA

Internamente dispondrá de los conectores apropiados (estudiados en otros capítulos) encargados de alimentar todos los dispositivos que lo requieran.

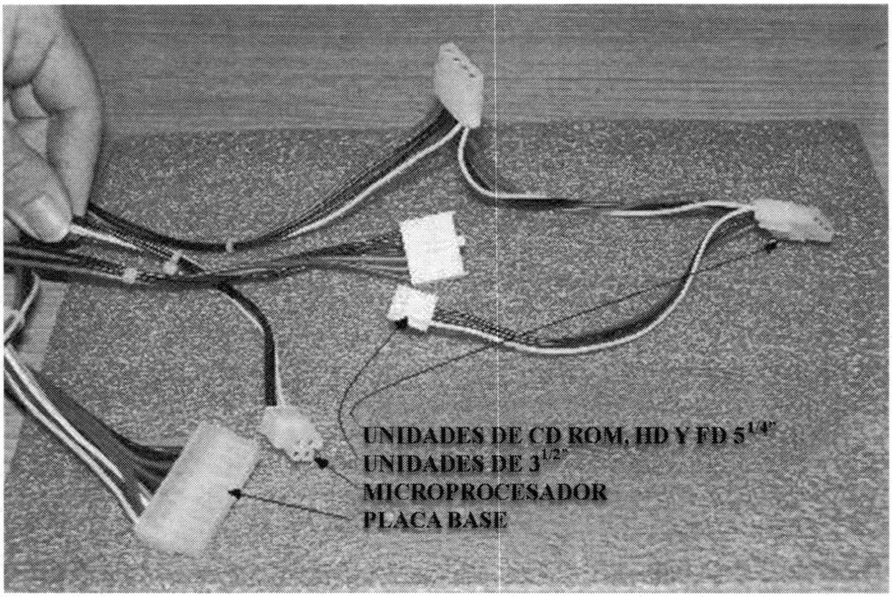

Figura 8.7. Conectores "internos" de la FA

El principal parámetro a evaluar en la fuente de alimentación es la potencia. Cuanto mayor sea este valor, mayor número de unidades y dispositivos se podrán conectar. Es habitual que oscile entre los 550 y 8000 w pero no se preocupe: aun en el peor de los casos, es muy raro que se supere la citada potencia.

Otro aspecto a tener en cuenta es el ruido ya que se trata de uno de los elementos que más genera. Existen fuentes *low noise* (bajo ruido) que resultan inaudibles pero, como es obvio, esto tiene su reflejo en el precio.

Figura 8.8. Indicativo de tensión de entrada de la FA

El estándar actual en fuentes es el ATX 2.2, con un conector ATX de 24 pines y uno específico de 4 para alimentación del microprocesador. Según el equipo de que se trate, podría encontrarse incluso una fuente de tipo ATX. En caso de ser necesario, una fuente ATX 2.2 es válida para necesidades anteriores ya que si bien incluye un conector de alimentación para la placa base mayor, éste está diseñado para que sea "desplazado" hacia un lado sirviendo así la compatibilidad con modelos más antiguos.

Se recomienda al lector revisar el apartado *16.7 Sustituyendo la fuente de alimentación* de este mismo libro, para un mayor detalle en cuanto a conectores.

8.2 EL RATÓN

Por increíble que pueda parecer, el ratón hace unos años era un periférico prácticamente inútil, relegado al diseño de aplicaciones muy profesionales. Resulta casi impensable para muchos usuarios manejar hoy su PC sin el ratón (a pesar de que sea mucho más rápido con el teclado) dado que los sistemas operativos basados en entornos gráficos se han centrado en su uso.

En esencia, un ratón o apuntador es un puntero que, mediante el driver apropiado, consigue que en pantalla se desplace un puntero. Son muchos los tipos de ratones que se pueden encontrar en el mercado y, en gran medida, su elección es una cuestión personal de gustos. Sin duda los más extendidos fueron los de "bola", si bien hoy predominan los ópticos. En el caso de los primeros, reciben su nombre de la bola sobre la que reposa todo el dispositivo y que, mediante el movimiento, acciona los detectores oportunos para enviar al ordenador la señal digital que se interpretará como un movimiento. En cuanto a los ópticos, de cara a evitar la suciedad que se acumula como consecuencia del desplazamiento de la bola sobre una superficie, activan un dispositivo capaz de percibir el movimiento sin necesidad de un rozamiento físico. Los modelos antiguos de estos ratones requerían para su uso una alfombrilla especial milimetrada que actuaba como guía para el ratón. Por último, los track ball son otra alternativa interesante. Se trata de un ratón "invertido", esto es, un dispositivo estático donde la bola es accionada directamente por el usuario sin que en el conjunto se produzca un movimiento.

Sea cual sea el modelo elegido, todos disponen de una serie de botones para indicar acciones sobre el apuntador de pantalla. Desde los equipos Macintosh con un único botón hasta los *ultradiseñados* con multitud de ruletas, hay un sinfín de posibilidades. Lo más habitual es que dispongan de dos o tres botones y, en ocasiones, una rueda central que sirve para el desplazamiento interno de las ventanas.

En cuanto a su conexión, poco hay que indicar. En la actualidad todos los ratones tienen una conexión estándar USB, si bien en su día predominó el tipo PS/2, estandarizada por IBM (conector igual al del teclado[13] que, con respecto a la placa base, se encuentra encima de los dos). Hubo un tiempo donde lo habitual era que los ratones se conectaran al puerto serie de 9 pines e, incluso, al desaparecido puerto serie de 25 pines. En la actualidad resulta casi imposible encontrar un ratón de estas características.

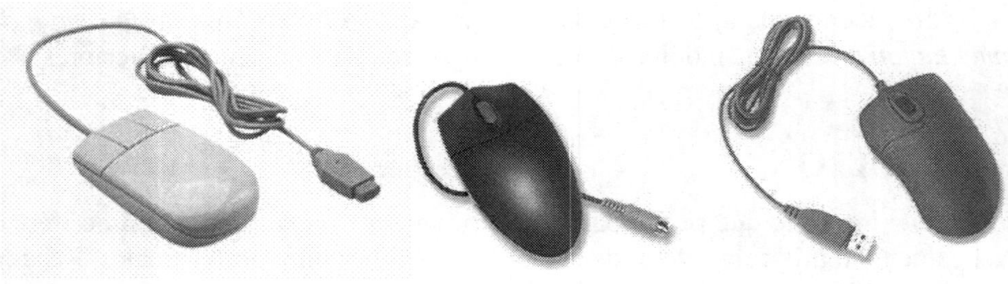

Figura 8.9. Ratones serie, PS/2 y USB

Por supuesto, existen adaptadores en todos los casos para convertir un conector en otro según las necesidades. Por otro lado, poco hay que añadir en cuanto a su reparación: es tal el precio de los ratones que no merece la pena reparar absolutamente nada.

8.3 TECLADOS

Se trata del dispositivo de entrada de datos por excelencia. El teclado, en cualquiera de sus variantes, es un elemento imprescindible para el trabajo con el PC, exceptuando casos muy aislados de máquinas donde no se requiere la intervención por parte del usuario (por ejemplo, un ordenador de fichaje) o casos específicos donde se usan pantallas táctiles.

El teclado convencional, de 102 o 103 teclas según modelos, ha experimentado poca variación. En los inicios de la microinformática se usaban teclados normales (de 82 teclas) que en breve evolucionaron a los "teclados ampliados", tal y como se conocen en la actualidad. A partir de ahí, pocas modificaciones se han dado exceptuando el modelo "natural" que, en esencia, es el teclado convencional dividido en dos partes y con un ángulo entre ellas que le hace más apropiado para la postura de las manos.

[13] La mayor parte de los fabricantes han adoptado un código de colores, destinando el verde al ratón y el morado para el teclado.

Figura 8.10. Teclado común

La conexión de este dispositivo se realiza normalmente por puerto USB, aunque todavía hay modelos que lo hacen a través del puerto PS/2 con un conector DIN, igual al del ratón. Los teclados originales disponían de un conector de las mismas características pero de mayores dimensiones (de hecho, al conector original se le conocía como DIN y, a los posteriores, como mini DIN).

Si algo es importante en los teclados, obviamente, son las teclas. El método de pulsación es muy personal en cada usuario y un teclado cómodo hará que el rendimiento aumente. En esencia hay dos tipos de teclados atendiendo a la constitución interna de la implementación de sus teclas: membrana y mecánicos. Aunque en cualquiera de los casos la finalidad es la misma (activar una matriz que generará el código oportuno para que se interprete como un caracter), el método de pulsación cambia de forma significativa de un modelo a otro.

La pulsación por membrana se consigue presionando una membrana plástica que, por su propia constitución, actúa como un muelle, devolviendo la tecla a su posición original una vez que desaparece la presión ejercida sobre ella. Este tipo de teclado es absolutamente silencioso ya que la membrana cambia de posición de forma elástica, sin ningún tipo de roce o golpe mecánico.

Por otro lado, los teclados mecánicos se ayudan de muelles y resortes que establecen la presión de pulsación y generan un pequeño "clic" al pulsarlos. Precisamente son fácilmente detectables por su sonido.

A pesar de que estos últimos pueden parecer más incómodos por el ruido y la mayor presión necesaria para vencer la fuerza de la propia tecla, suelen ser más recomendables (y también más caros). Este tipo de teclado fue popularmente usado por IBM y, aunque aquí entran los gustos, particularmente creo que se trata de la mejor opción, la mayor fuerza de la pulsación junto al sonido característico, ayudan al usuario a detectar cuándo una pulsación ha sido correcta.

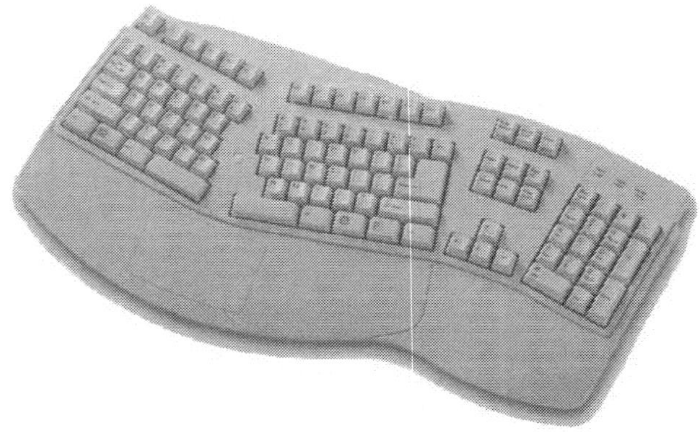

Figura 8.11. Teclado natural

8.4 PROBLEMAS TÍPICOS

La disparidad de funcionalidades de los elementos tratados en este capítulo, hace difícil una catalogación de problemas. No obstante, sí hay algunos ejemplos que se pueden tipificar, a saber:

PROBLEMA	POSIBLE SOLUCIÓN
Las teclas pulsadas no se corresponden con los caracteres aparecidos en la pantalla	Lo más probable es que no disponga de una configuración del idioma del teclado adecuada. Revise en el *Panel de Control* su configuración y ponga especial atención en las diferentes opciones para *Español*.
El teclado/ratón inalámbrico no funciona	Compruebe el estado de la pila y sincronice el dispositivo con la base (suele disponer de un pequeño pulsador que debe ser accionado tanto en el dispositivo en sí como en la propia base).
El movimiento con el ratón es brusco	Compruebe la limpieza del ratón en caso de ser "de bola"; si es óptico, pruebe a desplazarlo sobre otra superficie.
El movimiento con el ratón es incontrolable	Revise la configuración del *Panel de Control* del ratón. Un exceso de velocidad puede provocar que ante pequeños movimientos del ratón, el puntero se desplace demasiado.

8.5 ALGUNOS CONSEJOS

Puede que algunos de los consejos aquí enumerados le sean de utilidad. En la mayor parte de los casos son fruto de la experiencia. Motivo por el que resultaría complejo el intentar justificarlos. De cualquiera de las maneras, siempre pueden ser un punto de vista más a la hora de tomar una decisión.

1. Sea precavido a la hora de trabajar con la fuente de alimentación. Si bien es imposible recibir ninguna descarga en el interior del PC debido a su bajo voltaje (siempre y cuando la fuente de alimentación funcione correctamente), dentro de la fuente se encuentran los mismos 220 v que en un enchufe de pared y éstos no sólo pueden resultar peligrosos, sino que pueden llegar a ser mortales. Incluso con el PC apagado, recuerde que en la fuente y, por extensión, en el monitor, se encuentran condensadores electrolíticos de alta capacidad que pueden provocar descargas importantes aun llevando el aparato varios días desconectado.

2. No ponga su PC en un lugar encajonado. Los ventiladores tienen como misión expulsar el aire caliente del interior del PC y, si la ventilación no es apropiada, puede redundar en un aumento indeseable de temperatura.

3. Si su ratón es de bola, manténgalo limpio: es la única acción que puede realizar para alargar la vida de su dispositivo. Regularmente, desmóntelo y límpielo interiormente.

4. Mantenga igualmente limpio su teclado. Use "sopladores" para inyectar aire a presión entre las teclas y así expulsar el polvo. No obstante, cuando comience a dar problemas, adquiera uno nuevo ya que dado su bajo precio no merece la pena repararlo. Considere en todo momento al ratón y al teclado como elementos "consumibles" con un período de vida concreto que, una vez finalizado, se hace imprescindible su sustitución.

5. Valore objetivamente si realmente precisa un ratón y teclado inalámbrico; si bien ofrecen las ventajas de la movibilidad, requieren de baterías que deben ser reemplazadas con cierta frecuencia.

8.6 PRÁCTICAS PROPUESTAS

Los ejercicios y prácticas siguientes pretenden ayudar al lector a profundizar en los conceptos tratados en el capítulo. Un apéndice al final del libro describe, paso a paso, las soluciones propuestas. Se recomienda que el lector lo use como método de autoevaluación para comprobar la asimilación del tema que abre el capítulo.

1. Con ayuda de un destornillador o pinzas aisladas, pruebe a puentear (cortocircuitar) los contactos correspondientes a los diferentes pulsadores de su placa base. Ponga especial cuidado en esta operación ya que se precisa que el ordenador esté conectado a la red eléctrica y, si bien la fuente de alimentación protege de forma adecuada los puntos con tensión peligrosa para el usuario (220 v), cualquier manipulación requiere cierta prudencia. Compruebe los resultados e identifíquelos.

2. Al conectar un PC a la red eléctrica, se observa que éste no se enciende y ni tan siquiera gira el ventilador de la fuente. Bajo esta "diagnosis", el ordenador podría estar en estado de "stand by", sin suministro eléctrico, con la fuente averiada, con el microprocesador dañado o con la placa base estropeada. ¿Cuál sería el camino lógico de procedimiento para determinar una potencial avería de la máquina?

3. Consiga un ratón "de bola" (quizás no le sea fácil de encontrar) y desmóntelo. Compruebe cómo se desplaza el puntero por la pantalla accionándolo directamente con los dedos. Observe el mayor número de modelos posible haciendo especial hincapié en el sistema mecánico de desplazamiento utilizado por cada uno de ellos.

Capítulo 9

MULTIMEDIA

Sin duda lo primero que debe llamar la atención a los neófitos cuando se habla de las capacidades musicales, gráficas y de interpretación de un PC debe ser el término "multimedia". Tristemente el vocablo suele pasar desapercibido pero, para entender realmente el concepto, creo que es imprescindible analizar casi "etimológicamente" el término. La palabra multimedia aparece en el diccionario de la Real Academia Española como "*Que utiliza conjunta y simultáneamente diversos medios, como imágenes, sonidos y texto, en la transmisión de una información*". Sin duda es la mejor definición para este anglicismo.

De forma convencional hasta principios de los años 90 del siglo XX, los ordenadores eran capaces de poco más que emitir sonidos estridentes y pitidos. La polifonía sólo se contemplaba en máquinas como Macintosh y, curiosamente, en equipos Atari, los realmente precursores de la multimedia y el sistema MIDI, también tratado en este capítulo, y que consiste en establecer un lenguaje de entendimiento entre las máquinas y los instrumentos musicales.

De este modo, los músicos profesionales se veían abocados a utilizar equipos Mac (como cariñosamente se conoce a los Macintosh) que, si bien les proveía de potencia en aplicaciones, también eran cobradas en su justa medida... Así, la multimedia encontró un campo de cultivo idóneo en los estándares del PC cuando éstos incluyeron las posibilidades multimedia (potenciadas con la aparición en su día de la tecnología MMX primero y el *3DNow!* después) y, poco a poco, se fueron asentando hasta resultar un elemento imprescindible en la microinformática actual. Así, lo común es que la gran mayoría de los equipos incluyan una tarjeta de sonido que suele venir integrada en la propia placa base. Por otro lado, las unidades lectoras y grabadoras tanto de unidades de CD como de DVD son algo habitual.

Este capítulo da un repaso a todos aquellos puntos imprescindibles para conocer, instalar y sacar rendimiento a la multimedia de un equipo. ¡Ánimo y a potenciar la creatividad!

9.1 COMPOSICIÓN DEL SISTEMA

El concepto de multimedia, tal y como se comentaba en la introducción al capítulo, hace referencia a los múltiples modos de comunicación que se pueden establecer con un ordenador. Esto es, por supuesto, además de los ya aceptados como convencionales, a saber: teclado y monitor.

Bajo esta premisa, cualquier sistema de interfaz que incluya un nuevo modo de comunicación puede entenderse como un sistema multimedia. No obstante, ha proliferado una configuración básica que caracteriza a estos equipos: se trata de la incorporación de una tarjeta de sonido, micrófono, cámara de vídeo y altavoces. Poco a poco se vislumbra un incremento de prestaciones que pasarán a engrosar el concepto. Tal puede ser el caso de las webcam y, por qué no, de los sistemas virtuales. De cualquier modo y lejos de filosofar con la idea, este capítulo dará un repaso a los elementos más comunes. Por supuesto que hay más, pero en algún momento hay que acotar.

Figura 9.1. Equipo multimedia de Lenovo

Hay quien opina que, dentro de la comunicación multimedia, se ha potenciado más el aspecto acústico frente al visual. Tiene cierta lógica en la medida en que el usuario percibe a través del monitor toda la información que precisa y poco más se puede optimizar el concepto de monitor exceptuando, obviamente, los avances tecnológicos (mayores resoluciones, pantallas LCD...). En cuanto a entrada de datos "visuales" a la máquina, existen los escáneres, cámaras fotográficas digitales, webcam... Pero aun así, parece que sigue siendo mayor la repercusión del audio frente al vídeo. Lo más recomendable será comenzar analizando algunos aspectos del sonido (el vídeo se trata en un capítulo específico) para así entender mejor la función de cada dispositivo.

9.2 SONIDO DIGITAL Y SONIDO ANALÓGICO

El primer paso para poder conocer los pormenores de un sistema multimedia es hacer un análisis somero del sonido. Éste, de forma natural, se transmite en forma de ondas a través de un medio. Así, en una comunicación oral, nuestro tímpano percibe la presión del aire que, como medio, actúa de conductor. Esto explica que por ejemplo, bajo el agua, la percepción del sonido sea distinta a en la superficie. La necesidad de tratar eléctricamente las señales de audio lleva a un uso analógico de la señal, es decir, el reflejo que por medio de una sucesión de frecuencias y niveles de tensión cambiantes en el tiempo se usa en los sistemas de audio convencionales. Así, si se piensa en un giradiscos o una unidad de casete, ambas originan una pequeña señal electrónica analógica del orden de micro voltios. Más tarde pasará al amplificador (tras un preamplificador o "previo" cuya misión será la de enfatizar determinadas frecuencias) donde se obtendrá la misma señal pero aumentada. Por último, ésta será enviada a los altavoces. Es importante recalcar que los altavoces no son otra cosa que bobinas (motores) que, para su movimiento, precisan ser inducidas por diferencias de potencial, esto es, variaciones de corriente. Si se introdujese a un altavoz una señal de corriente continua, éste no sonaría al no haber variaciones de intensidad. Si se desea hacer una prueba, aplique una pila pequeña de 1,5 v a un altavoz. Oirá un pequeño ruido que corresponde a la variación de la ausencia total de tensión al "pico" provocado por la aplicación de la corriente de la pila. A continuación no se oirá nada ya que la tensión proporcionada no fluctúa.

Quede por tanto claro que el sonido es analógico *per se* ya que no puede ser de otro modo. Son las señales analógicas las que, con su riqueza de datos en amplitud y frecuencia, ofrecen un espectro de sonido adecuado además del formato adecuado para ser reproducidas por los altavoces, al menos según la tecnología que conocemos hoy.

Entonces, si el sonido siempre es analógico, ¿qué sentido tiene hablar de audio digital? Si hemos de ser ortodoxos, la verdad es que ninguno, pero todo tiene su explicación... Las señales analógicas son susceptibles de errores, es decir, interferencias, inducciones, ruidos... que van en detrimento de la calidad acústica. Si de algún modo toda esa información analógica se pudiera procesar digitalmente, todos estos problemas disminuirían ya que los datos se pueden controlar con detectores de error y evitar toda esta problemática.

Así, el sonido digital consiste en, disponiendo de la señal analógica original, "trocearla" en pequeñas porciones que se codificarán a información digital. Estas porciones suelen estar situadas, en el caso de los sistemas convencionales, en 44 KHz, es decir, 44.000 muestras por segundo (si bien es cierto que se realizan 22.000 por cada uno de los canales estéreo). Así, estas porciones de sonido se convierten en datos que pueden ser tratados digitalmente sin riesgos de interferencias, inducciones o demás... Será preciso, una vez manejado el audio digital al gusto deseado, reconvertir el conjunto de datos en una nueva señal analógica lista para ser amplificada y enviada a los altavoces.

Obsérvese que el sonido siempre es analógico. Lo que realmente es digital es su tratamiento de cara a optimizar el trasiego y la manipulación de la señal por los diferentes circuitos y procesos. Esto explica que, por ejemplo, la calidad de audio de un CD-ROM sea superior a la de una casete siempre y cuando, el CD-ROM haya sido grabado y tratado de una forma digital correcta. A pesar de lo expuesto, es curioso, cuando no cómico, oír a "expertos" del sonido que aseguran distinguir entre la calidad de un CD de audio original y una copia del mismo cuando, en realidad, se han hecho réplicas exactas de datos, que no de audio. Todas las copias realizadas de un CD-ROM serán copias exactas del origen, algo que no puede asegurarse en los sistemas analógicos convencionales (por ejemplo, de cinta a cinta de casete).

Es más, el proceso digital de las señales ha aportado mucho en cuanto a la calidad y no sólo en aspectos como el Dolby Sorround Digital (consistente en seis fuentes de sonido en lugar de las dos convencionales del estéreo). Téngase en cuenta que los sonidos emitidos por muchos instrumentos no son sólo el espectro que oímos, sino que hay muchos más. Nuestro oído percibe sólo las señales comprendidas entre 20 Hz (sonidos muy graves) y 20 KHz (sonidos muy agudos). Esto no significa que, por ejemplo, un perro, con un rango auditivo diferente al humano, perciba sonidos y armónicos que nosotros no. En esta línea hay sistemas de compresión de audio (si son datos, ¿por qué no comprimirlos como cualquier fichero?) donde, para optimizar el espacio ocupado, se eliminan las frecuencias que se escapan del espectro auditivo humano. De este modo se consigue reproducir única y exclusivamente el sonido preciso para nuestros oídos, disminuyendo el tamaño de la información que representa el audio. Hay quien asegura que, tras este proceso, el sonido obtenido es mejor que el original ya que se han eliminado todas las frecuencias indeseables (¿por qué no denominarlas así?) al oído humano. Sin duda, un tema para el debate.

De cualquier modo y a pesar de los tecnicistas –que me perdonen– el sonido digital (ya que así se denomina al sonido analógico tratado digitalmente) ofrece posibilidades impensables de otra manera. Por ejemplo, la posibilidad de registrar los datos de sonido de un instrumento (en cuanto a características específicas) y compararlo con otros diferentes. Éstos permitirán la posibilidad de conseguir que un teclado consiga sonar como un violín (¿qué pensaba que era un sintetizador?). Más allá... hay un sistema denominado MIDI (algo muy común entre músicos profesionales y amateurs) cuyas siglas proceden de *Modem Interface Digital Instrument*, es decir, la capacidad de que un instrumento actúe como interfaz de una máquina para ser tratado digitalmente.

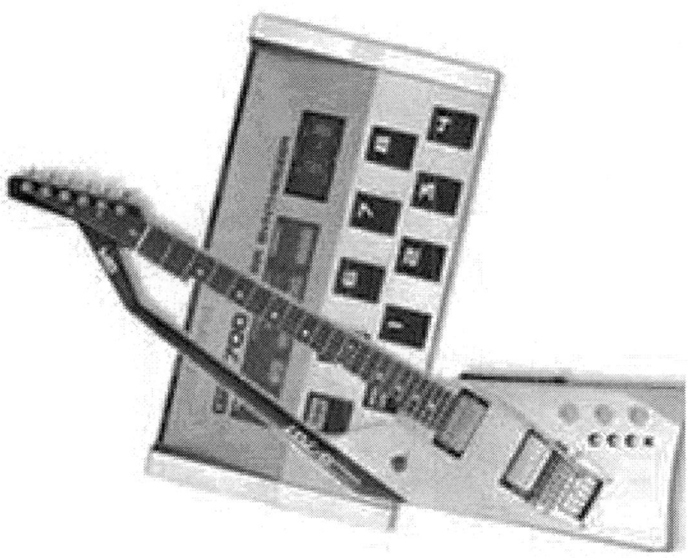

Figura 9.2. Roland GR 7007, primera guitarra MIDI

El MIDI realmente llega a ser un lenguaje donde se precisa de un "disparador" (instrumento) que, a partir de un banco de sonidos depositado por software o en la propia tarjeta de sonido, permita reproducir música a gusto del intérprete.

Como se puede intuir, la música digital es todo un mundo apasionante pero fuera de los objetivos del libro... ¡Volvamos a los aspectos microinformáticos!

9.3 LAS TARJETAS DE SONIDO

Las tarjetas de sonido son las encargadas de soportar todos los aspectos relacionados con el tratamiento digital del audio, así como otras funciones de carácter analógico. El mercado ofrece un amplio abanico de modelos que, aun en los de menos prestaciones, ofrecen funciones suficientes para incluso procesos musicales profesionales.

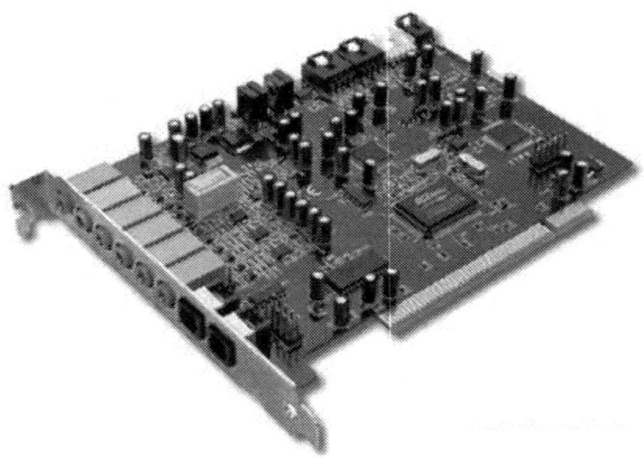

Figura 9.3. Tarjeta de sonido

Fundamentalmente, las funciones que deben realizar son tratamiento de señales digitales, amplificación y disposición de un banco de sonidos. Todo ello, por supuesto, está gobernado por un microcontrolador especializado que gestiona todo el trasiego de información. Lo mejor será ir poco a poco...

Ya se conoce cuál es el sentido del sonido digital. La tarjeta de sonido debe estar preparada para su tratamiento, esto es, principalmente, las funciones de codificación y decodificación entre el audio analógico y las señales digitales. Un juego, por ejemplo, ofrecerá un sonido que está grabado en formato binario, por lo que deberá ser la propia tarjeta de sonido la que se encargue de hacer las gestiones oportunas para su conversión a señales analógicas. Por otro lado, si se conecta un micrófono a la tarjeta de sonido y se graba una señal en el PC, habrá una función de conversión entre el origen analógico y el final digital. Obviamente, a mayor ancho de banda, mayor calidad en el proceso.

El banco de sonidos es, realmente, una base de datos con la información específica de instrumentos y efectos. Éstos están disponibles para ser usados por software y, por supuesto, por el MIDI. Así, será posible adquirir un teclado MIDI (realmente barato ya que sólo tendrá teclas que no provocarán sonido alguno) y usar el banco de sonidos de la propia tarjeta para conseguir obtener el resultado deseado. En cierta forma, la tarjeta es un sintetizador en espera, exclusivamente, de un instrumento que le indique cómo debe sonar.

Por último, ya se sabe que, con independencia del origen del audio, el final debe ser la obtención de una señal analógica dispuesta para su amplificación. Es común que las propias tarjetas incorporen un pequeño amplificador en torno a los 4 w de potencia, más que suficiente para que, conectando unos altavoces directamente, se obtenga un sonido claro. No obstante, es común recurrir a altavoces autoamplificados, en cuyo caso se recomienda generar un sonido "bajo" desde la tarjeta de sonido y que sea el propio amplificador el que obtenga la señal de potencia. Así, se consigue una mejor señal de origen evitando distorsiones.

Las tarjetas de sonido adicionales, es decir, no implementadas en la propia placa base, suelen ser todas de tipo PCI aunque en su día las hubo también ISA (tanto de 8 como de 16 bits) y su conexión al bus en nada difiere de cualquier otra tarjeta. No obstante, sí hay un cableado adicional a tener en cuenta: la conexión analógica entre la unidad de CD-ROM y la entrada de CD IN de la tarjeta. Aunque la información digital se transmita a través del propio bus, es preciso que la analógica parta de la fuente que la originó (generalmente, la unidad de CD) hasta una entrada destinada a tal fin en la tarjeta de sonido. Esto se hace mediante un cable de dos o tres hilos que se corresponden con los dos canales estéreo y una o dos señales de masa, según el caso.

Figura 9.4. Conexión de audio desde el CD

La parte exterior de la tarjeta suele mostrar, al menos, los siguientes conectores:

IN Se trata de la entrada de señal analógica. Es apropiada para la conexión de un micrófono, un giradiscos... y, en definitiva, cualquier fuente de señal de baja potencia. El único parámetro específico de este tipo de entrada es la impedancia que, en el caso de las tarjetas de sonido, se intenta optimizar para que ofrezca resultados óptimos en el mayor caso de dispositivos. Si desea conectar otro dispositivo, asegúrese de que el nivel de entrada (volumen) es lo suficientemente bajo como para no producir distorsiones.

OUT Se trata de la salida de audio. Por supuesto, es una señal analógica que puede llegar a alcanzar cotas de potencia de hasta 4 w. Será aquí donde se conecten los altavoces –amplificados o no–. Se trata de una señal estéreo en un conector mini jack, por lo que hay que ser precavido y no usar jack monofónicos ya que provocarían un cortocircuito en uno de los canales. En función de las características de la propia tarjeta (2.1, 5.1...) habrá más o menos salidas (front left, front right, sub buffer...) identificadas.

MIDI / Game Es un conector hembra formado por dos filas con un total de 15 pines. Su función es doble: por un lado servirá como puerto de juegos, esto es, indicado para la conexión de un joystick de juegos. Por otro lado, será el conector de MIDI, donde se conecten los instrumentos que se quiera que aprovechen el banco de sonidos de la tarjeta.

9.4 UNIDADES LECTORAS DE CD

Las unidades lectoras de CD se convirtieron hace años en un elemento indispensable para el uso habitual del PC. Así, el software que, "agrandado" por los nuevos entornos gráficos, ocupaba decenas de disquetes de 1,44 MB ha encontrado su solución en un soporte capaz de ofrecer entre 650, 700 u 875 MB según formato.

Por otro lado, el delicado sistema magnético usado por los disquetes se vio sustituido por éste, de carácter óptico y más fiable. Así, en esencia, la interpretación de ceros y unos que antes se detectaban por la polaridad de los campos de minúsculos "imanes" contenidos en la superficie del disco, ahora se interpretan bajo el reflejo de un haz de luz láser que incide sobre una superficie pulida y que se puede ver reflejado o no (sistema binario), según se encuentre un *pit* o agujero en la superficie del disco de CD-ROM. El resto del proceso mecánico es similar al de una unidad de disco duro, en este caso con una única cabeza lectora móvil y un motor de rotación del disco.

En cuanto a su instalación física, ocupará una bahía exterior de la caja de 5 ¼", dejando acceso a la bandeja del CD desde la parte exterior. Su conexionado tampoco es más complicado que el de cualquier otra unidad. Basta con alimentar el CD-ROM con el conector suministrado para tal fin desde la fuente de alimentación y usar un bus de datos para su conexión a la controladora implementada en la placa base. En este sentido se tienen las mismas consideraciones que en los HD PATA, siendo preciso configurar la unidad como *master*, *slave* o *cable select* para su correcto direccionamiento. A diferencia de éstos, no precisa ser declarado en la BIOS ya que será un driver, específico del CD y generalmente sujeto a la normativa ATAPI, el que configure la unidad.

En sistemas operativos antiguos (tal es el caso del MS DOS) la declaración de una unidad de CD-ROM requería su declaración en dos archivos específicos del sistema: CONFIG.SYS y AUTOEXEC.BAT. En el primero debía definirse la unidad con un DEVICE que invocaba al driver y permitía un nombre cualquiera que posteriormente era identificado en el AUTOEXEC.BAT con el comando MSCDEX.EXE. En la totalidad de los sistemas operativos actuales, las unidades de CD son detectadas de forma Plug&Play por el propio sistema.

Figura 9.5. Inserción de una unidad de CD

Ahora bien, dadas sus características especiales de audio, la unidad de CD-ROM proporcionará señales digitales a través del bus y analógicas a través de un conector que, con ayuda de un cable, deberá ser conectado a la entrada de la tarjeta de sonido.

Figura 9.6. Salida de audio del CD

Esta conexión se realiza mediante un cable suministrado con la propia unidad de CD-ROM y suele disponer en uno de sus extremos de los dos conectores estándares. Así, será la tarjeta de sonido –implementada en la placa base o no– la que determine qué conector usar. Este cable se encargará de llevar la señal estéreo producida por el CD-ROM mediante los dos canales (izquierdo y derecho) y uno o dos cables de masa que, en la mayor parte de los casos, se tratan como punto común. No obstante, asegúrese de la correcta conexión ya que la posibilidad de conectar un canal a masa se entendería como un cortocircuito que podría dañar la salida de audio del dispositivo de origen. En las prácticas del capítulo se indican ejemplos para identificar los canales de audio.

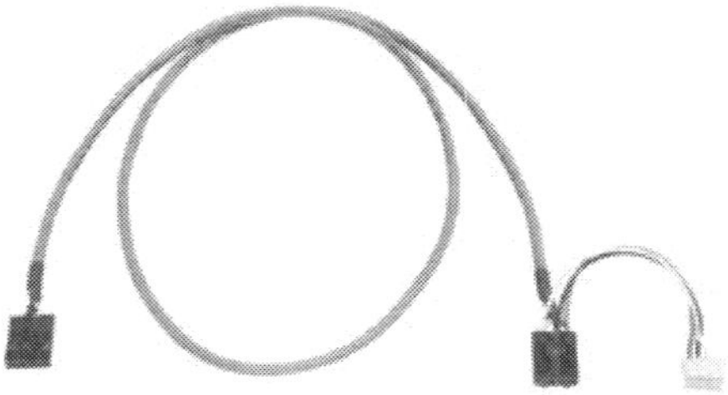

Figura 9.7. Cable CD-tarjeta de sonido

9.5 GRABADORAS Y REGRABADORAS DE CD

En nada difieren las unidades grabadoras (o regrabadoras) de CD de las meramente lectoras en cuanto a instalación física y conexionado se refiere. Incluso en cuanto a lectura se refiere el proceso es idéntico al descrito. Sólo en cuanto a función de grabación se aprecian diferencias.

Figura 9.8. Inserción de una regrabadora

En esta línea hay dos tipos de productos: grabadoras y regrabadoras. Las primeras se caracterizan por la posibilidad de grabar unidades de CD, mientras que las segundas pueden, además, utilizar un mismo soporte diseñado para este fin específico múltiples veces. El proceso, sin entrar en pormenores y en el ámbito teórico, es sencillo ya que no difieren en cuanto a su instalación física ni lógica: será el software oportuno de grabación el que marque las diferencias.

En el caso de las grabadoras –casi desaparecidas por la similitud de precio con las regrabadoras– se aplica un láser de mayor potencia en las zonas donde se desea escribir, creando así un agujero físico sobre el disco denominado pit. Este proceso conlleva el aumento de temperatura del CD dada la potencia aplicada, observándose que, tras un proceso de grabación, el disco está caliente. Esta particularidad ha conseguido que, coloquialmente, reciban el nombre de "tostadoras".

Las regrabadoras deben, además, conseguir escribir en un mismo formato físico múltiples veces. Esto es algo que mediante el sistema anterior no es posible ya que la realización de cada *pit* es física y, por tanto, imborrable. En este caso se deben usar discos especiales que disponen de una sustancia química adecuada para que, ante el impacto del haz de luz láser, cambien su composición mostrando un color diferente y, por tanto, una reflexión de luz distinta que es interpretada por la unidad como un estado lógico diferente. Este mecanismo es más delicado ya que las unidades de CD-ROM regrabables resultan más sensibles. Así, un disco regrabable expuesto al sol durante un período prolongado de tiempo puede perder toda su información por la alteración de la sustancia química citada.

9.6 LOS DVD

El DVD o *Digital Versatile/Video Disk* sigue en la misma línea que los CD-ROM convencionales, aprovechando un sistema óptico para el almacenamiento y posterior lectura de datos. Así, un DVD puede entenderse como un CD optimizado en todos los sentidos y con, además, alguna mejora específica. De este modo, si los CD convencionales disponen de pistas en las que se encuentran una serie de minúsculos agujeros llamados *pits* y unas zonas valle denominadas *land zone*, en los DVD se han optimizado las distancias. Los pits son más pequeños permitiendo una mayor capacidad y, además, la distancia entre pistas es menor. El conjunto de todas estas mejoras desemboca en un producto que, si bien es similar, aumenta notablemente sus prestaciones en cuanto a capacidad se refiere. Por supuesto, también el haz de láser es más fino, preciso y con menor longitud de onda.

Este producto que originalmente fue diseñado por Philips, Sony y Toshiba llega a alcanzar capacidades de hasta 17 GB, dando así una opción válida incluso hasta para vídeo en alta calidad. No en vano, se ha consolidado como el nuevo formato estándar llamado a desbancar a la cinta convencional de VHS, albergando hasta 137 minutos de imagen y audio.

Como mejora específica, incorpora la posibilidad de poder trabajar con doble capa y doble cara. La primera posibilidad consiste en usar un DVD con diferentes niveles de profundidad, esto es, disponiendo de dos capas donde la primera es semitransparente para permitir el acceso del haz láser a la segunda. De este modo se consigue que, a diferentes intensidades de láser, se pueda acceder a una capa u otra, aumentando así más la capacidad del soporte (normalmente una de las capas ofrece 4,7 GB y la otra 3,8 GB). La doble cara consiste en replicar lo expuesto por el anverso del disco, obteniendo así el doble de capacidad: (4,7 GB + 3,8 GB) · 2 = 17 GB.

La capacidad de cada disco viene serigrafiada en el propio soporte, respondiendo a la siguiente tabla:

DVD	CAPAS	CARAS	TAMAÑO (GB)	
DVD 5	1	1	1ª capa · 1 caras = 4,7 · 1	4,7
DVD 9	2	1	1ª capa + 2ª capa = 4,7 + 3,8	8,5
DVD 10	1	2	1ª capa · 2 caras = 4,7 · 2	9,4
DVD 17	2	2	(1ª capa + 2ª capa) · 2 caras = (4,7 + 3,8) · 2	17,0

Tabla 9.1. Formatos de DVD

El resto de parámetros físicos de instalación y conexionado, siguen los patrones definidos en los CD-ROM convencionales.

9.7 ALTAVOCES Y MICRÓFONOS

Los altavoces son el elemento final del circuito de audio y en gran medida, la calidad del sonido dependerá de ellos. Lo cierto es que, salvo en casos muy concretos, no se presta demasiada atención a este elemento por lo menos en cuanto a fines de audio ofimático se refiere. Obviamente, el caso del sonido profesional es otra cuestión que escapa de los objetivos de este libro.

Lo habitual es disponer de un par de altavoces que se conecten mediante un conector mini jack a la tarjeta de sonido. Ocasionalmente pueden llevar incorporado un amplificador que precisará de conexión eléctrica para su funcionamiento. A partir de este sistema básico, se puede encontrar casi todo lo que se desee. Desde altavoces integrados en el propio PC, pasando por otros con caja de madera (las convencionales son de plástico), hasta aquellos que disponen de un subwoofer que amplifica seis canales con un módulo decodificador Dolby Digital y entradas analógica de línea, digital coaxial y digital óptica (mando a distancia incluido).

Tal ha sido la perfección alcanzada por algunos modelos, que se han extrapolado al ambiente doméstico siendo válidos para la conexión de dispositivos como vídeos, DVD e, incluso, sistemas convencionales de audio. Así no es de extrañar que compañías vinculadas al sonido pero no inicialmente a la microinformática como es el caso de Harman/Kardon aparezcan ahora aportando su tecnología. Un simple walkman o discman consigue resultados más que aceptables con un equipo de salida de las características anteriormente citadas.

Los parámetros que se pueden evaluar en un sistema de altavoces de calidad son, por un lado, el rango de frecuencias reproducible (recuérdese que el oído humano admite desde los 20 Hz hasta los 20 KHz) que, generalmente, están en la banda de los 70 Hz hasta los 20 KHz. Por otro lado, la potencia es otro factor decisivo. Desconfíe de los valores elevados ya que suelen ser falsos. La realidad es que la potencia es el producto de la tensión por la intensidad reducida en el desfase de ambas señales. Esto justifica una docena de vatios como una potencia más que suficiente (a pesar de que algunos modelos en el mercado hablen de miles de vatios como si de cualquier cosa se tratara).

Figura 9.9. Altavoces Apple Pro Speakers

Por otro lado, los sistemas multimedia suelen complementarse con micrófonos y otros periféricos que, por lo general, no requieren mayor explicación. En el caso de los micrófonos, generalmente suelen ser productos de poca calidad y unidireccionales ya que, por otro lado, no se suele necesitar más (dentro de un uso no profesional).

9.7.1 Más sobre altavoces: el 5.1

La disposición de las cajas es esencial para disponer de una calidad mínima. Así, el elemento central (que no el *subwoofer*, fácilmente identificable por su mayor tamaño) debería estar ubicado en la zona central del frontal de la sala donde se tenga el PC, es decir, debajo o encima del monitor o la TV (si éste ha sido el medio elegido para la visualización). Dada la proximidad a la pantalla, es imprescindible que esta caja disponga de una protección que la haga blindada con respecto a los campos electromagnéticos. En caso de no ser así, se apreciarían vibraciones, distorsiones de la imagen o bandas de colores en el aparato de TV que, al final, acabarían dañándolo de forma irreversible (problema tratado en el capítulo dedicado a las tarjetas gráficas).

Figura 9.10. Espectacular sistema de cajas 5.1

La función de esta caja será la de reproducir los sonidos "medios" de la banda de frecuencia. Es en dicha banda donde se encuentran, por ejemplo, las conversaciones (como dato anecdótico, la mala calidad de audio de un teléfono se debe a la frecuencia media indeseable de 1 KHz).

Además, deben existir (al menos) cuatro cajas más de tamaño inferior e idénticas entre sí. Éstas deberán ser colocadas en cada esquina de la habitación, quedando, con respecto al usuario, dos a la derecha y dos a la izquierda. A su vez, cada lateral tendrá dispuesta una caja detrás del usuario y otra delante, en línea con el elemento central. A pesar de ser iguales, en ocasiones las cajas aparecerán serigrafiadas con respecto a la posición que deben ocupar (front-right, front-left, rear-right, rear-left, es decir, frontal derecho, frontal izquierdo, trasero derecho y trasero izquierdo, respectivamente). La función de estos altavoces es reproducir los sonidos agudos. Dada la longitud de onda de estas frecuencias, el sonido es direccionable, o sea, deberán ser orientados con respecto al usuario. Si éste varía su posición, no recibirá –o no al menos de forma tan clara– los sonidos agudos. Esto explica la recomendación de colocarlos a la altura de los oídos.

Queda la última de las cajas, la de mayores dimensiones. Se trata del conocido *subwoofer*. Su misión es la de reproducir las frecuencias más graves y de ahí sus dimensiones. Su colocación es independiente del usuario ya que este tipo de frecuencias se transmiten por vibración más que por direccionalidad. Así, será viable colocarla en un lateral de la sala e, incluso, bajo un mueble.

En la instalación habrá que poner especial atención a la polaridad de los hilos. Así, si bien el sonido es una señal alterna (es imprescindible la variación de intensidad para mover las bobinas que forman los altavoces), existe una polaridad que define la fase. A efectos prácticos se interpreta como que deben llevarse los cables de igual color a las mismas posiciones (por ejemplo, rojo a la derecha y negro a la izquierda de cada uno de los altavoces). En caso de no respetar esta polaridad, los altavoces se desfasarán no produciendo la calidad deseada ya que, en el momento en que un altavoz "saque" hacia fuera su membrana, el que está inversamente polarizado la retraerá, provocando un desfase de la señal de 180º.

Poco más que añadir excepto alguna recomendación con respecto a la sala (siempre que sea posible). Es importante evitar los "ecos" por lo que no serán deseables superficies duras como cristales. Es recomendable, por tanto, disponer de cortinas que absorban el sonido (en los locales de ensayo de músicos profesionales, se utilizan cartones para forrar las paredes). Por extremo que esto pueda parecer, los cambios con respecto a la calidad son espectaculares. Debe evitarse igualmente la vibración, por lo que es buena costumbre colocar cada altavoz sobre una superficie mullida (como el poliuretano expandido o corcho blanco). De este modo, se asegurará que el sonido recibido es real y no fruto de una vibración.

9.8 PROBLEMAS TÍPICOS

Lo cierto es que los sistemas multimedia no suelen presentar demasiados problemas y los que pudiera haber suelen ser muy evidentes. Se busca que el sonido tenga calidad y que los datos puedan ser leídos correctamente y ambos casos son fácilmente detectables. No obstante, pueden darse algunos problemas puntuales y algunos de los más comunes se reúnen a continuación:

PROBLEMA	POSIBLE SOLUCIÓN
Se escuchan perfectamente los CD-ROM de juegos pero no los CD de audio	Claramente se está reproduciendo el audio "digital" (los datos) pero no el sonido "real" (analógico). Lo más probable es que el cable que va desde el CD-ROM hasta la tarjeta de sonido esté mal conectado e, incluso, que no aparezca. Previamente compruebe que tiene el canal de volumen correspondiente activado.
La bandeja del CD-ROM no se abre	Puede tratarse de un problema de alimentación fácilmente detectable comprobando si se enciende el LED de lectura. En caso de no ser así puede tratarse de un simple problema mecánico. Introduzca por el orificio que se encuentra en el frontal del CD un objeto punzante para que accione el mecanismo y permita abrir la bandeja. Sea cuidadoso en esta operación a fin de no dañar la unidad.
El sonido se escucha distorsionado	Los motivos pueden ser múltiples. No obstante, compruebe que el volumen del canal del dispositivo en cuestión se encuentra en un volumen medio, al igual que el control del canal general y deje que sea el amplificador integrado en los altavoces el que asuma la potencia de salida.

9.9 ALGUNOS CONSEJOS

Puede que algunos de los consejos aquí enumerados le sean de utilidad. En la mayor parte de los casos son fruto de la experiencia. Motivo por el que resultaría complejo el intentar justificarlos. De cualquiera de las maneras, siempre pueden ser un punto de vista más a la hora de tomar una decisión.

1. Sea realista a la hora de adquirir un sistema multimedia. Las opciones pueden ser muy variadas pero, salvo que se trate para un entorno profesional, las tarjetas más modestas suelen ser suficiente.

2. Desconfíe de las potencias de salida indicadas por los fabricantes: aún no se ha inventado ningún dispositivo capaz de generar potencias de 300 w en un amplificador que puede funcionar a pilas y sobre altavoces de menos de un decímetro cuadrado.

3. Realice las pruebas auditivas oportunas antes de adquirir un sistema multimedia de sonido. Para obtener unos mínimos de calidad, tanto los altavoces como el amplificador (ya sea el de la tarjeta de sonido manejado por software o el propio integrado en los altavoces) no deben trabajar al 100% de sus posibilidades. Este tipo de uso, debido al sistema de amplificación basado en transistores en zonas de trabajo “AB”, hace que en situaciones extremas se recorten las señales originales y sólo se produzca distorsión.

4. Guarde una relación entre niveles de sonido directamente proporcional a la situación de cada uno de los elementos. Así, si se reproduce un CD de audio o se conecta un casete, deberá estar a un volumen porcentualmente inferior o igual al del amplificador de la tarjeta de sonido que, a su vez, deberá estar a un volumen porcentualmente inferior o igual al de los altavoces o amplificador final de salida.

9.10 PRÁCTICAS PROPUESTAS

Los ejercicios y prácticas siguientes pretenden ayudar al lector a profundizar en los conceptos tratados en el capítulo. Un apéndice al final del libro describe, paso a paso, las soluciones propuestas. Se recomienda que el lector lo use como método de autoevaluación para comprobar la asimilación del tema que abre el capítulo.

1. Identifique de forma interna cuál es cada uno de los canales del estéreo de su tarjeta de sonido.

2. Analice todas las posibles salidas de audio de un CD-ROM convencional (especifique cuáles son de tipo analógico, cuáles digitales y, por supuesto, si son internas o externas).

3. Si un PC ya dispone de unidad lectora de CD-ROM y se le añade una grabadora, ¿sería posible reproducir audio por ambas unidades? Indique cuál sería el modo, así como la conexión.

Capítulo 10

LOS MONITORES

Como ya se recalcaba en el capítulo anterior, el sistema de vídeo es uno de los más importantes en el PC. Y no es sólo por la importancia que los entornos gráficos y multimedia tienen sino, además, porque es la interfaz natural de comunicación hacia el usuario.

Los monitores son uno de esos elementos que han variado poco en la evolución informática. Sí es cierto que han aumentado en prestaciones como la resolución, radiación, tamaño y número de colores pero, en esencia, el monitor como tal sigue siendo el mismo que hace unos años. Su funcionamiento basado en el uso de un tubo de rayos catódicos condiciona la tecnología usada limitando la mejora de aspectos tan importantes como la radiación producida.

No obstante, de un tiempo a esta parte, hemos presenciado una evolución realmente espectacular hacia las pantallas (término que también reciben los monitores y que en este libro se tratarán de forma indistinta) LCD. Las LCD tienen una tecnología totalmente novedosa que ha revolucionado el panorama microinformático. Lo más espectacular, a primera vista, ha sido la impresionante disminución de tamaño, consiguiendo que en pocos centímetros se disponga de la misma imagen que antes requería de un "fondo" de monitor importante.

Pero los cambios no han terminado ahí. El uso de moléculas de cristal en un estado híbrido sólido/líquido (las siglas LCD provienen de *Liquid Crystal Display*, o lo que es lo mismo, Pantalla de Cristal Líquido) consiguen eliminar de forma total las indeseables radiaciones asociadas inevitablemente a los monitores CRT convencionales.

Todo parece indicar que en no demasiado tiempo los monitores experimentarán un cambio importante al igual que lo han hecho previamente otros componentes. Será cuestión de esperar esos cambios y, sin lugar a dudas, sorprenderse con los mismos. Hoy por hoy, el estándar de facto ya son las pantallas de 19" TFT.

10.1 LAS PANTALLAS

Actualmente resulta impensable no disponer de un monitor en un sistema microinformático. Lo cierto es que resulta imprescindible para operaciones ofimáticas pero hay casos en los que no se precisa. Tanto es así que los primeros ordenadores no disponían de este elemento fundamental.

Son muchos los modelos existentes en el mercado y múltiples las características a evaluar en un monitor. Conviene por tanto, tal y como se pretende en este capítulo, conocer en detalle qué puntos deben tenerse en cuenta a la hora de adquirir un monitor apropiado. Aun así, esto no siempre es suficiente ya que hay parámetros difícilmente cuantificables. Si desea comprar un monitor y le aseguran que es de baja radiación (que probablemente lo será), a menos que disponga de un medidor de campo electromagnético deberá hacer un acto de fe y creer lo que le dice el distribuidor. Igualmente ocurre con muchos parámetros como entre otros distancia entre puntos.

Una primera aproximación la puede obtener comprobando qué monitor detecta Windows mediante el Plug & Play pulsando con el botón derecho de su ratón sobre el *Escritorio* y, una vez allí, accediendo a *Propiedades*. Dentro de *Propiedades de la pantalla* encontrará información al respecto.

Figura 10.1. Detección del monitor

Y no, no es que se pretenda poner en duda todo por sistema, simplemente, un disco duro tiene una capacidad que es obvia y fácilmente comprobable. Igualmente ocurre con la frecuencia de un microprocesador o la capacidad de la memoria RAM. Sin embargo, en cuanto a monitores se refiere, en la mayor parte de los casos las características vienen adjuntas en un manual o adheridas con una pegatina al aparato. Sólo comparando dos monitores juntos con la misma imagen se pueden apreciar sutiles diferencias.

10.2 OPCIONES: ¿LAS HAY?

Tradicionalmente los monitores se han basado en las válvulas de vacío (por increíble que esto pueda parecer en nuestros días). Así, las pantallas no eran otra cosa que la parte exterior de una gran válvula de vacío que recibe el nombre de tubo de rayos catódicos o, para abreviar, CRT (*Cathode Ray Tube*). Estos monitores, en sus diferentes variaciones (compuestos, TTL de control directo,

RGB, analógicos y, dentro de estos últimos, los multisync) se han visto desplzados por los LCD o Displays de cristal líquido. Exclusivamente con fines didácticos se tratarán algunos aspectos someros de la obsoleta tecnología de los CRT dado que el panorama actual pasa exclusivamente por los TFT.

El funcionamiento de los TRC se basa en el impacto de un haz de electrones sobre una superficie cubierta con diferentes capas de fósforo. Al incidir el haz sobre la superficie, consigue un efecto lumínico minúsculo y controlado que, en definitiva, es un punto que se visualiza en la parte exterior del tubo, es decir, la pantalla propiamente dicha. Según el haz incida en un punto u otro conseguirá iluminar diferentes zonas de la pantalla y dado que el citado haz parte de un punto concreto, esto explica que las pantallas sean ligeramente curvas ya que se pretende que el ángulo formado entre la capa de fósforo y el haz de electrones sea de 90º. Es cierto que hay monitores en los que se dispone de una pantalla plana. Esto se consigue mediante bobinas internas al tubo de rayos catódicos que consiguen desviar el flujo de los electrones de forma controlada. Algo similar ocurre cuando se acerca una imagen a un televisor: los haces de electrones alteran su recorrido provocando una distorsión en la imagen. Se trata, por tanto, de controlar esa desviación.

En el caso de las LCD, su acrónimo viene de *Liquid Crystal Display* y, probablemente, lo primero que llama la atención es eso del "cristal líquido". Obviamente el cristal es un sólido que no puede licuarse salvo a elevadas temperaturas. Este término se basa en la composición de la pantalla a partir de moléculas de cristal en estado híbrido sólido/líquido llamado isotrópico, habría que establecer diferencias entre las de plasma –las primeras en aparecer–, que nunca llegaron a conseguir el color, y las LCD.

Su funcionamiento, de forma somera, se basa en provocar campos eléctricos que alteren el giro de las moléculas transparentes que forman la pantalla. A diferentes campos se consiguen diferentes ángulos en las moléculas, variando así la cantidad de luz que las atraviesa en cada punto. Estos puntos serán los píxels de la pantalla y la cantidad de luz definirá los diferentes tonos.

Por novedoso que pueda parecer, este tipo de pantallas también ha sufrido una evolución importante. Así, a la implantación del LCD monocromático en los portátiles, le sucedió el color de la mano de las pantallas LCD DSTN pero, en el entorno doméstico, no eran recomendables dada la falta de resolución frente a los monitores TRC convencionales. Este panorama cambió de forma significativa con la aparición de las LCD TFT o, simplemente, pantallas TFT (*Thin Film Transistor*).

La diferencia principal estriba en que en las pantallas TFT, la luz es emitida por una matriz de transistores, y las tonalidades y colores se consiguen mediante unos filtros RGB (red, green, blue) que, colocados de forma lineal sobre la pantalla, consiguen la difusión de la luz y, por tanto, del color, de manera apropiada. Internamente se puede concebir el funcionamiento como minúsculas bombillas emisoras de luz que, al incidir sobre los filtros, varían el color. Obviamente hay una relación directa entre el número de "bombillas" y los píxels, aspecto que define la resolución de la pantalla (resolución nativa). Cualquier variación de resolución que conlleve una falta de relación directa con los píxels hace que la pantalla tenga que trabajar en un modo de emulación que al final se traduce en una pérdida de calidad.

10.3 CARACTERÍSTICAS A EVALUAR

A efectos prácticos, no hay duda de que lo que interesa conocer son las prestaciones y características que influyan sobre el resultado final de la imagen. El resto –aunque muy interesante– escapan del objetivo de este libro. A continuación se tratan algunos aspectos a tener en cuenta:

Tamaño

El tamaño de los monitores se establece midiendo la diagonal de los mismos y es un valor que viene expresado en pulgadas. Sabiendo que los monitores convencionales cumplen una relación de 4/3 entre el ancho y el largo, es sencillo averiguar sus medidas. Por ejemplo, para calcular las medidas de un monitor de 14" bastará con aplicar el teorema de Pitágoras para triángulos rectángulos (la diagonal es precisamente la hipotenusa, tal y como se puede comprobar en la figura siguiente que, además, es el valor proporcionado por los fabricantes y uno de los pocos que el usuario puede comprobar):

$$14'' = \frac{5}{3} \cdot alto;\ alto = \frac{14'' \cdot 3}{5} = 8{,}4'' = 213{,}36\,mm \approx 21{,}3\,cm;$$

$$ancho = \frac{4}{3} \cdot alto = \frac{4}{3} \cdot 21{,}3 = 28{,}4\,cm$$

El valor de los 5/3 usados en los cálculos es fruto de la proporcionalidad existente en el triángulo formado por la diagonal del monitor y sus lados (catetos). Esta proporcionalidad, siempre válida mientras se mantenga la relación de 4/3 ya comentada entre el ancho y largo del monitor, se puede calcular fácilmente del siguiente modo:

$$Diagonal = \sqrt{alto^2 + \left(\frac{4}{3} \cdot alto\right)^2} = \sqrt{alto^2 + \left(\frac{16 \cdot alto^2}{9}\right)}$$

$$Diagonal = \sqrt{\frac{9 \cdot alto^2}{9} + \frac{16 \cdot alto^2}{9}} = \sqrt{\frac{25 \cdot alto^2}{9}} = \frac{5}{3} \cdot alto;$$

El triángulo citado en el párrafo anterior se puede observar claramente en la figura siguiente:

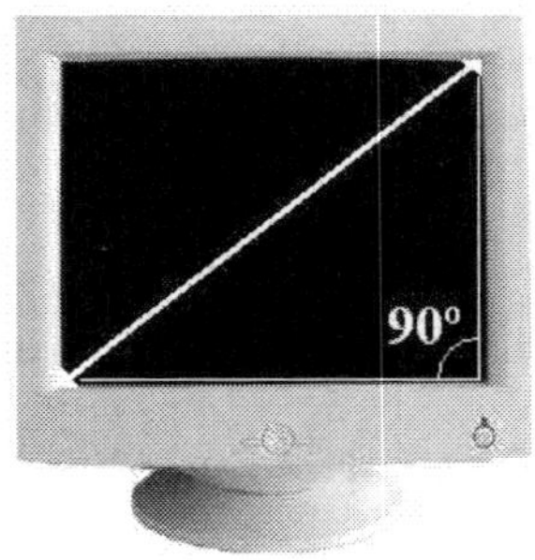

Figura 10.2. Diagonal del monitor

Lógicamente en las pantallas TFT, la resolución determinará, junto a la distancia entre puntos, las dimensiones del monitor idóneo. Así, imagine que quiere trabajar con un monitor de 14" y una resolución de 1.024 x 768. Esto implica que sobre 28,4 cm se deben insertar 1.024 puntos, es decir, 28,4 / 1.024 = 0,277 mm sería la distancia exacta entre centros de dichos puntos (un mínimo de 0,27 mm). Esto no significa que, por ejemplo, los desaparecidos monitores de 14" no podrían trabajar a esas resoluciones (ya que se producen "adaptaciones de la imagen"), sino que la resolución no es apropiada para ese tipo de monitor (considerando que es raro encontrar monitores de 14" con menos de 0,28 mm). Siempre que pueda, tienda a monitores de 17" o superiores.

En el caso de los LCD TFT, el número de parámetros a evaluar disminuye ya que su constitución hace que gran parte de los puntos expuestos en los TRC desaparezcan. No obstante, conviene tener en cuenta los siguientes:

Radiación Las TFT, por su propia constitución, no emiten radiaciones de ningún tipo, lo que las hace recomendables frente a los TRC bajo un prisma óptico. Además, la ausencia de "refresco" en las TFT supone un menor esfuerzo para la vista.

Volumen Los actuales monitores de 17" necesitan mucho espacio, mientras que una TFT puede, incluso, anclarse sobre una pared siendo su ancho en torno a los 2 cm. Por otro lado su peso suele ser inferior a los 4,5 Kg frente a los 17 Kg de un TRC de similares "dimensiones visuales".

Potencia Las LCD trabajan con tensiones mucho más bajas que los TRC que llegan a alcanzar hasta más de un par de decenas de miles de voltios a través de los transformadores MAT (Muy Alta Tensión). Este parámetro no sólo se aprecia en el consumo energético sino también en la disipación de calor. De este modo, el consumo de un LCD no suele superar los 30 w frente a los cerca de 100 w de un TRC.

Geometría Las TFT gozan de una mayor geometría, evitando el efecto "tonel" que se produce en los TRC.

Figura 10.3. Monitor común LCD TFT

Visualización Viene definida por un parámetro de contraste. Éste es un valor que se expresa en formato *<luminosidad máxima>:<luminosidad mínima>* de modo que un contraste 200:1 significa que cuando un píxel (bombillas de las que hablábamos) está encendido, ofrece 200 veces más luminosidad que cuando está apagado. En la actualidad se llega a superar la proporción de 400:1.

10.4 ¿MONITORES DIGITALES?

A veces, en las características de los monitores para PC, aparece el término "monitor digital". De hecho, de unos años a esta parte, todos los monitores "son" digitales, motivo por el cual vuelve a desaparecer esta característica dándose por supuesta. Pero, realmente, ¿qué es un monitor digital?

Los monitores no son digitales ya que, entre otras cosas, perderían calidad de visión según la concepción al uso hasta el momento de la aparición de la tecnología DVI. Todos los monitores reciben y manejan una señal de vídeo analógica que es la que posteriormente se representa. Una excepción fueron los obsoletos monitores TRC TTL de control directo, desaparecidos hace años. A todas luces, la información analógica es mucho más "rica" que la digital. Así, mientras en un espectro analógico se distinguen parámetros como amplitud, frecuencia... en una señal digital sólo interviene una información binaria (algo similar a lo que ocurre con el sonido, explicado en el capítulo dedicado a la multimedia).

La acepción de "digital" hace referencia, exclusivamente, al modo en que se va a controlar la señal analógica recibida desde el PC. Así, un monitor "analógico" regulará el contraste, brillo y demás parámetros de imagen mediante potenciómetros, mientras que uno digital tendrá capacidad de hacerlo por pulsadores que, a su vez, activarán el circuito digital de control. Obviamente, esta posibilidad es más potente en la medida que permitirá almacenar en memoria determinadas configuraciones de selección de imágenes y, en definitiva, todas aquellas opciones que, mediante un circuito digital, puedan aplicarse a la imagen de vídeo.

Ahora bien, las pantallas DVI sí son pantallas digitales *reales*. Básicamente aumentan el volumen de información gracias a evitar la conversión digital/analógica de sus predecesoras, disminuyendo el tiempo y, por tanto, aumentando la transferencia de datos.

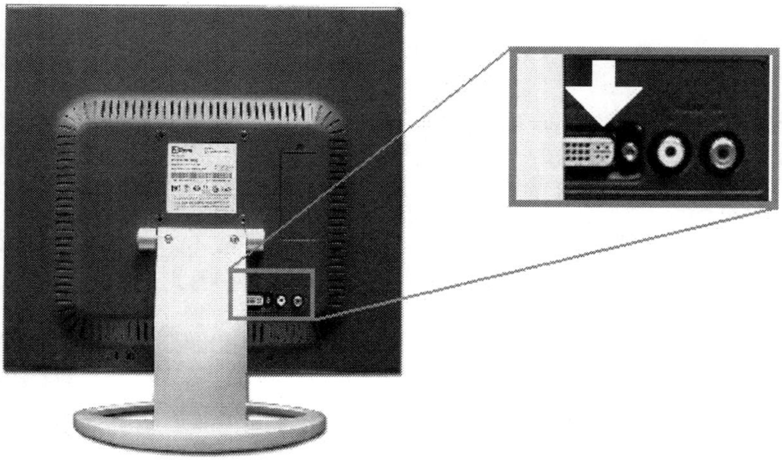

Figura 10.4. Conexión de una pantalla DVI

10.5 CONEXIÓN Y CONFIGURACIÓN

Por curioso que pueda parecer, los monitores son, probablemente, los elementos que más posibilidades de conexión tienen[14]. Lo habitual es que dispongan de un cable de alimentación para corriente que se conectará a un enchufe o una salida del propio ordenador y el cable de vídeo propiamente dicho. Éste, como se indica en la nota al pie de página, va a ser en un elevado porcentaje de los casos un conector sub-D de 15 pines macho dividido en tres filas de 5 pines cada una. No se preocupe si no están todos: no todos los contactos tienen conexión y algunos fabricantes no los implementan.

Figura 10.5. Conector de VGA

No obstante y como ya se avanzaba, el DVI o Digital Video Interface (Interfaz de Vídeo Digital) que, como principal característica, tiene el tratarse de una señal digital y no analógica (algo que repercute de forma directa en un aumento de velocidad al evitar conversiones digital-analógica) tiene su propio formato. Este conector, definido por el consorcio DDWG (Digital Display Working Group), también se usa para televisores HDTV, EDTV, DVD... Actualmente existen tres tipos de cables para su compatibilidad con los monitores: DVI-I, DVI-A y DVI-D donde sólo el primero es el "auténtico" ya que el DVI-A es analógico (realiza una conversión digital-analógica) y el DVD-D integra ambas tecnologías.

Los usuarios decidiremos cuál se convertirá en la conexión estándar del futuro. La mayor parte de los fabricantes de tarjetas gráficas están incluyendo salidas de tipo Sub-D y DVI en espera de la decisión de mercado.

Figura 10.6. Cables DVI-D y DVI-I

[14] Los conectores más habituales usados por los monitores para PC son los sub-D de 15 pines en miniatura, divididos en tres filas de pines macho con una longitud aproximada de 17 mm. Para los Macintosh el conector es sub-D normal y los monitores de ambos equipos son intercambiables entre sí mediante un adaptador. Ya en otro tipo de máquinas, el usuario puede encontrar conectores "Plug & Play" de inserción en caliente (sin necesidad de desconectar el sistema) con puertos bidireccionales (tal es el caso del Apple Desktop Bus). Otro tipo de conexión se realiza mediante el conector 13W3 RGB que es apantallado para la señal RGB reduciendo el riesgo de inducción por radiaciones externas. Por último, se pueden encontrar monitores donde todas las señales vayan de forma independiente a través de conectores BNC.

La instalación, en cuanto a software se refiere, no requiere mayor complicación tampoco. No es habitual que los fabricantes de monitores suministren drivers pero, si es así, lo mejor es seguir las instrucciones proporcionadas. En la mayor parte de los casos –cuando no hay drivers– basta con arrancar el sistema y dejar que el Plug & Play reconozca el monitor instalado. Incluso en los modelos estándar, las prestaciones son buenas y están definidas de forma casi total por la propia tarjeta de vídeo. Si quiere acceder a las propiedades específicas del monitor, realice un clic en su ratón con el botón derecho y abra el menú de propiedades. Allí encontrará una pestaña etiquetada como *Propiedades de pantalla* y, dentro de *Configuración avanzada* podrá operar con su monitor (lo cierto es que son pocos los parámetros a variar).

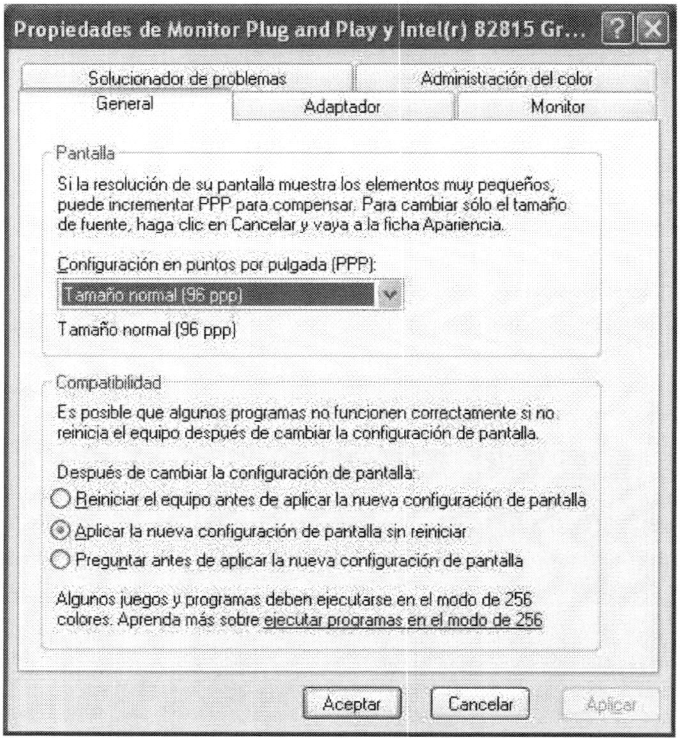

Figura 10.7. Configuración del monitor

En la actualidad, la totalidad de fabricantes de monitores tiene presencia en Internet y casi todos ofrecen sus drivers a través de la red a sus usuarios. Es interesante que, a pesar de que el sistema operativo reconozca su dispositivo, intente en la medida de lo posible instalar el software original del fabricante indicado para su modelo concreto de monitor. Estos drivers suelen incluir diferentes tipos de utilidades diversas que, en muchos casos, servirán para obtener un mayor aprovechamiento de su monitor.

Puede resultar de interés que consulte los apéndices finales del libro donde se ofrecen una serie de direcciones de webs de los principales productores de monitores. Si aún así no localiza el fabricante, acuda a un "buscador" en Internet o a foros técnicos: seguro que su problema de localización de drivers se le presentó anteriormente a algún internauta que puede ayudarle.

10.6 PROBLEMAS TÍPICOS

PROBLEMA	POSIBLE SOLUCIÓN
El TFT se apaga de forma intermitente	En muchos casos, este problema se ha tipificado como un error en la fuente de alimentación de la pantalla, generalmente externa. Compruebe con ayuda de un polímetro la salida de tensión (deberá ajustarse a lo indicado por el fabricante en la documentación).
La zona visible no está derecha con respecto al monitor	Es algo relativamente habitual que las pantallas (haciendo referencia a la zona visible) no estén correctamente colocadas en la carcasa que conforma el monitor. Sobra decir que esto no tiene solución alguna y bajo ningún concepto es recomendable que el usuario intente realizar un ajuste ya que corre el riesgo de desajustar la imagen.

10.7 ALGUNOS CONSEJOS

Puede que algunos de los consejos aquí enumerados le sean de utilidad. En la mayor parte de los casos son fruto de la experiencia. Motivo por el que resultaría complejo el intentar justificarlos. De cualquiera de las maneras, siempre pueden ser un punto de vista más a la hora de tomar una decisión.

1. Dada la dificultad de comprobar muchos de los parámetros característicos de un monitor, confíe en fabricantes de reconocido prestigio. Probablemente el precio no sea el mejor pero no olvide que el resultado final de la satisfacción es un compendio de precio pero también de calidad del producto.

2. Mantenga una distancia prudencial con respecto al monitor. Su uso continuado a distancias inadecuadas puede provocar problemas visuales de enfoque.

3. No escatime en el precio del monitor. Una buena pantalla puede mantenerse en el tiempo a pesar de cambiar el PC. Por otro lado piense que está trabajando con su visión y eso, obviamente, no tiene precio.

4. No use productos abrasivos en la limpieza de su pantalla. Habitualmente tienen un barniz antiestático que podría verse dañado.

5. No olvide que el resultado final de la imagen será un compendio entre la calidad de la tarjeta de vídeo y del monitor. Sea coherente en su configuración y mantenga un equilibrio entre ambos componentes.

10.8 PRÁCTICAS PROPUESTAS

Los ejercicios y prácticas siguientes pretenden ayudar al lector a profundizar en los conceptos tratados en el capítulo. Un apéndice al final del libro describe, paso a paso, las soluciones propuestas. Se recomienda que el lector lo use como método de autoevaluación para comprobar la asimilación del tema que abre el capítulo.

1. Identifique el tamaño de su monitor.

2. ¿Qué monitor detecta su sistema operativo?

Capítulo 11

LAS IMPRESORAS

Sin duda, los procesos de cálculo y resultados que se pueden realizar a través de un PC son sorprendentes. Así, es un sentimiento ya casi típico en los estudiantes de Informática la sensación de efectividad que, cuando se supera la barrera de la ofimática, se obtiene de la mano de la programación.

Todos estos resultados son válidos y efectivos en la medida que puedan compartirse con los demás. Y no, no se trata de hablar de redes (objeto de otro capítulo, por cierto), sino de la necesidad de obtener resultados a partir de un PC.

Ésa, entre otras, es la función de los periféricos: comunicar al PC con el mundo exterior según las necesidades concretas que se deseen cubrir. De esta manera hay escáneres para digitalizar información de forma específica o módems para compartir información de manera genérica.

Este capítulo trata sobre el periférico por excelencia del PC: la impresora. Este dispositivo, como todo el mundo sabe sin necesidad de ser un iniciado en microinfomática, tiene como finalidad la de obtener sobre papel un reflejo impreso de los datos procesados en el PC.

A pesar del aspecto clásico de estas máquinas (son casi contemporáneas al PC), lo cierto es que han sufrido una evolución vertiginosa. Son muchas las técnicas empleadas en la impresión según las necesidades que han precisado cubrir en cada momento. De este modo es posible encontrar impresoras que utilicen diferentes métodos de impresión (impacto, tinta líquida, tóner), que lo hagan sobre diferentes soportes, papel, vinilos, aluminio (sí, aluminio), monocromáticas, policromáticas, de recepción serie o paralelo... Sin duda, un gran abanico que satisface las necesidades de las exigencias más variopintas.

Este capítulo ofrece una rápida visión sobre los sistemas de impresión más comunes, haciendo hincapié en los aspectos básicos de configuración y mantenimiento.

11.1 LA IMPRESIÓN Y SUS TÉCNICAS

Como se comentaba en la introducción del capítulo, la necesidad de impresión es una de las primeras que el usuario experimentará cuando disponga de un equipo microinformático. Rápidamente se descubre que los escritos más brillantes precisan llevarse a papel para ser compartidos y, de igual manera, los gráficos más claros serán útiles en la medida que puedan adjuntarse a un informe impreso.

Justificada la necesidad de impresión, es necesario diseñar un dispositivo capaz de dar soluciones concretas. Así, muchos han sido los inventos (y artilugios) utilizados según la época.

El primer tipo de impresoras utilizó técnicas de impacto, es decir, golpeaban una cinta entintada contra el papel para así reproducir la base del "martillo". Esta técnica sigue estando vigente en la medida que este tipo de impresoras es el único que, aún a día de hoy, tiene capacidad para utilizar papel autocopiativo, algo bastante demandado en la emisión de facturas y todos aquellos documentos que precisen de duplicado.

Sobre este modelo de impresión hubo tres diseños: las impresoras de bola, las de margarita y, por último, las de agujas. Las impresoras de bola consistían precisamente en eso: en una bola sobre la que se habían troquelado los caracteres. Así, en función de la posición de la esfera, el impacto producía uno u otro caracter impreso. Las de margarita eran similares pero, en este caso, se recurría a una margarita metálica en cuyos pétalos se encontraban en relieve los caracteres. Mediante un movimiento del eje, se centraba el pétalo deseado con el martillo de impresión golpeando la cinta. Estas dos técnicas han sido usadas por las máquinas de escribir hasta hace no demasiado tiempo. Resulta obvio matizar que el tipo de letra era fijo y, en caso de desear otro, había que sustituir físicamente la bola o la margarita según el caso.

Más tarde llegaron las popularmente conocidas como impresoras "de agujas". En este caso los caracteres no eran fijos, sino que se realizaban mediante el impacto múltiple de un número determinado de agujas. Cada una de ellas producía un punto que dibujaba el caracter. Según el número de agujas, se obtenía mayor o menor calidad, siendo el número estándar de 9 o 24 agujas (aunque el mercado proporcionó otros modelos). Todavía se puede encontrar este tipo de impresoras operativas y a la venta, dada la necesidad de cubrir, como se adelantaba, un sector profesional que precisa de múltiples copias.

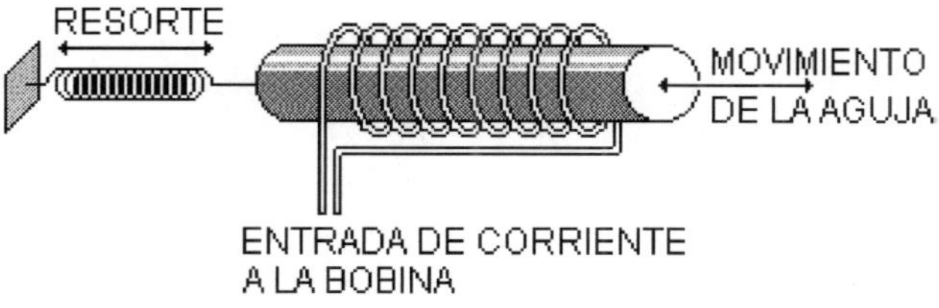

Figura 11.1. Impresión por impacto

Cualquiera de las técnicas anteriores conllevaba un proceso ruidoso de impresión ya que, en definitiva, el proceso consistía en eso: golpear. Por otro lado, la velocidad era bastante limitada, a pesar de haber conseguido niveles razonables de efectividad.

La historia microinformática continúa y es preciso encontrar nuevas soluciones. De este modo y, aunque no por orden cronológico, aparecen las impresoras de tinta y las láser. Éstas cuentan con sistemas de impresión más silenciosos y de mayor calidad, ofreciendo prestaciones impensables para las impresoras de impacto. Por otro lado, la velocidad también es un parámetro definitivo a la hora de tomar una decisión.

Poco a poco el mercado ha ido colocando cada producto en su lugar y, a día de hoy, cuestan más los cartuchos de tinta que la propia impresora de inyección. Esto ha situado los diferentes tipos de impresora en ámbitos concretos. Así, las de impacto son indicadas para múltiples copias, las láser en entornos de oficina y las de inyección, para todos los usuarios que necesitan calidad y velocidad a un precio razonable.

Un enfoque actual requiere, necesariamente, un análisis algo más pormenorizado de las impresoras más comunes: inyección de tinta y láser.

11.2 IMPRESORAS DE INYECCIÓN DE TINTA

Las impresoras de tinta se han convertido casi en un elemento omnipresente en todas las configuraciones domésticas. Y no es de extrañar: hay algunos aspectos que las hacen ideales para éste y otros entornos laborales. Así, son muy silenciosas (menos de 49 dB) y la calidad resulta más que aceptable (pueden ser usadas incluso profesionalmente en la impresión de fotografías). Por otro lado, su bajo precio, todavía usando color, las hace aún más atractivas si cabe.

Pueden ser varios los sistemas usados en este tipo de máquinas (bubble jet, desk-jet fundamentalmente) pero todos coinciden en un punto común: la impresión mediante la expulsión de minúsculas gotas de tinta sobre el papel. Obviamente, cuanto más pequeñas sean estas gotas, mayor resolución se conseguirá (los volúmenes de las gotas se miden en picolitros, es decir, 10^{-12} l, con diámetros de micrómetros 10^{-6} m). Los sistemas más usados son dos: inyección por temperatura e inyección por presión. Pasemos a detallar ambos.

En la impresión por temperatura, la tinta reside en unos inyectores en los que se aumenta la temperatura. Fruto del aumento térmico (entre 340 ºC y 500 ºC) se produce una expansión de la tinta que es proyectada hacia el papel. A continuación, con el enfriamiento natural, el efecto es el inverso: la tinta vuelve a su volumen original haciendo un efecto de succión del cartucho que vuelve a rellenar el inyector. El proceso de calentamiento se estima en un tiempo inferior a 3 ns, la expansión lleva entre 3 y 10 ns, la formación de la gota estará entre los 10 y los 20 ns y, el proceso final de carga de la nueva tinta consumirá hasta 80 ns, es decir, 3 + 10 + 20 + 80 = 113 ns (< 1 ms) en el peor de los casos, aun considerando un margen amplio de error.

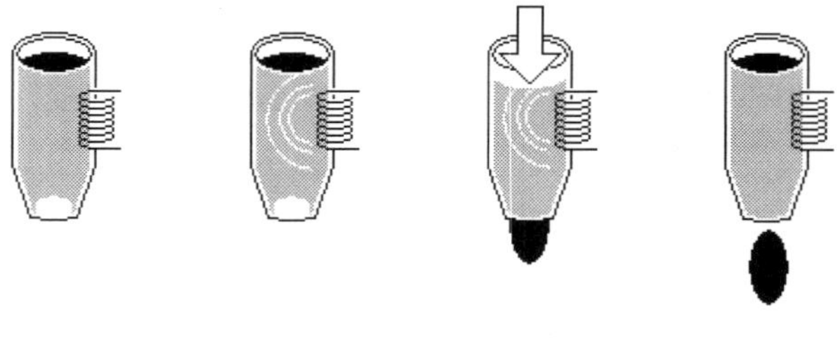

Figura 11.2. Impresión de un punto

El proceso de impresión por presión es muy similar pero, en este caso, se utiliza un cristal piezoeléctrico para provocar la presión. Este tipo de cristal varía su forma ante un impulso eléctrico, lo que provoca un aumento de presión en el inyector liberando tinta una vez se supera la presión tensional de la gota. Cuando desaparece el impulso eléctrico, el cristal vuelve a su dimensión original haciendo el efecto de succión anteriormente detallado.

En ambos casos, se asume el riesgo de que la tinta se seque en los inyectores si no se usa de forma habitual (al menos, una vez cada quince días). Esto provoca que a la hora de imprimir aparezcan líneas en blanco, correspondientes a los inyectores obturados.

11.3 IMPRESORAS LÁSER

Las impresoras láser son la solución a necesidades silenciosas y, sobre todo, rápidas de impresión. Su precio ha hecho que sean un elemento asequible incluso para una economía doméstica y la única limitación está en el color que aún tiene un precio elevado. El proceso utilizado para la impresión es sencillo: cuando se recibe la información desde el PC, ésta es procesada de forma que pueda ser interpretada por un diodo láser que proyectará su luz contra un espejo móvil, cuya misión será la de incidir sobre el OPC o cartucho fotoconductor orgánico (cilindro que avanza entre 1/300 y 1/600 pulgadas) "dibujando" lo que se desea imprimir. El OPC se carga eléctricamente en las zonas donde incidió la luz. A continuación el papel entra en la máquina y también se ioniza, pasando por encima del OPC. El resultado es que el papel queda con distinta carga en las zonas donde el OPC recibió el impacto de la luz láser. De alguna forma se puede interpretar como que dispone del texto impreso eléctricamente.

A continuación, el papel sigue su recorrido pasando por encima del tóner que, en definitiva, sólo es tinta en polvo y con una carga eléctrica contraria a la dibujada en el papel. El resultado es que este polvo se adherirá a la hoja que posteriormente deberá ser calentada a 200 ºC durante 0,1 s para que la tinta "funda" y se quede impresa definitivamente. Este proceso explica por qué cuando se retira una hoja de una impresora láser que aún no ha terminado de ser impresa (por ejemplo, por un atasco) se encuentra el papel con el tóner en su superficie pero sin estar todavía fijado al papel. Si por el contrario se reúnen las hojas según son impresas, se detectará la temperatura consecuencia de la fusión del tóner.

Figura 11.3. Unidad de OPC

11.4 OTRAS IMPRESORAS

A poco que el lector revise una lista de precios de impresoras, enseguida le llamará la atención algunas impresoras láser por su bajo precio. Todo tiene su explicación... Hay una gama de impresoras en el mercado denominadas GDI y, coloquialmente, Win-impresoras. A todos los efectos, obtiene las mismas calidades y prestaciones que una impresora convencional aunque, en realidad, hay importantes diferencias.

Las impresoras GDI abaratan su precio eliminando parte de su hardware y sustituyéndolo por proceso software, esto es, no se implementan algunos circuitos y la función de éstos es realizada por el propio driver que, en definitiva, no es ni más ni menos que un programa de gestión. Obviamente no puede desaparecer ninguno de los componentes mecánicos destinados a la movilidad del cabezal o el avance del papel pero sí los referentes a memoria y gestión de la impresora.

Este tipo de impresoras "roba" tal cantidad de recursos al PC que incluso llega a anular completamente la multitarea, es decir, la posibilidad de trabajo en paralelo (por ejemplo, leer el correo electrónico o editar un documento mientras se imprime). Lógicamente se precisa de equipos potentes y debe tenerse en cuenta esta limitación.

Aun así, si sus necesidades de impresión no son demasiado exigentes, puede recurrir a ellas como una solución económica pero no olvide que no se trata del mismo producto que una impresora "completa".

11.5 INSTALACIÓN

La instalación de impresoras es una operación realmente sencilla, al menos, en cuanto a cuestión hardware se refiere. Cualquier modelo de impresora necesitará dos tipos de conexiones: alimentación y datos.

En lo referente a la alimentación, ésta se realizará a través del suministro eléctrico habitual de la red. No obstante, al igual que toda la electrónica convencional, las impresoras precisan de una adecuación de tensión, es decir, una fuente de alimentación que les proporcione el fluido de corriente apropiado. Esta fuente puede ir, según modelos, de forma interna o externa a la impresora. En cualquiera de los casos, siempre habrá que llevar un cable de alimentación desde la conexión de pared.

En cuanto a datos se refiere puede haber más variedad de posibilidades. De cualquier modo y en todos los casos, la conexión deberá realizarse a través de un puerto del PC y éste podrá ser serie, paralelo o USB. Las impresoras paralelo y USB son las más comunes, mientras que las serie quedan relegadas a los entornos de impresión de tickets (cajeros automáticos, terminales de punto de venta...).

En cuanto a la instalación software tampoco resulta compleja. Suele ser conveniente disponer de los drivers suministrados por el fabricante de la impresora y ejecutar el programa que él indique. Suele tratarse de procesos guiados donde la intervención del usuario es mínima y se consigue configurar la máquina de una forma cómoda o sencilla.

Otra posibilidad es acudir a los drivers del propio sistema operativo (si es que el modelo está contemplado en la lista). Para ello habrá que habilitar el asistente de instalación de impresoras y seguir los pasos indicados. En esencia habrá que indicar la marca de la impresora, modelo y puerto al que se desea conectar.

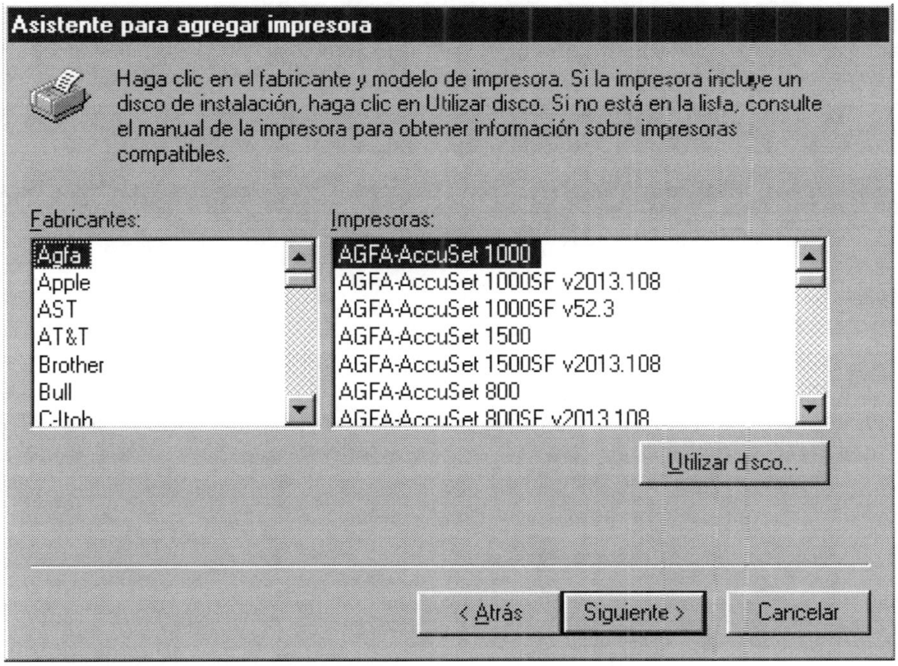

Figura 11.4. Selección de impresora

Este asistente se ejecutará desde la carpeta de *Impresoras* de Windows, situada en distintas ubicaciones según la versión del sistema operativo usado.

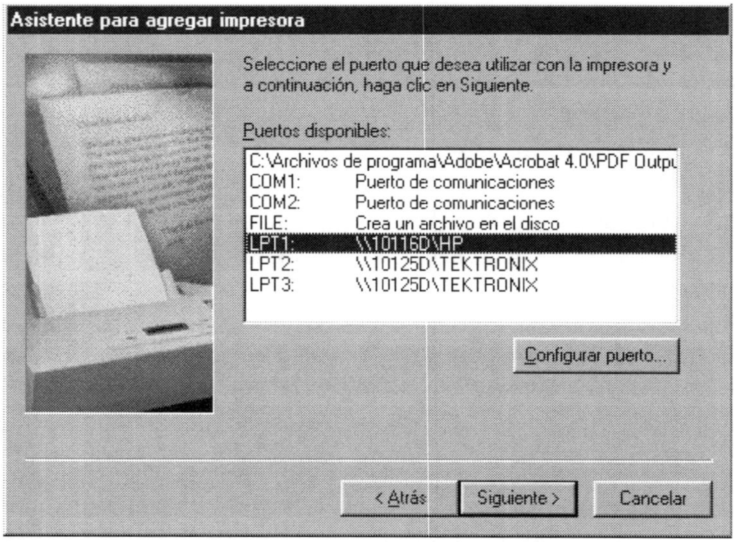

Figura 11.5. Selección de puerto

11.6 PROBLEMAS TÍPICOS

PROBLEMA	POSIBLE SOLUCIÓN
Al imprimir sobre una impresora láser, sale una línea longitudinal	Si bien puede tratarse de un error del OPC, lo más normal es que se trate de un problema del tóner. Cámbielo y compruebe los resultados.
Le queda poco tóner a la impresora	Obviamente la solución es cambiarlo pero, si no dispone de uno en este momento, pruebe a sacarlo y agitarlo: de este modo el tóner se moverá (al ser polvo siempre tiende a apelmazarse) y prolongará algo más su vida de impresión.
A pesar de que la impresora aparentemente imprime, no queda nada impreso en el papel	Si está trabajando con una impresora matricial, compruebe que la cinta está bien entintada (basta con tocarla para comprobarlo). En caso de trabajar con una impresora de chorro de tinta, revise los cartuchos: si lleva mucho sin imprimir es probable que se hayan obturado los inyectores. En caso de disponer de una impresora láser, revise el tóner. Si no fuera éste el causante del problema, puede tener una avería más seria (OPC).

PROBLEMA	POSIBLE SOLUCIÓN
La impresión no es correcta (se cambian caracteres y aparecen símbolos)	Si trabaja en un entorno Windows, cabe la posibilidad de que el driver no esté correctamente configurado. Compruébelo y cámbielo si es pertinente. Puede hacer una prueba desde MS DOS probando a realizar una impresión directa mediante, por ejemplo DIR>LPT1, siendo LPT1 el puerto al que se considera que se ha conectado la impresora.

11.7 ALGUNOS CONSEJOS

Puede que algunos de los consejos aquí enumerados le sean de utilidad. En la mayor parte de los casos son fruto de la experiencia. Motivo por el que resultaría complejo el intentar justificarlos. De cualquiera de las maneras, siempre pueden ser un punto de vista más a la hora de tomar una decisión.

1. Ajústese a sus necesidades de impresión. El mercado de las impresoras es muy atractivo ya que ofrecen múltiples posibilidades. Piense sobre cuál será su trabajo y ajústese a sus necesidades. La siguiente tabla puede servirle de orientación

NECESIDADES	MODELO
Necesidad de papel autocopiativo	Matricial
Realización de tickets	
Impresión en color poco habitual	Chorro de tinta color
Uso normal (texto, color sin imperativos de tiempo)	
Muchos documentos con imperativos de tiempo	Láser blanco/negro
Impresora compartida con un grupo de usuarios conectados	
Máximas prestaciones de impresión con imperativos de tiempo, color y usuarios concurrentes	Láser color

Tabla 11.1. Aplicación de impresoras

2. Si trabaja con una impresora de chorro de tinta, no deje pasar más de quince días sin imprimir ya que asume el riesgo de obturar los inyectores y que resulten inservibles a pesar de que puedan contener tinta.

3. Sea extremadamente cuidadoso si procede a rellenar un cartucho de tinta. Todos los sistemas deben disponer de un método de cerrado para conservar el vacío en el interior; en caso contrario asume el riesgo de que el cartucho se vacíe por la simple presión atmosférica sobre la propia impresora.

4. Sea previsor con el papel en caso de necesitar imprimir un volumen importante de hojas. En ocasiones, los atascos de papel pueden estar producidos por la diferencia ambiental de humedad entre el papel y la impresora. Guarde siempre una cantidad suficiente de papel en la misma habitación que la impresora, asegurando así una situación ambiental entre la máquina y el papel.

5. Sea cuidadoso con el tipo de papel a usar. Es una práctica habitual entre las empresas utilizar papel reciclado que no es admitido por todas las impresoras. Factores como el gramaje del papel (peso del mismo por unidad de superficie), composición o nivel de abrasividad pueden provocar no sólo atascos de papel sino también, averías en la propia impresora.

11.8 PRÁCTICAS PROPUESTAS

Los ejercicios y prácticas siguientes pretenden ayudar al lector a profundizar en los conceptos tratados en el capítulo. Un apéndice al final del libro describe, paso a paso, las soluciones propuestas. Se recomienda que el lector lo use como método de autoevaluación para comprobar la asimilación del tema que abre el capítulo.

1. Compruebe el controlador que tiene instalado su impresora así como el puerto donde está conectada.

2. Pruebe a configurar la impresora en diferentes puestos de la red, creando accesos desde todos los ordenadores.

Capítulo 12

LAS COMUNICACIONES

La potencia de un PC a nivel funcional, esto es, medida en la utilidad que es capaz de aportar al trabajo, se incrementa de forma importante si puede compartir los datos. Esto realmente no es ninguna novedad y si se considera interesante y útil extraer la información de la máquina hacia una impresora, ¡cuánto más importante será poder compartirla!

Algo tan evidente como esto ha provocado que se implementen múltiples soluciones para poder compartir ya no sólo datos sino, además, recursos: ése es el fundamento de las redes. Ahora bien, lo que inicialmente se reducía a la interconexión de máquinas mediante un simple cable (denominado "medio físico") ha evolucionado de la mano de las nuevas tecnologías que potencian la flexibilidad de las instalaciones, así como la capacidad de envío de información.

El culmen de todo lo expuesto llega con la aparición de Internet que descubre a los usuarios las ventajas de encontrarse en un entorno abierto y comunicado. Éste es el verdadero despegue para que las comunicaciones se extiendan a entornos más modestos en PYME e incluso dentro del ámbito doméstico, dejando de ser algo exclusivo de las grandes empresas.

Las comunicaciones por módem, sistemas de banda ancha e, incluso, otras tecnologías más "cercanas" como el Bluetooth o los puertos básicos del PC asumen un protagonismo llevado prácticamente hasta el entorno ofimático de trabajo. Cada vez se desean comunicaciones más rápidas y sencillas donde desaparezcan las complejidades técnicas y físicas. Es más, las comunicaciones inalámbricas o wireless ("sin cables", textualmente) representan un porcentaje importante de instalaciones.

Este capítulo ofrece una panorámica de las diferentes tecnologías utilizadas y un avance de las que se presumen como tecnologías futuras, basándose en sus prestaciones y precio. No obstante, si de algo se puede estar seguro es de que el futuro nos sorprenderá. Se trata solamente de una cuestión de tiempo...

12.1 CLASIFICACIÓN DE LAS COMUNICACIONES

A la hora de planificar la estructuración de este capítulo se han planteado serias dudas. Intentar catalogar algo tan amplio como las comunicaciones conlleva el análisis de múltiples parámetros y casi la totalidad de ellos tienen entidad suficiente como para ser los elementos de referencia.

De este modo se podría plantear una organización en base al tipo de medio usado (algo muy en boga actualmente). Esto conllevaría estudiar por separado las tecnologías wireless y las basadas en un medio físico como puede ser el cable, desde líneas telefónicas, par trenzado, hasta la fibra óptica. También pondría en el mismo grupo a las comunicaciones vía satélite que a las Bluetooth (eminentemente cercanas a la máquina). Otro planteamiento podría ser en base a la capacidad de transferencia pero también presentaría casos dispares ya que en conexiones próximas las transferencias pueden ser más elevadas pero pierden potencia en cuanto al concepto de distancia.

Se ha considerado que el método para abordar un tema tan amplio como éste sea observar qué elementos están próximos al PC y qué opciones ofertan y, por otro lado, qué comunicaciones precisan de elementos adicionales, tal y como pueden ser las que requieren de módems, routers u otros dispositivos.

Tras esta premisa, se aborda la enumeración de puertos, así como sus características más importantes y los dispositivos necesarios para la interconexión.

12.2 COMUNICACIONES EN EL PC

Los puertos son el interfaz natural del PC (si es que algo natural se puede encontrar en una máquina) de datos desde y hacia el exterior. Surgen como la necesidad de conexión con otros dispositivos que, cercanos al PC, reciben el nombre de periféricos.

Lo que en un principio no era más que un medio básico de conexión con pocas exigencias, poco a poco fue adquiriendo protagonismo a la vez que exigía de unas prestaciones más avanzadas. Ése fue el inicio básico de las comunicaciones que se ha plasmado, de forma interna en el PC, a través de los diferentes puertos:

Serie Sin duda los menos eficientes en cuanto a capacidad de datos se refiere. Su nombre proviene del tipo de transmisión. Así, una comunicación serie se caracteriza porque los datos se envían uno tras otro en el ámbito de bits, algo que, obviamente, limita en gran medida la capacidad del puerto. Este puerto es asíncrono, es decir, no está gestionado por unos pulsos de reloj invariables. Su formato es el de un conector sub-D de 9 pines macho aunque existió también bajo el formato de 25 pines.

En la actualidad sigue existiendo este puerto ya que no todos los periféricos muestran necesidades superiores. Ha sido durante mucho tiempo el conector usado para la conexión del ratón si bien los puertos PS/2 primero y los USB después han asumido de forma exclusiva ese papel.

Figura 12.1. Puerto serie

Paralelo Se trata de un puerto que, como su nombre indica, envía los bits en paralelo, es decir, a la vez. De este modo se consiguen transmisiones de bytes completos. Su formato es el de un conector sub-D en formato hembra de 25 pines y, de forma habitual, está asociado a la impresora del sistema.

Todo parece indicar que este puerto acabará desapareciendo ya que, de hecho, cada vez son menos los fabricantes de placas base que lo implementan. Su funcionalidad principal, que era la comunicación con las impresoras, se ve desplazada por puertos de superiores prestaciones como es el caso del USB.

Figura 12.2. Puerto paralelo

Juegos Éste es un conector sub-D de 15 pines hembra que de forma habitual va asociado a las tarjetas de sonido (ya sea integradas en placa base o de forma externa). Su funcionalidad se divide en dos aplicaciones muy distintas: por un lado se trata de un puerto analógico indicado para la conexión de joystick o palancas de juegos. Por otro, se usa como conector estándar para el sistema MIDI, medio por el que es posible conectar instrumentos musicales al PC aprovechando los recursos de la tarjeta de sonido.

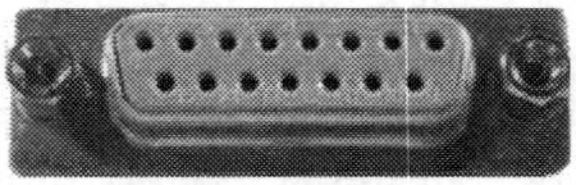

Figura 12.3. Puerto de juegos

USB Es el acrónimo de *Universal Serial Bus* o Bus Serie Universal. Si bien es cierto que la información sigue enviándose bit a bit, la velocidad de transferencia ha aumentado de forma importante con respecto a los puertos serie originales, llegando hasta los 480 MB/s en la versión 2.0 y hasta los 4,8 GB/s en la 3.0. Otra ventaja importante es que admite la conexión de hasta 127 dispositivos distribuidos en una red que puede alcanzar hasta los cinco niveles. De este modo, existen periféricos "HUB" que permiten la interconexión de otros aparatos aprovechando el mismo puerto.

Figura 12.4. Puerto USB

FireWire Es capaz de soportar hasta 63 dispositivos con transferencias de hasta 400 MB/s. El FireWire puede trabajar tanto en modo síncrono como asíncrono, dependiendo de las necesidades y, al igual que el USB, el FireWire dispone los dispositivos en cascada, con una distancia máxima al conector de 4,5 m y soportando hasta 16 periféricos por canal (teóricamente es posible conectar hasta 72, pero el consumo de corriente hace que el número disminuya, al igual que ocurre con los dispositivos USB).

Figura 12.5. Puerto FireWire

Bluetooth Esta nueva tecnología permite la comunicación en banda estrecha entre diferentes dispositivos. Éstos pueden ser portátiles, PDA, impresoras, teléfonos móviles... y un sinfín de posibilidades condicionadas sólo por la implementación de los fabricantes. La tecnología Bluetooth está indicada para ámbitos geográficos reducidos donde no se superen en ningún caso los 100 m entre los dispositivos a conectar (un máximo de 8).

En esencia se trata de una comunicación vía radio con un espectro de frecuencia embebido en los 2,4 GHz. Este tipo de comunicación, si bien ofrece la ventaja de no precisar la visualización física de los dispositivos (es posible imprimir en una impresora que esté a dos habitaciones de distancia), plantea problemas de confidencialidad y seguridad en los datos, ya que nada impide que un aparato que se encuentre dentro del radio de acción del emisor reciba la señal.

Infrarrojos Se trata de un puerto capaz de comunicarse con otros dispositivos que utilicen la misma tecnología. Su capacidad de transferencia no es excesiva pero sí ha tomado un papel relevante a la hora de funcionar como interfaz con otros equipos. Un ejemplo claro es la comunicación con teléfonos móviles donde puede interactuar tanto para comunicaciones con el terminal como para habilitación de módem para su conexión a Internet. Esto permite a un usuario con un ordenador y un teléfono móvil disponer de banda ancha en cualquier lugar.

12.2.1 Conexión por puertos

A la vista de lo expuesto, se puede proponer una serie de modos de comunicación que escapen de los habituales sin que esto implique que deban tener una consideración especial. Así, las comunicaciones entre puertos pueden suponer una ayuda importante cuando se desean realizar pequeñas transferencias. Por supuesto que no se dispone de las opciones que una red puede ofrecer pero tampoco conllevan dificultad ninguna.

Para conexionar dos PC a través de puerto, hay que definir bajo cuál se desea trabajar. Así hay cables preparados capaces de interconectar mediante USB ordenadores ofreciendo toda la potencia del puerto al servicio de la comunicación (hasta 12 Mbps). Estos cables no son "transparentes", sino que conllevan una electrónica asociada encargada de gestionar la transferencia de datos. Sin embargo, es posible comunicar dos PC a través de sus puertos serie o paralelo con un sencillo cable denominado "MÓDEM nulo". Tras la interconexión con el citado cable, existen multitud de aplicaciones software encaminadas a facilitar la gestión y el trasiego de ficheros entre los equipos.

Así, un cable serie, deberá realizarse conforme a las siguientes conexiones:

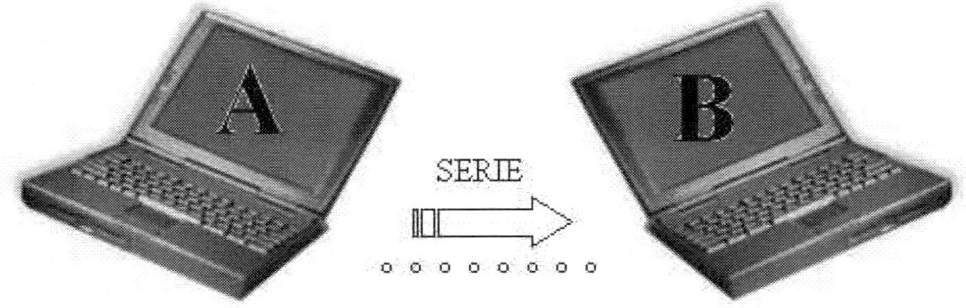

Figura 12.6. Comunicación serie

EQUIPO A	
DB 9	DB 25
5	7
3	2
7	4
6	6
2	3
8	5
4	20

EQUIPO B	
DB 25	DB 9
7	5
3	2
5	8
20	4
2	3
4	7
6	6

Tabla 12.1. Comunicación serie

Si por el contrario se desea optar por un cable paralelo (mucho más rápido), habrá que realizar el siguiente conexionado:

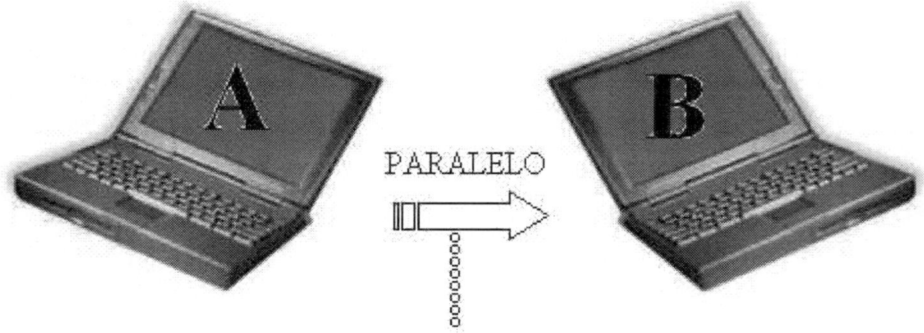

Figura 12.7. Comunicación paralelo

PUERTO SPP	
EQUIPO A	EQUIPO B
2	15
3	13
4	12
5	10
6	11
15	2
13	3
12	4
10	5
11	6
25	25

PUERTO ECP	
EQUIPO A	EQUIPO B
1	10
2	2
3	3
4	4
5	5
6	6
7	7
8	8
9	9
10	1
11	14
12	16
13	15
14	11
15	13,17
16	12
17	15
18	18
19	19
20	20
21	21
22	22
23	23
24	24
25	25

Tabla 12.2. Comunicación paralelo

Obviamente todo lo expuesto tiene sentido en un entorno local donde, por ejemplo, se desea conectar un PC portátil con otro de sobremesa sin querer recurrir a una red o a sistemas más complejos. Por encima de estos requerimientos, han de adoptarse otras tecnologías que no tienen por qué ser más complicadas pero sí más efectivas. Tal puede ser el caso de una simple red (entre dos equipos es posible montar una estrella con un único cable) o mediante comunicaciones inalámbricas.

12.2.2 Conexión por infrarrojos

Como ya se indicaba en la presentación de los puertos, los infrarrojos toman un especial protagonismo cuando sólo se dispone de un ordenador y un terminal de teléfono móvil. Si bien esta conexión pudiera haber sido englobada en el apartado anterior, se ha optado por su tratamiento independiente dada su catalogación wireless.

En definitiva, se trata de enfrentar los dos puertos infrarrojos (el del PC y el del otro equipo) para establecer la comunicación; el proceso no requiere de mayor dificultad. En este sentido es más importante saber contra qué equipo se está trabajando para saber de qué capacidades se dispone que prestar excesiva atención a los aspectos básicos de la comunicación. Sistemas con Windows, a partir de su versión XP en adelante, así como diversas distribuciones de Linux (especialmente Ubuntu) han facilitado de forma importante todo el proceso para que el usuario sólo deba atender a los aspectos operativos.

De este modo, si dispone de un ordenador con infrarrojos y lo enfrenta a otro con la misma capacidad a no más de 60 cm (aunque el estándar es más flexible), oirá una señal acústica con la que el equipo le avisará de la proximidad de un dispositivo por infrarrojos, además de un mensaje de texto. En cualquiera de los casos a los que se pudiera conectar, el sistema operativo mostrará un icono que sólo estará disponible mientras exista la conexión, tal y como se muestra en la figura, y que permitirá enviar y recibir información con el equipo remoto.

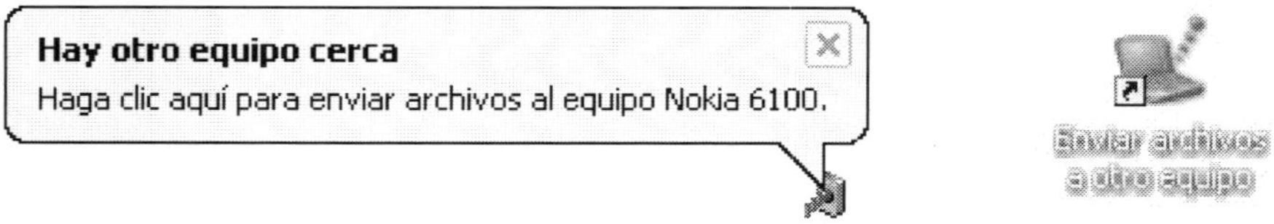

Figura 12.8. Detección por infrarrojos

Tanto sea un terminal de telefonía móvil o un PC, a través de este icono podrá enviar y recibir ficheros de un modo inalámbrico y cómodo; bastará con arrastrar los ficheros a través de una ventana ofrecida por la propia aplicación.

Lo realmente interesante comienza cuando se quiere establecer una comunicación más elaborada para, por ejemplo, acceder a Internet a través del terminal de teléfono. Son dos las opciones disponibles: GSM o GPRS. La primera de ellas permite utilizar el terminal como un módem al uso, estableciendo una comunicación tan sencilla como se haría a través de una línea telefónica. El principal problema estriba en la velocidad, que se acota de forma importante no superando en la mayor parte de los casos los 9.300 baudios. Para establecer esta comunicación basta con disponer de una cuenta con ISP (la mayor parte de ellos la ofrecen de forma gratuita) y configurar una conexión telefónica a redes con los datos suministrados por el proveedor de acceso a Internet usando como terminal el propio teléfono (cuyos drivers habrán debido ser cargados de forma previa). Las propiedades de la conexión son las mostradas en la figura.

Figura 12.9. Configuración del módem

La otra opción es establecer una comunicación por infrarrojos con el terminal y éste, a su vez, una comunicación GPRS a Internet. Este proceso requiere dar de alta el número a través del cual se va a realizar la comunicación con la operadora que proporciona cobertura al teléfono móvil y, en la mayor parte de los casos, descargar una aplicación que facilita la conexión.

Figura 12.10. Acceso a la red GPRS

Este tipo de comunicación aumenta el ancho de banda si bien los valores mostrados por el ordenador no suelen ser "eficientes" en su totalidad. Por otro lado hay que atender a que son dos los procesos en marcha (al igual que en el ejemplo anterior): comunicación por infrarrojos y comunicación GPRS (1.152 Kbps y 256 Kbps se muestran en la figura respectivamente).

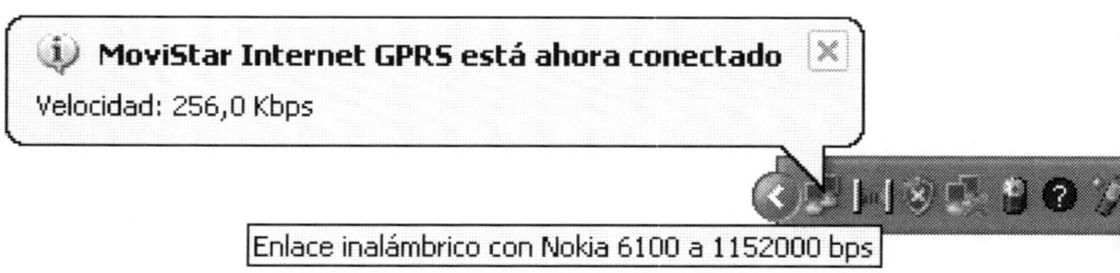

Figura 12.11. Conexión infrarrojos GPRS

De forma habitual el proveedor suele incluir una máscara que se encarga de bajar de peso las imágenes (penalizando en la calidad de las mismas) a fin de optimizar el tráfico de información. No obstante, también éste es un proceso para el cual se pide autorización al usuario.

12.2.3 Conexión Bluetooth

La tecnología Bluetooth, destinada a interconectar elementos tan dispares como ordenadores, impresoras, ratones, teclados, teléfonos móviles, PDA... de una forma sencilla y rápida, realmente no es algo reciente sino todo lo contrario. Ya en 1994 Ericsson realizaba estudios sobre un enlace de radio denominado MC link, precursor de la tecnología que hoy conocemos[15]. No obstante, ha tenido que ser la telefonía móvil la que haya puesto de moda otra vez este modo de comunicación

[15] Si bien es cierto que no fue hasta 1998 cuando el SIG formado por Nokia, IBM, Toshiba, Intel y la propia Ericsson propulsó su estandarización.

inalámbrico. Así, comunicaciones entre pequeños dispositivos (incluidos los auto radio y manos libres de los vehículos) han encontrado en el Bluetooth su caldo de cultivo ideal.

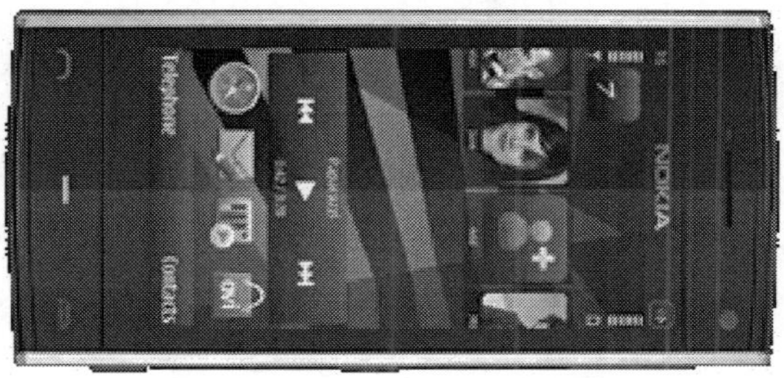

Figura 12.12. Nokia X6 con 8 GB

La tecnología Bluetooth es, en definitiva, un sistema de comunicación vía radio y esto le obliga a ajustarse a unos patrones de frecuencia regulados a nivel mundial para que la comunicación sea viable a nivel global. Esto se consigue en el canal ISM (Médico Científico Internacional) situado en los 2,45 GHz, con rangos que van desde los 2.400 MHz hasta los 2483,5 MHz, y, sobre este abanico, se establecen diferentes sub bandas. Situado pues el canal, se hacía preciso establecer un sistema que evitase las múltiples interferencias que entre dispositivos se pudieran producir. Para paliar este problema se optó por el salto de frecuencia o FH, es decir, dividir la banda de frecuencia existente en diferentes canales que puedan servir de "pasarela" aleatoria en una comunicación concreta. Esto reduce el ancho de banda puntual haciendo trabajar al sistema en banda estrecha con gran cantidad de canales ya que se producen del orden de 1.600 saltos por segundo.

Para establecer una comunicación entre dos dispositivos basta con que se encuentren dentro del radio de acción y que sus características hardware se lo permitan disponiendo de un mismo *perfil* de un total de 20 potencialmente disponibles normalizados (con independencia de que las validaciones software procedan a autorizar o no la conexión). Una comunicación de este tipo recibe el nombre de piconet y se caracteriza porque uno de los dispositivos toma el papel de maestro (master), mientras que el otro lo hace de esclavo (slave). Ambos dispositivos pueden alternar sus papeles pero en todo momento sólo habrá un maestro en la comunicación que podrá comprender hasta ocho elementos. Aun así, si se precisa un número mayor, un mismo maestro puede serlo entre varias redes hasta un total de 10, lo que daría la posibilidad de interconectar 8 x 10 = 80 elementos – 8 maestros = 72 dispositivos.

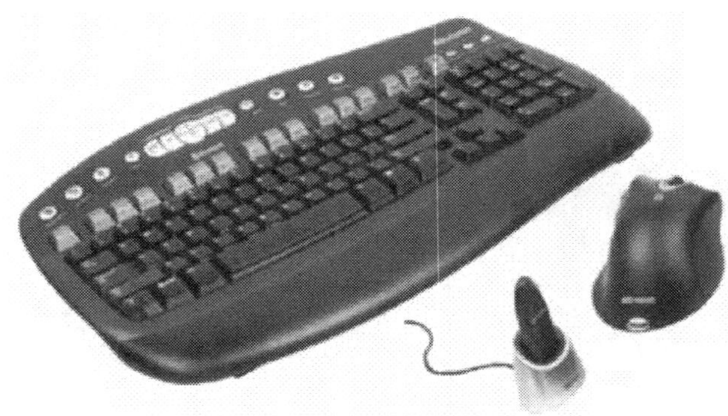

Figura 12.13. Escritorio Bluetooth de Microsoft

12.3 COMUNICACIONES REMOTAS: BANDA ESTRECHA

Si bien los sistemas de comunicación "locales", por aplicarles algún término, pueden ser apropiados para situaciones concretas, no alcanzan las prestaciones requeridas por sistemas más exigentes. Así, el acceso a Internet o cualquier otra red remota debe ser soportado por otra serie de sistemas.

La tendencia es aprovechar lo existente y, como los americanos dicen, superar la *dificultad de la última milla*, es decir, llegar hasta el punto preciso donde se desea. Este problema está solucionado si se recurre a infraestructuras que en el pasado (y el presente) cubrían ciertas necesidades y que ahora pueden ser reconvertidas: las líneas telefónicas. El tendido telefónico es prácticamente universal en todas las zonas habitadas del planeta y cubierto en un 100% en aquellas sociedades capaces de disponer de una tecnología adecuada para la transmisión de datos. El típico par de hilos destinado a las conversaciones telefónicas en banda estrecha puede ser reaprovechado para las necesidades de comunicación actual. En esta línea (y nunca mejor aplicada la expresión) se han dado dos soluciones opuestas y válidas: la transmisión analógica y la transmisión digital.

Dentro del primer grupo dedicado a las transmisiones analógicas aparece un elemento imprescindible: el módem. Un módem, cuyo nombre viene de la conjunción de las palabras modulador y demodulador, tiene como misión la de convertir la información digital utilizada por el PC en una información analógica, apropiada para ser transmitida por una línea telefónica como si de una conversación se tratara. Obviamente, al final de la línea, otro módem receptor debe realizar la función inversa: convertir la información analógica en información digital para que sea apropiada para su tratamiento informático.

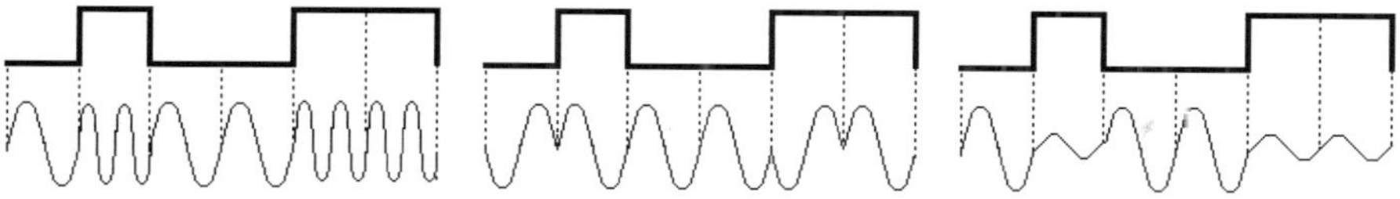

Figura 12.14. Modulación FSK, PSK y QAM

El módem es un elemento apropiado si no se tienen demasiadas exigencias de velocidad ya que se limita, en el mejor de los casos, a 56 Kbps y sólo en sentido de bajada (desde el servidor hasta el PC). Su configuración en un PC en poco difiere de lo que podría ser cualquier otra tarjeta que, en los sistemas actuales, se enmarca dentro de la auto detección del Plug&Play. Será cuestión de que el proveedor de acceso a Internet (ISP) facilite al usuario los datos imprescindibles para realizar la conexión.

Figura 12.15. Módem externo

Obviamente, dado que se aprovecha la línea telefónica para esta comunicación, durante el uso de la misma para procesos de comunicaciones no será posible usarla para voz.

12.4 COMUNICACIONES REMOTAS: BANDA ANCHA

La otra opción apuntada en el apartado anterior hace referencia a las comunicaciones digitales. También aquí hay un producto estrella en estos momentos si bien ha sido fruto de una evolución: la ADSL. La ADSL o *Asymetric Digital Subscriber Line* es una evolución de algunas tecnologías y compañera de otras en las que existe un denominador común: la transmisión digital. Dado que ya no se precisa la conversión requerida por los módems, la velocidad se incrementa de forma exponencial, siendo un producto habitual el de la ADSL de 10 o 12 Mbps (aunque algunas compañías ya comercializan tasas de 20 Mbps). Esta tecnología proporciona la posibilidad de compartir la línea permitiendo, a la vez que se establece una comunicación, mantener una conversación telefónica.

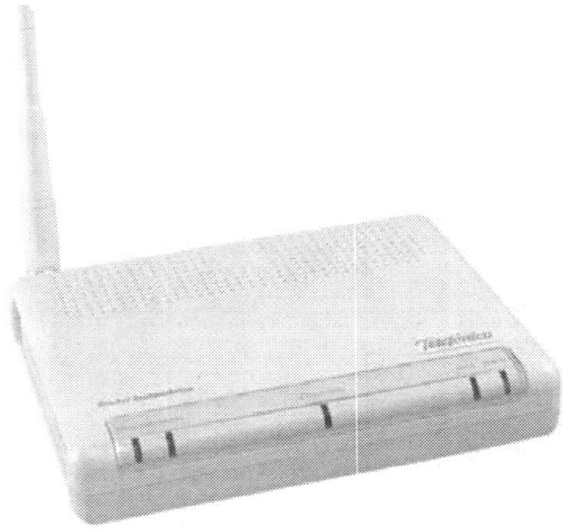

Figura 12.16. Router de ADSL Amper Xavi 7968r

Sobre la base de la ADSL, existen algunas variaciones, a saber:

VDSL La Very High Speed Digital Suscriber Line o Línea de abonado digital de muy alta velocidad es, como su propio nombre indica, un paso adelante por encima de la tecnología ADSL. Esto implica un aumento de prestaciones que, cómo no, están en consonancia con un aumento de precio. No obstante, la VDSL ofrece una versatilidad que la ADSL no: la opción de determinación si se desea un producto asimétrico. De este modo, el usuario, en función de sus necesidades específicas, determinará si quiere potenciar la recepción o se desea equiparar (sincronizar, en el sentido de volumen de datos) la recepción y la transmisión.

La VDSL alcanza cotas de hasta 52 MB/s en bajada, lo que implica un aumento más que significativo con respecto a la ADSL. En este caso, la distancia es un parámetro desfavorable afectando de forma importante a la tasa de transferencia cuando el punto de interconexión se encuentra a más de 300 m de la central.

HDSL La Línea Digital de Abonados de alta tasa de bits (*High bit-rate Digital Subscriber Line,* HDSL) fue la tecnología sucesora de la DSL para dar cobertura de banda ancha a los usuarios que así lo requerían. Soportada en líneas de cobre (al igual que el resto de variantes) se hizo muy popular en los entornos meramente telefónicos (principalmente en las PBX) –aunque también se puede usar con otro tipo de medios–. La HDSL proporciona una comunicación simétrica bidireccional, es decir, se dispone del mismo flujo de datos potencial de recepción y de emisión.

La transferencia se sitúa en el orden de los 1.544 Mbps de forma síncrona en circuitos punto a punto con un sistema diseñado para compensar las distorsiones originadas por la utilización del cobre. Esta tecnología ha sido usada siempre que ha sido posible por las operadoras para dar soporte a servicios locales. Aunque la distancia le afecta de forma considerable (como al resto de las comunicaciones), su límite de 3.658,5 m sobre dos hilos y más en otros medios (exactamente, en su definición original, 12.000 pies sobre dos pares trenzados y 24.000 pies son para trenzado simple) le permite una fácil cobertura en núcleos urbanos, admitiendo estaciones repetidoras para aumentar el servicio de banda ancha.

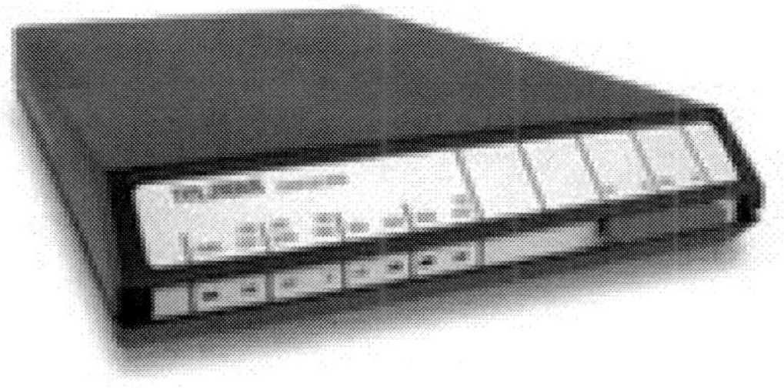

Figura 12.17. Equipo HDSL

Muchas operadoras apuestan por esta tecnología frente a la fibra óptica como es el caso de la línea T1 (americana) o E1 (europea).

SDSL La *Symmetric Digital Subscriber Line* o Línea de Abonados Digital Simétrica se encuentra aún en fase de desarrollo formal en cuanto a normas se refiere. En muchos de sus parámetros, es similar a la HDSL. Así, como su nombre indica, también es simétrica y bidireccional con un límite de distancia establecido en 3.048 m frente a los 3.658,5 m de la HDSL, aunque hay versiones que alcanzan hasta los 5.500 m. Por otro lado, también se soporta sobre un par trenzado de cobre, lo que le hace apta para comunicaciones telefónicas de voz.

La SDSL aporta una gran simplicidad en cuanto a centralización de comunicaciones, lo que le hace ser una opción interesante para las empresas. Además, el hecho de soportarse en líneas convencionales (al igual que ocurre con otros productos xDSL) significa un ahorro importante para las compañías.

12.5 COMUNICACIONES REMOTAS: OTRAS OPCIONES

Por supuesto, el concepto de normalidad no es algo objetivo sino que, en un gran número de cuestiones, va asociado al hábito cotidiano. Este planteamiento es extensible a las comunicaciones donde algunos encuentran como solución los que a otros les parece disparatado. No obstante, las limitaciones de las operadoras en el ámbito geográfico conllevan el uso de soluciones alternativas a las convencionales y no por ello menos eficientes. Un ejemplo podrían ser las citadas a continuación:

Satélite La utilización de los satélites para la comunicación de Internet es una solución para aquellas zonas geográficas donde no se disponga de otro tipo de cobertura o, simplemente, se desee disponer de una conexión rápida, fiable y moderna. Cada vez más instaurados, los satélites forman parte de muchos aspectos cotidianos de nuestra vida a pesar de pasar desapercibidos. Telefonía, televisión, radio... son sólo algunos ejemplos de comunicaciones que pueden depender de un satélite a varias decenas de miles de kilómetros por encima de nuestras cabezas.

Figura 12.18. Parabólica para PC

Las comunicaciones vía satélite se dividen, según interese para su estudio, en función de las prestaciones deseadas. En nuestro caso, tiene especial consideración el sentido de la información, por lo que la clasificación se realizará en función de si la comunicación es bidireccional (subida y bajada) o unidireccional (sólo en un sentido). La elección estriba, fundamentalmente, en el precio. Así es bastante común utilizar el satélite como elemento para "bajar" la información y "subir" los datos a través de ADSL, RDSI o cualquier otro método convencional. Este sistema recibe el nombre coloquial de comunicación híbrida (es evidente, vaya). La velocidad de recepción de datos (bajada) suele estar en torno a los 400 Kbps.

Esta alternativa cada vez es más usada por compañías que desean evitar las congestiones de las comunicaciones terrestres si bien es cierto que económicamente la ADSL resulta mucho más interesante.

LMDS El LMDS (*Local Multipoint Distribution Service* o Sistema de Distribución Local Multipunto) es un sistema de acceso a Internet inalámbrico usado, especialmente, en aquellas zonas donde el cable aún no llega. La modulación usada es QAM o QPSK (ya tratado en el inicio del capítulo). Mediante un sistema similar a la telefonía móvil, se establecen una serie de estaciones base que dan cobertura de ADSL a una serie de sectores concretos. En todo momento debe existir visibilidad entre la estación base y la antena del usuario ya que en caso contrario sería imposible la comunicación.

A pesar de amplia cobertura que oscila desde los 100 m hasta los 35 Km, este sistema provoca "zonas de sombra" debido a la orografía del terreno que deben ser subsanadas con reflectores o repetidores que reciban la señal y reorienten la cobertura. Uno de los mayores problemas que presenta es su dependencia atmosférica ya que no puede olvidarse que se está trabajando con radio frecuencia, con todo lo que esto conlleva. Así, una tormenta eléctrica o, simplemente, una lluvia acusada (*rainfall*), provocará necesariamente errores en la comunicación. Si bien éstos están previstos y se habilitan protocolos para su corrección, de modo que sea transparente al usuario, tienen una penalización en el tiempo, reduciendo el ancho de banda efectivo disponible.

Figura 12.19. Emisor LMDS

Existen versiones en diferentes rangos de frecuencia que aumentan en seguridad de la señal (independiente al medio) en función de la disminución de frecuencia.

Cable MÓDEM

Se trata de otra solución común para el acceso a Internet. En este caso, el medio utilizado es el mismo que el usado por la televisión por cable. Este sistema, al igual que las ADSL convencionales, comparte el ancho de banda entre todos los usuarios y, por tanto, depende del número de conexiones simultáneas.

Se trata, pues, de usar el ancho de banda "sobrante" de la señal de televisión para aprovecharlo en una conexión de banda ancha. Es importante destacar que, a pesar de la similitud de cable, este sistema no debe confundirse con una topología bus a pesar de usar cable de tipo coaxial. A diferencia de la mayor parte de las ADSL que se implementan sobre par de cobre que, en ocasiones, cuenta con varias décadas "de edad", el cableado de la televisión por cable es nuevo y sus conexiones troncales parten de fibra óptica que se va desdoblando por diversos sistemas hasta llegar a casa del usuario generalmente con cable coaxial HFC. Esto le da una mayor fiabilidad si bien no se podría establecer una comparativa con la ADSL sin acometer el estudio concreto de cada caso.

Este sistema es relativamente vulnerable al intrusismo ya que el mismo medio físico es compartido por varios usuarios, motivo por el que se acude a soluciones de encriptación que, generalmente, obedecen a dos estándares: DOCSIS y EURODOCSIS.

Este sistema requiere de un dispositivo adecuado que ajuste la señal tanto en su entrada como en su salida para que sea apta para su manejo informático. En la figura se aprecia un cable módem de la compañía Motorola.

Figura 12.20. Cable módem

PLC El PLC[16] o *Power Line Communication* es un sistema de comunicación que aprovecha el cableado eléctrico para la transmisión de datos.

En este caso, el proveedor de Internet es la propia compañía eléctrica y supone una ampliación a la cobertura de la red donde otros medios como el teléfono o la cobertura inalámbrica no llegan. El sistema es relativamente sencillo ya que, en esencia, se basa en filtros capaces de "separar" la señal de datos que oscila entre los 1,6 y 30 MHz de la señal senoidal que, en España, es de 50 Hz. Esto se consigue mediante un módem PLC, tal y como se muestra en la figura.

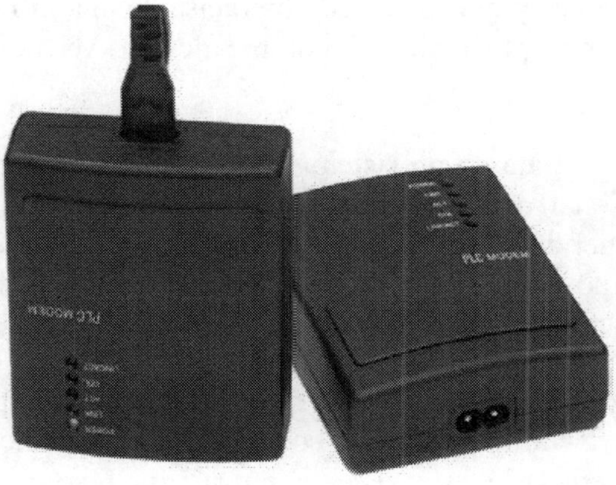

Figura 12.21. Módem PLC

Este sistema es muy usado en domótica ya que permite establecer una intranet que, por definición en una vivienda, ya está cableada. A este uso de los PLC se les denomina PLIC (*Power Line Indoors Telecoms*).

12.6 WI-FI, UNA TECNOLOGÍA AFIANZADA

La Wi-Fi (*Wi*reless High *Fi*delity), normalizada bajo el estándar 802.11, permite comunicar equipos entre sí en radios razonables de algunos kilómetros (una decena en el mejor de los casos y muy en dependencia del entorno) a tasas de transmisión aceptables. Así, el estándar 802.11a admite hasta 54 Mbps dentro de la frecuencia de los 5 GHz y el 802.11b hace lo propio con 11 Mbps en 2,4 MHz (la misma banda que utiliza el Bluetooth) con el inconveniente actual de que son

[16] No confundir con los Controladores lógicos programables o PLC (***Programmable Logic Controller***).

incompatibles entre sí de forma directa (que no a través de una interfaz apropiada). Como se observa, aun bajo la peor de las opciones, se trata de una solución que incluso supera las prestaciones de las antiguas redes *Ethernet* (no así la *Fast Ethernet* o *Giga Ethernet*).

No obstante, la gran ventaja del Wi-Fi no se basa exclusivamente en su tasa de transmisión de datos, superable con cable o fibra. Hay otro parámetro que la hace atractiva: su característica *wireless*. Por *wireless* se entiende todas aquellas tecnologías que, con una traducción literal, hacen referencia a una comunicación "sin cables" o, simplemente, inalámbrica. En otras palabras: nos encontramos ante una posibilidad de transmisión real con una tasa totalmente operativa para la mayor parte de las aplicaciones y que, además, no precisa de una infraestructura hardware de cableado. Este concepto recibe el nombre de WLAN o *Wireless Local Area Network*[17].

En esencia se trata de un sistema que comparte el ancho de banda de una conexión convencional de manera inalámbrica. Esto es, la posibilidad de, por ejemplo, tras disponer de una conexión ADSL, ofrecer a los usuarios comprendidos dentro de un entorno geográfico determinado la posibilidad de acceso a Internet distribuyendo el ancho de banda como si de una red *Ethernet* se tratase.

Por otro lado, el precio de estos dispositivos también potencia su uso, más si cabe si se compara con lo que puede costar realizar un cableado (que no el cable como tal). La novedad de este sistema en su día hizo que muchas empresas abriesen una línea de negocio nueva en su actividad, consiguiendo que el mercado impusiese sus precios bajo las leyes de la libre competencia.

Actualmente el protocolo 802.11g se ha afianzado siendo un estándar *de facto* para comunicaciones domésticas, coexistiendo con otras tecnologías. Tanto es así que se ha establecido un tándem de protocolos donde el 802.11b se usa para comunicaciones exteriores (entre edificios) y el 802.11g para interiores.

[17] No confundir con las WAN (*Wide Area Network*).

Capítulo 13

ENSAMBLANDO UN PC

El aspecto práctico por excelencia, si bien a veces un tanto rutinario, de un técnico de hardware microinformático es el montaje y ensamblaje de ordenadores. Un libro de estas características quedaría incompleto si no abordase en detalle este aspecto didácticamente.

Poco a poco descubrirá que el montaje de una máquina no requiere demasiados esfuerzos ni, por qué no decirlo, demasiados conocimientos. Todos los componentes están diseñados y estandarizados, de modo que el montaje resulte lo más sencillo posible. Incluso la configuración tiende a ser automática en la mayor parte de aspectos. Todas estas facilidades conllevan que cualquier persona pueda ensamblar un ordenador sin tener que ser, necesariamente, experta en hardware. Es precisamente ésa la diferencia entre un técnico y un “cambia piezas”: el conocimiento de qué se está haciendo en cada momento, por qué se hace y con qué material se trabaja. Esto explica las diferencias de calidad que se observan al trabajar entre unos PC y otros con similares características pero ensamblados por diferentes personas.

Todos los pasos están detallados y explicados con ilustraciones claras de la operación para facilitar esta tarea. También se han incluido recomendaciones prácticas y aspectos imprescindibles que a veces se pasan por alto como son el tratamiento de la electroestática o las condiciones medioambientales de trabajo. En definitiva, se trata de un compendio de conocimientos, técnicas y observaciones que le ayudarán a ensamblar su primer ordenador. Ya comprobará –por experiencia docente y pura lógica– que los próximos equipos le requerirán menor tiempo y esfuerzo para su realización.

Tómeselo con calma y disfrute del capítulo. Asegúrese de disponer del sitio adecuado y las herramientas necesarias. En breve descubrirá que "fabricar" su propio PC, ajustándole a las necesidades específicas propias o de un cliente, es una tarea sencilla. El *tunning* o ajuste personalizado no tendrá mayor dificultad que determinar qué elementos se desea que conformen la máquina.

13.1 PRECAUCIONES PREVIAS

Antes de comenzar a manipular el ordenador es conveniente tomar una serie de precauciones si no se desea tener contratiempos. Observe cada uno de los puntos sugeridos ya que le ayudarán a trabajar con más seguridad (tanto para usted como para la máquina).

Iluminación Trabaje en un sitio suficientemente iluminado. Si además es posible, disponga de una luz móvil adicional que le permita iluminar el interior del PC cuando sea necesario. A veces es preciso localizar *jumpers* o leer serigrafías que requieren de una fuente de luz adicional (una linterna puede valer).

Ubicación Trabaje en un sitio amplio y limpio. A poco que se empiece a manipular y desmontar el PC, comenzará a tener tornillos y componentes que deberá dejar de forma ordenada en la mesa de trabajo. Evite trabajar en sitios con poco espacio o con muchos objetos que puedan favorecer la pérdida de tornillos y otros elementos pequeños.

Electricidad Estática La electricidad estática o electroestática puede provocar descargas eléctricas que dañen los componentes. Lo mejor es disponer de un equipo adecuado para evitarlo consistente en un mantel de goma y una pulsera en la muñeca (tal y como se aprecia en la figura siguiente), ambos conectados a la toma de tierra de un enchufe. El uso de bolsas antiestáticas en los componentes (de color negro metalizado) resulta imprescindible para preservarlos.

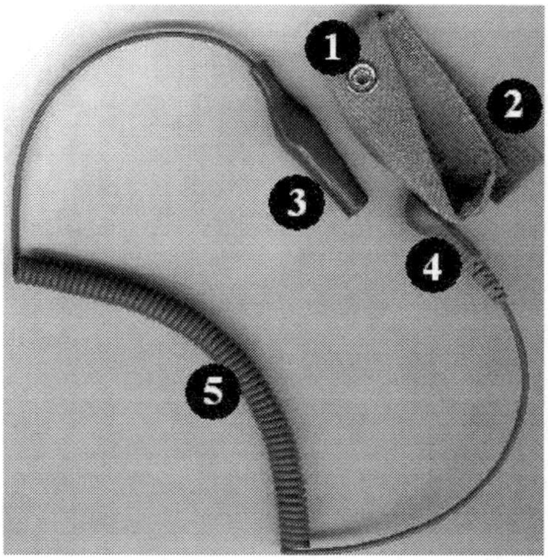

1. Remache en contacto con la piel que actuará como conductor.
2. Pulsera ajustable mediante "velcro" (adhesivo textil).
3. Pinza de "cocodrilo". Se conectará a tierra o al propio tapete sobre el que se trabaje.
4. Conexión de la pulsera al cable de descarga a tierra.
5. Cable extensible que facilita la labor del técnico.

Figura 13.1. Pulsera antiestática

Herramientas La herramienta adecuada es fundamental para trabajar cómodo y, sobre todo, no dañar ningún componente. Dado que no se trata de un material excesivamente caro, se sugiere la compra de utillajes de calidad.

Estos consejos son necesarios –aunque no suficientes– para que la operación se lleve a cabo con éxito; no obstante, la mejor recomendación probablemente sea el uso del sentido común a la hora de proceder ante el ordenador.

13.2 HERRAMIENTAS PRECISAS

Las herramientas precisas para el manejo del PC no son demasiadas, lo que aconseja disponer de un material propio y de calidad. La estandarización de productos ha hecho que todos los aspectos del PC (tornillería incluida) sea poca y definida. Aunque toda la herramienta adicional, por definición, es útil, si a algunos elementos se les puede dar la consideración de imprescindibles, éstos son los siguientes:

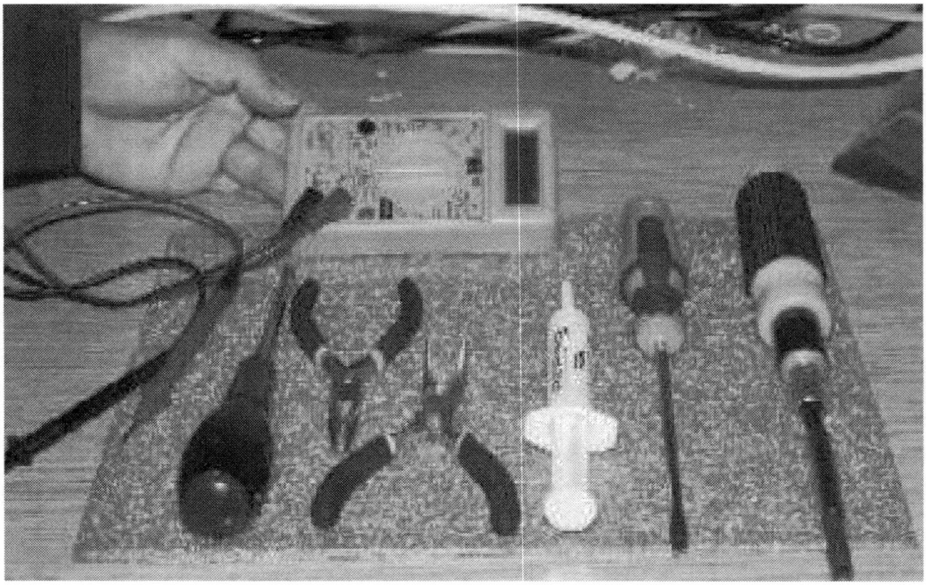

Figura 13.2. Herramientas

Sistema antiestático

Ya se ha hablado brevemente sobre los problemas de la estática en el punto anterior. Lo primero que se debe asegurar es un puesto de trabajo seguro, tanto para el técnico como para el PC. El modo de asegurar la circuitería frente a los problemas de estática pasa por trabajar en un mantel de goma o similar al cual se conecte una pulsera que deberá tener puesta el técnico durante el trabajo. Esta pulsera dispondrá de un contacto metálico en contacto con la piel y todo el conjunto (mantel y pulsera) deberá estar conectado a la toma de tierra del mismo enchufe (o punto eléctrico) donde se conecte el PC. Esto asegurará que cualquier carga estática del técnico obtenida como fruto del rozamiento al andar sobre moqueta o, simplemente, por el roce con el aire, se desvíe a tierra.

Alicates de punta plana o pinzas

Resulta muy útil disponer de unas pinzas curvas. Su finalidad será la de poder trabajar en lugares de difícil acceso. Servirán, por tanto, para múltiples acciones como, por ejemplo, manipular jumpers en la placa o un dispositivo o recoger tornillos en sitios recónditos de la caja. Existen pinzas para la extracción de integrados pero, en los equipos actuales, ésta es una tarea que en rara ocasión se realiza.

Destornillador

Se precisará trabajar con dos destornilladores de estrella, uno pequeño y otro grande. Como alternativa al destornillador grande se puede usar uno con cabeza hexagonal de la medida apropiada tal y como se aprecia en la figura anterior. El uso de destornillador pequeño será indicado para trabajar con disqueteras, unidades de CD-ROM, CD-RW, tarjetas insertadas en slots, placa base... El grande, fundamentalmente, se usará para atornillar la caja y discos duros.

Pasta térmica Algo que debe preocupar a los ensambladores es la correcta disipación de temperatura. De cara a favorecer la transmisión de temperatura y evitar “lagunas” de calor en el microprocesador, es recomendable disponer de pasta térmica entre los componentes que más calor generen y sus respectivos disipadores.

Polímetro Se trata de un instrumento que, como su nombre indica, es capaz de realizar múltiples medidas (tensión, corriente, resistencia, capacidad, temperatura…). Resulta especialmente útil cuando se trata de determinar problemas de alimentación eléctrica, continuidad, polaridad…

Como se puede ver, son pocas las herramientas requeridas. Por supuesto que tareas más complejas requerirán de más utillería pero se ha considerado lo imprescindible para trabajar con un PC. Si lo que se desea instalar es una red, hará falta, además, un crimpador de conectores y un comprobador de terminales, aparte de toda la herramienta precisa para la sujeción de canaletas, introducción de cables… Son las necesidades las que, poco a poco, irán definiendo la maleta de herramientas adecuada para la actividad de cada técnico. Como colofón, el útil imprescindible: el manual de la placa base.

Figura 13.3. Manual de placa base

Este manual resulta imprescindible si se desea obtener todo el rendimiento del PC. En algunos casos la configuración viene serigrafiada en la propia placa pero siempre que pueda, intente disponer del manual actualizado (en este sentido, Internet resulta una gran ayuda).

13.3 EL MONTAJE

El primer paso para abordar el ensamblaje del PC será la comprobación de todos los aspectos detallados en apartados anteriores: espacio suficiente, herramientas adecuadas y, en este primer montaje, calma, mucha calma...

La siguiente operación a realizar será la comprobación del material. Asegúrese de que dispone de todos los elementos precisos para el montaje, a saber:

- Placa base
- Microprocesador
- Disipador/ventilador
- Memoria
- Unidad óptica (CD, DVD…)
- Disco duro
- Tarjeta de vídeo
- Caja

y, si procede y no va integrado en la propia placa base

- Tarjeta de sonido
- Tarjeta de red
- Módem[18]
- …

Aunque la secuencia que se va a definir es recomendada, la experiencia de cada ensamblador con los diferentes elementos que cuente determinará el mejor modo de realizar las diferentes operaciones. Es posible incluso que determinados tipos de montajes (cajas especiales, racks…) obliguen a alterar el orden propuesto, si bien siempre habrá de cubrirse el total del proceso descrito.

13.3.1 En cuanto a la placa base

La placa base, como elemento soporte del resto, deberá ser el primer en ser configurado. Para ello habrá que consultar el manual suministrado por el proveedor y atender, especialmente, a dos puntos: configuración del microprocesador y alimentación. De todos modos no se preocupe: la casi totalidad de las placas son capaces de "autoconfigurarse" a los elementos que se las ensamble y la tarea del

[18] Todavía se pueden encontrar módems en el mercado con la finalidad de acceder a líneas analógicas para, generalmente, manejar equipos de FAX.

técnico, si no es inexistente, se reduce a la configuración de la BIOS. En equipos antiguos, estos ajustes los realizaban jumpers que, colocados adecuadamente, obtenían los valores deseados. Será el manual de la placa base el que determine el modo de adecuar la placa.

Una vez configurada, se puede proceder a la inserción del microprocesador en el zócalo o socket apropiado. La mayor parte de los micros actuales se insertarán en socket. Tenga cuidado ya que éstos disponen de una pequeña palanca que libera los pines donde se insertará el micro y, accionándola de nuevo, los aprisionará asegurando así el contacto eléctrico. No debe olvidarse el ventilador-disipador. En ocasiones éste se instalará sobre el micro de forma previa a su inserción en el socket y, en otras, una vez afianzado sobre el mismo. Sea cual sea el sistema, asegúrese de utilizar pasta térmica a fin de evitar que entre la superficie del microprocesador y el disipador se creen áreas de vacío[19] que puedan aumentar peligrosamente de temperatura. Si el disipador dispone de ventilador, es el momento de alimentarlo a través del suministro de corriente ofrecido por la propia placa base.

Figura 13.4. Pasta térmica común

Es en este momento, configurada la placa e insertado el microprocesador, cuando se procederá a la inserción de la memoria. Según el formato se hará de un modo u otro (consultar el capítulo dedicado a la memoria) pero, en todos los casos, bastará con posicionar correctamente el módulo sobre el banco oportuno, poniendo especial atención a la colocación (generalmente guiada mediante una o más ranuras asimétricas) y afianzarlo mediante las grupillas que se encuentran en los extremos.

Según el formato de la caja, la placa base se sujetará insertándola y atornillándola directamente o, en ocasiones, desmontando el lateral de la misma, denominado parrilla, sujetándola allí y posteriormente todo el conjunto sobre la caja.

---

[19] Dado que las superficies del disipador y el micro no son completamente planas, se pueden provocar zonas en las que no exista contacto físico. En estas zonas puede aumentar de forma significativa la temperatura con respecto al resto del microprocesador. La pasta térmica crea una película que homogeneiza la superficie ofreciendo, además, un alto valor de conductividad térmica.

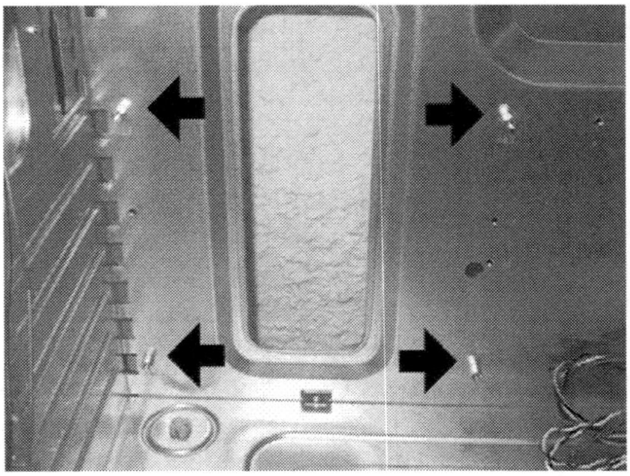

Figura 13.5. Anclajes de la placa base

Un último paso con respecto a la placa base: el cableado. Sobre el frontal de la caja existen una serie de LED o indicadores luminosos encargados de dar información referente al sistema, además de posibles puertos y conectores diversos. Así, un LED de color verde indicará la puesta en marcha de una máquina, uno de color rojo informará sobre la actividad del disco duro... Igualmente se encontrará el altavoz y los pulsadores de encendido y RESET. Todas estas conexiones se realizan desde la placa base. Desde la caja habrá una serie de cables que deberán conectarse según las indicaciones del fabricante. Es común que vengan serigrafiados por lo que esta operación no debe ofrecer mayor problema.

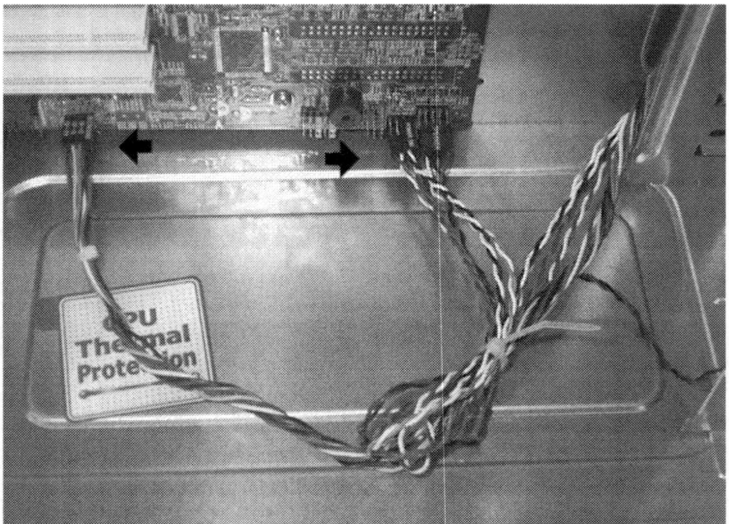

Figura 13.6. Detalle de conexionado de LED

13.3.2 Unidades

Llega el momento de los componentes de lectura y grabación de información más comunes. Lo común es que sólo disponga de dispositivos SATA pero, en caso de querer incorporar algún dispositivo antiguo IDE, mejor será que lo configure lógicamente ahora. En la mayoría de los casos esta operación se realiza mediante jumpers, siguiendo las instrucciones de inserción que vienen serigrafiadas sobre el propio dispositivo[20]. Será posible variarlo posteriormente pero requerirá de mayor esfuerzo una vez que se encuentren instalados en la caja. Estos pasos no habrán de tenerse en cuenta en dispositivos SATA.

Así, desmontando si procede el plástico que cubre una bahía de $5^{1/4}$", se insertará la unidad desde el exterior hacia el interior de la caja sujetándola con ocho tornillos. De igual modo se procederá con el resto de unidades si las hubiera.

Por fin llega el momento del disco duro. Éste se alojará en una bahía de $3^{1/2}$" sin acceso exterior.

13.3.3 Datos y alimentación

El PC debe ofrecer ya un aspecto muy parecido a lo que debe ser el montaje final. Llega, por tanto, el momento de establecer la alimentación de dispositivos, imprescindible para que puedan funcionar, y las conexiones de datos para que puedan interactuar entre ellos. Probablemente lo más cómodo sea empezar por estos últimos. Así, habrá que conectar en la placa base el bus suministrado. En el hipotético caso de contar con las obsoletas unidades IDE citadas en el apartado anterior, deberá atender a que el pin número 1 de las unidades se corresponderá con el cable (faja) de color rojo. Los conectores en la placa base vendrán identificados como IDE 1, IDE 2... Las unidades ópticas quedarán configuradas según la selección previamente realizada (master o slave).

No obstante, lo más probable es que tenga que instalar dispositivos SAT. Para ello, el cable deberá unir cada unidad con la placa base directamente. En todos los casos, el diseño físico de los conectores impedirá que éstos se introduzcan de manera incorrecta.

Aunque es muy poco común, podría darse el caso de precisar instalar una disquetera, ¡ahora es el momento! Conéctela en su bus correspondiente mediante el conector más extremo (pasado el cruce de hilos) para que se identifique como la

---

[20] También se puede acudir a la configuración CS (Cable Select). Esta modalidad permite que si ambos dispositivos se han configurado así, sea el cable el que determine cuál es master y cuál slave en función de su ubicación.

unidad A:. Si se desea que sea la unidad B:, el conector usado deberá ser el previo al cruce.

Finalizada esta primera etapa de conexión de buses de datos, llega el momento de la alimentación. La fuente de alimentación ofrece varios tipos de conectores (tratados en el capítulo dedicado a tal fin). Habrá que conectar uno por uno los diferentes dispositivos instalados (disco duro, disquetera, DVD...). No se preocupe por la polaridad: estos conectores, al igual que los de datos, disponen de un formato que impide su incorrecta conexión.

También la placa base requiere de alimentación. Será el conector de mayor tamaño el que se introduzca y también dispone de un formato que asegurará su correcta inserción.

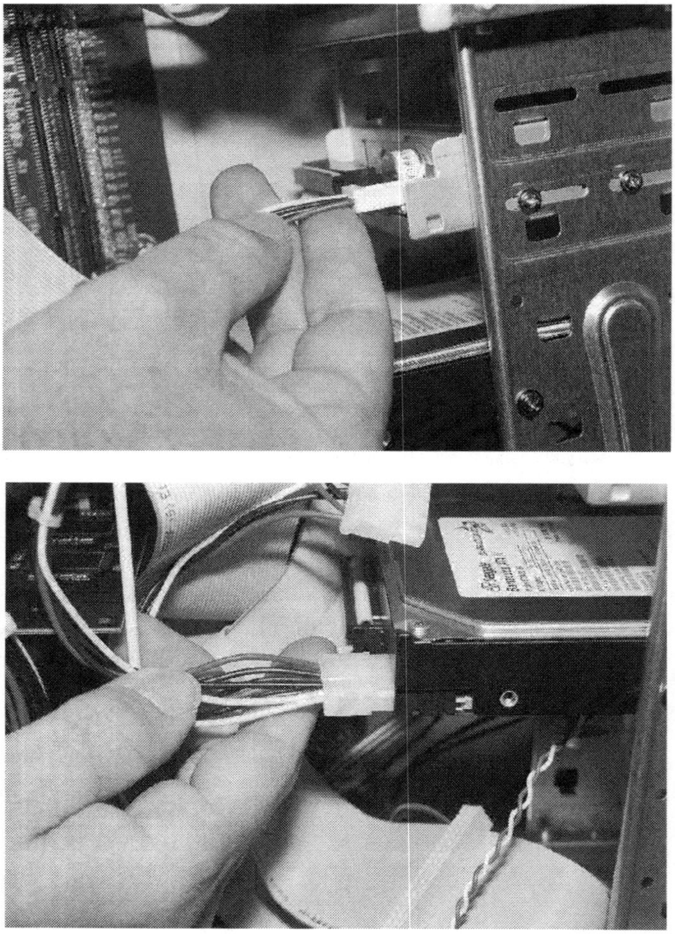

Figura 13.7. Alimentación de FD y HD

No olvide la alimentación adicional que se utiliza para el microprocesador: consiste en un conector casi cuadrado, tal y como se aprecia en la figura siguiente, y que se conectará directamente a la placa base.

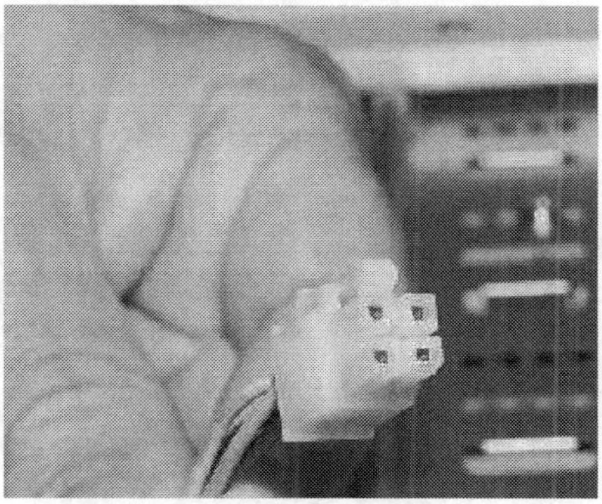

Figura 13.8. Alimentación del micro

13.3.4 Otras tarjetas

Llega el momento del resto de tarjetas. Para comenzar, se procederá con la única realmente imprescindible si es que no está integrada en la propia placa base: la tarjeta gráfica o de vídeo. Para ello habrá que quitar la lengüeta de la caja que permitirá el acceso a la tarjeta. En ocasiones esta operación se realizará retirando un tornillo y, en otras, quitando la chapa troquelada que protege el acceso. La inserción de la tarjeta se hará sobre el bus o puerto adecuado. Presione fuertemente con la parte de los contactos de la tarjeta sobre el slot y asegúrese de que penetra hasta el fondo. Puede ser que la placa ofrezca un bulón en la parte posterior a fin de evitar que la tarjeta se suelte. A continuación, sujétela con un tornillo a la caja.

La misma operación se repetirá con cada una de las tarjetas adicionales que no proporcione la propia placa (sonido, módem, red...). Únicamente habrá que prestar atención al tipo de slot requerido aunque, en la actualidad, hay una práctica estandarización del PCI y PCI-E (en sus diferentes anchos de banda) como slot único.

Poco a poco la máquina irá quedando preparada. Faltarán, eso sí, aspectos vitales como la configuración previa a la puesta en marcha pero, en cuanto a hardware, ya se encuentra todo. No estará de más hacer un repaso general de lo expuesto hasta el momento. Sobre todo en los primeros montajes, es fácil olvidar alimentar un dispositivo o dejar una tarjeta mal insertada. Una comprobación visual del montaje realizado en profundidad no llevará mucho más de un par de minutos y sin duda ahorrará tiempo ante una posible avería provocada como consecuencia de un error de montaje. Establecer una metodología en la comprobación será útil: alimentación de todos los dispositivos, buses de datos bien insertados y en la polarización correcta, configuración apropiada de dispositivos, ausencia de tornillos sueltos que puedan provocar cortocircuitos... En definitiva, un repaso a todas las operaciones realizadas, tanto bajo su prisma físico (sujeciones mecánicas seguras) como lógico (correctas conexiones y configuraciones hardware). El resultado final debe ser similar al mostrado en la figura siguiente.

Figura 13.9. Última comprobación del PC

La numeración indicada en la figura corresponde a los siguientes elementos descritos:

1. Unidad óptica.
2. Fuente de alimentación.
3. Conectores de teclado y ratón.
4. Alimentación de la placa base.
5. Cables de alimentación.
6. Unidad común.
7. Puertos de comunicaciones.
8. Bancos de memoria.
9. Chipset y disipador.
10. Disquetera.
11. Controles.
12. Tarjeta común.
13. Puertos/slots.
14. Disco duro.
15. Bus.

13.4 CONFIGURACIÓN BÁSICA

Con el hardware finalizado, sólo quedan algunas tareas básicas de configuración. Es necesario que el nuevo ordenador "tome conciencia" de cómo está formado. Así, habrá que indicarle (si no se hizo previamente con ayuda de los jumpers) qué microprocesador tiene instalado, cuál es su disco duro, qué tipo de disquetera...

La mayor parte de las BIOS actuales realizan una configuración automática casi de forma completa pero, por si no fuese así, el técnico deberá atender a los siguientes aspectos:

Microprocesador La BIOS deberá proporcionar información relativa a la tensión de alimentación, así como a su frecuencia de trabajo. La detección suele ser automática pero, en caso de no producirse, puede recurrir a la información serigrafiada en el propio micro.

Disco duro Es preciso indicar cuáles son los parámetros distintivos del disco (cabezas, cilindros y sectores). También es común que la propia unidad disponga de una serigrafía clara donde los indique pero, si no es así, recurra a la opción *Auto*, dentro del *Standard CMOS Setup*. Esto permitirá que, justo en el momento del arranque, se detecten todos los parámetros precisos y se produzca una autoconfiguración. Obviamente el proceso de detección está penado con un pequeño intervalo de tiempo usado en el proceso.

Unidades ópticas Téngalas en la misma consideración que las unidades de disco: recurra a la opción *Auto* para que sean declaradas en el sistema.

En cualquiera de los casos anteriores, siempre será preciso abandonar el entorno guardando los cambios mediante la opción *Save & Exit* o similar habilitada a tal fin.

13.5 LA PUESTA EN MARCHA

En este punto, la máquina está casi operativa pero aún quedan unas operaciones básicas. En primer lugar y antes de avanzar más en el proceso, es recomendable realizar un diagnóstico que asegure el correcto funcionamiento del PC. Existen programas específicos de pruebas que evalúan cada uno de los elementos del PC con detenimiento. Así, en el mercado podrá encontrar aplicaciones como QaPlus, QaFE, Checkit y otras que le ayuden a garantizar el correcto funcionamiento. En esencia, estos programas realizan ciclos de lectura y escritura intensivos comprobando los resultados y son capaces de detectar errores que de otro modo no se podrían detectar.

Asegurado el funcionamiento, llega el momento de preparar el disco duro e instalar el sistema operativo. La preparación del disco pasa por realizar las particiones correspondientes y darlas formato, tal y como se verá en el capítulo 16. No obstante, la mayor parte de los sistemas operativos, en el momento de su instalación inicial, son capaces de detectar el estado del disco y realizar las particiones y formatos correspondientes. Para cada sistema operativo en cuestión, se recomienda revisar el manual específico del proveedor.

Cargado el sistema operativo y configurado adecuadamente, la máquina ya está lista para trabajar. Puede resultar interesante que evalúe el tiempo invertido en este primer montaje y vuelva a cronometrarlo en el futuro. Descubrirá que el ensamblaje del PC, en breve, se convierte en una operación sencilla y rápida.

13.6 PRÁCTICA PROPUESTA

En este caso, poco sentido tiene proponer prácticas complementarias al objetivo principal del capítulo: el montaje del PC. Se propone, por tanto, el ensamblaje, configuración y pruebas de una máquina, conforme al material del que disponga. Si tiene la oportunidad, intente realizar montajes diversos usando diferentes componentes de fabricantes distintos. No le quepa duda de que cuantos más componentes conozca, menos problemas representará en el futuro el ensamblaje de cualquier máquina.

Capítulo 14

INSTALANDO UNA RED

Sin lugar a dudas vivimos en la época de las comunicaciones. Éstas se encuentran en torno nuestro aunque a veces pasen desapercibidas. Cómo no, Internet, la red de redes, está ahí omnipotente y dispuesta a ofrecer la mayor base de conocimientos universal. Pero no hay que ir a comunicaciones tan ambiciosas. Simples gestiones financieras a partir de un cajero automático conllevan una serie de aplicaciones, protocolos, trámites de seguridad... que pasan totalmente desapercibidos para el usuario. Si se quiere un ejemplo más sencillo, baste decir que diferentes sistemas de comunicaciones son usados para jugar actualmente con pequeñas vídeo consolas a través de un cable o sin él.

Este capítulo trata de poner un ejemplo de lo que las comunicaciones representan en el entorno microinformático. Son muchas las opciones para el envío y recepción de datos que un PC brinda pero, sin duda, el elemento estrella (nunca mejor empleado el término en cuanto a topología se refiere) son las redes de área local como humilde réplica de lo que una red de mayores dimensiones puede llegar a representar.

No se trata de abordar una teoría extensa, aunque sin duda conveniente e interesante, sino de ver los aspectos más prácticos de montaje y configuración. Una vez establecida la red a un nivel físico, se extenderá la práctica con una configuración básica de software entendiendo que, según las necesidades, el usuario final deberá optar por el sistema operativo más adecuado. Será ahí, precisamente, donde el administrador de la red se encuentre con las tareas propias de su puesto y las dificultades asociadas, para lo que deberá acudir a la bibliografía específica del sistema de red usado. De cualquier modo, siempre resultará imprescindible conocer todos los aspectos físicos de cara a conectar un nuevo punto en la red, segmentarla u optimizarla con accesos externos, protecciones...

Poco más que añadir excepto comenzar a montar esta primera red de área local o LAN (Local Area Network) comenzando por el principio: redes y su topología.

14.1 LAS REDES

Como ya se indicaba en la introducción de este capítulo, las redes son una solución incluso a nivel doméstico para compartir recursos y datos. Ya no se busca solventar grandes problemas de empresa sino, obtener una mayor comodidad a la hora de aprovechar los recursos. Son cada vez más los usuarios que, ante la compra de nuevo equipo, montan una red para aprovechar su antiguo equipo.

En definitiva, las redes forman parte del entorno microinformático a todos los niveles. Y no es de extrañar: lejos de los planteamientos de dificultad y mantenimiento, las redes pueden ser una alternativa fiable para potenciar las prestaciones.

Por supuesto que hay una teoría más o menos abstracta (que no compleja) tras estos montajes. Protocolos, niveles, estándares... son importantes pero no objeto de este libro. Todo lo que se tratará a continuación permitirá ver, bajo un punto eminentemente práctico, el montaje y puesta en marcha de una red. Y no, no es que no se dé importancia a los aspectos teóricos, simplemente, bajo la misma consideración de que para ensamblar un ordenador no es necesario conocer sus componentes (puede plantearse como un “mecano”), en las redes ocurre igual. Se recomienda al lector otros libros más especializados para acometer aspectos teóricos con detenimiento[21].

No obstante, y a pesar de todo lo expuesto, resulta imprescindible conocer algunas pautas básicas de montaje, así como las estructuras (topologías) de una red. A continuación se abordan aquellos puntos de inexcusable mención: topologías, tarjetas de red y montaje.

---

[21] Véase *Hardware microinformático: un viaje a las profundidades del PC* de esta misma editorial.

14.2 TOPOLOGÍA

La topología es el término que define el modo físico en que se va a montar la red. Tres han sido las propuestas en diferentes momentos tecnológicos: anillo, bus y estrella, si bien ésta última es la más usada con diferencia sobre el resto. Este libro, en su afán de resultar un manual práctico, no pretende abordar los detalles de tecnologías obsoletas pero sí tratar sus aspectos básicos y, por tanto, proporcionar el barniz de conocimiento imprescindible sobre cada una de las propuestas.

En los apartados siguientes se indicarán las características principales de cada una de las topologías citadas, ofreciendo un breve resumen de prestaciones e inconvenientes. Sin duda esto ayudará al lector a entender el motivo de la casi estandarización de las redes en estrella frente a otros montajes. De forma exclusivamente didáctica –que no práctica– se estudiarán también las topologías en bus.

También se abordará el tema de las tecnologías inalámbricas (o wireless) que disponen de características propias y específicas. Son referente la Wi-Fi (Wireless High Fidelity), WiMAX y Bluetooth[22].

14.2.1 Anillos

La topología en anillo surge de la mano de IBM. Como su nombre indica, los equipos se conectan unos a otros formando físicamente un anillo o "ring" y la información fluye a través de él. La conexión al anillo se realiza mediante unos dispositivos denominados transceptores. El tipo de protocolo usado es el tokeng ring que, como su nombre indica, consiste en un paso de testigo (tokeng) a través del anillo (ring). Aquel equipo que está en posesión del tokeng está autorizado a enviar datos a su destinatario. Como el lector ya puede empezar a suponer, un corte en el anillo puede ser fatídico y, si bien es cierto que esta tecnología ha evolucionado (hay, por ejemplo, dobles anillos que establecen una comunicación bidireccional), no ha sido la solución más implementada.

---

[22] El El término de Bluetooth (diente azul) proviene del rey danés del siglo X, Harald Blåtand.

Figura 14.1. Conexionado de un anillo

En cuanto a costes se refiere, una red en anillo resulta cara ya no sólo en su montaje sino, además, en su mantenimiento. En gran parte de los casos sólo puede ser soportada por compañías especializadas cuyas tarifas escapan de la libre competencia común.

Figura 14.2. Cableado estructurado de anillo

Las redes en anillo se suelen instalar formando físicamente una estrella, es decir, todos los extremos de los cables de los equipos se concentran en un punto único donde se encuentra un dispositivo llamado MAU (*Multi Access Unit*). Será éste el encargado de formar internamente el anillo. Por otro lado, el MAU aporta la ventaja de poder realizar puentes entre equipos que físicamente se desconectan de la red.

La topología en anillo ha sido muy usada por grandes compañías como los bancos, donde todavía es posible encontrar este tipo de redes. En la actualidad, sin duda, no es la topología más usada.

14.2.2 Buses

Se trata de una topología muy usada hace años, si bien es difícil encontrar algún montaje actual operativo. Su nombre proviene de la forma de conexión de los equipos donde todos vuelcan datos y reciben información a través de un bus común. Este bus está formado por un cable coaxial de 50 Ω similar al usado por las antenas de televisión convencionales (la única diferencia con estos últimos es que el cable de antena tiene una impedancia de 75 Ω).

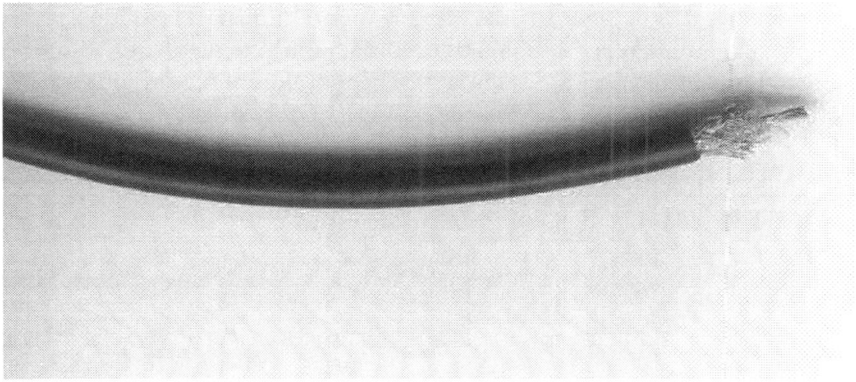

Figura 14.3. Cable coaxial

El montaje es muy sencillo ya que basta con instalar conectores BNC en forma de "T" en cada tarjeta de red de cada equipo y unir unos con otros mediante cable coaxial. Es importante indicar que en los extremos es necesario (imprescindible) instalar "tapones", que no son ni más ni menos que resistencia de 50 Ω que unen el alma del coaxial con la malla.

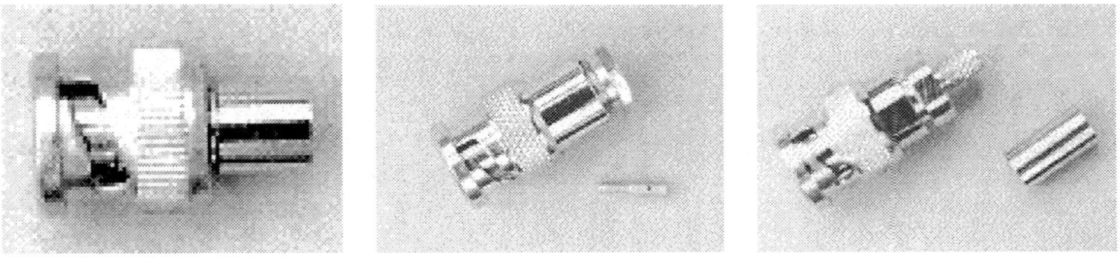

Figura 14.4. Tapón y BNC

El éxito de este montaje estaba en su precio ya que el cable es realmente barato y no se precisa de ningún elemento adicional (si bien sí existían concentradores para redes en bus). No obstante, el inconveniente era claro: cualquier problema en el bus afectaba al conjunto de la red.

El protocolo más común es el CMS/CA que consiste en "oír" el bus y utilizarlo cuando esté libre. Esto significa que todos los equipos están comprobando si hay algún tipo de información en el coaxial y, en caso de no encontrarla, aprovechan para enviar la información. Obviamente puede darse el caso de producirse colisiones, que se solucionan activando un temporizador lógico independiente en cada uno de los equipos para que en el próximo intento de envío no coincidan en el tiempo. Es común que, cuando el número de equipos en este tipo de redes aumenta, se realice una segmentación de la red, es decir, se provee a un PC de dos tarjetas de red creando así dos redes en buses separados pero unidos por dicho equipo. Las redes funcionarán de manera independiente, y sólo cuando sea preciso pasar información de una a otra se entrará en el conflictivo instante de compartir el bus por todos los equipos en lugar de por la mitad de ellos.

Como se indicaba, su bajo precio la hizo atractiva durante un tiempo pero, a día de hoy, resulta imposible encontrar dispositivos para esta tecnología.

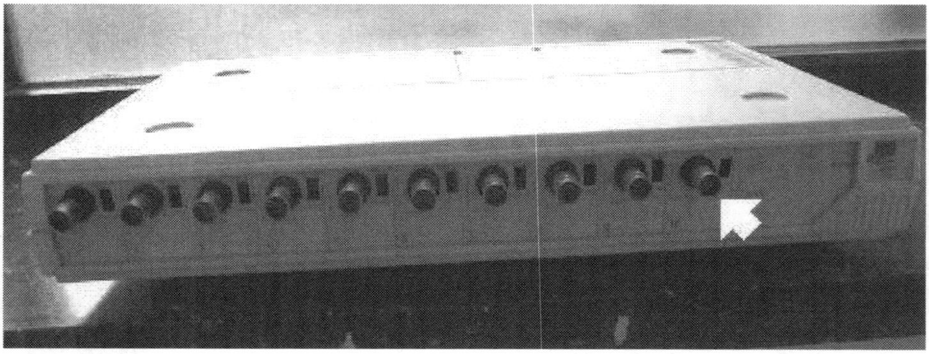

Figura 14.5. Atípico concentrador para bus

14.2.3 Estrellas

No hay duda: es la topología más usada. Si bien su precio no es tan bajo como ocurre con las obsoletas redes en bus, el aumento de prestaciones compensa sobradamente una mínima inversión. Al igual que en el resto de los casos, la estrella recibe su nombre de la forma que presentan los equipos a la hora de su conexión. Es necesario unir todos los PC a un punto central donde se conectará un HUB o concentrador, elemento que internamente formará la estrella.

Figura 14.6. HUB

El tipo de cable utilizado es de ocho hilos agrupados en cuatro pares trenzados que, en función de sus características de aislamiento, podrá ser UTP (sin cubierta), STP (con malla) o FTP (con cinta conductora que actúa como jaula de Faraday envolviendo los pares). Por supuesto hay diferentes categorías en función de la calidad de los materiales. El conector usado comúnmente es un RJ45 y serán estos *latiguillos* los que conecten cada PC con el HUB.

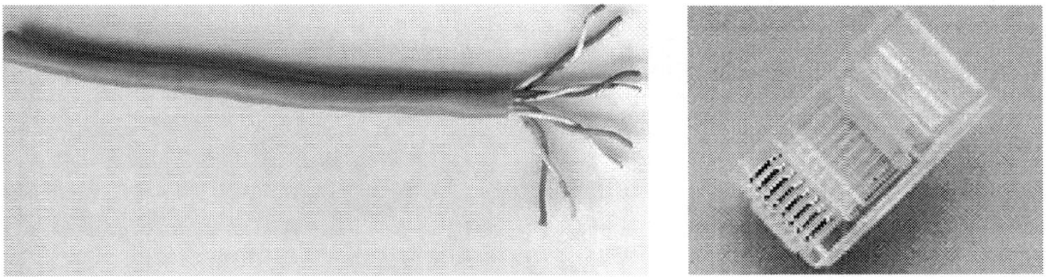

Figura 14.7. Cable UTP y conector RJ45

Como se indicaba es el tipo de red más usado ya que la caída de uno de los equipos o la rotura de un latiguillo sólo afectará al equipo implicado. Además, permite un crecimiento controlado de la red pudiendo añadir HUB mayores e, incluso conectar varios HUB entre sí (a través de un SWITCH o, simplemente en cascada, uno a otro). Un caso particular de redes en estrella es el formado exclusivamente por dos equipos donde no es preciso utilizar un HUB: basta un latiguillo cruzado (conexionado de diferente modo) para que se conecten las máquinas entre sí[23].

---

[23] ¡Cuidado! Existen varios esquemas para realizar un cable cruzado pero no todos funcionan dependiendo de la tarjeta de red usada y del sistema operativo. Si en el primer intento no consigue los resultados esperados, pruebe con otras configuraciones.

14.3 Y AHORA... ¡SIN CABLES!

Sí, hasta ahora todo lo relativo a redes se ha relacionado con el cableado pero, ¿qué ocurre en ausencia del mismo? Una red inalámbrica, conceptualmente, es exactamente igual a una red cableada. El usuario no es consciente del medio de comunicación usado e incluso, para su configuración y uso, no se aprecia diferencia alguna. La ventaja estriba, obviamente, en la ausencia de instalaciones con cable usando, en su lugar, ondas electromagnéticas (como, por ejemplo, un teléfono móvil). Esta ventaja (la eliminación de canaletas, cableado...) ha hecho que día a día cada vez sean más las redes de este tipo. Además, su rango de frecuencias hace muy poco probable la interferencia con otros equipos como aparatos de TV, móviles...

Este tipo de redes se empezó a "intuir" con la tecnología Bluetooth, válida para equipos próximos, no distantes entre sí más de 10 m, y ha alcanzado su auge con el Wi-Fi (Wireless High Fidelity), motivo por el que se ha elegido como caso práctico de montaje. En este caso no tiene sentido hablar de topología como tal (si bien sí que existe) ya que la red se forma mediante una estación base Wi-Fi, también llamada "punto de acceso" o, simplemente, AP (Access Point) y una tarjeta de red en cada uno de los equipos que se vayan a conectar a la red. La estación base dispondrá de una pequeña antena (que puede ser interna y, por lo tanto, no apreciable por el usuario o externa) y su ubicación es totalmente libre.

Figura 14.8. Red Wi-Fi

Bastará, como se indicaba, con dotar de una tarjeta Wi-Fi a cada uno de los equipos. Muchos ordenadores portátiles actuales incorporan ya esta tecnología, quedando integrada la antena dentro del propio ordenador (generalmente, a ambos lados de la pantalla).

Al igual que en las redes cableadas, hay que tener en cuenta una serie de factores antes de proceder a la instalación de la red inalámbrica, a saber:

Base También denominada "Punto de acceso", "Access point" o, simplemente, AP. A la hora de elegir la base adecuada, el parámetro fundamental, sin duda, es el estándar seguido o, dicho de otro modo, con qué tarjetas mantiene compatibilidad. Existen varios estándares tales como el 802.11a u 802.11b que permiten comunicar equipos entre sí en radios de, todavía, pocos kilómetros (una decena en el mejor de los casos) a tasas de transmisión aceptables (54 Mbps en 5 GHz para el 802.11a y 11 Mbps en 2,4 MHz para el 802.11b). No obstante, el más extendido es el 802.11g, compatible con el 802.11b y con mejores prestaciones.

Figura 14.9. Punto de acceso y logo Wi-Fi

Tarjeta Al igual que ocurría con las tarjetas de red anteriores, aquí también hay que buscar una concordancia entre el tipo de *slot* libre en el PC y el de la tarjeta a insertar. Este tipo de tarjetas se suministra en formato PCI y USB (como antenas). También deberá existir una compatibilidad en cuanto a protocolo se refiere con el punto de acceso.

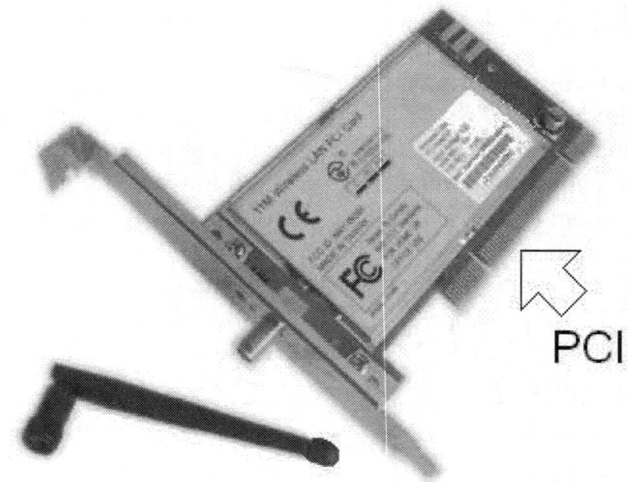

Figura 14.10. Tarjeta Wi-Fi para PC

14.4 OTROS MEDIOS DE TRANSMISIÓN

A pesar del planteamiento práctico del libro, resulta imprescindible nombrar, al menos, otras tecnologías. Si bien no tiene por qué resultar del todo imprescindible su conocimiento, no hay duda de que abre el campo de posibilidades a la hora de ofertar una instalación. De este modo, otras posibilidades son las siguientes:

Fibra Óptica Se trata de un medio físico similar a lo que podría ser el cable pero con muchas más prestaciones. Así, en teoría el ancho de banda es infinito (aunque no en la práctica) y su velocidad es muy superior a la de cualquier otra red. Como inconveniente presenta el elevado precio de su manejo (que no de la fibra en sí) dado que, para adaptar conectores o, simplemente, empalmar terminales, es preciso recurrir a sofisticados equipos de pulido y soldadura. No obstante, hace tiempo que existen sistemas de interconectividad basados en geles fotoconductores que reducen el precio con respecto a los hornos pero siguen siendo sustancialmente más caros que los sistemas basados en red bajo cable de cobre. Su manejo también requiere de algunos cuidados especiales como en su flexibilidad que jamás podrá alcanzar ángulos de 90º. Existen adaptadores Ethernet convencionales donde lo único que varía es el medio, es decir, se sustituye el par trenzado por la fibra óptica. Interesante a tener en cuenta en comunicaciones con amplias distancias o necesidades de trabajo en tiempo real.

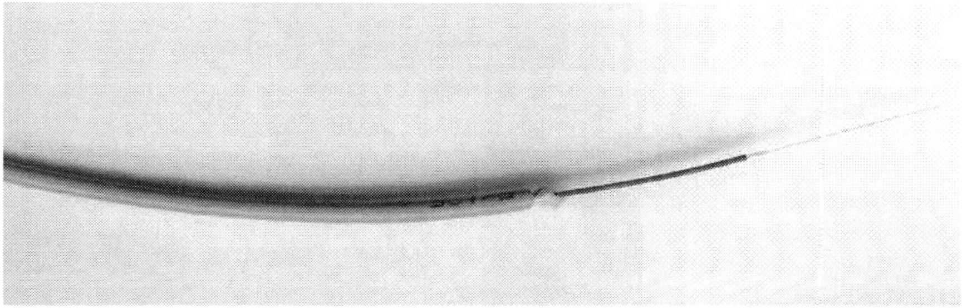

Figura 14.11. Cable de fibra óptica

Radio enlaces Se trata de las comunicaciones vía radio convencionales, cuya aportación en cuanto a mejoras se basa, fundamentalmente, en no precisar de cables para la distribución de la información. Por supuesto, las paredes y otros objetos atenúan la señal (menos que si se tratase de una frecuencia elevada, eso sí). Será cuestión de una colocación correcta de las antenas oportunas para evitar estos inconvenientes. La velocidad de transmisión es baja, sobre los 2.800 Kbps lo que le hace una opción abocada a la desaparición desde la aparición de la tecnología Wi-Fi. Además, la seguridad en las comunicaciones hace que muchas empresas e instituciones se lo planteen como una alternativa real[24].

Rayos infrarrojos Se trata de otra opción wireless, es decir, sin necesidad de cables. Como ventaja sobre los radio enlaces aporta un mayor ancho de banda, permitiendo comunicaciones entre 10 y 40 Mbps. Si bien pudiera parecer una opción que incluyese a los radio enlaces, presenta un inconveniente: la necesidad de visibilidad entre el emisor y el receptor de información. En casos puntuales (supóngase el cruce en una gran avenida), pueden resultar útiles, entendiendo que el límite de comunicación se establece en 2 km.

---

[24] Las instalaciones Wi-Fi convencionales también recurren a radio enlaces (interconexión entre puntos de acceso de forma inalámbrica) denominados WDS y que no deben ser confundidos con el concepto tratado en este punto.

Satélites Se trata de una opción interesante sobre todo en sitios muy alejados donde no es posible llegar con cable y los enlaces de radio (en cualquiera de sus modalidades) resultan inoperantes. Son microondas que, usando un satélite como interfaz, permiten la comunicación entre puntos remotos. Estos satélites se suelen encontrar a una distancia de 36 mm de la Tierra, lo que provoca un retraso en las comunicaciones que, si bien no llega a tres centenas de milisegundo, se aprecian en el uso cotidiano.

Figura 14.12. Antena usada para satélites

Microondas Se trata de un sistema que guarda cierta similitud con la radio pero permite, además, la conexión con satélites geoestacionarios dadas las peculiaridades de las microondas y su posibilidad de envío de forma unidireccional en línea recta. Obviamente se precisan antenas parabólicas para el establecimiento del enlace. Una de las grandes ventajas frente a las ondas de radio convencionales es su baja atenuación. Así, los edificios no representan problemas. Por otro lado, la tasa de transmisión alcanza los 30 MB/s a distancias de hasta 80 km (lógicamente, con antenas apropiadas).

14.5 LAS TARJETAS DE RED

Las tarjetas de red o NIC (*Network Interface Card*) son la interfaz entre el PC y la red. En poco difieren a cualquier otra tarjeta del PC y el rasgo fundamental a observar debe ser la coincidencia con la topología establecida.

Por otro lado y al igual que ocurre con el resto de tarjetas, habrá que determinar sobre qué slot se desea instalar. Cada vez es más común que se encuentre integrada en la placa base pero, en caso contrario, hay una estandarización clara hacia el PCI.

Buscando el aspecto práctico del montaje, hay un matiz que realizar en cuanto a las tarjetas: su configuración. Para que la comunicación con la red se produzca, es preciso determinar una interrupción (IRQ) y un rango de direcciones de memoria, que será donde se produzca el intercambio de datos. En el caso de trabajar con un sistema operativo Plug & Play, como puede ser el caso de Windows, es fácil cometer un error. Éste consiste en dar por válida la configuración asignada en el arbitraje de recursos (parte del proceso del Plug & Play) sin realizar la comprobación con los drivers de la propia tarjeta. Concretamente se puede observar que dentro del apartado de Hardware del sistema (accesible de distintos modos según las diferentes versiones de Windows si es que éste es su sistema operativo) la tarjeta de red aparece sin ningún tipo de conflictos y que, a pesar de eso, no funcione correctamente. Esto puede estar provocado porque la interrupción y la dirección de memoria reales usadas por la tarjeta no provocan interferencias con otros dispositivos pero no se corresponden con las reales.

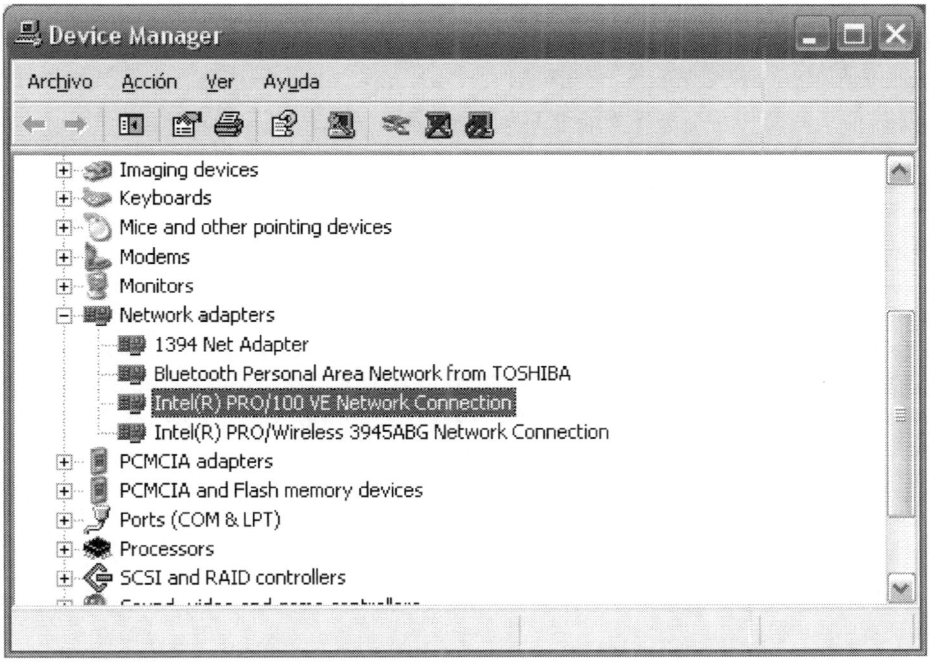

Figura 14.13. Detalle de NIC en Windows

Para solucionar esto, basta con utilizar el driver suministrado por el fabricante. Es ahí donde, con alguna aplicación concreta que variará según la marca y el modelo, se pueda determinar cuáles son los datos que la tarjeta tiene y variarlos a voluntad. Éstos serán los datos reales y los que habrá que indicar al sistema operativo que use.

14.6 PREPARANDO EL MATERIAL

A la hora de plantear este apartado, se ha optado por el montaje de una red común. Así, sin lugar a dudas y sin entrar en planteamientos más profundos, el sistema operativo más usado es Windows (en cualquiera de sus diferentes versiones). De igual modo, la topología en estrella es la más común y recomendable en la mayor parte de los casos. El siguiente caso práctico plantea una red de las características descritas para un número indeterminado de ordenadores en dependencia, únicamente, del tipo de HUB instalado. Bastará con replicar el proceso descrito para aumentar el número de clientes de la red.

En primer lugar, será preciso instalar la NIC o tarjeta de red. Cada vez es más común que se encuentre integrada en la propia placa base. En caso de no ser así, compruebe qué slot tiene libre (será un PCI) y adquiera una tarjeta Ethernet apropiada.

Será igualmente preciso adquirir un HUB (también serviría un switch e, incluso, un router). El dispositivo elegido habrá de tener los puertos necesarios para poder conectar todos los dispositivos (ordenadores e impresoras) que conformarán la red. Es habitual que se encuentren en formatos de 4, 12, 16 y 32 puertos, sin que esto indique que no puedan darse otras posibilidades. También las tasas de transmisión son un elemento a evaluar. El estándar Ethernet marca unas tasas de 10 Mbps, el Fast Ethernet lo multiplica por 10 alcanzando los 100 Mbps e, incluso, existen modelos de 1 Gbps.

Queda poco... Habrá que adquirir el cable preciso para la instalación. Intente realizar un cálculo aproximado y auméntele el porcentaje que considere oportuno para no quedarse corto. En este punto deberá tener en cuenta ya no sólo la distancia desde el HUB hasta cada uno de los equipos sino, además, la distancia desde el propio PC hasta el punto de conexión ya que, para que la red sea práctica, se instalarán cajas de conexión denominadas rosetas. Es preferible que sobre cable a tener que replantear el montaje. A continuación se adquirirán las cajas. Deben ser rosetas RJ45 suministradas con los tornillos y tacos apropiados para su sujeción en la pared.

Para finalizar, quedan los conectores. Debe calcularse un par de ellos por puesto (si es el primer montaje, quizás pueda ser recomendable adquirir más por si se produce algún error de crimpado) ya que se requerirán dos por cada latiguillo (uno irá al PC y otro a la roseta). Además, en función del conexionado al HUB deberá contarse con uno o dos más (de la roseta al HUB puede conectarse directamente el cable o pasando a través de un "patch panel", en cuyo caso sería preciso volver a realizar un latiguillo más). Por supuesto que existen cableados más estructurados con mayores requerimientos: la decisión del montaje dependerá de las exigencias establecidas y las necesidades.

De cualquier manera, un cableado estructurado permitirá una mayor flexibilidad de uso. La creación del paso intermedio citado en el párrafo anterior (patch panel – HUB) permitirá, por ejemplo, cablear una oficina con conexiones en todos los despachos pero sólo dispondrán de acceso a la red aquellos puntos que de forma específica se cableen desde el patch panel al HUB. Serán los imperativos de funcionamiento los que determinen cuál es el montaje más idóneo para cada lugar.

Figura 14.14. Rack cableado

Para la instalación, se deberá prever las herramientas básicas de sujeción de rosetas, bridas, crimpado e inserción de cables en las cajas. Asegúrese de disponer de una taladradora, con las brocas oportunas, tacos, un martillo, destornillador, un útil de inserción de cables y una crimpadora que, en la casi totalidad de los casos, dispone de un útil de corte de cable. Si ya estamos preparados, ¡vamos a la práctica!

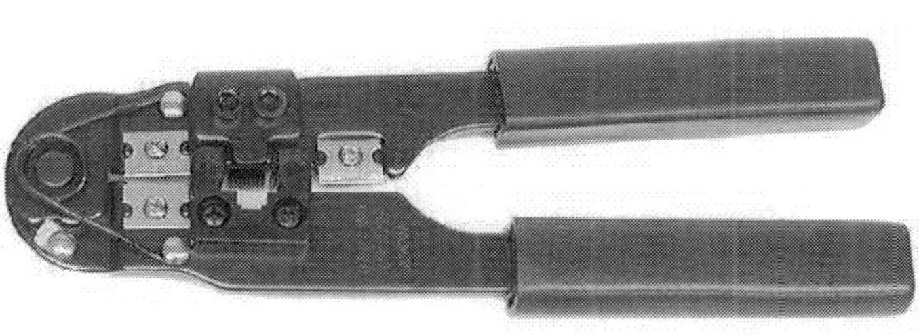

Figura 14.15. Útil de crimpado

14.7 EL MOMENTO DEL MONTAJE

Llega el momento de acometer la práctica de todo lo visto. Sin duda, descubrirá que es más sencillo de lo que a primera vista parecía. El orden de muchas operaciones dependerá del entorno concreto donde se plante la red por lo que no debe entenderse éste como un manual rígido. No obstante, hay algunas operaciones que sí requieren de una secuencia concreta por motivos obvios. Sin más preámbulos, comencemos...

En primer lugar habrá que ubicar una roseta en cada uno de los puestos donde haya un PC que se desee conectar a la red. Si tiene la suerte de contar con falso suelo, quizás sería interesante instalar cajas de suelo.

A continuación, "tire" los cables, es decir, llévelos desde la posición central del HUB hasta cada una de las rosetas. Para ello use canaletas, bridas o, simplemente, a través del falso suelo o falso techo si es viable. Es importante evitar que los cables de datos compartan recorrido con los cables de alimentación ya que se podrían producir interferencias debido a la inducción de los campos eléctricos. Igualmente evite acercar los cables a motores (aire acondicionado, ascensores) o reactancias de tubos fluorescentes ya que también los campos electromagnéticos pueden producir inducciones que se manifestarían como errores en la red.

El siguiente paso será el de conectar las rosetas a los cables. Para ello, siga las instrucciones del fabricante de la roseta. Es habitual que dispongan de una serigrafía donde indiquen qué cables deben insertarse en cada contacto. Será necesario que use el útil de inserción, para lo cual deberá colocar el cable en el par de "cuchillas" destinadas al alojamiento y, a continuación, presionar con la herramienta. Ésta introducirá el cable hasta el fondo asegurando el contacto a la vez que realiza el corte del cable sobrante. Esta operación se realizará por cada una de las cajas instaladas.

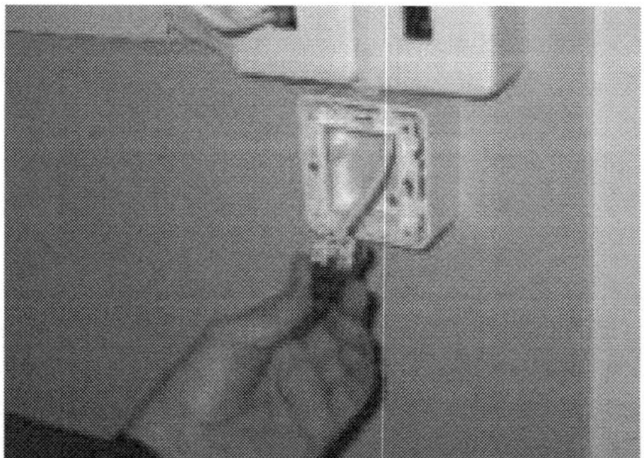

Figura 14.16. Instalación de una roseta

Llega el momento de acometer el otro extremo de los cables. Será precisamente aquí donde se coloque un conector RJ45 que posteriormente se introducirá en el HUB. Para ello, realice un corte del aislante del cable y coloque los hilos en la posición adecuada, tal y como se indica en la figura. Es importante que los cables sean lo suficientemente cortos como para que el propio conector se afiance sobre el aislante y, lo suficientemente largos como para que alcancen las cuchillas que asegurarán el contacto eléctrico. Esta operación puede requerir de varios intentos pero es recomendable usar tiempo para obtener resultados óptimos. Cualquier otra solución puede provocar fallos en el futuro además de ser una pésima tarjeta de visita para potenciales clientes.

El siguiente paso es la conexión al HUB: conecte cada uno de los terminales provenientes de las rosetas con un RJ45 a un puerto del HUB. Es recomendable que numere los equipos y establezca la correspondencia con las conexiones. Esto ayudará en el futuro a determinar averías concretas. Reserve, si procede, un puerto de salida hacia otros dispositivos como pueden ser otros HUB o un router.

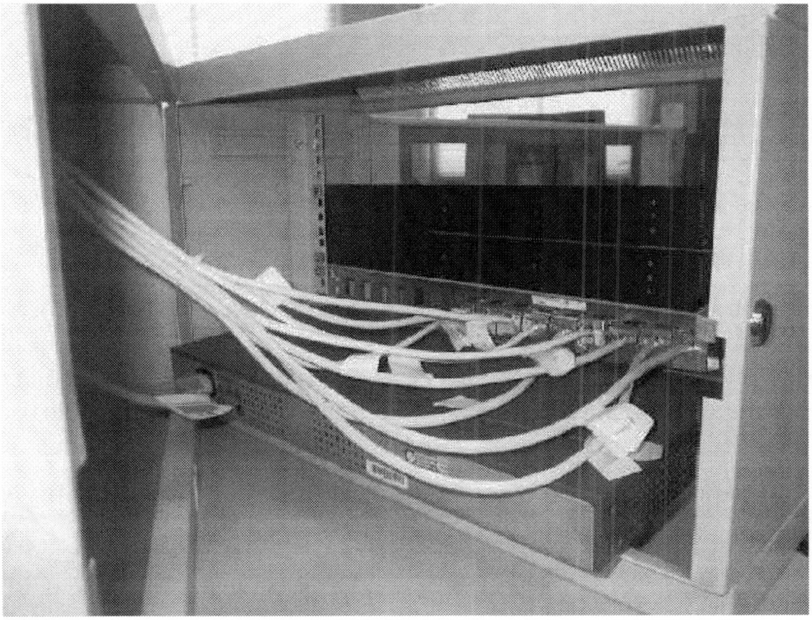

Figura 14.17. Conexionado del HUB

La red está casi instalada en cuanto a nivel hardware se refiere. Queda la realización de latiguillos. Éstos serán los cables que irán desde cada uno de los equipos hasta su roseta correspondiente. Para ello habrá que realizar sendas inserciones de conectores en los extremos. Es importante que, al igual que las conexiones del HUB, los conectores queden perfectamente realizados evitando malos contactos. La conexión es la indicada en la figura siguiente:

blanco-naranja, naranja, blanco-verde, azul,

blanco-azul, verde, blanco-marrón, marrón

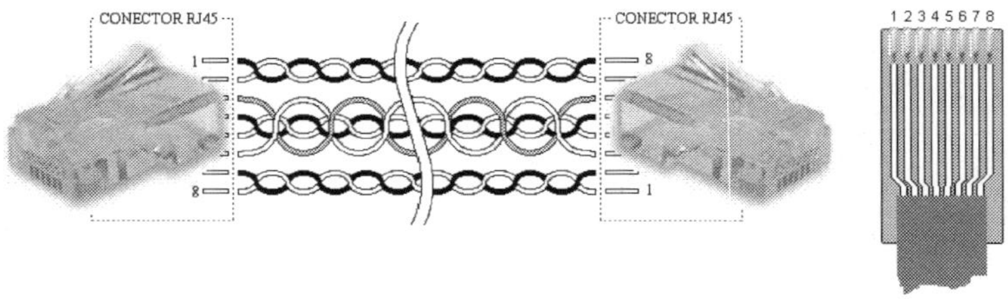

1. Blanco-naranja
2. Naranja
3. Blanco-verde
4. Azul
5. Blanco-azul
6. Verde
7. Blanco-marrón
8. Marrón

Figura 14.18. Realización de un latiguillo

¡Perfecto! Si no han surgido más problemas, la red, a nivel físico, está instalada. No obstante, no se confíe: lo que en este libro sólo representa unas pocas líneas, puede suponer varias horas de trabajo en la práctica. Dependerá en gran medida de la experiencia del instalador, así como de su destreza manual. En cualquiera de los casos, la experiencia es el único consejo realmente eficiente. La red está casi lista...

14.8 CONFIGURANDO LA RED

En cuanto a la configuración software, dependerá del sistema operativo con el que se desee trabajar. Cada uno tiene sus peculiaridades y si bien, en esencia, los elementos a instalar deben ser los mismos, cada fabricante los implementa de un modo distinto. Intentando realizar una aproximación genérica, al menos se deberá contar con los siguientes elementos software:

Cliente Establecerá el software enlace, es decir, el necesario para hacer la interfaz entre el sistema operativo local y el de red (que no necesariamente tienen que coincidir). Debe, por tanto, instalarse el cliente apropiado suministrado por el propio sistema operativo local o por el proveedor para conexión a la red. El cliente permitirá, entre otras acciones, identificar al usuario dentro de la red para así poder asignarle sus recursos y privilegios. Es habitual que el entorno Windows posibilite, a partir de un botón etiquetado como *Agregar* desde el entorno de red, instalar el cliente deseado, tal y como se aprecia en la figura.

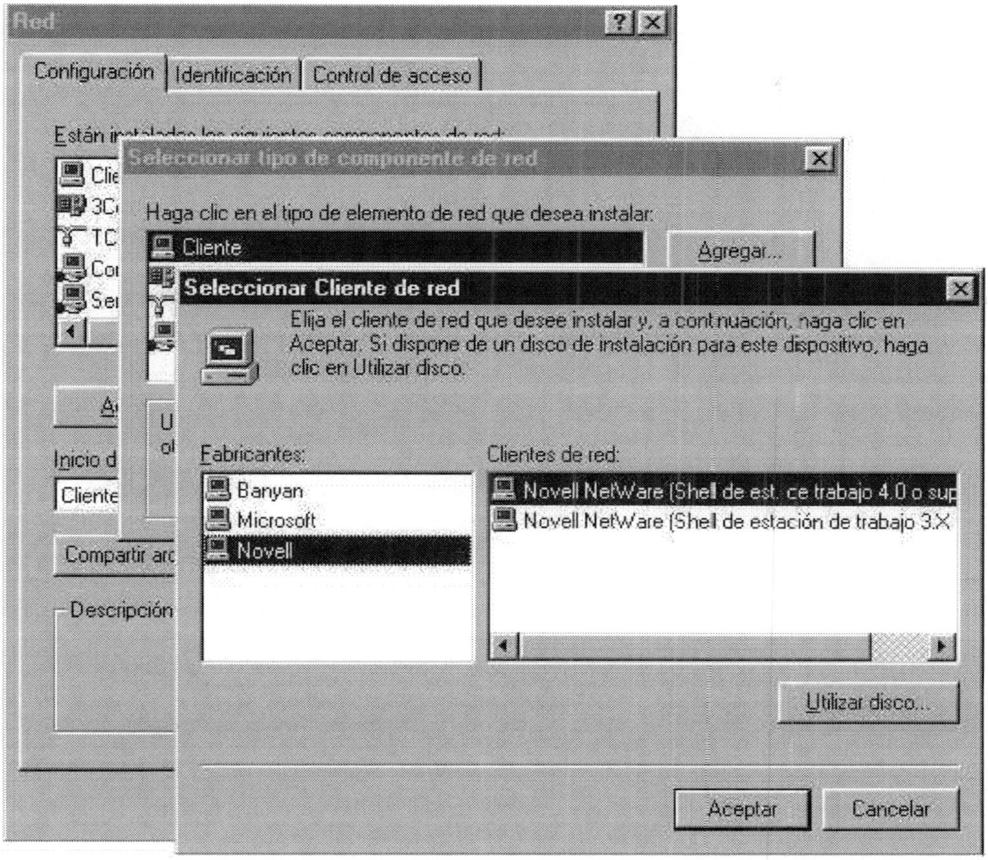

Figura 14.19. Agregando un cliente

Adaptador Se refiere a la tarjeta de red instalada. Obviamente éste es un requerimiento imprescindible para el montaje de la red y puede haber sido instalado con anterioridad o hacerlo en este preciso instante. Desde aquí se permite configurar algunas características propias de la tarjeta. No hay, por tanto, ninguna consideración especial que no haya sido previamente expuesta en el apartado de instalación de las NIC.

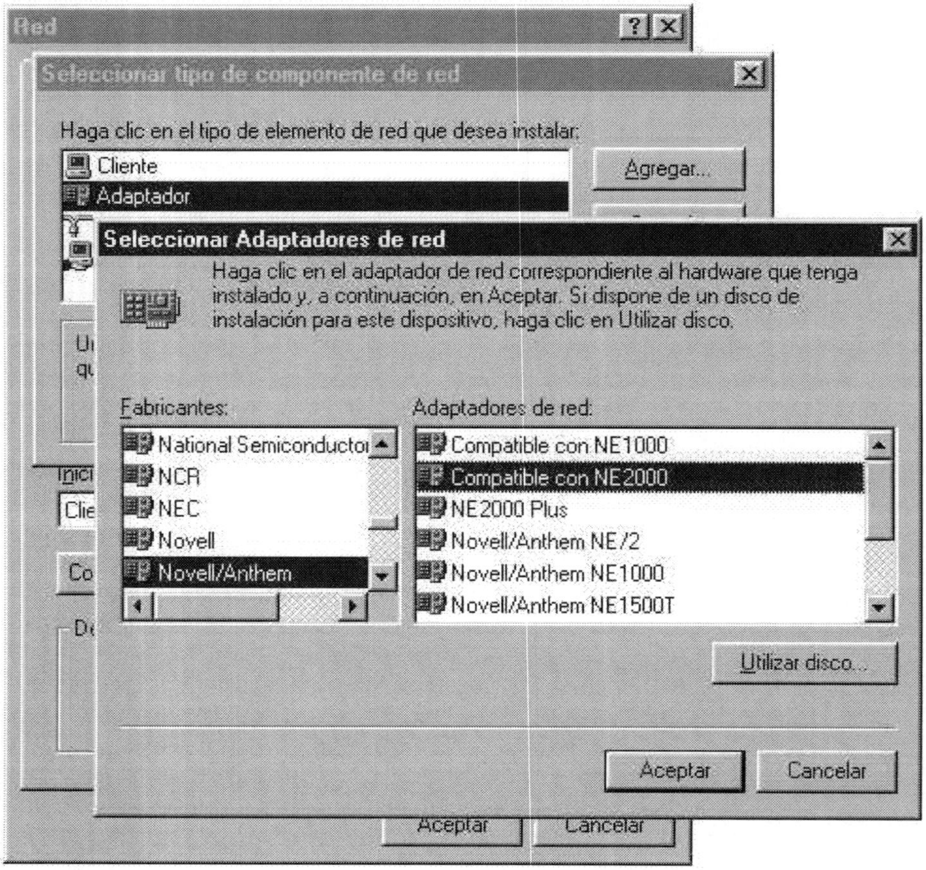

Figura 14.20. Agregando un protocolo

Servicios Aglutina el conjunto de prestaciones que se pueden obtener en la red. Así será imprescindible habilitar este punto para poder compartir discos, acceder a impresoras, establecer servicios de directorio... El acceso e instalación es similar a los descritos anteriormente.

Si usa Windows como sistema operativo, este punto se facilita incluyendo un botón específico para compartir impresoras y archivos incluyendo, de forma transparente al usuario, este servicio. De todos modos debe quedar claro que la inclusión del servicio no implica que se pueda realizar una compartición inmediata de recursos sino, más bien, la potencialidad de hacerlo. Deberá ser en una segunda fase cuando se indique qué elementos compartir (en el caso de Windows, con el botón derecho del ratón) y lo que es más importante: qué permisos conceder y a quién para acceder a los citados recursos.

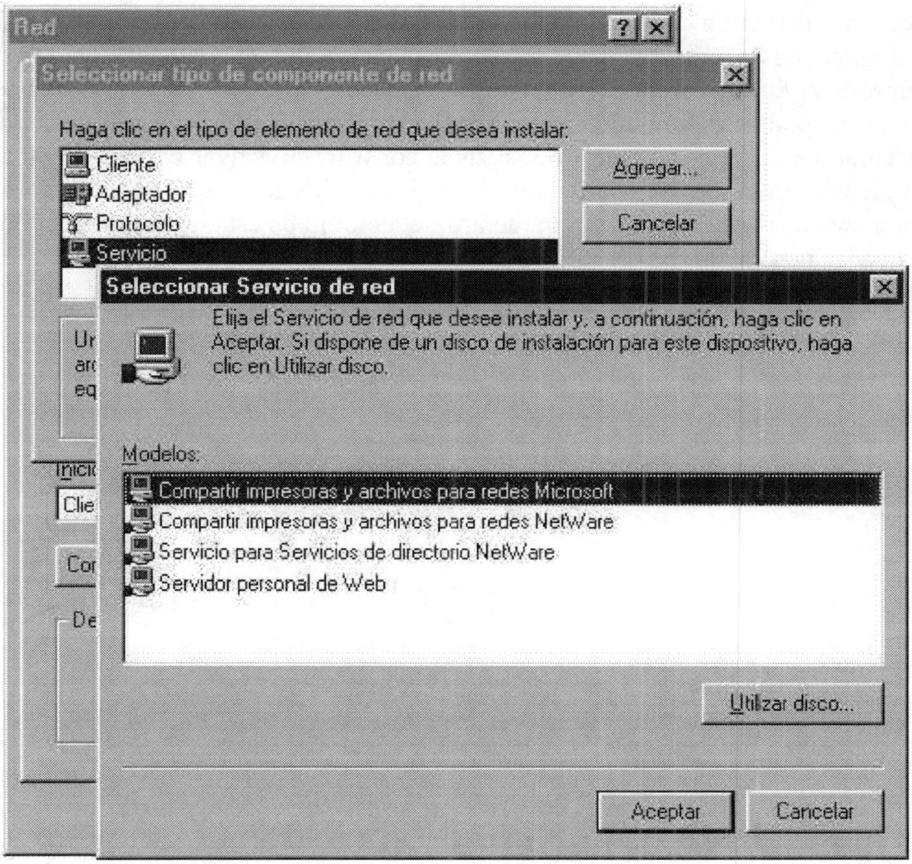

Figura 14.21. Agregando un servicio

Una vez instalados los elementos enumerados (para lo cual se le puede solicitar el reinicio del PC en función de la versión del sistema operativo), deberá identificar el elemento a la red. Para ello, desde la ventana principal de red localice la etiqueta de identificación y complete los campos destinados a nombre del PC y grupo de trabajo. Completado este punto, los equipos deben funcionar en red. Puede comprobar en el HUB que la conexión es correcta siempre y cuando se ilumine el LED correspondiente al puerto donde esté el PC a evaluar.

14.9 COMPARTIENDO RECURSOS

Bien, si todo se ha desarrollado sin problemas, la red está preparada para ser usada. No hay que olvidar el objetivo básico de cualquier red: compartir datos y recursos. El sistema, salvo casos especiales como puede ser la compartición de un acceso a Internet en cuyo caso habría que instalar un servidor proxy, es similar en cualquiera de los dispositivos. Basta con seleccionar el elemento en cuestión (impresora, disco, carpeta...) y permitir el acceso que, en función del sistema operativo, podrá ser limitado a usuario, total, grupos... De forma genérica en todos los entornos de Windows, el proceso suele consistir en activar el menú contextual del elemento en cuestión (pulsando el botón derecho del ratón), accediendo así a una nueva opción: compartir. Será dentro del entorno de esta nueva ventana donde se determinen los aspectos básicos de configuración, tal y como se aprecia en la figura siguiente.

Figura 14.22. Compartiendo un disco duro

14.10 PRÁCTICAS PROPUESTAS

Los ejercicios y prácticas siguientes pretenden ayudar al lector a profundizar en los conceptos tratados en el capítulo. Un apéndice al final del libro describe, paso a paso, las soluciones propuestas. Se recomienda que el lector lo use como método de autoevaluación para comprobar la asimilación del tema que abre el capítulo.

1. Realice una red. Ésta servirá de base para las prácticas propuestas.

2. Comparta cualquier recurso de su sistema mediante una clave de acceso. Compruebe la accesibilidad restringida desde otros equipos.

3. Instale una red en estrella con dos PC sin usar un HUB.

4. Realice una conexión directa por cable para compartir ficheros. Contraste las prestaciones con una red de área local.

Capítulo 15

INSTALACIÓN DEL SISTEMA OPERATIVO

A pesar de que éste es un libro de hardware, resulta imprescindible hacer algunas consideraciones software. Y no, no se trata de trabajar con aplicaciones concretas sino con lo que representa esa base sólida e imprescindible para que el hardware pueda trabajar. Obviamente, se está haciendo referencia al sistema operativo, es decir, el software mínimo para que el hardware pueda utilizarse.

El sistema operativo es el software imprescindible para que el ordenador pueda realizar su labor. Así, una vez ensamblada la máquina, no será funcional hasta que no se haya cargado el sistema deseado. Son muchas las opciones que hay actualmente aunque, poco a poco, el mercado se centraliza en dos grandes núcleos: entornos Windows y entornos Linux. En ambos casos vuelven a aparecer distintas opciones ya que si Microsoft ha creado dos familias de productos, la estación de trabajo (cuyo último representante hasta la fecha es Windows 7) y la estación servidora (abanderada por Windows Server 2008), en Linux es posible aglutinar ambas funcionalidades en más de trescientas distribuciones, entre las que destacan Ubuntu, Fedora, OpenSuse o Debian.

Por supuesto que la elección es una cuestión personal del usuario y dependerá del uso que desee dar a la máquina o de sus propias preferencias para determinar con qué sistema desea trabajar, sin olvidar las consideraciones económicas (un de los grandes atractivos de Linux es que se puede adquirir gratuitamente a través de Internet... ¡sin incurrir en delito!, gracias a la licencia GPL que también autoriza el acceso al código fuente ¡y su modificación!) e, incluso, las filosóficas (hay quien piensa que Linux presenta una solución software *altruista* en el campo de los sistemas operativos, frente a la mayoría de ofertas propietarias que existen en el mercado).

Debido a la gran difusión de los productos de la factoría de Bill Gates (¿quién no ha oído hablar de Windows sin necesariamente ser usuario informático?), así como por la creciente popularidad del sistema Ubuntu, se ha optado por mostrar el proceso de instalación de ambos sistemas operativos.

15.1 REQUISITOS DE INSTALACIÓN PARA WINDOWS 7

El primer punto que será necesario evaluar se refiere a si el PC en el que se desea instalar el sistema operativo es capaz de soportar el software. No todas las máquinas son capaces de mantener los requerimientos mínimos de un sistema operativo y, más aún, si este sistema operativo se desenvuelve sobre un entorno gráfico como es el caso de Windows.

Los productos de la compañía Microsoft se han caracterizado siempre por su facilidad y prestaciones pero, también, por la alta cota de exigencias hardware. Será preciso evaluar los requerimientos de cada paquete antes de elegir qué sistema es el más adecuado a la máquina.

Windows 7 requerirá de los siguientes elementos mínimos (siempre que se puedan superar, se traducirá en una mejora de rendimiento):

CPU Microprocesador de 32 bits (arquitectura x86) o 64 bits (arquitectura x64) con una frecuencia de trabajo mínima de 1 Gigahercio.

Memoria principal (RAM) Microsoft establece un mínimo de RAM de 1 Gigabyte para 32 bits y de 2 GB para 64 bits. No obstante, la memoria es uno de los parámetros decisivos en Windows por lo que, a mayor cantidad de memoria, mayor agilidad en el sistema.

Disco duro Es otro de los requisitos importantes: la capacidad de almacenamiento. En este caso se sitúa en 16 GB para 32 bits o 20 GB para 64 bits. No obstante, no debe olvidarse que esta ocupación es sólo del sistema operativo: además, habrá que cargar todas las aplicaciones. Por otro lado, Windows usa el disco duro como almacenamiento temporal emulando memoria virtual y determinando de forma importante el rendimiento. En la medida de sus posibilidades, no lo instale con menos de 250 GB y, si es posible, mejor en un disco duro de 1 Terabyte.

Vídeo	Dispositivo gráfico DirectX 9 con controlador WDDM 1.0 o superior. Es posible que algunos juegos y programas requieran tarjetas gráficas compatibles con DirectX 10 o superior para un rendimiento óptimo. Se recomienda no usar un monitor inferior a 17", sabiendo que toda la inversión en vídeo es una inversión en uno mismo. Si además es TFT, seguro que la inversión le permitirá cambiar de ordenador en el futuro manteniendo su monitor.
CD o DVD	La unidad lectora de discos ópticos, aun no siendo obligatoria por Windows, resulta hoy día prácticamente imprescindible. Windows 7 se suministra en formato de DVD por lo que, al menos, durante la instalación necesitará de una unidad (que posteriormente podría retirar si así lo desease). Lo habitual es que todos los equipos incluyan una unidad de DVD aun en las configuraciones más sencillas. De hecho, ya se está incorporando la tecnología *Blu-Ray* en los lectores de disco óptico.

El resto de la configuración es marcada por el sentido común y la exigencia del trabajo a desempeñar. Obviando los periféricos de obligada presencia como pueden ser el ratón y teclado, la opción multimedia (tarjeta de sonido y altavoces) es muy recomendable aunque no estrictamente necesaria (si su trabajo va a ser ofimático, realmente no lo precisará).

15.2 INSTALACIÓN DE WINDOWS 7

Ante todo acomódese: Windows 7 conlleva un tiempo de instalación que, dependiendo de las características de su PC, le supondrá alrededor de una hora de su valioso tiempo. No obstante, si el proceso se desarrolla sin problemas, será una hora bien invertida en las prestaciones que su PC le ofrecerá en el futuro. Al adquirir Windows 7 comprobará que se suministra en formato de DVD. Este DVD es de autoarranque y dispone de un *asesor* software que le guiará durante todo el proceso. La labor del usuario se ha simplificado considerablemente y se reducirá a breves intervenciones en las que acepte o rechace algunas de las opciones propuestas que, por otro lado, suelen venir predeterminadas.

Figura 15.1. Versiones Home, Professional y Ultimate

El primer paso será introducir el DVD en su unidad correspondiente y arrancar la máquina. En caso de que no arrancase desde el DVD, acuda al *Setup* de su BIOS y seleccione como dispositivo de arranque primero la unidad donde introdujo el DVD.

En el instante inicial de la instalación debe permanecer atento ya que, sólo durante unos segundos, aparecerá un discreto mensaje que le conducirá al comienzo del proceso. Si no pulsa cualquier tecla mientras se muestra dicho mensaje, la instalación se aborta de manera automática.

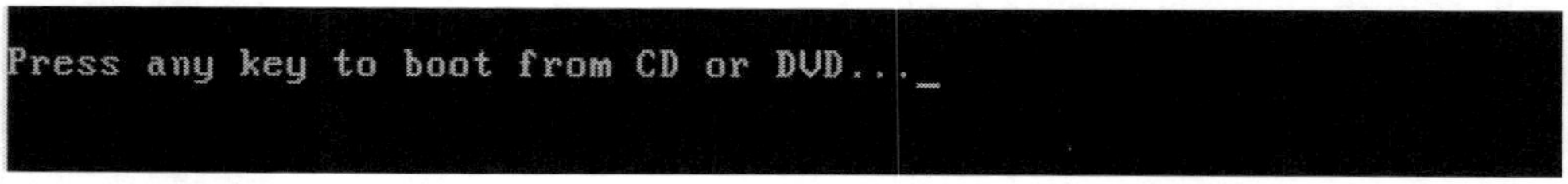

Figura 15.2. Mensaje incial

En una de las ventanas iniciales que aparece, debe indicar una nacionalidad para que aspectos relativos al idioma, el teclado, la moneda y el formato horario se configuren de acuerdo al país elegido.

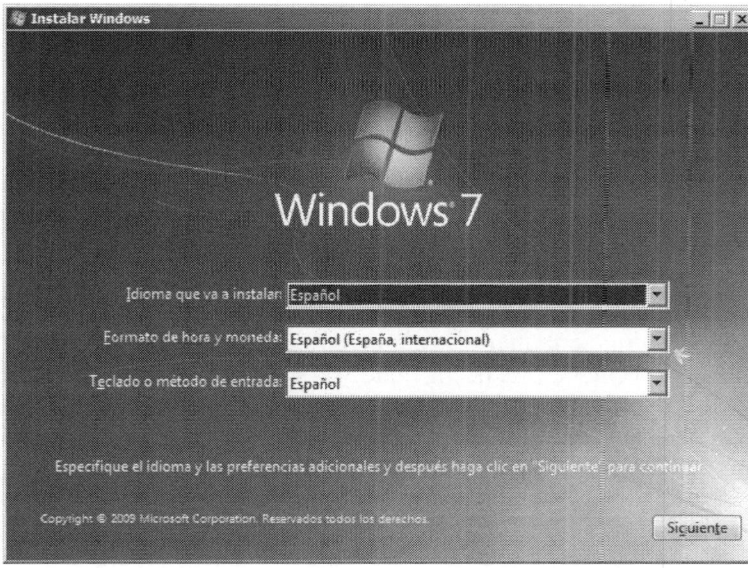

Figura 15.3. Ventana de configuración inicial

A continuación, se muestra la ventana principal para empezar a instalar, ofreciéndole tres opciones de partida, tal y como se aprecia en la figura:

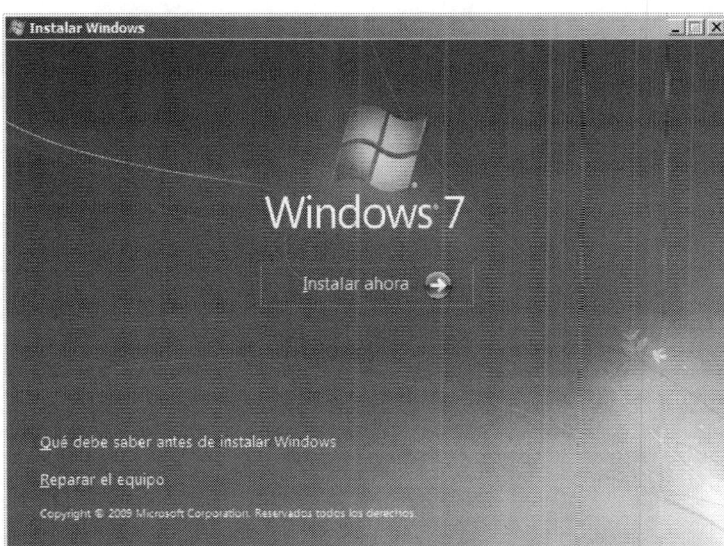

Figura 15.4. Ventana principal de instalación

Instalar ahora	Obviamente, esta opción comienza con el proceso de instalación.
Qué debe saber antes de instalar Windows	Presenta información sobre las decisiones que se deberán tomar durante la instalación. Es recomendable su lectura antes de empezar a instalar para despejar posibles dudas que, en otro caso, podrían llevarle a repetir el proceso de instalación.
Reparar el equipo	Esta opción se reserva para utilizarla cuando, tras haber instalado el sistema, se producen problemas que impiden su funcionamiento. Al elegir esta opción, aparece una nueva ventana desde la que se muestran tres posibilidades para continuar: seleccionar una herramienta para resolver problemas de arranque, restaurar el sistema desde una imagen creada previamente (es muy recomendable haberla realizado tras una instalación correcta) y, por último, cargar los *drivers* del disco duro, en caso de que no pudieran ser reconocidos por el proceso.

El siguiente paso consiste en decidir la versión de Windows que quiere instalar, dependiendo de si dispone de un microprocesador de 32 o de 64 bits.

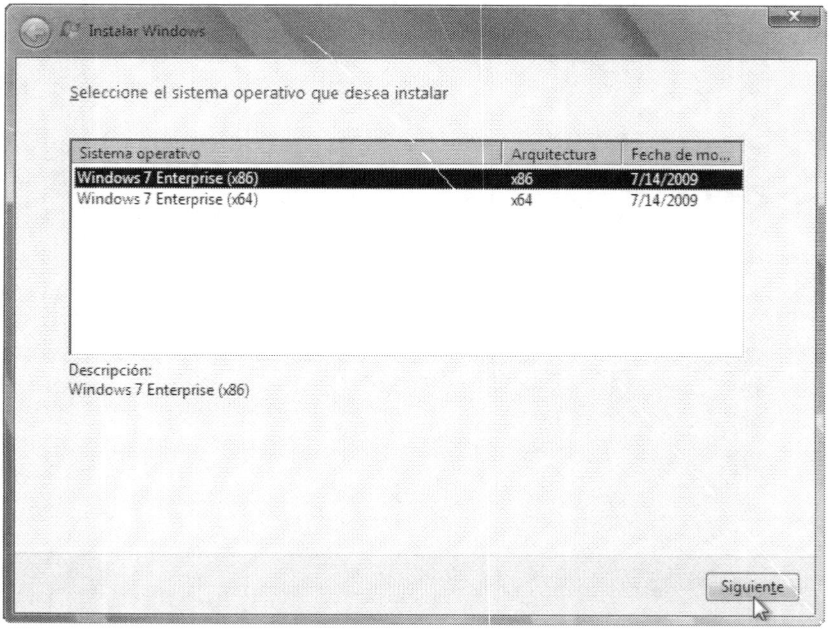

Figura 15.5. Ventana de selección de la arquitectura del micro

Tras leer y aceptar el acuerdo de licencia, el proceso de instalación le ofrece la posibilidad de elegir entre realizar una actualización (sólo en el caso de que tenga instalada una versión anterior de Windows y quiera conservar los archivos y aplicaciones en la nueva) y realizar una instalación personalizada (útil en el caso de que no tenga instalada una versión antigua o, si la tiene, para eliminarla, puesto que realiza una instalación comenzando desde cero). Suponiendo que ha elegido esta última opción, la próxima tarea que le encomienda el asistente consiste en elegir el disco duro sobre el que desea instalar Windows (en el caso de que tenga más de uno) y establecer las características de las particiones.

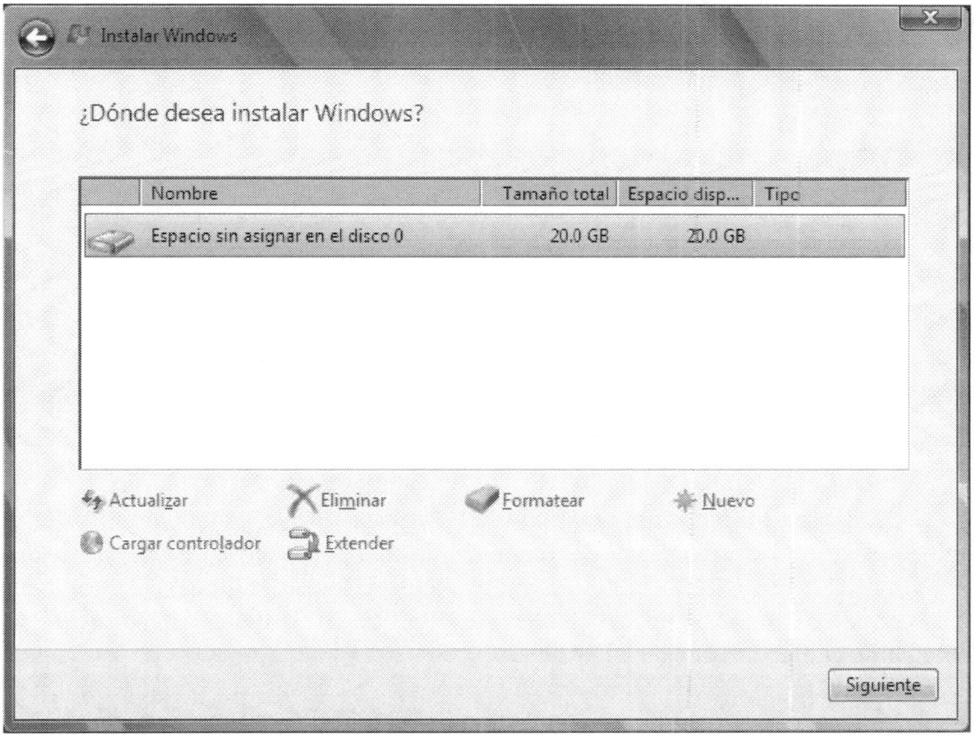

Figura 15.6. Herramienta para la gestión de las particiones

A partir de este momento, el proceso ha recopilado toda la información necesaria para comenzar con la instalación propiamente dicha. Al pulsar el botón *Siguiente*, se inicia la copia de archivos al disco duro y el proceso ya es irreversible. Durante el mismo, se va mostrando información de progreso.

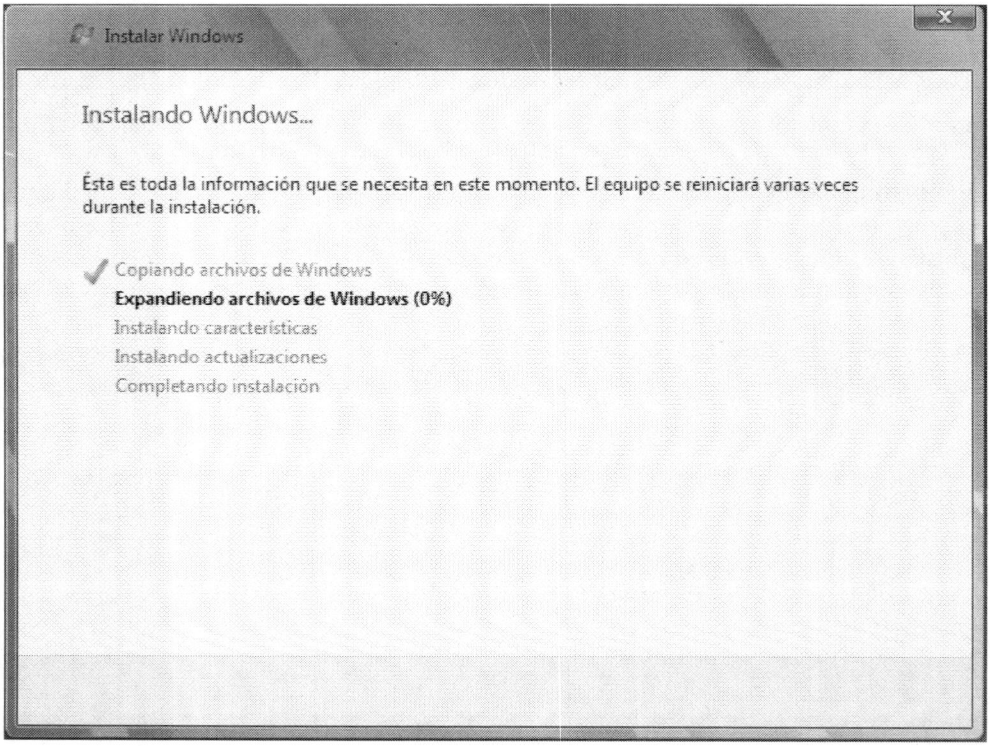

Figura 15.7. Proceso de instalación en marcha

Un aspecto importante que hay que destacar es que, como se indica en la figura anterior, el equipo se deberá reiniciar. En este punto hay que tener en cuenta que si no ha sacado el DVD del lector, el mensaje inicial (figura 15.2) volverá a aparecer, pero ahora *no* debe pulsar ninguna tecla. Si lo hiciera, ¡el proceso de instalación comenzaría desde el principio!

Una vez concluida la instalación, deberá rellenar algunos datos para terminar la configuración del sistema:

Una cuenta de usuario Debe especificar un nombre de usuario (que será el que usted utilice para conectarse al sistema) y una contraseña, así como un nombre para el equipo (que servirá para identificar a su máquina cuando esté conectada en una red).

Activar el firewall de Windows Si elige la opción recomendada, se instalarán de manera automática las actualizaciones del sistema operativo y se activarán las opciones de seguridad del cortafuegos de Windows. Si es usted temerario y decide no activarlo, el equipo quedaría expuesto a posibles amenazas de seguridad, a menos que instalara un antivirus (opción obligatoria, si queremos un escudo contra virus y troyanos).

Revisión de la fecha y hora Esta opción le permite confirmar la zona geográfica en la que se encuentra (*UTC +01:00* en el caso de España), la fecha, la hora y establecer el ajuste automático al horario de verano.

Configuración de la red Si en el momento de realizar la instalación su equipo está conectado en red, el proceso será capaz de detectarlo y le pedirá que elija la situación que más se adapte a su caso, ofreciéndole las siguientes posibilidades: red doméstica, red de trabajo y red pública (esta última opción se reserva para conexiones en cibercafés, aeropuertos y otros lugares públicos).

Para concluir, el último paso que hay que dar, aunque no por ello es el menos importante, se refiere a la activación de su copia de Windows 7 a través de una conexión a Internet. Para ello debe acceder a la opción *Sistema* del *Panel de control* y escribir el número de serie del producto. La clave está compuesta por 25 caracteres alfanuméricos que identifican al usuario como legítimo propietario del software.

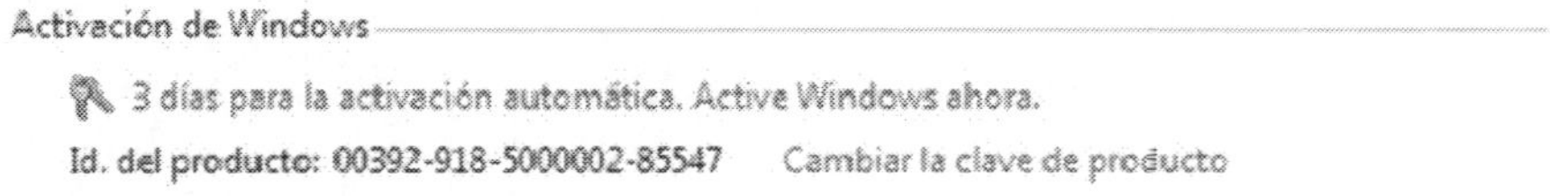

Figura 15.8. Activación de Windows 7

15.3 ARRANCANDO WINDOWS 7

Cada vez resulta más frecuente que los usuarios opten por crear nuevas particiones en su disco (revise el capítulo dedicado a los discos duros) y disponer así de más de un sistema operativo. Por eso, Linux dispone del potente gestor de arranque GRUB que ofrece esta posibilidad. Microsoft también apuesta por esta versatilidad (realmente desde Windows 98 ya lo había hecho) ofreciendo un sistema de arranque en el que es posible determinar con qué sistema operativo se desea trabajar. Los sistemas anteriores a Windows Vista utilizaban el fichero *boot.ini* para gestionar el tratamiento de múltiples sistemas pero, a partir de aquél, Microsoft introdujo una herramienta de línea de comandos que sustituyó al citado fichero. Se ejecuta mediante el comando *bcdedit.exe*.

Aunque en una primera lectura pueda parecer que el arranque es complejo, lo cierto es que, si no se interactúa con el PC, es decir, se deja que arranque con todas las opciones por defecto sin pulsar tecla alguna, Windows 7 se iniciará normalmente. Si, por el contrario, desea ver las distintas opciones de arranque, pulse la tecla de función *F8* justo en el momento preciso en el que comienza la carga del sistema operativo. Las opciones ofrecidas serán las mostradas en la figura siguiente:

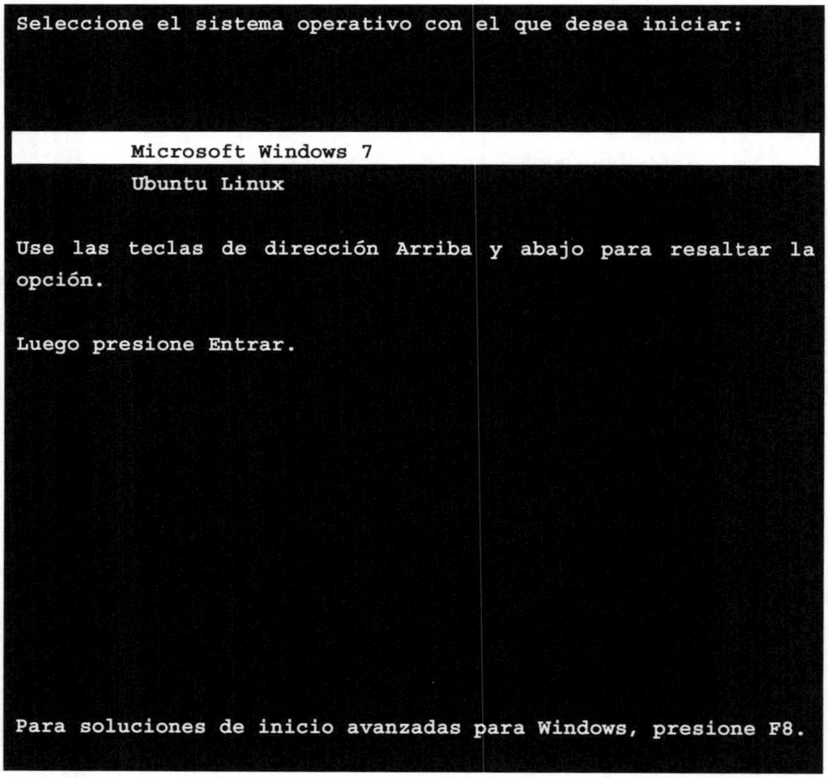

Figura 15.9 Selección de sistema operativo

En este caso, entiéndase la opción de Ubuntu Linux como un simple ejemplo, pudiendo aparecer aquí cualquier otro sistema operativo del que dispusiese la máquina. Si, una vez seleccionado Windows 7 como sistema de arranque, vuelve a pulsar la tecla *F8*, entrará en las opciones propias de arranque de este sistema operativo, tal y como se aprecia a continuación:

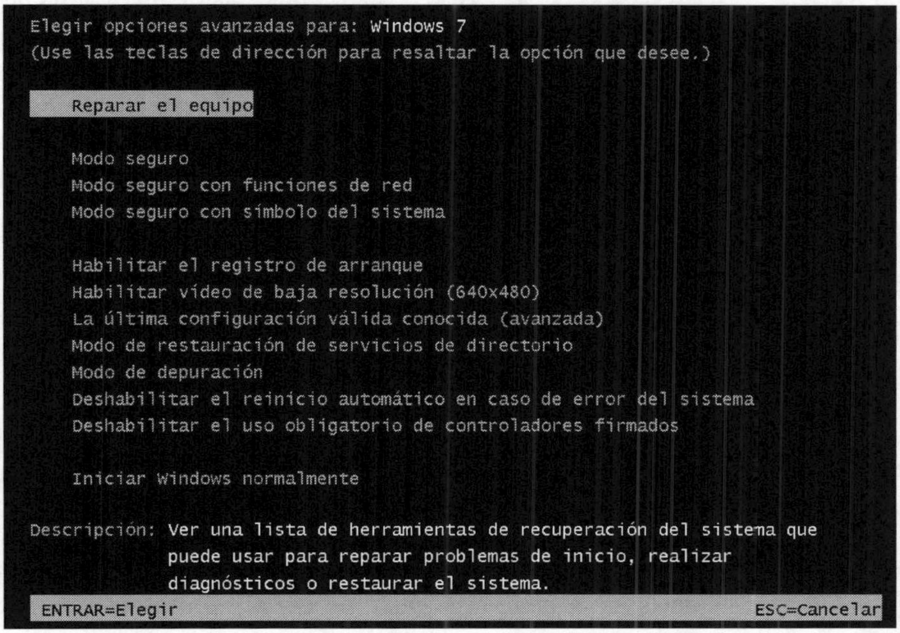

Figura 15.10. Selección del modo de arranque

La explicación detallada de cada una de ellas es la siguiente:

Reparar el equipo — Muestra una ventana con herramientas de recuperación del sistema que permiten corregir problemas de arranque, efectuar diagnósticos de memoria o restaurar el sistema operativo completo.

Modo seguro — Inicia el sistema con un conjunto mínimo de controladores (estrictamente los necesarios). Es la opción que ha reemplazado al *Modo a prueba de fallos* de versiones anteriores de Windows.

Modo seguro con funciones de red — En esencia esta opción es exactamente igual a la anterior con la diferencia de la inclusión de los controladores de red, protocolos y todo el software preciso para mantener una conectividad en red.

Modo seguro con símbolo del sistema — Sigue la línea de los comandos anteriores en la medida en que carga el conjunto de controladores mínimos necesarios. La diferencia fundamental estriba en que se arranca bajo el clásico entorno DOS.

Habilitar el registro de inicio	Crea un fichero donde se van a ir almacenando los resultados de carga de los distintos componentes que se vayan ejecutando en Windows. El fichero se llama *ntblog.txt* y se encuentra en el directorio en el que Windows se instaló originalmente (indicado en la variable *%windir%*).
Habilitar vídeo de baja resolución	Este modo implica usar el controlador estándar de vídeo VGA a 640x480 píxeles de resolución (*vga.sys* es el controlador), ignoran-do el controlador habitual.
La última configuración...	Arranca el sistema operativo con la última configuración que no presentó problemas en el inicio y, además, se inició con éxito.
Modo de restauración de...	Arranca recuperando la base de datos del directorio activo. Esta opción está limitada a los controladores de dominio, por lo que solo se aplican a la familia de servidores Windows.
Modo de depuración	Arranca el sistema enviando a través de un cable serie (que, por defecto, se asume en el puerto COM2) la información precisa para la depuración en otra máquina.
Deshabilitar el reinicio automático...	Configura Windows para que no se reinicie automáticamente tras un bloqueo.
Deshabilitar el uso...	Autoriza la carga de controladores a pesar de que no contengar las firmas adecuadas.
Iniciar Windows normalmente	Es la opción por defecto y a la que se accederá en caso de pulsar la tecla *Enter*. Implica arrancar Windows con su configuración actual, sin especificar ningún condicionante de funcionamiento.

15.4 APAGANDO EL SISTEMA

Es muy importante que el usuario no cierre el sistema de ninguna otra forma que la correcta ya que corre el riesgo de perder información (e, incluso, de dañar físicamente el disco duro). El acceso a esta opción se encuentra dentro del menú *Iniciar* y, tras situar el puntero del ratón sobre la flecha aneja al botón *Apagar*, se despliega una ventana emergente donde se ofrecen, en conjunto, siete posibilidades, también accesibles mediante la pulsación rápida de *ALT+F4* (que irá cerrando una a una cada tarea hasta llegar al cierre del sistema), tal y como se aprecia en la figura:

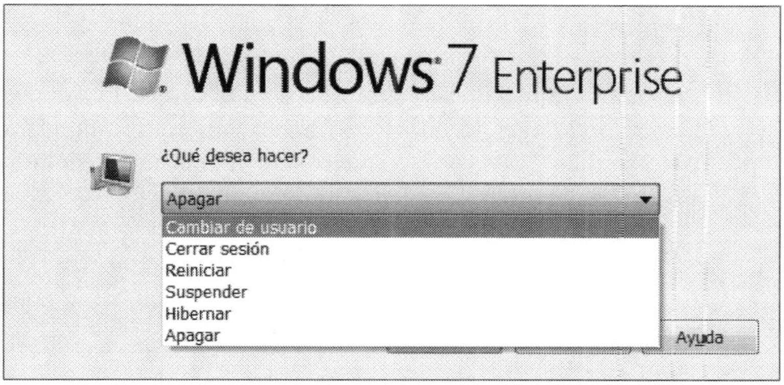

Figura 15.11. Ventana de cierre

A continuación, se detalla cada una de las posibilidades:

Cambiar de usuario Con la llegada de XP, Windows se volvió multiusuario, ofreciendo la posibilidad de que varios usuarios tuvieran una sesión iniciada de forma simultánea. La opción que nos ocupa, facilita la entrada al sistema de otro usuario, manteniendo abierta la sesión del actual.

Cerrar sesión Se trata de algo similar a un reinicio –sin llegar a abandonar el entorno de Windows– donde se cierran todos los accesos y permisos del usuario actualmente conectado y se vuelve a solicitar un nuevo usuario con su clave asociada. Los programas residentes se volverán a cargar dejando la máquina disponible al nuevo usuario.

Bloquear Esta función impide el acceso al escritorio del usuario actual mostrando una ventana similar a la de inicio de sesión, donde se solicita la contraseña del usuario en cuestión. También ofrece la posibilidad de que sea otro usuario de la máquina el que inicie una nueva sesión.

Reiniciar El proceso es exactamente igual al ya descrito en el punto anterior, a diferencia de que no se informa al usuario sobre la disponibilidad de apagar el sistema, sino que se apaga directamente volviendo a arrancar la máquina desde el principio.

Suspender Lleva al equipo a un estado de *stand by*, es decir, de espera mientras el usuario pulsa una tecla o realiza cualquier movimiento con el ratón. Durante este período, el PC tiene unos consumos eléctricos mínimos.

Hibernar Esta opción almacena en disco duro todo lo que el ordenador tenga en memoria antes de iniciar el proceso. El equipo quedará apagado completamente, pero su reinicio será mucho más rápido que si se hubiese realizado un apagado "convencional".

Apagar Este comando cerrará todas las aplicaciones que le sea posible y, en las que precise algún dato por parte del usuario, se le consultará de forma previa.

15.5 OTRAS OPCIONES DE INSTALACIÓN

No obstante, Windows 7 ofrece más alternativas a la hora de instalar otras opciones, algunas de las cuales son realmente útiles en la medida que otorgan un valor añadido a nuestro PC en el campo de los servicios. Se accede a ellas desde la opción *Activar o desactivar las características de Windows* ubicada en la sección *Programas y características* dentro del *Panel de control*. De las muchas que aparecen en la figura de la página siguiente, se comentarán las siguientes que, de manera predeterminada, se encuentran desactivadas, a saber:

Cliente Telnet Marcando esta opción se activa la posibilidad de lanzar desde su PC comandos MS-DOS que serán ejecutados en una máquina remota conectada en red, a través del protocolo telnet.

Cliente TFTP Se trata de un protocolo FTP trivial que habilita la transferencia de ficheros hacia o desde un servidor TFTP, sin necesidad de autentificación.

Internet Information Services Ésta es la herramienta que convierte su PC en un servidor de páginas Web y/o en un servidor FTP. Al activar esta opción, automáticamente se genera la carpeta *C:\inetpub*. Si marca la opción *Servicios WWW* se crea además la subcarpeta *wwwroot*, donde deberá ubicar los archivos *html* y *aspx* que desee que vean los visitantes de su servidor Web. Si marca *Servidor FTP*, aparece una subcarpeta nueva llamada *ftproot* que se convertirá en el repositorio de su servidor FTP (*File Transfer Protocol* o protocolo de transferencia de archivos), que permitirá el trasiego de ficheros a otras máquinas en red, solicitando previamente credenciales de autentificación.

Servidor Telnet Si marca esta opción, su equipo se convierte en un PC susceptible de ser controlado desde otra máquina con un cliente Telnet instalado, es decir, desde una máquina remota conectada en red se podrán lanzar comandos MS-DOS que serán ejecutados en su propia máquina.

Subsistema para aplicaciones UNIX Marcando esta opción se instalarán las herramientas necesarias para que su máquina sea compatible con aplicaciones y scripts basados en sistemas UNIX/Linux.

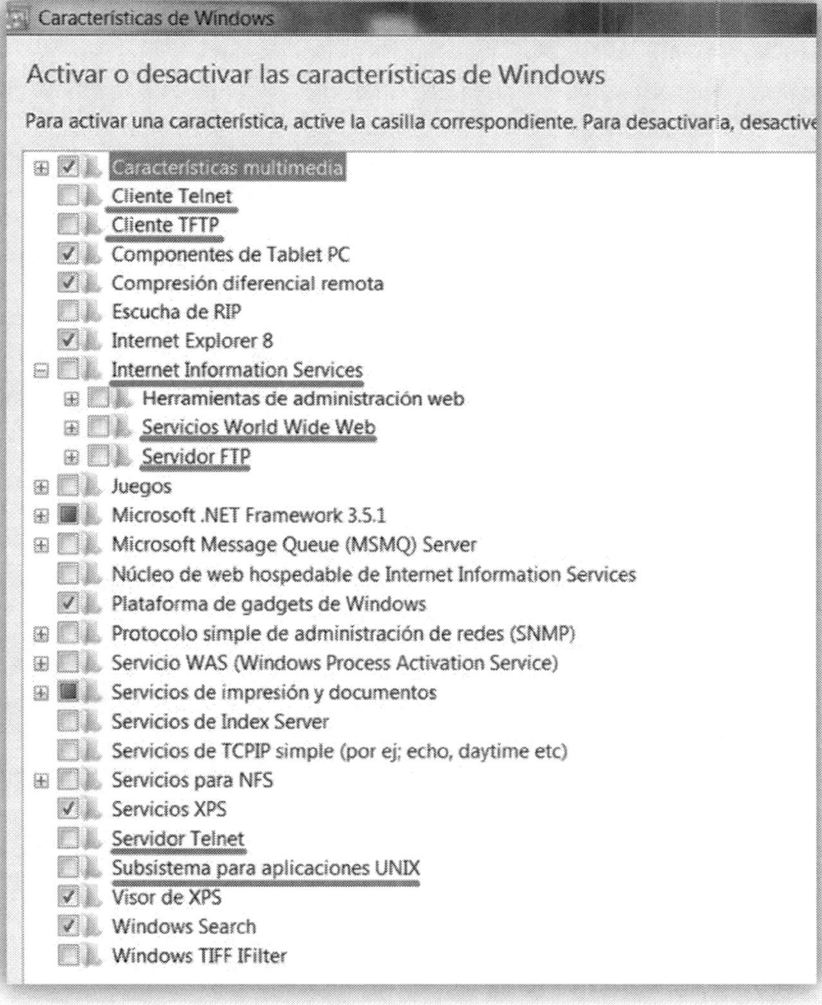

Figura 15.12. Instalación de características adicionales

La brecha entre Apple y Microsoft cada vez se estrecha más con programas de la empresa Gates en versión Mac. Algunos ejemplos son Internet Explorer, Messenger, Office, Outlook y Windows Media, entre otros.

15.6 REQUISITOS DE INSTALACIÓN PARA UBUNTU

Como se ha comentado con anterioridad, ahora le toca el turno a Linux, un sistema operativo gestado a principios de los noventa como un proyecto personal del alumno de la universidad de Helsinki, Linus Torvalds. Se ha optado, además, por mostrar una de las distribuciones que más adeptos ha captado hasta el momento: Ubuntu, cuyo nombre tiene origen sudafricano y significa "humanidad hacia otros". Esta distribución basada en Debian (que destaca por su estabilidad), vio la luz en el año 2004 y actualiza su versión cada seis meses (en abril y en octubre). Cada versión liberada es codificada mediante dos pares de dígitos separados por un punto: el primero para designar el año y el último para el mes. En el momento de escribir estas líneas, la última versión estable es la 10.04. Además cada versión recibe un nombre en clave compuesto por dos palabras (un nombre de animal más un calificativo) que comienzan por una misma letra y que avanza alfabéticamente con cada nueva versión. El nombre clave de la versión 10.04 es *Lucid lynx* (Lince lúcido). El de la anterior fue *Karmic koala* (Koala kármico).

Figura 15.13. Logotipos de Ubuntu y Lucid lynx

Los requisitos mínimos para Linux en general, son inferiores a los de Windows:

CPU	Microprocesador de 32 bits o 64 bits con una frecuencia de trabajo mínima de 1 Gigahercio.
Memoria principal (RAM)	Se establece un mínimo de RAM de 512 MB tanto para 32 como para 64 bits.
Disco duro	En este caso se sitúa en 8 GB, también para 32 y 64 bits.

15.7 INSTALACIÓN DE UBUNTU

La última versión del sistema operativo se puede descargar desde la página web oficial de Ubuntu: http://www.ubuntu.com. Una vez bajada la imagen y copiada en un CD-ROM, dispone de dos opciones: probar su funcionamiento desde el CD-ROM (sin instalar nada en el disco duro) o bien proceder a la instalación de Ubuntu en su PC.

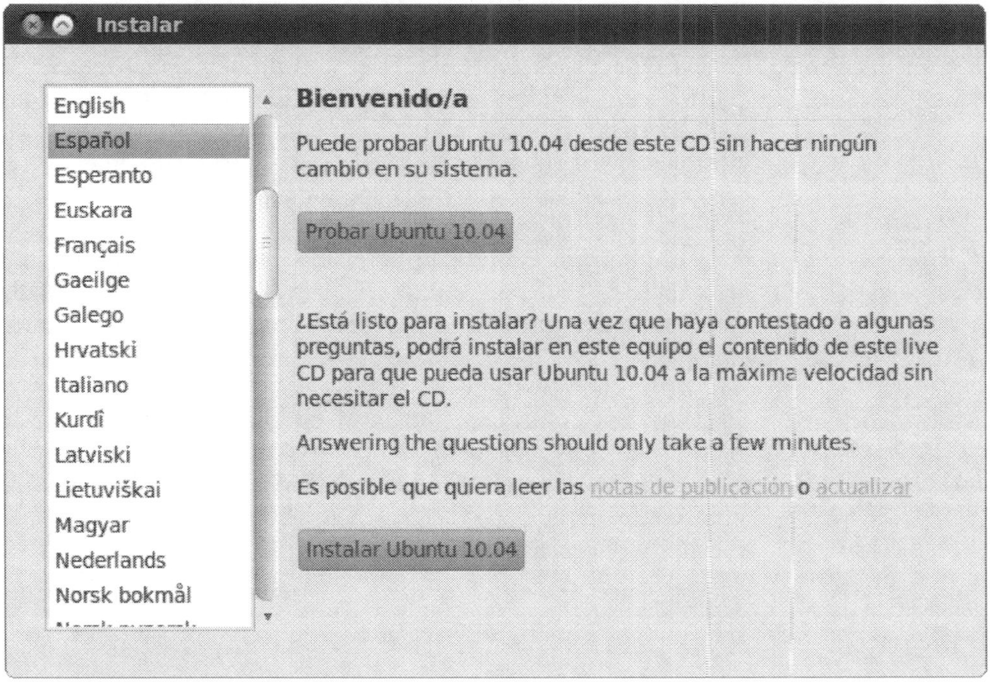

Figura 15.14. Opciones de arranque del CD de Ubuntu

Si opta por la segunda opción, deberá proporcionar al proceso de instalación una serie de datos, básicamente iguales a los aportados durante la instalación de Windows 7, tales como la zona geográfica, la distribución del teclado, un nombre de usuario y una contraseña.

Sin embargo, en un momento dado de la instalación de Ubuntu, hay que lidiar con un paso crítico, sobre todo si tiene instalado otro sistema operativo (típicamente Windows) y desea que ambos convivan en su máquina (previamente debería haber hecho una copia de respaldo de los datos contenidos en la partición del otro sistema). Este paso consiste en establecer las particiones que utilizará Ubuntu y es aquí donde surge una de las principales diferencias con respecto a la instalación de Windows 7, pues Ubuntu utiliza, además de la partición para el sistema, una partición adicional denominada *área de intercambio* o *partición de swap* para simular memoria virtual, mientras que el sistema de la factoría de Redmond utiliza el fichero *pagefile.sys* para tal efecto.

El asistente de Ubuntu ofrece gestionar él mismo el espacio del disco duro, manteniendo o eliminando el sistema existente (opción recomendada para usuarios noveles) o ceder tal honor al usuario, advirtiendo, eso sí, que se trata de una operación avanzada:

Instalar Ubuntu junto a los otros sistemas...	Esta opción es la recomendada, ya que es el asistente el que se ocupa de todos los detalles. Es muy probable que tenga una partición de Windows ocupando todo el disco duro, por lo que este apartado le ofrece una herramienta para redimensionar las posibles particiones existentes (conviene desfragmentar el sistema antiguo antes de proceder con este paso).
Borrar y usar el disco entero	Ésta es la opción preferida por los usuarios más enfervorecidos de Linux, ya que elimina cualquier sistema instalado previamente, y procede a instalar Ubuntu utilizando el disco completo.
Especificar particiones manualmente (avanzado)	Esta opción, como bien indica el encabezado, está reservada para usuarios avanzados (o temerarios) que, en teoría, saben lo que quieren hacer, puesto que deja en sus manos la configuración de todas las características de las particiones creadas y por crear.

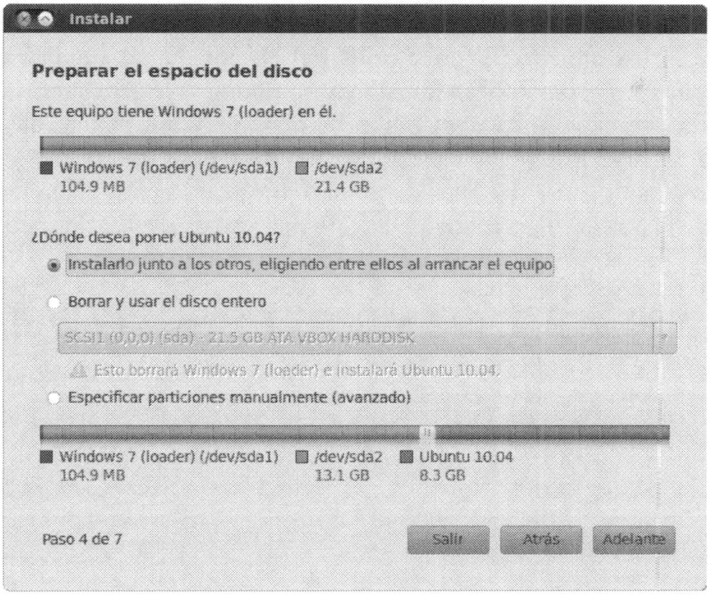

Figura 15.15. Opciones de gestión del disco duro

Si es usted valiente y se decanta por la tercera opción, se le mostrará una ventana donde podrá configurar a su gusto una tabla de particiones para sus discos:

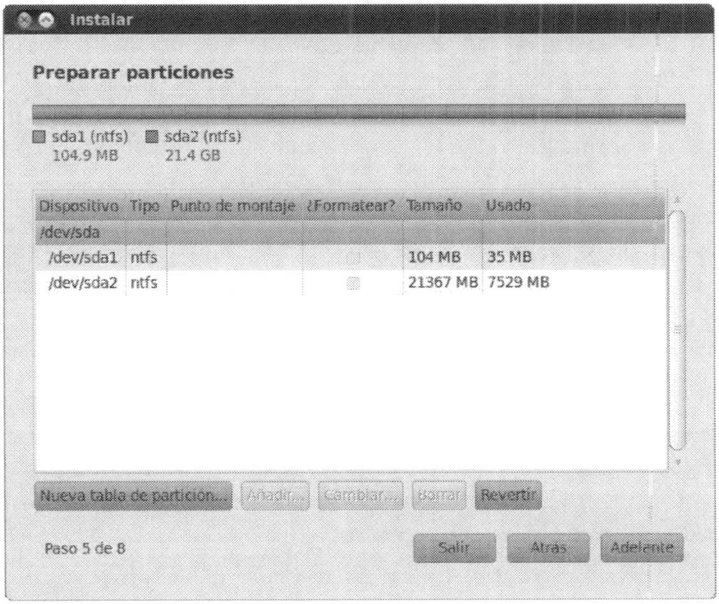

Figura 15.16. Ventana para la configuración de particiones

En este punto deberá crear dos particiones. Una de ellas se utilizará para contener todos los archivos y directorios del sistema, que serán ubicados en un directorio raíz, representado mediante el símbolo /. Puede ser una partición primaria o una unidad lógica pues Linux no tiene preferencias en este sentido y se puede ubicar al principio o al final del espacio libre del disco duro. Se recomienda que, de todos los tipos de sistemas de archivo mostrados en la lista desplegable, se utilice *ext4 transaccional*, puesto que es uno de los más avanzados. Como punto de montaje debe figurar el directorio raíz (/).

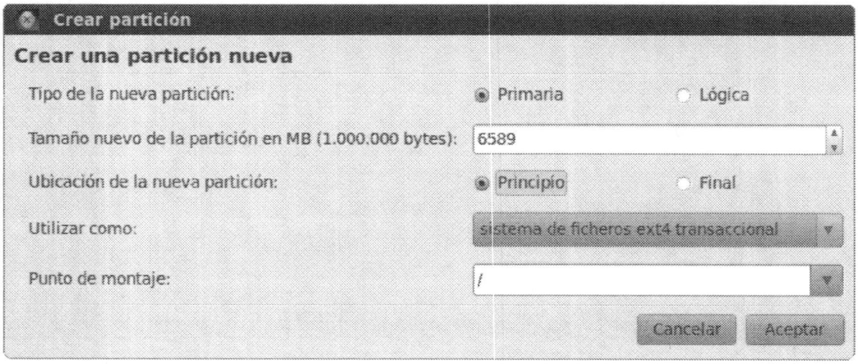

Figura 15.17. Configuración de la partición del sistema

La otra partición es la que se utilizará para realizar *swapping* cuando se use memoria virtual y, dadas las capacidades de los discos duros actuales, se recomienda emplear aproximadamente unos 2 GB de espacio. Similarmente a como ocurría con la del sistema, esta partición puede ser primaria o una unidad lógica, ubicarse al principio o al final del espacio libre del disco, pero eso sí, ahora debe figurar *área de intercambio* en el apartado *Utilizar como:*.

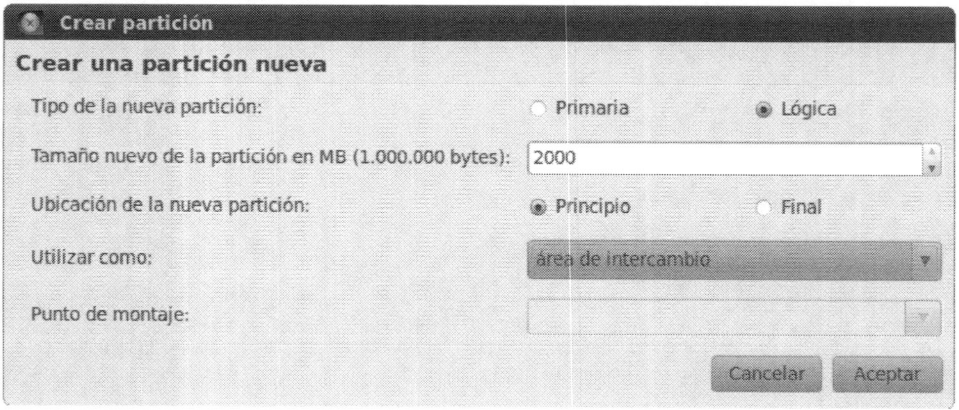

Figura 15.18. Configuración de la partición para swapping

El último detalle de importancia a considerar antes de proceder con la copia de los archivos, tiene que ver con la instalación de GRUB, el gestor de arranque que utiliza Ubuntu. Pulsando el botón *Avanzado...* en la última ventana del proceso, se le ofrecerá la posibilidad de instalar o no dicho gestor. Lo habitual es instalarlo siempre y, además, con la opción marcada como */dev/sda*, que representa al disco duro (y es la opción por defecto si no hubiéramos pulsado el botón).

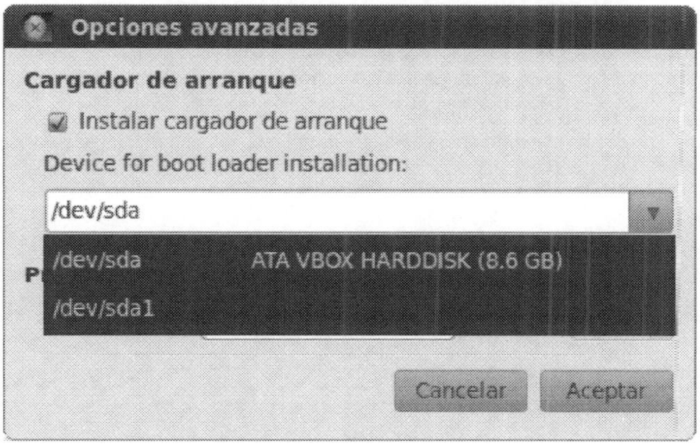

Figura 15.19. Instalación del gestor de arranque GRUB

15.8 APAGANDO EL SISTEMA

El sistema de apagado es casi idéntico al visto en Windows, y lo único que cambia, además de la ubicación del botón que realiza esta función localizado en la barra de tareas, es la inclusión de una nueva opción denominada *Sesión de invitado* que brinda la posibilidad de que un usuario inicie sesión en el sistema como invitado:

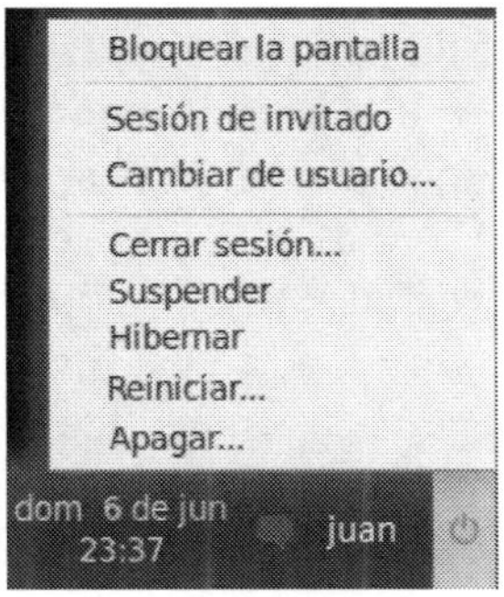

Figura 15.20. Ventana de cierre

15.9 OTRAS OPCIONES DE INSTALACIÓN

Ubuntu tiene varias herramientas que permiten la instalación de programas y servicios (en el mundo Linux, a los servicios se les denomina, con cierta ironía, *demonios*), algunas de ellas gráficas y otras que se ejecutan desde la línea de comandos.

Figura 15.21. Ventana de instalación de aplicaciones

Quizá la más sencilla es la que aparece en el menú *Aplicaciones* denominada *Centro de software de Ubuntu*, donde se clasifican todos los programas en categorías, tal y como se aprecia en la figura anterior.

Entre la gran cantidad de aplicaciones de todo tipo que permite el mundo Linux, destaca la instalación de una herramienta que permite aplicar un sinfín de efectos de escritorio, denominada *Compiz*. Esta aplicación genera la posibilidad de activar varios escritorios en forma de cubo, crear pantallas gelatinosas (que tiemblan cuando se mueven), realizar zoom del escritorio, escribir sobre el propio escritorio, realizar la apertura y/o el cierre de ventanas con sorprendentes efectos, activar el negativo de una ventana para facilitar su visualización y muchísimas cosas más.

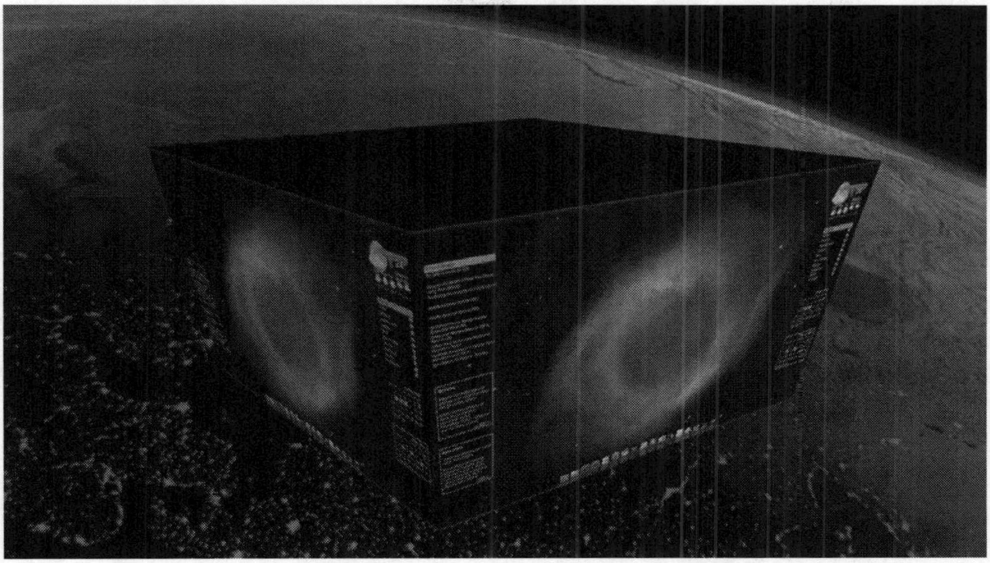

Figura 15.22. Compiz: cubo de escritorios

Capítulo 16

OPERACIONES COMUNES

Además del ensamblaje y reparación del PC, hay una serie de operaciones comunes que se realizan con cierta asiduidad. En este punto sería donde encajarían las ampliaciones, sustituciones y adición de diversos componentes al sistema.

A estas alturas del libro, el lector debe tener los conocimientos precisos sobre cada uno de los componentes tratados por lo que estas tareas no deben representar dificultad alguna. Bajo esta premisa, no se ha profundizado en exceso en aspectos que ya están detallados anteriormente en el libro, tal y como pueden ser los relativos a la configuración o los estrictamente teóricos, dando mayor énfasis al enfoque práctico de la operación.

No obstante, se ofrece una guía concreta y concisa de operaciones junto con las posibles variantes que se pueden dar en la práctica real. Para dar mayor contenido ilustrativo, se han acompañado las explicaciones de fotografías que plasman montajes reales.

De algún modo, nada de lo expuesto debe resultar nuevo al lector ya que todo se trató de forma independiente, aunque eso sí, mucho más genéricamente, en el capítulo correspondiente al componente en cuestión. Es más: se recomienda la lectura previa del capítulo dedicado al elemento que se desea manipular antes de proceder a actuar sobre él. Téngase en cuenta que todos los detalles específicos se encontrarán en los capítulos previos y no aquí, donde exclusivamente se atenderá al aspecto práctico del montaje.

Sirvan, por tanto, las líneas siguientes, como manual de referencia concreto para la casuística concreta de las ampliaciones y sustituciones más comunes dentro del entorno del ordenador personal. Por supuesto, en todos los casos proceda con el PC desconectado de la corriente y con las normas de seguridad oportunas, especialmente, las relativas a la electroestática detalladas en el capítulo *Ensamblaje del PC*.

16.1 INSTALANDO UN SEGUNDO DISCO DURO

Dada la evolución de este componente, en poco tiempo aparecen unidades que multiplican las capacidades ofrecidas. Por otro lado, la ocupación requerida por los entornos gráficos hace que cada vez sea preciso un mayor tamaño. La instalación es extremadamente sencilla.

Puede darse el caso de que el disco a instalar sea de tecnología PATA (IDE) o SATA (los más comunes). Entendiendo este apartado como un espacio también destinado al mantenimiento, se abordarán las dos posibilidades.

Lo más probable es que el disco duro a instalar, si es nuevo, sea SATA, lo que simplifica el proceso ya que bastará con insertar el conector de datos indicado en el disco, sin posibilidad de error ni necesidad de configuración. Del mismo modo habrá que conexionar el cable de alimentación, finalizando así el proceso.

Si el dispositivo fuera IDE (para discos PATA), habrá que atender a la posición de la faja, marcada por el hilo de color rojo con respecto al conector, que tendrá que coincidir con el pin número 1 de la unidad. Este tipo de disco deberá configurarse como *master*, *slave* o en la modalidad automática de *cable select*, entendiendo que por canal y como máximo, sólo se pueden instalar un dispositivo *master* y otro *slave*.

En primer lugar, en cualquiera de los casos, habrá que fijar físicamente el disco duro a la caja. Para ello será preciso abrirla y alojar el disco en una bahía de $3^{1/2}$", sujetándolo con cuatro tornillos. El conexionado tampoco requiere mayor complicación, si bien depende del tipo de disco a usar. En ambos casos será preciso alimentar la unidad con el cable proveniente de la fuente de alimentación (no hay posibilidad de equívoco debido a la forma del conector). Finalizada la instalación física, llega el momento de la configuración. Para ello será preciso acceder al *Setup* del ordenador mediante la pulsación de la tecla *Supr* en el momento del arranque (POST). Una vez allí, en *Standard CMOS Setup* habrá que indicar los parámetros correspondientes a la unidad en el apartado correspondiente a la instalación (*master* o *slave* del canal ocupado si fuera menester). En caso de desconocerlo no se preocupe: se puede recurrir a la opción *Auto* que se encargará de detectarlos en el momento del arranque o a la opción de *Setup IDE Autodetection,* al mismo nivel que el *Standard CMOS Setup*. Esta utilidad localizará todos los discos duros y, si el usuario da su conformidad, introducirá los parámetros en el *Standard CMOS Setup*. Finalizado el proceso, habrá que guardar los cambios y abandonar el entorno (*Save and Exit*) rearrancando el sistema. El disco duro está instalado pero aún quedan dos operaciones importantes e imprescindibles: crear particiones y dar formato. Tenga mucho cuidado con el manejo de ambas ya que las dos tienen carácter destructivo, es decir, la aplicación de formato o la alteración de una partición sobre un disco con datos provocará la pérdida inmediata de los mismos.

16.1.1 Particionando y dando formato

Para que el disco sea operativo, es preciso crear las particiones y formatearlo de manera adecuada. Crear una partición corresponde a determinar una relación entre una unidad lógica o más con la unidad física. Así, a partir de un mismo disco duro físico se podrán obtener varias unidades lógicas. Para ello es preciso recurrir a un comando del tipo FDISK, en función del entorno usado. No obstante, cualquier sistema operativo actual es capaz de detectar la falta de particiones en el disco y ofrecerle al usuario la opción de crearlas e, incluso, darles formato a través de un *Administrador de discos*.

Tenga especial cuidado con estas operaciones (creación de particiones y formato) ya que ambas tienen carácter destructivo con respecto a los datos y, si bien existe software de recuperación, lamentablemente su eficacia es inversamente proporcional a la importancia de los datos perdidos (la Ley de Murphy, vaya).

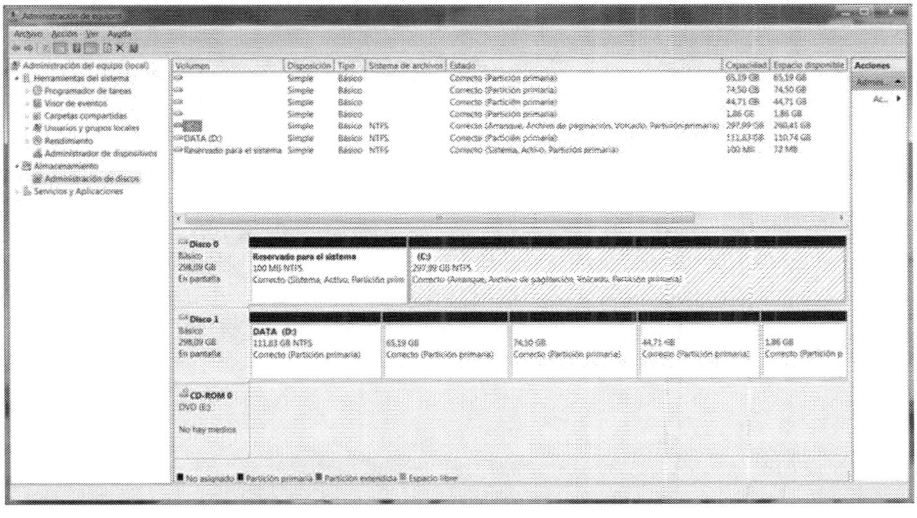

Figura 16.1. Administrador de discos de XP

16.2 AÑADIENDO UNA UNIDAD DE CD-ROM O DVD

Uno de los componentes de mayor implantación de unos años a esta parte ha sido las unidades de CD-ROM. A éstas, les siguieron las grabadoras y, con posterioridad, las regrabadoras y DVD. Lo cierto es que, a efectos de instalación, no difieren en nada unas de otras (es más: las unidades de CD, en todas sus variantes, tienden a desaparecer) por lo que, en este apartado, se tratarán de forma conjunta, referenciándolas de forma genérica como, simplemente, unidad.

Al igual que el resto de montajes propuestos, hay una primera parte de sujeción física y otra de conexionado. Para su anclaje en la caja, será preciso desmontar los laterales de la misma, dejando al descubierto una bahía de 51/4", tamaño requerido por la unidad. La introducción deberá realizarse desde el exterior hacia el interior del PC, asegurando que, una vez sujeta, no sobrepase los límites impuestos por el frontal de la caja. Para su sujeción se necesitará un total de ocho tornillos que, normalmente, son suministrados con la propia unidad. Es conveniente que se usen todos ya que la velocidad de rotación de las unidades es alta y puede provocar vibraciones que se transmitan al resto del equipo, haciendo éste de caja de resonancia y provocando ruido.

Figura 16.2. Añadiendo una unidad óptica

Una vez asegurada en la caja, llega el momento de la conexión. Son tres los cables que intervendrán: por un lado se precisará el de alimentación, cable que procede de la fuente y fácilmente identificable. Al igual que en el caso de los discos duros, la tecnología IDE ha desaparecido ya para unidades nuevas pero, no obstante, todavía es factible encontrar montajes IDE antiguos. En cualquiera de los casos, su forma física impide su incorrecta conexión.

Por otro lado se precisará conectar el cable de audio. Éste se suministra con la propia unidad y es el encargado de transmitir la señal analógica hasta la tarjeta de sonido para su posterior tratamiento y amplificación. Hay dos tipos de conectores estandarizados que se suministran de forma común en los cables y que deberán ser introducidos, por un lado en la unidad y, por otro, el conector habilitado a tal fin en la tarjeta de sonido. Es común que ésta ofrezca serigrafías orientativas del tipo "CD IN". Si esta entrada ya está ocupada por otra unidad, recurra a una entrada auxiliar (AUX_IN).

Figura 16.3. Entrada de audio

Por último habrá que habilitar la conexión de datos que en nada difiere de la ya tratada con los discos duros. La unidad ha quedado instalada.

16.3 INSTALANDO UNA TARJETA DE SONIDO

De forma habitual, las placas base incorporan integradas tarjetas de sonido. No obstante, si se desea añadir o instalar otra de más prestaciones, puede ser preciso deshabilitar la implementada en la placa base –a través del *Setup*– e instalar una nueva. La instalación de una tarjeta de sonido no debe ser una operación más compleja que la instalación de cualquier otra placa en el sistema. Así, en la casi totalidad de los casos podrá observar que el formato en el que se suministran estas tarjetas es PCI (formato básico para las prestaciones requeridas) por lo que habrá que seguir el proceso común de inserción en el slot adecuado.

No obstante, hay una diferencia significativa con respecto al resto: si bien la información digital del sonido se transmite a través del bus, no ocurre lo mismo en cuanto al audio de carácter analógico que suministra la unidad de CD-ROM. Éste habrá que conectarle mediante un cable específico suministrado para tal fin con la unidad de CD. Uno de los extremos se introducirá en el conector de audio del CD y, el otro, en la entrada marcada como CD IN de la tarjeta de sonido. Es necesario poner especial atención en cuanto a la distribución de señales, ya que se corre el riesgo de provocar un cortocircuito en la etapa de salida del CD. Así, es común que la distribución de hilos en la tarjeta de sonido sea LGGR, iniciales de Left (canal izquierdo), dos hilos de masas (Ground) y el canal derecho (Right). Si la disposición en el conector de la tarjeta de sonido no es la misma (por ejemplo, LRGG), se asume el riesgo de conectar la salida del CD (en el caso del ejemplo, el canal derecho) a masa, provocando un cortocircuito.

Por supuesto y como en el resto de los casos, será preciso instalar los drivers acudiendo al software suministrado por el fabricante de la tarjeta.

16.4 AMPLIANDO LA MEMORIA

Ampliar la memoria es una de las demandas más frecuentes de los usuarios. Cada vez el software tiene más exigencias y precisa de una memoria acorde a las necesidades. La ampliación de este componente es una operación realmente sencilla pero sí que tiene que ser estrictamente revisada en su selección. En primer lugar, es preciso verificar si es posible realizar una ampliación según la configuración de la máquina. Así, las placas base disponen de una serie de conectores denominados bancos de memoria cuya misión es la de alojar los módulos. Será la capacidad de los módulos y el número de éstos lo que determine la memoria final del sistema. Así, si se dispone de una placa base con dos bancos de memoria, cada uno con un módulo de 1 GB, se dispondrá de una memoria total de 2 GB pero sin posibilidad de ampliación, salvo la retirada de algún módulo de los ya existentes. Esto explica que sea recomendable, en la medida de lo posible, intentar disponer del menor número de módulos y de la mayor capacidad posible. Una vez verificados los bancos de memoria disponibles, habrá que adquirir los módulos.

Su instalación física es realmente sencilla ya que basta con introducirlo en el banco presionando sobre él. El propio módulo dispone de una forma asimétrica que impide su mala inserción, y esto ayuda a no cometer errores. Unas presillas en los extremos permiten afianzar el módulo de forma segura.

En lo referente a la configuración, la mayoría de los PC reconocen automáticamente la memoria sin ningún tipo de acción adicional, gracias a una característica denominada *autobanking*. En otros, es posible que el sistema dé un error en el arranque que indique la nueva memoria. En algunos casos basta con pulsar la tecla ofrecida para salvar los cambios y, en los menos, es preciso entrar en la BIOS (pulsando *Supr* durante el proceso de arranque), y a continuación en el *Standard CMOS Setup*. Aquí, de forma transparente al usuario, la memoria es reconocida y, sin ningún tipo de actuación, habrá que salvar los cambios.

16.5 SUSTITUYENDO LA FUENTE DE ALIMENTACIÓN

Sin duda todos los elementos tienen una importancia específica en el PC que justifica su presencia, aunque a veces no se repare en ellos. El protagonismo suele ir asociado al microprocesador, la memoria, el disco duro, la placa base... pero hay un elemento, sin el cual, nada podría funcionar: la fuente de alimentación. Su misión, como ya es sabido, es la de transformar la corriente alterna del suministro eléctrico de manera que pueda ser usada por el ordenador. Una avería en la fuente deja sin suministro al PC por lo que queda totalmente inactivo. No obstante, su sustitución es realmente sencilla. Habitualmente se suministra junto con la caja del PC pero es posible encontrarla por separado.

La sujeción física de la fuente a la caja suele ser a través de cuatro tornillos accesibles desde la parte posterior del PC. No obstante, antes de retirarlos, retire la carcasa del ordenador para evitar que la fuente "caiga" dentro del PC y pueda dañarlo.

Básicamente se puede desconectar la fuente antigua y conectar la nueva, cable a cable, ya que son pocas las conexiones a considerar:

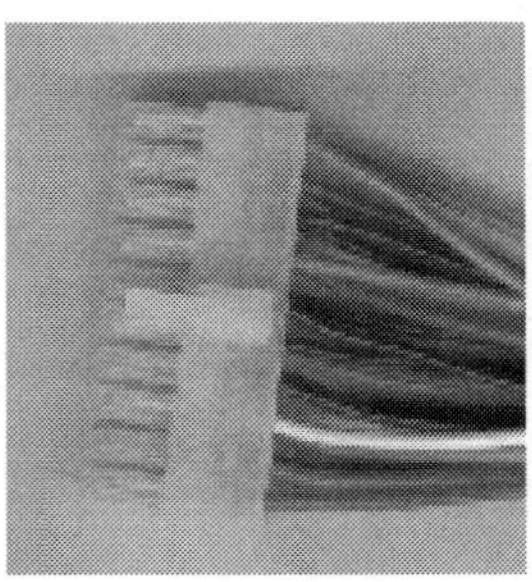

Se trata del conector que proporcionará alimentación a la placa base. Su forma hace que sea imposible una mala conexión que pueda dañar algún circuito. No sólo se encarga de suministrar diferentes tensiones, sino que, además, lleva señales como la de encendido de la máquina (entre el cable de color verde y masas) o el *Power Good*, señal requerida para que el PC entienda que la tensión se ha estabilizado.

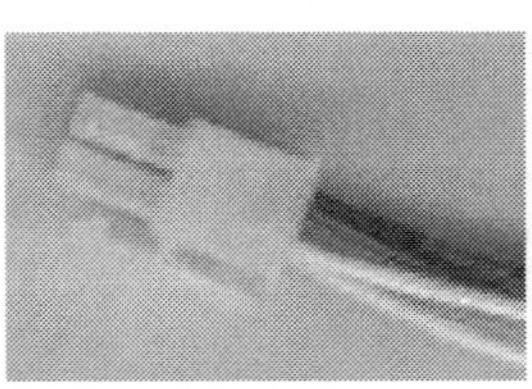

Se trata del conector ATX12. No se encuentra en placas antiguas. Se trata de una alimentación adicional de 12 v que, conectada a la placa base, proporciona potencia para los consumos asociados al microprocesador, liberando así el conector ATX.

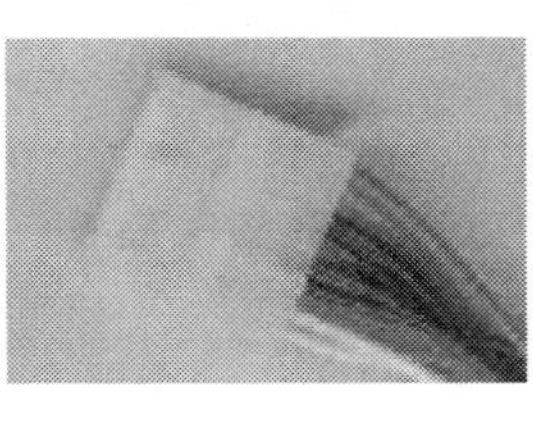

Es el conector encargado de alimentar unidades de disco duro, CD, grabadoras, regrabadoras y unidades de DVD. Se le conoce com "MOLEX".

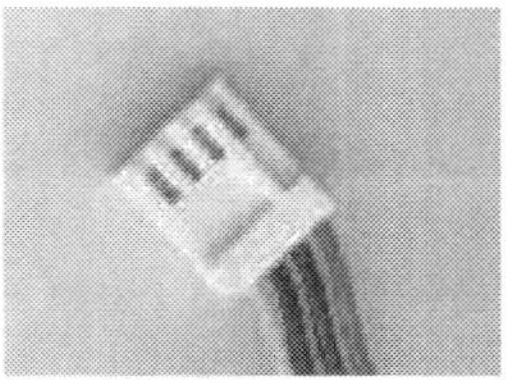

Es el mismo conector que el anterior en cuanto a tensión se refiere. Por su forma se ha destinado de forma prácticamente exclusiva a alimentar disqueteras y, ocasionalmente, ventiladores de disipación de tarjetas de vídeo. También se le conoce como conector "BERG".

Este par de hilos es el responsable de activar el circuito de alimentación de la fuente de alimentación. Se conectará a la placa base en los pines identificados como *Power On* (recurra al manual del fabricante para más especificaciones). Básicamente son los contactos de un pulsador que, por supuesto, carece de polaridad.

Se trata del conector de alimentación para discos duros SATA. Como se puede apreciar en la figura, no varían las tensiones pero sí significativamente el tipo de conector.

Una vez conectados todos los cables y sujeta la fuente a la caja, el PC está listo para ser operativo de nuevo. Ponga especial cuidado a la firme sujeción de la fuente ya que puede provocar ruidos debidos a la vibración del giro del ventilador y la propia caja del PC hacer las veces de caja de resonancia amplificando el ruido.

16.6 SUSTITUYENDO LA PLACA BASE

Cambiar la placa base del ordenador probablemente sea la operación más laboriosa y delicada que se puede realizar en el PC. No es que en sí entrañe una gran dificultad pero sí requiere que el ordenador sea desmontado por completo (lo cual implica sus riesgos). Lo primero que habrá que determinar es qué placa base se desea instalar y si es compatible en todos los aspectos con las tarjetas actuales. Debe tenerse en cuenta que son muchos los parámetros que dependen de esta placa principal. Así, deberá prestarse especial atención a los siguientes:

Microprocesador La placa base a instalar debe disponer del zócalo o socket requerido por el microprocesador original. Asegúrese de este punto antes de plantearse ningún cambio.

Rango de frecuencias Deberá prestarse especial atención a la frecuencia de la memoria ya que determinará la frecuencia final del vídeo. Se recomienda leer el capítulo dedicado a la memoria para, en función del tipo, configurar apropiadamente la placa.

Dimensiones	Si trabaja con una caja especial (slip, micro ATX o de un fabricante "de marca"), asegúrese de que la placa base servirá. Se puede encontrar con que ésta no quepa e, incluso, con que las conexiones de salida no se ajusten a la caja.
Memoria	Aunque la memoria es uno de los formatos más homogéneos, podría darse el caso (ahora o en el futuro) de disponer originalmente de un módulo de memoria que no se ajuste al formato ofrecido por la nueva placa. Asegúrese, por tanto, de que la memoria de la que dispone es soportada por la nueva placa base.
Calidad	Asegúrese de que el cambio merece la pena y que la placa le va a ofrecer más prestaciones que la original. Por supuesto, debe disponer de los manuales oportunos. Desconfíe de aquellas placas que no vengan claramente documentadas.
Conexionado general	Por último observe todos los aspectos generales de conexión. Algunos fabricantes con soluciones propias abandonan las conexiones estándar para favorecer su producto. Así, puede encontrarse fuentes de alimentación que suministran tensión a la placa base mediante conectores especiales e, incluso, integración en un único soporte de todos los hilos de conexionado a la caja (Power On, Reset...). Cabe la posibilidad de que también los conectores externos de teclado, ratón, USB y los demás no se ajusten a las medidas estándar de la caja.

Una vez determinada la idoneidad de la placa, llega el momento de la práctica. En primer lugar será recomendable configurar la nueva placa base según los requerimientos impuestos, fundamentalmente, por el microprocesador. No tiene sentido seguir avanzando si en este punto se encuentra con alguna dificultad. Una vez superada esta fase, será preciso extraer la placa original, para lo que habrá que desconectar completamente todo, esto es, la alimentación de la placa base, buses y cableado de la caja (Power On, Reset…). A continuación llega el proceso de la extracción. Habrá que comenzar por retirar todas las tarjetas introducidas en los slots. El proceso es sencillo ya que basta con desatornillar las tarjetas del chasis mediante un tornillo dedicado a tal fin. A continuación habrá que extraer las diferentes tarjetas.

En algunos PC es posible desmontar la parrilla sobre la que se encuentra anclada la placa por uno de los laterales de la caja. En otros hay que sacar las disqueteras y unidades diversas para que se pueda extraer por la parte de los componentes. De cualquier modo, también habrá que liberar la placa base de la parrilla anclada mediante tornillos y, en ocasiones, por separadores de plástico que requieren de una cierta presión en su parte superior. Libre la placa, habría que extraer cuidadosamente los componentes en ella insertados como son el microprocesador y la memoria. Se recomienda al lector revisar los apartados correspondientes a la sustitución de estos componentes pero, en esencia, en el caso de la memoria basta con liberar los anclajes para extraer el módulo y, en el micro, levantar la sujeción que lo aprisiona sobre el socket. También se desconectará la alimentación del disipador.

A partir de este momento y con la nueva placa previamente configurada, el proceso se repite en el orden inverso: inserción de memoria y microprocesador, anclaje en la parrilla, conexionado de cables, alimentaciones y buses y, por último, inserción y fijación de tarjetas en los slots correspondientes.

Finalizado este proceso sólo queda la fase de configuración que pasa por dos aspectos clave: microprocesador y unidades. Aunque en la mayor parte de los casos estos puntos son automáticos, revise la configuración referente al *Setup* de su placa y siga las instrucciones suministradas por el fabricante.

16.7 SUSTITUYENDO EL MICROPROCESADOR

La sustitución del microprocesador, el cerebro de la máquina, puede estar motivada por dos razones fundamentales: una avería o una ampliación. En el primero de los casos, toda la operación se reduce a un simple proceso manual, consistente en retirar el ventilador-disipador de sus anclajes si es preciso y extraer el componente averiado para colocar en su lugar el nuevo. Debe tenerse especial cuidado con los contactos (ya sean pines o pistas de circuito impreso) para que queden bien afianzados en el zócalo o *socket* para no dañarlos. No se requiere de ningún tipo de configuración adicional y la máquina debe ser operativa desde el primer momento.

Figura 16.4. Cambio de la CPU

En caso de proceder a una ampliación, en primer lugar habrá que asegurarse de que el microprocesador que se desea instalar es soportado por la placa base, tanto en su configuración física relativa al zócalo o *socket* usado como a los valores de tensión y frecuencias requeridos. En caso de ser así y haber validado todos los parámetros expuestos, será necesario reconfigurar la placa base según las especificaciones del fabricante. Algunas simplemente requieren una configuración por BIOS, mientras que otras, las menos, lo hacen a través de un sistema de *jumpers*. Sea cual sea el modo, debe venir claramente especificado en las instrucciones de la placa base y debe pasar por tres puntos: tensiones de alimentación apropiadas, frecuencia de trabajo de la placa y factor multiplicador usado.

16.8 SUSTITUYENDO LA TARJETA DE VÍDEO

Reemplazar una tarjeta de vídeo es una operación cada día más frecuente. Habitualmente viene motivada por las exigencias, cada vez más estrictas de los entornos gráficos actuales, más aún si se utilizan juegos avanzados.

La instalación de una tarjeta nueva no supone mayor problema que el que la propia instalación de drivers pueda suponer. Así, en cuanto al aspecto manual, bastará con retirar la tarjeta original e introducir la nueva en el slot apropiado.

Una vez reemplazada, habrá que ponerse en manos del fabricante usando los drivers apropiados. Es habitual que estos programas dispongan de un *Asistente* que guíe al usuario durante todo el proceso. De todos modos, para mayor información sobre la instalación de drivers y configuración de la tarjeta, se recomienda repasar el capítulo 7 dedicado al sistema de vídeo.

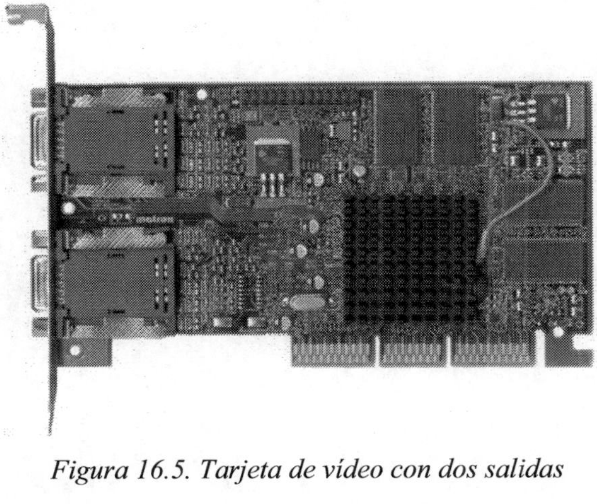

Figura 16.5. Tarjeta de vídeo con dos salidas

Otra de las operaciones comunes relacionadas con el sistema de vídeo es la instalación de una tarjeta adicional. Si se necesitan dos salidas de vídeo, se podrá recurrir a una tarjeta ya equipada con dos conectores (en cuyo caso, el proceso de instalación y montaje no difiere en absoluto del detallado en el párrafo anterior) o bien añadir una tarjeta más al sistema. Lo importante en este caso es que las tecnologías de conexión al bus sean diferentes ya que no es habitual que se pueda trabajar sobre un mismo tipo de slot con dos tarjetas de vídeo salvo que estén diseñadas para tal fin. Como en los casos anteriores, habrá que seguir de forma detallada las instrucciones del fabricante.

16.9 PRÁCTICA PROPUESTA

La práctica siguiente pretende ayudar al lector a profundizar en los conceptos tratados en el capítulo. Un apéndice al final del libro describe, paso a paso, la solución propuesta. Se recomienda que el lector lo use como método de autoevaluación para comprobar la asimilación del tema que abre el capítulo.

1. Compruebe cómo crear particiones en formato FAT16 y FAT32. ¿Cuáles son las diferencias básicas?

Capítulo 17

MANTENIMIENTO Y MEJORAS

Un libro con un marcado carácter didáctico como pretende ser éste estaría escaso de contenido pedagógico si no ofreciese una serie de prácticas. Este tipo de propuestas suelen ser útiles en dos vertientes: tanto para el docente como ayuda en la clase como para el propio alumno usando así el texto como un ejercicio de autoevaluación.

La dificultad aparece cuando el tema a tratar es eminentemente técnico y manual como éste. Existe un tópico en Inteligencia Artificial que hace referencia a la *Paradoja del Conocimiento* que, en esencia, dice que cuanto más conocimiento tiene una persona, más difícil le resulta expresarlo. Así, será complicado que alguien experimentado argumente qué mejoras y trucos (¿por qué no?) pone en práctica cuando seguramente lo hace de un modo intuitivo. Así, se ha cuidado especialmente el aspecto de gráficos e imágenes intentando realizar un texto lo más intuitivo posible. De igual modo, los ejercicios han sido guiados para profundizar y asimilar cada uno de los conceptos representativos del capítulo objeto de estudio.

En la mayor parte de los casos, el lector encontrará múltiples soluciones y, la aquí propuesta, sólo es una más (no tiene por qué ser la mejor aunque se ha intentado que así sea en la mayoría de los casos). Las explicaciones detalladas ayudarán, paso a paso, a alcanzar la resolución de la cuestión planteada.

Puede, si le parece oportuno, realizar variaciones sobre las prácticas propuestas incidiendo en otros puntos más superfluos una vez superado el umbral de conocimientos requerido. Como poco a poco descubrirá, el inmenso abanico de fabricantes y modelos hace que sea difícil establecer unas líneas magistrales de resolución aunque, en esencia, todos los procesos se ajustan a los mismos patrones. Por supuesto, si dispone de la opción, intente replicar las prácticas con diferente material ya que cada fabricante aporta peculiaridades específicas en sus productos.

17.1 DISIPACIÓN DE CALOR: LA CLAVE

Uno de los problemas o, simplemente, una de las condiciones de uso de los semiconductores es el rango de temperaturas adecuado. La Electrónica Digital, base de todos los sistemas que componen el ordenador, se sostiene sobre semiconductores que, dadas sus propiedades, facilitan el uso de la información digital. Sin pretender entrar en cuestiones más profundas, objeto que escapa de los fines de este libro, todos los componentes basados en semiconductores (microprocesador, circuitos integrados, transistores...) están diseñados para trabajar a una temperatura que oscila entre los 5 ºC y 25 ºC. Esto no quiere decir que no se puedan superar los límites (incluso por encima de los 80 ºC, tal y como se cita en el capítulo dedicado a las placas base) pero lo que es cierto es que el rendimiento se verá penalizado.

Por otro lado, la temperatura va en función de la potencia disipada que se puede calcular de forma somera como el producto de la tensión por la intensidad. Cierto es que en un PC las tensiones son ridículas (comparadas con otros sistemas) y las corrientes mínimas pero también es verdad que, con el aumento de la frecuencia de conmutación, la disipación de calor aumenta. En definitiva, se trata de refrigerar adecuadamente el PC para que los resultados sean óptimos.

Figura 17.1. Placa base con dos disipadores

En este sentido hay experiencias contrastadas como, por ejemplo, el *overclocking*, técnica que consiste en hacer trabajar al microprocesador a una frecuencia superior para la que ha sido diseñado. Si el micro está bien refrigerado, el *overclocking* es viable en un alto porcentaje de casos. Incluso, algunos fabricantes de cajas, conscientes de esta necesidad, han dado una nueva función al obsoleto botón de *Turbo* de las cajas: ya no sirve para cambiar la frecuencia de trabajo sino para activar un ventilador auxiliar que baje la temperatura del sistema. Sin duda, la clave es la disipación de calor.

Una de las mejoras más significativas que se pueden realizar en el PC es precisamente ésa: facilitar la refrigeración. Como siempre, existe un binomio negativo en cuanto a calor-ruido pero el fin bien justifica los medios, al menos, en este caso. Así, puede ser interesante revisar qué elementos de disipación hay en el PC y potenciarlos. Existen cajas en el mercado que incluyen circuitos de refrigeración por gas similares a los usados en los frigoríficos pero, probablemente, no hay que llegar a tanto para conseguir buenos resultados.

De esta manera, el primer elemento a observar debe ser el microprocesador. Debe contar con un disipador de aluminio o cobre –materiales de gran conductividad térmica– de generosas proporciones y, además, con un ventilador en la parte superior del mismo que ayude a evacuar el calor. Algunos fabricantes reducen este conjunto a un disipador únicamente. Éste puede ser el primer elemento a cambiar. El precio del conjunto disipador-ventilador no es elevado y el sistema lo agradecerá.

Lo mismo ocurre con el resto de componentes: chipsets y procesadores de vídeo son elementos con una disipación térmica importante como para prestarles atención. Lo mismo ocurre con el disco duro. Aunque no demasiado habituales, existen disipadores para discos duros que permiten que las prestaciones del mismo se mantengan con independencia de las horas de uso. Concretamente en estos componentes, los fabricantes habilitan sistemas de reajuste térmico, motivados por la dilatación que experimentan los discos con el aumento de temperatura y el nuevo cálculo de posicionamiento físico de las cabezas.

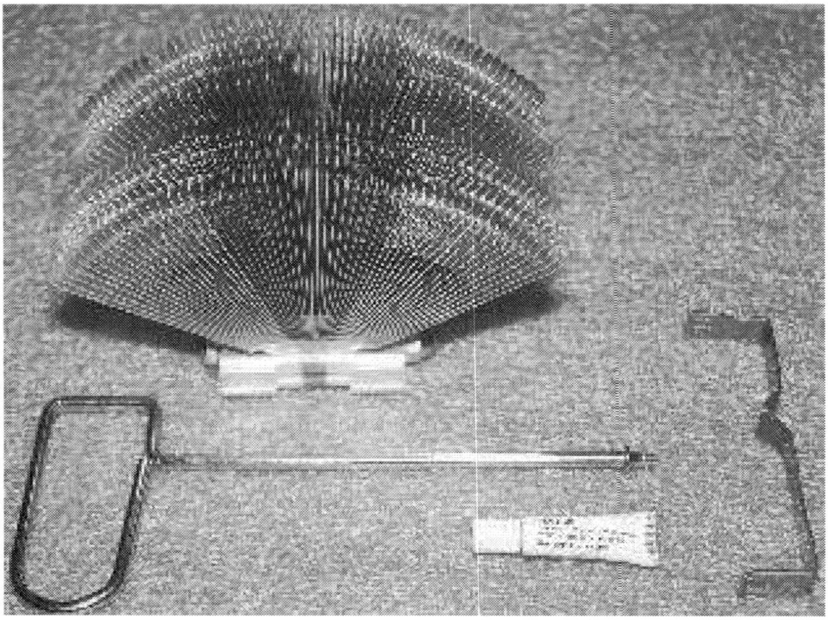

Figura 17.2. Disipador y útiles

Además de la disipación específica de componentes, se puede contemplar una ayuda de carácter más general. Por supuesto, un ventilador adicional en la caja siempre es recomendable. Se trata de un elemento de las mismas dimensiones que el incorporado en la fuente de alimentación y ayudará a que se produzca una corriente de aire interna que ventile de forma general el PC. Por otro lado, es común contar con cajas donde se canaliza el aire caliente expulsado del microprocesador a través de un cilindro que accede directamente al exterior. Todo contribuye a la evacuación de calor.

Consulte a su proveedor de microinformática sobre las opciones de refrigeración de ordenadores y, por supuesto, consulte Internet. Sin duda, encontrará elementos de disipación sorprendentes.

Una vez completado el equipo con todas las medidas oportunas para la disipación, suele ser recomendable observar los valores de temperatura de los diferentes componentes instalados. En ocasiones la propia BIOS aporta información, aunque siempre se puede recurrir a alguna aplicación específica tal y como se muestra en la figura.

Figura 17.3. Información de rendimiento

Los datos que se aprecian corresponden a un applet específico de Linux, como ejemplo de la información que un sistema operativo puede ofertar. De cualquier modo, aplicaciones como *Everest Home Edition*, software desarrollado por *Lavalys* (www.lavalys.com) aportan datos sobre los diferentes componentes que integran el PC. Así, cada uno de ellos se refleja junto a su temperatura que viene asociada a los valores dentro del rango permitido.

Sólo una nota más a fin de desmitificar falsas creencias: hay quien piensa que un PC está más refrigerado si se le retira la carcasa a la caja. Nada menos acertado: la caja está diseñada para que se produzca una corriente en su interior desde la parte frontal hacia la posterior. Si se le desprovee de la carcasa, se pierde ese circuito de aire y puede resultar perjudicial para el funcionamiento del PC.

17.2 CABLEADO AERODINÁMICO

Claro está que la disipación es uno de los elementos fundamentales para aumentar el rendimiento del PC y, claro está también, que la misión de la caja, además de albergar el PC, es la de hacer las veces de un circuito de refrigeración, tal y como ha quedado expuesto en el punto anterior.

Bien, se trata pues de optimizar la corriente de aire que fluye por el interior de la máquina. Mucho se mejoró con la conexión SATA pero lo cierto es que todavía pueden existir muchos dispositivos IDE recuperados de viejos equipos. La "anchura" de estos cables (pueden llegar a ser hasta 80 hilos dispuestos en paralelo) originan verdaderas barreras para la libre circulación del aire. Por supuesto no se trata de un impedimento insalvable pero no cabe la menor duda de que no favorece la correcta refrigeración de la máquina.

Existen en el mercado cables denominados "aerodinámicos". Su única diferencia frente a los convencionales es que tienen una forma circular en lugar de plana. Esto facilita la corriente de aire que se genera en el interior dando un aspecto más despejado al PC.

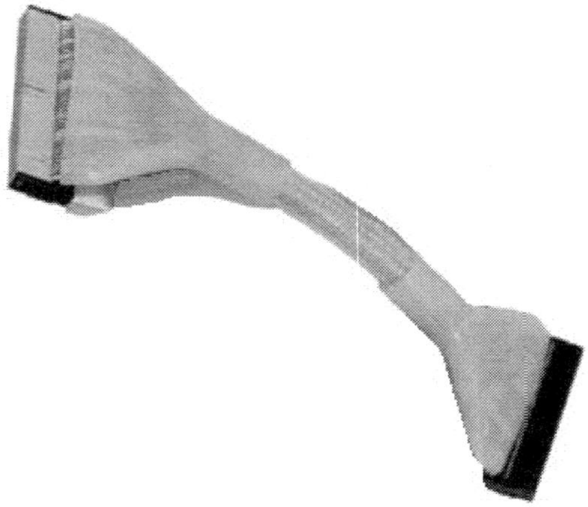

Figura 17.4. Cable aerodinámico

De todas maneras, si no encuentra este tipo de cable, no se preocupe: existe una solución un tanto "manual". Consiste en enrrollar las fajas sobre sí mismas aprisionándolas con bridas. En algunos casos, se pueden conseguir mejores resultados partiendo la faja en varias porciones que sean unidas longitudinalmente. No es exactamente lo mismo pero la solución es válida. De cualquier modo, si opta por esta última posibilidad, tenga cuidado de no dañar los aislantes de los cables a la hora de separar los bloques de hilos independientes. Como se indicaba en este sentido, la aparición de los discos duros SATA fue un avance importante para facilitar el fluido de aire.

17.3 UNA VUELTA MÁS: LA REFRIGERACIÓN ACTIVA

Dentro de la refrigeración, habría que hablar de sistemas activos y pasivos. Así, con independencia de los ventiladores y disipadores ya tratados en el apartado anterior, las nuevas tendencias ofrecen sistemas de refrigeración activa basados en circuitos de agua que se encargan de actuar como fluido termo-transmisor. De este modo, la temperatura de los componentes se transmite al fluido de manera que posteriormente pueda ser enfriada mediante un disipador general de mayor eficacia, similar a lo que haría el sistema de refrigeración de, por ejemplo, un coche.

En esencia, se trata de eso: un circuito cerrado de agua (generalmente con aditivos) que recorre las zonas vitales del PC, conectándose a través de manguitos (¡sí, manguitos!) a superficies que hacen las veces de disipadores en contacto, obviamente, con el elemento a refrigerar. La evacuación de calor consigue, a través del movimiento del agua impulsada por una bomba, reducir en unos cuantos grados la temperatura, algo que puede ser aprovechado para obtener una mayor estabilidad en el equipo, así como obtener un mayor rendimiento a través de técnicas de *overclocking*.

En la figura se aprecia un kit de disipación por agua de la compañía Asetek (www.asetek.com). Se trata de un producto que se coloca sobre la CPU, el chipset y la VGA. Se compone de una serie de tubos con los terminadores apropiados para su interconexión, una bomba de impulsión y los disipadores necesarios.

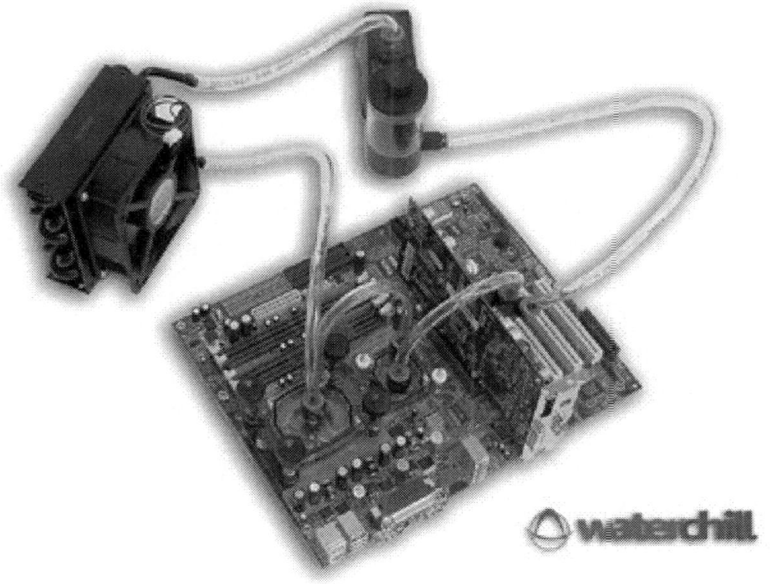

Figura 17.5. Kit de WaterChill de Asetek ©

17.4 LIMPIANDO EL PC

Al igual que en otros aparatos de consumo eléctrico, los ordenadores generan una cantidad importante de electricidad estática que atrae el polvo y que en nada ayuda al funcionamiento del PC.

El polvo, la pelusa... si bien no causan ningún problema específico en los componentes, sí que reducen su capacidad de disipación de calor además de incidir de forma nociva en todas las partes móviles que estén al descubierto (motores de disqueteras, disipadores...).

Aunque a primera vista éste pueda parecer un punto carente de importancia, quizás ayude al lector a situar su importancia el saber que un alto porcentaje de los PC que funcionan bien durante unos minutos y luego dejan de hacerlo suele ser causa del aumento de temperatura por un fallo en la disipación que, a su vez, en la mayor parte de los casos, es fruto de una disminución de revoluciones en los ventiladores como consecuencia del polvo.

Limpiar el PC no requiere de ninguna consideración previa excepto la que por intuición lógica se desprende. Debe realizarse con cuidado de no dañar ningún componente y extraer ningún cable. Si bien es cierto que se puede aspirar la máquina (con una pequeña aspiradora o una pera destinada a tal fin), suele resultar más útil "soplarla", es decir, generar una corriente de aire que levante el polvo y lo expulse fuera. Esto puede realizarse con cuidado con un pequeño compresor o, mejor aún con un bote de aire a presión comercializado a tal fin.

Ponga especial atención en todos los ventiladores y en disqueteras aunque, para estas últimas al igual que para las unidades de CD, suele ser más efectivo introducir un disco limpiador. Tampoco olvide los periféricos adyacentes y, de especial manera, el ratón y el teclado.

17.5 LA FRAGMENTACIÓN

Durante el proceso de lectura/escritura habitual en un disco (ya sea flexible o duro) es normal que se produzca un efecto conocido como "fragmentación". Éste se produce como consecuencia de los reajustes necesarios para aprovechar el espacio en el soporte físico. Pongamos un ejemplo: supongamos que disponemos de un medio físico de almacenamiento de información de una capacidad de 6 (la unidad de medida es indiferente) y se desean grabar cuatro archivos: A, B, C y D que ocupan 2, 1, 2 y 1 unidades de información respectivamente. Una vez grabados, el disco quedaría completamente lleno tal y como se muestra en la figura siguiente. A continuación se desean borrar dos ficheros: B y D, liberando así dos unidades de información. Una vez en este punto, se quiere grabar otro fichero: el E que ocupa dos unidades. La pregunta es si cabría, ya que, visto de una forma lógica, sí que existe espacio suficiente, pero, por otro lado, éste no es adyacente. ¿Qué haría el PC? La solución consiste en grabar el fichero aunque sea de forma no contigua. El fichero E estaría pues *fragmentado*.

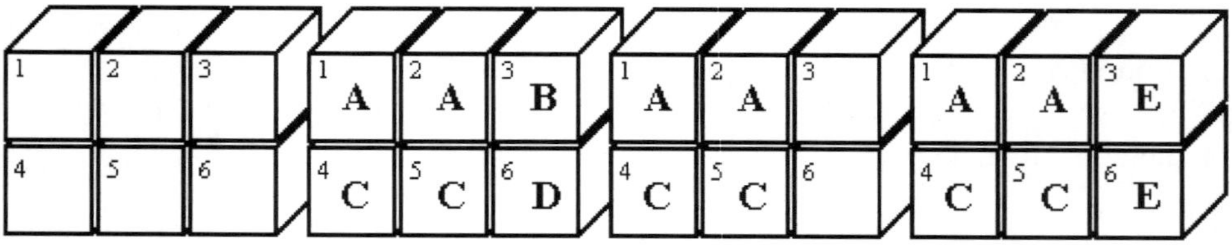

Figura 17.6. Almacenamiento de información

Este efecto, tan natural como indeseable, tiene varios aspectos negativos. Por un lado ralentiza de forma significativa la máquina ya que, si precisamente los accesos al disco son una de las operaciones más lentas, un archivo fragmentado obliga a que la cabeza deba realizar varias lecturas con los consecuentes tiempos de posicionamiento y latencia asociados. Es más: una excesiva fragmentación puede acarrear el "cuelgue" de la máquina. Por otro lado y dado que queda claro que el número de movimientos de la cabeza se incrementa, esto incide negativamente sobre la vida útil del disco.

Para solucionar este problema es preciso recurrir a soluciones software que en muchos casos se implementan en el propio sistema operativo y, en otros, se pueden conseguir como aplicaciones externas. Windows incorpora un desfragmentador que, de forma guiada, asesora al usuario sobre las operaciones a llevar a cabo.

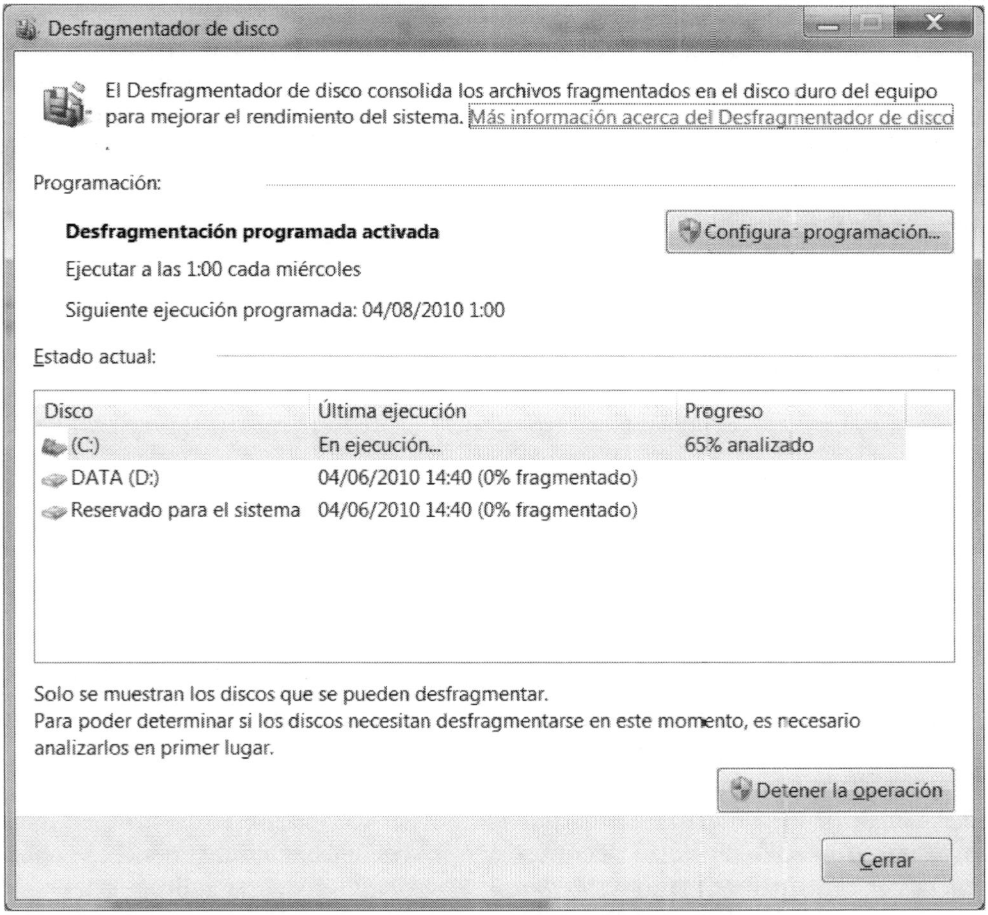

Figura 17.7. Desfragmentador de Windows

17.6 HIGIENE INFORMÁTICA

Los ordenadores, sobre todo en manos de usuarios inexpertos, suelen sufrir lo que se denomina comúnmente un ciclo de enfermedades infantiles. Con este término se conoce a los problemas que son consecuencia de un uso inapropiado del ordenador. La carga indiscriminada de programas, utilidades, juegos... acaban provocando la inestabilidad del sistema y el enlentecimiento progresivo del mismo.

Si bien está claro que esto depende en gran medida del sistema operativo usado, es muy habitual que las aplicaciones cargadas modifiquen parte del sistema. Poco a poco el software que se encuentra en la máquina degenera y cada vez es más distinto del original. Cuando se llega a esta situación, la única solución realmente eficaz es realizar una copia de seguridad de los datos importantes y formatear el sistema, volviendo a lo que era el software original.

Este efecto indeseable también se da por la eliminación de programas, sin proceder a su desinstalación. Recuerde que en todos los GUI (*Graphics User Interface* o interfaz gráfica de usuario) las aplicaciones no se copian, sino que se instalan, esto es, que realizan modificaciones en el software de la máquina para poder funcionar. Si el usuario opta por la eliminación de la aplicación, las modificaciones realizadas por el programa aún estarán vigentes y provocarán errores al no localizar el software.

La única recomendación válida es instalar sólo aquellas aplicaciones que se vayan a usar y desinstalar aquéllas que, una vez evaluadas, no son del interés del usuario. No obstante y aun con estas precauciones, es probable que con cierta periodicidad (según su uso de la máquina) tenga que reinstalar el sistema operativo.

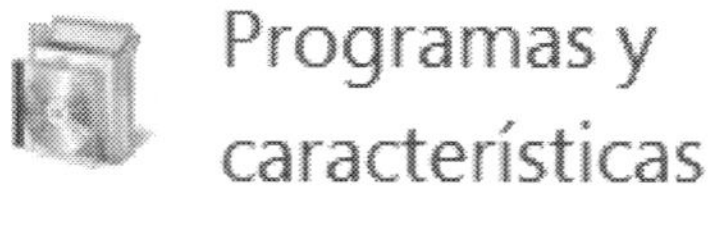

Figura 17.8. Mantenimiento del software

Algunos sistemas operativos como en el caso de Windows en todas sus versiones, incluyen un software específico de instalación y desinstalación de aplicaciones que consigue, además de eliminar el software no deseado, borrar todas las referencias existentes al mismo. En la figura superior aparece el icono del *Panel de control* para cambiar o desinstalar programas en Windows 7. (El icono para instalar software desaparecido con respecto a versiones anteriores donde se podía encontrar el apartado de *Agregar o quitar programas*). Use esta aplicación siempre que desee añadir o eliminar software.

17.7 LIMPIADORES DE REGISTRO

Cada vez que un programa es instalado, suele realizar unas entradas en el registro del sistema y, cuando se desinstala, no siempre el programador prevé la eliminación de las mismas. Son lo que se denomina entradas huérfanas y pueden acabar provocando errores en el sistema con referencias inútiles, además de una considerable disminución del rendimiento y un aumento de la posibilidad de errores.

La solución puede pasar por una limpieza manual a través del comando del sistema *regedit*, si bien puede ser un proceso largo y tedioso. Esta aplicación, tal y como se muestra en la figura, permite que el usuario edite el registro del sistema y realice las modificaciones que considere oportunas.

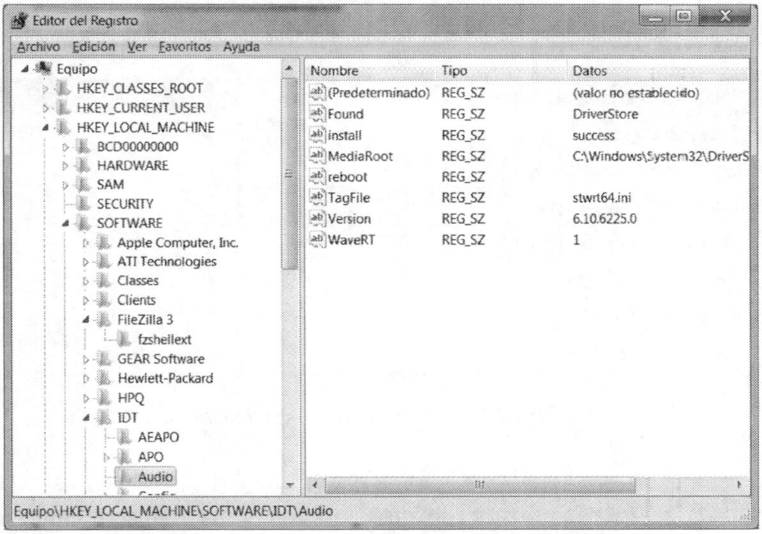

Figura 17.9. Aspecto de regedit

No obstante, no hay que olvidar que el registro es una parte vital de Windows y que un error en el mismo puede conllevar la inutilización del sistema operativo (sea cauto y, ante la duda, no modifique). A fin de facilitar esta tarea, existen aplicaciones denominadas limpiadores de registro cuya finalidad es realizar esta labor, de forma segura, cada vez que el usuario lo considere oportuno.

Existen muchas aplicaciones en el mercado tales como *QMgr Cleaner*, *MindSoft Registry*, *Registry Healer*... y, en ocasiones, suele ser cuestión de gustos elegir una u otra. Es habitual que también incluyan utilidades auxiliares tales como localizar entradas rotas y entradas inválidas de fuentes, ítems obsoletos, llaves de registro vacías, rutas inválidas, referencias DLL compartidas no usadas...

17.8 HERRAMIENTAS DEL SISTEMA

Es habitual que los sistemas operativos más difundidos en general y de forma particular Windows en sus diferentes versiones incluyan utilidades software para mantener el sistema. De hecho, desde hace ya tiempo la compañía de Bill Gates apostó por incluir programas que se comercializaban de forma externa.

Actualmente Windows cuenta con un compendio de herramientas potentes que ayudarán al usuario a optimizar los recursos de su sistema con la facilidad que caracteriza a los entornos gráficos. No obstante, siempre se recomienda acudir al manual del usuario específico del sistema operativo para comprobar las implicaciones de cada una de las aplicaciones.

En el caso de Windows, las utilidades suministradas son las mostradas en la figura. Se ofrece un breve resumen a fin de familiarizar al lector con ellas:

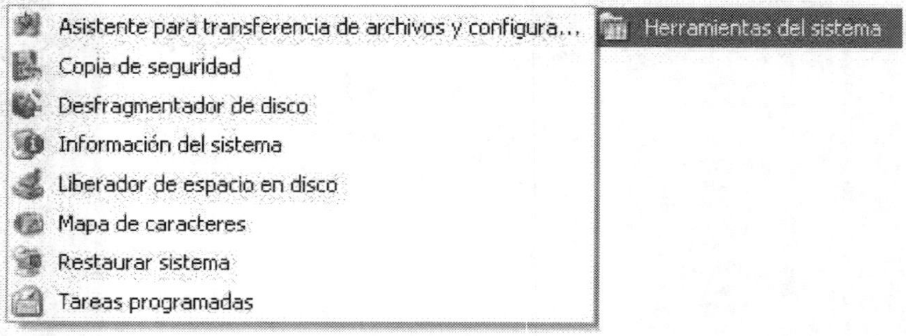

Figura 17.10. Herramientas del sistema

Asistente para transferencia de archivos y configuraciones

Se trata de una opción interesante cuando se desee cambiar de máquina. Así, cada vez que se opta por adquirir un equipo de prestaciones superiores, además de realizarse los pasos imprescindibles de instalación de aplicaciones y sistema operativo, queda la tediosa labor de reconfigurarlo. Es preciso personalizar los accesos, el *Escritorio*, conexiones a Internet, cuentas de correo. Mediante esta opción se permite almacenar las configuraciones específicas determinadas por el usuario y poder aplicarlas de forma directa en el nuevo equipo. Se trata, por tanto, de una opción interesante de conocer ya que cuenta además con un *Asistente* software que guiará al usuario o técnico durante todo el proceso.

Copia de seguridad

Se trata de una herramienta selectiva para realizar *backups* o copias de seguridad. Esta aplicación sirve tanto para el almacenamiento como para la recuperación. Llama la atención su versatilidad ya que, además de los datos, permite almacenar configuraciones sin restar capacidad al usuario para que él decida qué archivos guardar.

Desfragmentador de disco

Se trata de una aplicación ya conocida tratada en otro apartado de este mismo capítulo. La desfragmentación consigue aumentar el rendimiento del sistema a la vez que optimizar los accesos y, por tanto, prolongar la vida del disco.

Información del sistema

Es una potente aplicación ya no sólo para conocer la configuración exacta del equipo (opción para la que Windows arranca un sistema de detección de elementos), sino también para conocer potenciales errores. Tal y como se aprecia en la figura, la aplicación se estructura de forma arborescente facilitando unos puntos de interés. Será al pulsar el usuario con el ratón sobre un elemento concreto cuando aparezcan los datos relativos al mismo.

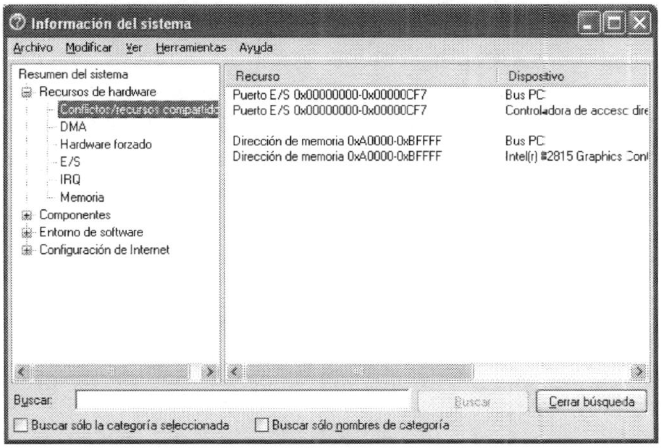

Figura 17.11. Información del sistema

Liberador de espacio en disco

Windows funciona con memoria virtual, esto es, la utilización del disco duro para simular memoria principal del sistema. Obviamente, una falta de espacio en disco repercute negativamente en el sistema operativo disminuyendo el rendimiento. Por otro lado, son muchos los archivos que se pueden eliminar para conseguir espacio. Eso es precisamente lo que consigue esta aplicación: identificar cuánto espacio se podría liberar eliminando todo aquello que no sea preciso y dejar al usuario la posibilidad de actuar en consecuencia. Estos ficheros pueden provenir tanto desde la *Carpeta de reciclaje* del sistema como de carpetas con ficheros temporales de Internet. Aunque sin duda la mayor limpieza es la dirigida por el usuario, esta herramienta ayudará a obtener un mayor aprovechamiento de la capacidad del disco.

Mapa de caracteres

Para ser honestos, la inclusión de esta aplicación dentro del apartado de *Herramientas del sistema* no tiene demasiado sentido. El *Mapa de caracteres* es una versión evolucionada del programa del mismo nombre que ya existía en las primeras versiones de Windows. Lo único que proporciona es un gran número de caracteres no obtenibles de otro modo (por ejemplo, los del código Unicode no contemplados en el código ASCII). Interesante para recurrir a caracteres complejos pero con poca utilidad para el mantenimiento del sistema...

Restaurar sistema

Cada vez que se realiza un cambio significativo en el equipo, Windows crea un punto de restauración, esto es, una marca que permitirá que el sistema retorne a la configuración previa. Esta opción es interesante si se desea realizar grandes cambios de software y no se tiene una certeza absoluta de los resultados. Por supuesto, también el usuario puede decidir dónde desea crear un punto de restauración. No obstante y a pesar de la potencia de la herramienta, sea precavido en su uso.

Tareas programadas

Las tareas programadas permiten al usuario establecer una cadencia para la ejecución de determinadas acciones. Se podría entender como una agenda en la que se programan diferentes eventos. Así será posible, por ejemplo, determinar que todos los viernes se desea realizar una desfragmentación de disco o que todos los meses se desea liberar espacio en disco duro. Cualquier opción de mantenimiento puede verse agilizada mediante la ayuda de esta aplicación, intuitiva como la mayoría que conforman el entorno de Windows.

Capítulo 18

AVERÍAS

El tema de las averías, sin duda, es uno de los más interesantes –y más entretenidos– que un técnico puede encontrar una vez se ha adquirido la experiencia suficiente. Bien entendida, cada avería es una adivinanza para el técnico y la parte divertida (sí, divertida) está en encontrar la solución más efectiva con la mayor brevedad posible.

Bien es cierto que las averías, en un alto porcentaje, están dentro de la parcela de software mucho más que en la del hardware. Es más, se puede afirmar sin lugar a dudas que un PC que funcione bien desde el principio, lo hará correctamente hasta el final de sus días. Las averías hardware, si se dan, suelen manifestarse en los primeros días de uso. A partir de ese momento, generalmente, no habrá problemas excepto los habituales, consecuencia del uso y desgaste mecánico (CD, discos duros...).

Aun con poca experiencia, el lector descubrirá que las averías suelen ajustarse, en su mayoría, a un patrón determinado. Así, se pueden reparar casi siguiendo un esquema concreto de actuación. Según la sintomatología del equipo, se llega a su problema. Por otro lado, también la experiencia determinará la probabilidad en las averías. De este modo, se observará que las averías en los microprocesadores son casi inexistentes, mientras que en memoria y en placa base son mucho más frecuentes.

Otros tipos de problemas presentan signos muy evidentes (por ejemplo, los de disco duro), mientras que algunos pueden causar largas horas de prueba (por ejemplo, la memoria). En cualquier caso es importante siempre saber cómo reproducir el error para así, una vez reparado, tener la constancia de que realmente se ha hecho.

Una consideración aparte tendrían las incompatibilidades entre componentes. Mucho menos frecuentes que cualquier otro problema, a veces se pueden encontrar dispositivos que, independientemente, funcionan correctamente y sólo cuando se conectan entre sí aparecen errores. Dado que la reparación consiste casi siempre en la sustitución de componentes, este tipo de averías (las incompatibilidades) suelen inducir a error y son las más atípicas.

18.1 ¿CONVIENE REPARAR?

Por rara que a primera vista la pregunta pudiera parecer, lo cierto es que en un PC se repara nada o muy poco. En la mayor parte de los casos se opta por la sustitución del componente averiado lo que conlleva que no sea preciso disponer de conocimientos previos de Electrónica (si bien a veces es recomendable tener algunas nociones básicas, por lo menos, de Electrónica analógica). Este sistema de reparación por sustitución se fundamenta en dos razones de peso:

Complejidad Los componentes electrónicos del PC, aun en el caso más básico, son extremadamente complejos. Su análisis, además de requerir un técnico muy cualificado en electrónica, implicaría la disponibilidad de instrumental muy avanzado y, por añadidura, caro. Téngase en cuenta que tan sólo las frecuencias que se manejan en un PC requerirían osciloscopios, analizadores y demás instrumental de una velocidad muy elevada. Por otro lado, no es normal que un fabricante proporcione documentación técnica en el ámbito de hardware para la reparación. Se da de forma habitual el caso de que algunos integrados se fabriquen de forma exclusiva para un componente a petición de un fabricante, pudiendo desaparecer del mercado una vez agotado el ciclo de producción. Sobra decir que en la mayor parte de los casos estos componentes no se referencian de un modo estándar, sino que responden a una codificación propia del fabricante por lo que, aun en el caso de poder detectar la avería, sería imposible adquirir el componente defectuoso.

Precio La mayor parte de los componentes del PC tiene un precio que en ningún caso justifica la inversión de horas de un técnico y, ni mucho menos, la amortización del instrumental averiado. Si toma el rol de técnico, opte por sustituir el componente defectuoso; sin duda, ahorrará dinero a su cliente. Si por el contrario su rol es de cliente, desconfíe de los técnicos que "arreglan" componentes: salvo los errores obvios y de carácter mecánico, estos componentes no se pueden reparar y siempre será más barata la sustitución.

Así, la función de un técnico consiste en determinar la avería y, una vez que se considera localizada, comprobar la veracidad del diagnóstico mediante la sustitución del componente. Como caso excepcional se podría hablar de la fuente de alimentación que, dado su carácter analógico, puede admitir alguna intervención puntual. Aun así, su bajo precio recomienda no emplear demasiado tiempo.

Antes de embarcarse en una titánica tarea de reparación, evalúe el precio del componente y su precio-hora. Piense también en la conveniencia de disponer de un componente completamente nuevo frente a uno reparado. Por poner un ejemplo, una fuente de alimentación puede costar, aproximadamente, entre 20 y 30 €. Si decide repararla, piense que entre los componentes usados y su intervención el precio deberá ser inferior y, además, debe "merecer la pena" para que el usuario opte por esa reparación (siempre será una fuente "retocada" frente a la garantía y fiabilidad que ofrece el adquirir una fuente nueva). Seguramente su conclusión será la de no reparar.

No obstante, no se confíe. Quizás lo expuesto pueda parecer que la labor de un técnico se ciña a un simple "cambia-piezas" pero, en realidad, hay más. Téngase en cuenta que la efectividad en una reparación es, en gran medida, la eficiencia, entendiendo por ésta la capacidad de resolver problemas en un intervalo de tiempo. Cuanta más experiencia tenga el técnico, más rápidamente localizará la avería que si bien en estas líneas se puede ver como un conjunto limitado de posibilidades, en la realidad el abanico se abre de forma importante. Así, cuando una avería está compuesta por dos errores independientes, el razonamiento lógico expuesto en estas líneas deja de ser válido y sólo la intuición del técnico (o muchas horas de dedicación) le llevarán a la solución.

18.2 PREPARANDO EL TALLER

No es la primera vez que en este libro se habla de los aspectos previos a intervenir en un PC. No obstante y más en este capítulo, resulta imprescindible recordar algunos puntos importantes. Todas las precauciones ayudarán a no crear más averías de las iniciales y, sobre todo, a garantizar la integridad del técnico. Recuérdese que, a pesar de que en el PC las tensiones son mínimas, no ocurre lo mismo si se manipula el interior de una fuente de alimentación o un monitor que, a pesar de llevar varios días desconectado, puede provocar importantes descargas eléctricas. Bajo este criterio, se han desarrollado los siguientes puntos, a saber:

Cortocircuitos	No manipule nunca el PC cuando éste esté conectado a la red eléctrica. Los daños por cortocircuitos pueden incidir tanto en el técnico como en los componentes. Así, la fuente de alimentación tendrá 220 v de corriente alterna, suficientes como para causar importantes lesiones. Por otro lado y dado que en la arquitectura ATX los PC nunca se desconectan (entran en un estado de espera), la manipulación de tarjetas puede provocar cortocircuitos que dañen las placas. Esto puede suceder, simplemente, con la inserción o extracción de una tarjeta o la memoria.
Electrostática	Nuevamente se recomienda un cuidado especial en la manipulación de tarjetas. Trabaje siempre con una pulsera electrostática y, en el peor de los casos, "descárguese" mediante el contacto de un conductor conectado a tierra (por ejemplo, cualquier zona metálica y no lacada de una calefacción o grifo).
Herramienta	No improvise útiles. Es indispensable contar con la herramienta adecuada. El uso de destornilladores planos sobre tornillos de estrella y operaciones similares sólo crean un mayor esfuerzo y problemas futuros que deberá solucionar. Empiece invirtiendo en su hobby o profesión contando con el instrumental adecuado.
Precaución	Ante todo a la hora de abrir un ordenador debe imperar el sentido común. Si no sabe cómo realizar una operación, consulte a alguien más formado. Apunte y tome nota de todas las conexiones, así como de todo aquello que considere de interés. Al final dispondrá de un elemento de trabajo realmente importante: sus propias notas.

Como punto final, trabaje en condiciones idóneas. Si bien no asegurarán el éxito de la reparación, al menos garantizará que no se empeoren las cosas. El resto, en gran medida, dependerá de la habilidad y conocimientos del técnico.

18.3 EL POST: UN GRAN ALIADO

A la hora de localizar averías, también el PC puede ayudar en cierta medida. Claro está que se pueden establecer dos catalogaciones distintas de problemas: software y hardware. En cuanto a las primeras la única recomendación válida es conocer el funcionamiento del sistema operativo. Cada sistema tiene sus peculiaridades y la obligación de un técnico es conocer a fondo el o los sistemas operativos más usuales. Esto, a veces, es complicado dada la cantidad de versiones que proliferan en el mercado por lo que siempre es conveniente contar con los manuales oportunos.

En cuanto a las averías hardware, el PC dispone de su propio sistema de detección de averías: el POST. El POST (*Power On Self Test*) o también llamado POD (*Power On Diagnostics*) es una aplicación firmware, es decir, es un programa que se encuentra implementado en hardware, concretamente en la BIOS. Como su nombre indica, su misión es la de hacer un chequeo del PC justo en el instante del encendido. Así, esta aplicación es la responsable del conteo de memoria que aparece cada vez que se arranca la máquina o de emitir determinados mensajes en pantalla o acústicos a fin de identificar el problema. Su funcionamiento, en esencia, consiste en lanzar al usuario un mensaje concreto (codificado a través de un número o con un literal explícito) indicando si se ha producido un error. Así, si intenta arrancar el PC mientras mantiene pulsada una tecla, la pantalla le indicará algo semejante a "keyboard error" (error en el teclado). Si el problema afectase al sistema de vídeo o a zonas vitales del sistema que impidiesen visualizar información en el monitor, el POST recurriría a un sistema acústico que, mediante pitidos, informase al usuario de la anomalía ocurrida. Sólo en casos muy concretos (fallo en placa base o en micro) el POST no informaría de nada en cuyo caso se sabría que una de las dos zonas vitales citadas tiene problemas.

El tipo de mensajes del POST varía de forma significativa ya no sólo entre fabricantes sino, incluso, entre versiones de una misma compañía productora de BIOS. En este sentido se recomienda visitar las webs de las BIOS más comunes a fin de disponer de un listado completo de toda la información. No obstante, a continuación se ofrece una breve descripción de los mensajes más frecuentes y más comúnmente aceptados por todos los fabricantes:

CÓDIGOS DE ERROR			
MENSAJE	ERROR	MENSAJE	ERROR
109	ERROR EN DMA	17XX	CÓDIGOS DE ERROR EN HD O CONTROLADORA
110	ERROR DE PARIDAD	1701	ERROR EN EL HD O EN LA CONTROLADORA
111	ERROR EN LA AMPLIACIÓN DE MEMORIA	1702	FALLO EN LA CONTROLADORA
11X	ERROR EN LA PLACA BASE DEL IBM PS/2	1703	ERROR DE DISCO DURO
2XX	ERROR DE LA RAM	1704	ERROR EN HD O CONTROLADORA
201	DIRECCIÓN DEFECTUOSA DE RAM	1780	FALLO EN LA UNIDAD 0 DE DISCO DURO
202, 203	ERROR DIRECCIONAMIENTO MEMORIA	1781	FALLO EN LA UNIDAD 1 DE DISCO DURO
215, 216	FALLO EN MEMORIA RAM DEL IBM PS/2	1782	ERROR EN LA CONTROLADORA
3XX	ERROR EN EL TECLADO	1790	ERROR EN LA UNIDAD 0 DE DISCO DURO
301	ERROR DE TECLADO	1791	ERROR EN LA UNIDAD 1 DE DISCO DURO

CÓDIGOS DE ERROR			
MENSAJE	ERROR	MENSAJE	ERROR
302	BLOQUEO DE TECLADO	18XX	ERROR EN LAS RANURAS DE EXPANSIÓN
303	ERROR DE TECLADO O CONTROLADOR	19XX	FALLO CONTROLADOR COMUNICACIONES 3270
4XX	ERROR EN MONITOR MONOCROMÁTICO	20XX	CÓDIGOS DE ERROR EN EL CONTROLADOR
401	ERROR EN MEMORIA DE VÍDEO	2010	ERROR EN EL PUERTO 2 DEL 8255
408	FALLO EN PETICIONES DE VÍDEO	2011	ERROR EN EL PUERTO 1 DEL 8255
416	ERROR EN JUEGO DE CARACTERES	2012	ERROR EN EL PUERTO 3 DEL 8255
424	FALLO EN MODO TEXTO	2013	TIMER 1 (8253) NO LLEGÓ C. DEL TERMINAL
432	FALLO DE LPT1	2014	FALLO EN EL TIMER 1 SWL 8253
5XX	ERROR EN TARJETA GRÁFICA CGA	2015	TIMER 0 (8253) NO ALCANZÓ C. TERMINAL
501	ERROR EN VÍDEO	2016	FALLO DEL TIMER 0 DEL 8053
508	FALLO EN ATRIBUTOS DE VÍDEO	2017	TIMER 2 (8253) NO ALCANZÓ C. DEL TERMINAL
516	ERROR EN JUEGO DE CARACTERES	2018	FALLO DEL TIMER 2 DEL 8253
524	FALLO EN MODO DE VÍDEO 80x24	2019	ERROR DEL PUERTO 2 DEL 8253
532	FALLO EN MODO DE VÍDEO 40x25	2020	ERROR DEL PUERTO 1 DEL 8253
540	ERROR EN EL MODO DE VÍDEO 300x200	2021	ERROR DE LECTURA DEL 8273
548	ERROR EN EL MODO DE VÍDEO 640x200	2022	ERROR DE LA INTERRUPCIÓN NIVEL 4
6XX	ERROR DE MULTI I/O O FD	2023	FALLO EN EL INDICADOR DE LA LLAMADA
601	ERROR DE DISQUETERA	2024	FALLO DEL RELOJ DE RECEPCIÓN
602	ERROR EN DISCO (SECTOR DE ARRANQUE)	2025	FALLO EN EL RELOJ DE TRANSMISIÓN
606	ERROR EN DETECTOR CAMBIO DE DISCO	2026	FALLO DEL INDICADOR DE PRUEBAS
607	FD PROTEGIDO CONTRA ESCRITURA	2027	FALLO EN EL INDICADOR DE LA LLAMADA
610	ERROR EN DISCO (AL FORMATEAR)	2028	RELOJ DE RECEPCIÓN NO DETECTADO
611	UNIDAD DE DISQUETES DEFECTUOSA	2029	RELOJ DE TRANSMISIÓN NO CONECTADO
612	FALLO DE LA CONTROLADORA	2030	INDICADOR DE PRUEBAS NO CONECTADO
613	FALLO DMA (ACC. DIRECTO A MEMORIA)	2031	ERROR EN DATA SET READY
616	FALLO DE VELOCIDAD DE GIRO DE LA FD	2032	ERROR EN CARRIER DETECT
621	ERROR EN CAMBIO DE PISTA	2033	ERROR EN CLEAR TO SEND
622	FALLO EN CRC	2034	ERROR EN DATA SET READY
624	MARCA DE DIRECC. DEFECTUOSA	2036	ERROR EN CLEAR TO SEND
625	FALLO EN CAMBIO DE PISTA (MULTI I/O)	2037	FALLO DE INTERRUPCIÓN NIVEL 3

CÓDIGOS DE ERROR			
MENSAJE	ERROR	MENSAJE	ERROR
7XX	FALLO DE COPROCESADOR MATEMÁTICO	2038	ERROR EN LA INTERRUPCIÓN DE RECEPCIÓN
9XX	ERROR EN LPT1	2040	ERROR EN EL CANAL 1 DE DMA
10XX	ERROR EN LPT2	2041	ERROR EN EL 8273
11XX	ERROR EN COM1	21XX	ERROR EN 2º C. DE COMUNICACIONES BSC
12XX	ERROR EN COM2	2110-41	ID. 2010-41 PARA EL 2º C. DE COMUNICACIONES
13XX	ERROR EN EL PUERTO DE JUEGOS (GAME)	22XX	ERROR EN EL ADAPTADOR DE RED
1301	ERROR EN EL CONTROLADOR DE JUEGOS	24XX	FALLO EN LA TARJETA EGA
1302	ERROR EN EL JOYSTICK	28XX	CÓDIGOS DE ERROR DEL EMULADOR 3278/79
14XX	ERROR DE IMPRESORA	29XX	ERROR DE IMPRESORA MATRICIAL COLOR
1401	ERROR EN EL TEST DE IMPRESORA	30XX, 31XX	CÓD. DE ERROR DEL 1º ADAPTADOR DE LA F.A.
1402	ERROR EN IMPRESORA (MATRICIAL)	33XX	CÓDIGOS DE ERROR DE LA IMPRESORA
15XX	ERROR EN CONEXIÓN SDLC	36XX	CÓD. ERROR GENERAL PURPOSE INTERFA. BUS
1510	ERROR DEL 8255 (PUERTO B)	38XX	CÓD. ERROR EN DATA ADQUISITION ADAPTER
1511	ERROR DEL 8255 (PUERTO A)	39XX	CÓD. ERROR DEL PROFESSIONAL GRA. ADAPTER
1512	ERROR DEL 8255 (PUERTO C)	71XX	CÓD. ERROR DEL VOICE COMMUNIC. ADAPTER
1513	ERROR EN 8253 (TIMER NO LLEGÓ A C. T.)	73XX	CÓD. ERROR EN LA FD EXTERNA DE 3½"
1514	FALLO DEL TIMER 1 DEL 8253	7306	ERROR EN EL SENSOR DE CAMBIO DE DISCO
1515	TIMER 0 (8253) NO LLEGÓ C. TERMINAL	7311	UNIDAD DE DISCO NO CONTESTA
1516	FALLO DEL 8253 (TIMER 0)	7312	CONTROLADORA DEFECTUOSA
1517	TIMER 2 (8253) NO ALCANZÓ C. TERMINAL	7316	VELOCIDAD DE GIRO MAL AJUSTADA
1518	FALLO DEL 8253 (TIMER 2)	7325	ERROR EN MULTI I/O (CAMBIO DE PISTA)
1519	FALLO DEL 8273 (PUERTO B)	74XX	CÓD. ERROR DE LA TARJETA GRÁFICA VGA
1520	FALLO DEL 8253 (PUERTO A)	85XX	CÓD. ERROR DEL XMA (MEMORIA EXPANDIDA)
1521	FALLO DE LECTURA EN EL 8273	89XX	CÓD. ERROR DE LA TARJETA "MUSIC TEATURE"
1522	FALLO DE LA INTERRUPCIÓN A NIVEL 4	100XX	CÓD. ERROR DEL ADAPTADOR DE PROTOCOLOS
1523	FALLO DEL INDICADOR DE LLAMADA	104XX	CÓD. ERROR DE FD0 Y HD ESDI
1524	ERROR DEL RELOJ DE RECEPCIÓN	10401	FALLO EN EL DISCO DURO
1525	ERROR EN EL RELOJ DE TRANSMISIÓN	10402	ERROR EN LA CONTROLADORA ESDI
1526	ERROR EN EL INDICADOR DE PRUEBAS	10403	FALLO EN EL DISCO DURO

CÓDIGOS DE ERROR			
MENSAJE	ERROR	MENSAJE	ERROR
1527	ERROR EN EL INDICADOR DE LLAMADA	10404	ERROR SIN DETERMINAR
1528	RELOJ DE RECEPCIÓN NO CONECTADO	10480	FALLO EN EL DISCO DURO 0
1529	RELOJ DE TRANSMISIÓN NO CONECTADO	10481	FALLO EN EL DISCO 1

Tabla 18.1. Mensajes de error

Además de los códigos de error vistos y que aparecerán en pantalla cuando el PC detecte un error, existen otros que de algún modo deben ser manifestados y que dadas sus características, no pueden ser visualizados. Así, por ejemplo, imagínese un error en la tarjeta de vídeo. El PC incluye un mecanismo adicional para solventar estas situaciones y es, precisamente, la emisión de pitidos que, conforme a un código predeterminado, indiquen el tipo de error producido. Al igual que los mensajes ópticos, éstos suelen ser propios del fabricante y aunque hay una tendencia a la unificación, conviene consultar los códigos de cada placa base en su manual correspondiente. Si aún así el PC no arranca y no hay avisos del POST en ninguna de sus posibilidades, piense que el error puede provenir del microprocesador o de la propia placa base. Los códigos acústicos se muestran a continuación:

MENSAJES ACÚSTICOS			
MENSAJE	ERROR	MENSAJE	ERROR
NADA	PC SIN ALIMENTACIÓN	TONO INTER.	FALLO EN LA FUENTE DE ALIMENTACIÓN
TONOS C.	FALLO EN LA FUENTE DE ALIMENTACIÓN	1 TONO L.	ERROR EN REFRESCO DE MEMORIA
1 C. + 1 L.	PROBLEMA EN LA PLACA BASE	1 L. + 2 o 3 C.	ERROR EN LA TARJETA GRÁFICA
1 TONO C.	FALLO DE CONTROLADORA	2 TONOS C.	ERROR EN MEMORIA
3 TONOS C.	FALLO DE RAM	TONOS C.	ERROR DEL TIMER
5 TONOS C.	ERROR DE MICRO O MEMORIA DE VÍDEO	6 TONOS C.	ERROR DEL TECLADO
8 TONOS C.	PROBLEMA CON LA MEMORIA DE VÍDEO	9 TONOS	ERROR DE BIOS
01X	ERROR SIN DETERMINAR	1530	INDICADOR DE PRUEBAS NO CONECTADO
02X	ERROR EN LA FUENTE DE ALIMENTACIÓN	1531	ERROR EN LA SEÑAL DSR (DATA SET READY)
1XX	ERROR EN LA PLACA BASE	1532	ERROR EN "CARRIER DETECT"
101	ERROR DE INTERRUPCIONES	1533	ERROR EN "CLEAR TO SEND"
102	FALLO DEL CIRCUITO DE RELOJ	1534	ERROR EN DATA SET READY
103	ERROR EN INTERRUPCIÓN DE RELOJ	1536	ERROR EN CLEAR TO SEND
104	ERROR EN MODO PROTEGIDO	1537	FALLO DE INTERRUPCIÓN NIVEL 3

MENSAJES ACÚSTICOS			
MENSAJE	ERROR	MENSAJE	ERROR
105	ÚLTIMO MANDATO 804 NO FUE ACEPTADO	1538	ERROR EN LA INTERRUPCIÓN DE RECEPCIÓN
106	CONVERSIÓN EN RANURA DEFECTUOSA	1540	ERROR EN EL CANAL 1 DE DMA
107	FALLO EN LAS INTERRUPCIONES NMI	1541	FALLO EN EL INTEGRADO 8273
108	ERROR DEL BUS DEL CIRCUITO DE RELOJ	16XX	ERROR EN LA EMULACIÓN DE TERMINAL

Tabla 18.2. Mensajes acústicos

18.4 GUÍA DE AVERÍAS

Resulta atrevido intentar hacer un "prontuario" para reparación de averías en la medida que las posibilidades que se pueden presentar son múltiples. No obstante y como se indicaba en la introducción, la mayor parte de problemas en un PC responden a un claro esquema de síntomas.

Con ese ánimo se ha diseñado la tabla siguiente. El objetivo es que, tras seguir una serie de pasos, se tenga una aproximación al origen del problema. Poco a poco descubrirá que la tabla resulta innecesaria tras haber reparado algunos PC y, sin duda, añadirá sus propios puntos. Por supuesto que es prácticamente imposible redactar en unas pocas líneas todo lo que la experiencia logra en un técnico que, con la simple intuición, es capaz de realizar su propio análisis de pasos a seguir ante una avería. No obstante, para los no iniciados, puede ser una herramienta útil de partida.

1	¿Gira el ventilador de la fuente de alimentación? Sí (5); No (2).
2	Compruebe que hay corriente en el enchufe y que está correctamente conectado. Vuelva al punto 1. Abra el PC y desconecte la alimentación de la placa base. Puentee con un cable el hilo de color verde con otro de color negro. ¿Gira el ventilador? Sí (3); No (12).
3	Conecte nuevamente la alimentación y puentee los pines correspondientes al Switch ON/OFF. ¿Arranca el PC? Sí (13); No (4).
4	¿Está correctamente insertado el microprocesador? Sí (14); No (15).
5	¿Se inicia la pantalla normalmente? Sí (6); No (16).
6	¿Se inicia pero hay algún pitido anormal (más de uno coincidente con el arranque) sin llegar a cargar el sistema operativo? Sí (17); No (7).
7	¿Se inicia pero hay algún mensaje explícito en pantalla sin llegar a cargar el S.O.? Sí (18); No (8).
8	¿Llega a cargar el sistema operativo? Sí (9); No (19).
9	¿Se bloquea pasado un intervalo de tiempo determinado? Sí (20) (11); No (10).

10	¿Arranca pero da problemas con el sistema operativo? Sí (21); No (11).
11	¿Presenta errores aleatorios? Sí: haga una comprobación de virus y vaya al punto (22); No: su PC, aparentemente, funciona correctamente.
12	Probablemente el error esté en la fuente de alimentación. Sustitúyala y vuelva al punto que originó la llamada.
13	Probablemente el error esté en el pulsador de *Power On* de la caja. Límpielo e, incluso, sustitúyalo y vuelva al punto que originó la llamada.
14	Probablemente el error se encuentre en la placa base. Asegúrese de que está bien conectada y, si ya lo ha hecho, sustituya la placa base por otra. Vuelva al punto que originó la llamada.
15	Asegure correctamente el microprocesador y vuelva al punto original.
16	Compruebe las conexiones de vídeo (señal de monitor y alimentación del mismo). Vuelva al punto que originó la llamada. Compruebe que los dispositivos IDE tienen, en su bus de datos, la polaridad correcta. Vuelva al punto que originó la llamada. Desconecte todos los dispositivos. Vuelva al punto que originó la llamada y si funciona, conecte uno a uno hasta determinar el que produce el error. Vuelva al punto que originó la llamada. Compruebe la correcta inserción de la tarjeta de vídeo, memoria, micro... Vuelva al punto que originó la llamada y, si sigue sin funcionar, avance al punto (6).
17	Revise la memoria y la inserción de la tarjeta de vídeo. Vuelva al punto que originó la llamada. Sustituya alternativamente tarjeta de vídeo y memoria por otros y localice el error. Vuelva al punto que originó la llamada.
18	Siga las instrucciones de la pantalla y vuelva al punto que originó la llamada.
19	Siga las instrucciones del mensaje. Asegúrese de que el PC cuenta con la partición, formato y sistema operativo apropiados. Vuelva al punto que originó la llamada.
20	Compruebe el disipador de su PC. Probablemente se trate de un aumento de temperatura. Sustituya el disipador-ventilador y puede ser recomendable que añada un ventilador adicional. Vuelva al punto que originó la llamada.
21	Parece que no tiene un problema de hardware (a primera vista). Consulte el manual de usuario de su sistema operativo.
22	Pruebe a sustituir la memoria y vuelva al punto que originó la llamada.

18.5 AVERÍAS COMUNES

Además del "guión" del apartado anterior, a veces se producen errores puntuales que escapan de un control concreto. Estos errores específicos, difícilmente englobables dentro de un esquema de resolución de problemas, se han enumerado en los diferentes capítulos. No obstante, aquí se reúne la relación no sólo ya de los expuestos sino de algunos más frecuentes:

PROBLEMA	POSIBLE SOLUCIÓN
Algún LED (indicador luminoso) no funciona correctamente (HDD LED, Power LED, Turbo LED...)	Puede que esté conectado al revés, abierto (roto) o que el transistor encargado de iluminarlo (en placa base) esté averiado.
No funciona alguno de los pulsadores del frontal del PC (Power ON/OFF, Turbo Switch...)	Pueden estar sueltos los cables, sucios los contactos del pulsador o inhabilitado desde BIOS.
El PC se "cuelga" inesperadamente o da problemas diversos en la ejecución de aplicaciones cuando se lleva un tiempo relativamente corto trabajando	Probablemente el disipador del microprocesador no funcione correctamente y la elevación de temperatura del microprocesador provoque el fallo.
El PC tiene problemas con el teclado, no reconociéndolo (indicándolo en el arranque) o el teclado no funciona de forma total o parcial (no reconociendo algunas funciones como Shift, Ctrl...)	Es posible que el teclado no esté bien conectado, que se encuentre averiado, que el controlador de teclado situado en la placa base esté mal o que se encuentre bloqueado mediante el Key loock.
Le falta sincronismo a la pantalla (se desplaza de forma horizontal sin detenerse)	La resolución solicitada por la aplicación no es soportada por el monitor. Baje la resolución y el número de colores y auméntelos de forma progresiva. Si no es posible hacerlo (no se aprecia la imagen), reinicie en modo *Modo Seguro*.
La imagen del monitor es en blanco y negro	El conector del monitor no está firmemente afianzado en la tarjeta de vídeo.

PROBLEMA	POSIBLE SOLUCIÓN
La imagen, aunque se ve perfectamente, tiembla de forma total o en una esquina	Cerca del monitor se encuentra un campo magnético (altavoces, fuentes...).
Funcionan todos los sonidos del PC, incluyendo los juegos ejecutados desde CD-ROM, pero no se consiguen oír los Compact Disc	El cable de audio que va del CD a la tarjeta de sonido no está o está mal puesto. El volumen de reproducción está al mínimo o anulado.
El ordenador pierde la fecha y la hora	Es posible que la batería encargada de alimentar la BIOS esté gastada. Con ayuda de un polímetro compruebe su tensión (debe ser de 3,6 v aunque admite un amplio margen). Reemplácela.
No se enciende un LED	Es posible que esté mal polarizado, Pruebe a conectar al revés los hilos del mismo recordando que, en el caso de la caja, el cable blanco es el indicativo de masa. Si no se solventa, recurra al uso de un polímetro midiendo el LED en continuidad: en un sentido debe dar un circuito abierto y en el otro (con la polaridad invertida), un circuito cerrado.
El ordenador no hace nada	Si la fuente de alimentación está correcta pero no se obtienen pitidos ni mensajes en pantalla, piense en la posibilidad de un error en placa base o micro. Otras averías suelen manifestar síntomas más claros.

18.6 WINDOWS UPDATE

Aceptado el hecho de que gran parte de las averías proceden de errores software, Microsoft implementó hace tiempo en versiones anteriores de Windows una aplicación que aún se mantiene: *Windows Update*. La misión principal de esta aplicación es la de acceder a un site propio de Microsoft donde se incorporan las últimas novedades y mejoras relativas al sistema operativo usado.

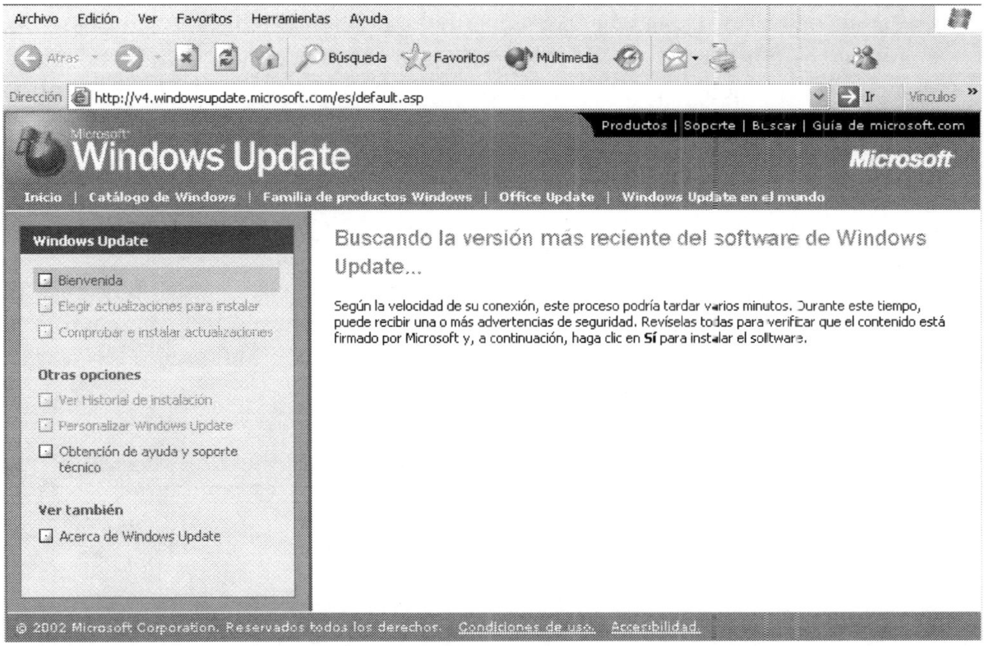

Figura 18.1. Windows Update

Por increíble que en una primera lectura pueda parecer, Windows ha hecho popular el concepto de "parche" refiriéndose a actualizaciones software que suministra de forma gratuita para solventar errores detectados tras la venta del sistema operativo. De este modo, todos los parches, actualizaciones, mejoras, nuevos drivers... pueden ser cómodamente descargados por Internet desde la propia Microsoft.

Según el idioma y otros aspectos del sistema operativo, el acceso se realiza a un site u otro. En el caso de España, el acceso más común es la URL de Microsoft http://www.update.microsoft.com/microsoftupdate/v6/default aspx?ln=es,lugar desde el que se pueden descargar de forma automática todas las novedades personalizadas para el equipo desde el que se realiza la conexión.

18.7 LO REALMENTE IMPORTANTE

Lo cierto es que en la mayor parte de los casos, lo realmente trágico en una avería no suele ser el daño hardware. Como se ha visto en varios capítulos del libro, los componentes no suelen ser excesivamente caros. Lo realmente importante suelen ser los datos y no en balde y dependiendo de los casos, su valor supera con creces el de la máquina.

Hay empresas especializadas en la recuperación de datos de discos duros averiados y resulta sorprendente observar cómo un proceso de este estilo puede superar hasta en cinco veces el precio de un ordenador nuevo. La conclusión es clara: si bien las averías hardware son inevitables y difícilmente previsibles, los datos deben ser preservados a toda costa. Téngase en cuenta que en un elevado porcentaje de ocasiones, las averías se deben a errores del software como desconfiguraciones, virus o errores de toda índole.

La única recomendación válida es la realización sistemática de copias de seguridad además de disponer de unas herramientas software adecuadas (antivirus, recuperadores de información...). Pero esto es algo que hay que prever desde ya y no esperar a que ocurra el problema para buscar la solución[25].

Resulta casi imprescindible contar con los discos de arranque apropiados para su PC. En este libro se ha comentado cómo crearlo y es común que la mayor parte de los sistemas operativos incluyan aplicaciones específicas para su realización. Estos discos serán útiles para arrancar la máquina si ésta ha perdido el sistema de arranque y poder proceder sobre el disco duro. También puede ser necesario si tiene un problema de virus.

Por otro lado también es importante planificar el sistema de copias de seguridad. Un buen sistema es realizarlas diariamente con una periodicidad semanal. El proceso consiste en disponer de cinco soportes (CD-ROM, pendrive... dependiendo del volumen de datos) etiquetados con el día de la semana (lunes, martes...). Cada día debe realizarse la copia en el disco oportuno y a la semana próxima, reescribir el disco del lunes anterior con los datos del día. Esto garantiza que siempre habrá, al menos, cinco copias de seguridad válidas, lo que conlleva un alto grado de fiabilidad. Cada mes puede realizarse una copia que sea guardada como backup resumen. Sólo el seguimiento sistemático de éste o cualquier otro sistema garantizará la integridad de sus datos.

---

[25] Una opción muy usada es, una vez adquirido un nuevo disco duro, usar la unidad original como disco secundario, haciendo éste las veces de copia de seguridad. Es una buena opción si bien siempre está sujeto a la misma ubicación física (ante una sobretensión, los daños en ambos discos pueden ser similares) y lógica (un virus puede dañar ambos discos) que el disco duro principal.

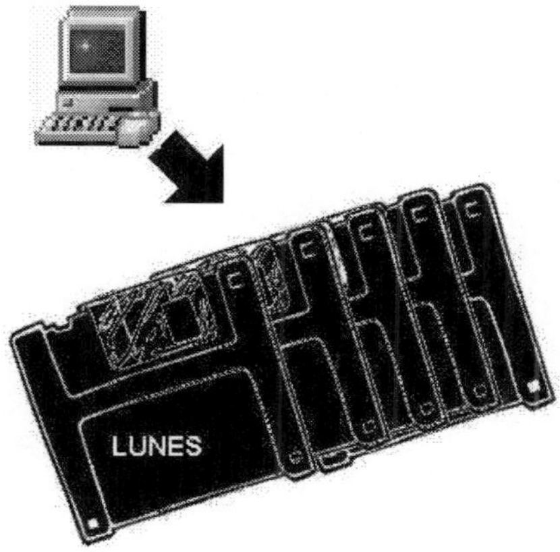

Figura 18.2. Copia de seguridad

Puede resultar interesante que lea, dentro del capítulo 17, el apartado dedicado a las herramientas del sistema y, de forma concreta, el texto dedicado a *Copias de seguridad* y las *Tareas programadas*. Estas dos herramientas sin duda le serán de utilidad a la hora de planificar sus copias periódicas.

Otra posibilidad muy eficiente, siempre y cuando se cuente con una conexión de banda ancha y el tamaño de los ficheros no sea excesivo, es la copia sobre un servidor en Internet usando discos virtuales.

Capítulo 19

SOLUCIÓN A LAS PRÁCTICAS

Como no podía ser de otro modo, al final del texto se incluyen las soluciones a todos los puntos propuestos a lo largo del libro. No cabe duda de que el estudio de un sector eminentemente práctico como es el caso del hardware microinformático conlleva una práctica asociada difícilmente transmisible a partir de un texto. Esto explica la gran cantidad de imágenes y gráficos que se han tratado para explicar los conceptos y los ejercicios propuestos.

La mayor parte de los capítulos han finalizado con una serie de prácticas y ejemplos que pretenden afianzar los contenidos teóricos expuestos. Llega el momento de aportar las soluciones a cada uno de ellos.

En la gran parte de los casos, el lector encontrará múltiples soluciones y la aquí propuesta sólo es una más (no tiene por qué ser la mejor aunque se ha intentado que así sea en la mayoría de los casos). Sin duda, es interesante que pruebe con diferentes opciones que seguro aparecerán según el grado de experiencia adquirido. Las explicaciones detalladas ayudarán, paso a paso, a alcanzar la resolución de la cuestión planteada.

Puede, si le parece oportuno, realizar variaciones sobre las prácticas propuestas incidiendo en otros puntos más superfluos una vez superado el umbral de conocimientos requerido. Como poco a poco descubrirá, el inmenso abanico de fabricantes y modelos hace que sea difícil establecer unas líneas magistrales de resolución aunque, en esencia, todos los procesos se ajusten a los mismos patrones de resolución.

Intente replicar las prácticas con diferente material y observando las precauciones previas detalladas en el capítulo dedicado al *Ensamblaje del PC*. No le quepa duda de que cuanta más práctica realice, mayor experiencia adquirirá en el campo de la microinformática.

19.1 SOLUCIONES AL CAPÍTULO 2

1. Dependiendo de su placa, la documentación será más o menos pormenorizada. Para solventar este ejercicio se ha tomado como referencia una placa común: la P4 Titan GA-8ID533, con chipset 845 de Intel. El resultado es el mostrado en la página siguiente.

   Como se puede apreciar, una placa base de calidad debe mostrar en detalle todos sus componentes, así como los indicativos precisos para su correcta conexión. Es habitual que sobre este plano general se establezcan todas las referencias oportunas a lo largo del manual, a saber:

   1. Conectores PS/2 correspondientes al teclado (parte inferior más próxima a la placa base) y al ratón (ubicación superior).
   2. Puertos USB externos, accesibles desde la parte posterior del PC, a diferencia del USB (23) accesible desde el frontal (si se cablea apropiadamente).
   3. Zócalo (socket) del microprocesador Pentium 4 (en este caso concreto).
   4. Conector de alimentación de la placa base.
   5. Puertos serie (2) y paralelo (1).
   6. Bancos de memoria.
   7. Frontal de audio (para cablear hacia la caja).
   8. "Refuerzo" de alimentación para el microprocesador (12 v).
   9. Chipset.
   10. Conectores de la tarjeta de sonido (entrada de micro, entrada y salida de línea y puerto de juegos).
   11. Alimentación para ventilador auxiliar.
   12. Conector de datos de la disquetera (FDD). Al igual que los canales IDE (20), tiene una posición (polaridad) concreta.
   13. Entradas de audio para una fuente auxiliar de sonido y un CD.
   14. Puerto AGP para albergar la tarjeta de vídeo. Dispone de un mecanismo auxiliar que garantiza su correcta inserción.
   15. Batería.
   16. CODEC.
   17. Alimentación del ventilador del sistema (microprocesador).
   18. Slots PCI. Su misión será polivalente, albergando cualquier tipo de tarjeta que se quiera insertar en el PC.

19. Chipset.
20. Conectores de los canales IDE (1 y 2).
21. Chipset.
22. BIOS del sistema, cuya función, además de preservar las direcciones básicas del sistema, es la de albergar los datos de configuración. Es mantenida por la batería (15).
23. Conector USB para cablear al frontal de la caja. Su uso, obviamente, dependerá de la disponibilidad del conector externo en la propia caja.
24. Controles varios para cablear al frontal de la caja (RESET, Power on, Power LED...).

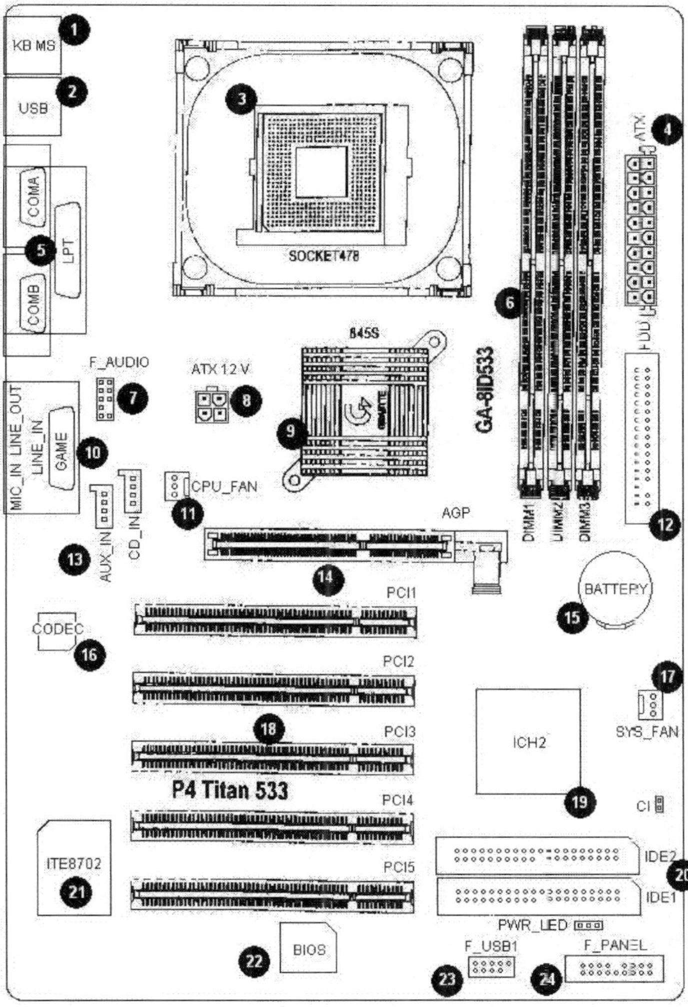

Figura 19.1. Esquema de una placa base

2. Tomando como referencia la misma placa base, las características aparecen claramente indicadas en las primeras páginas. Contraste todo lo expuesto con lo tratado a lo largo del libro.

Capítulo 1 Introducción

Resumen de caraterísticas

Factor forma	• Factor forma ATX de 20,1 cm x 29,5 cm, 4 capas de PCB.
CPU	• Zócalo 478 para procesador Intel ® Micro FC-PGA2 Pentium ® 4. • Admite un procesador Intel® Pentium ® 4 (Northwood, 0,13 um). • Intel Pentium® 4 400 MHz FSB.
Juego de chips	• Juego de chips Intel 845S HOST/AGP/Controladora. • Concentrador de controladora ICH2 I/O.
Memoria	• 3 zócalos DIMM de 168 contactos. • Admite SDRAM PC-100/PC-133 (Auto). • Admite solamente DIMM de SDRAM de 3,3 v. • Admite la función de ECC. • Admite hasta 3 GB de SDRAM (Max.).
Control I/O	• ITE8702.
Zócalos	• 1 zócalo AGP con soporte de dispositivo 4X (1,5 v). • 5 zócalos PCI compatibles con 33 MHz y PCI 2.2.
IDE en placa	• 2 puertos IDE de bus maestro. (DMA33/ATA66/ATA100) para hasta 4 dispositivos ATAPI. • Admite PIO modo 3, 4 (UDMA 33/ATA66/ATA100) CD-ROM IDE y ATAPI.
Periféricos en placa	• 1 puerto de disquetera admite 2 Fdd con 360 KB, 720 KB, 1,2 MB, 1,44 MB y 2,88 MB. • 1 puerto paralelo admite los modos Normal/EPP/ECP. • 2 puertos serie (COMA y COMB). • Puertos USB 1,1 (2 por cable). • 1 conexión de audio frontal.
Sonido en placa	• Sigmatel AC97 CODEC. • Line in/Line Out/Mic In/Aux In/CD In/Game Port.
Conexión PS/2	• Interfaces PS/2 de teclado y ratón.
Placa base GA-8ID533	

BIOS	• Lisenced AWARD BIOS, 2 M bit FWH. • Admite Q-Flash
Caraterísticas adicionales	• Activación por contraseña desde teclado. • Activación por ratón PS/2. • STR (suspendido a RAM). • Recuperación de AC.
	• Activación por teclado/ratón USB desde S3. • Admite ®BIOS. • Admite EasyTune 4.
Sin puente Forzado	• Forzado (CPU/SDRAM/AGP) por BIOS.

Figura 19.2. Características de una placa base

3. Con el objeto de ofrecer una mayor variedad, para la resolución de este ejercicio se ha optado por una placa diferente. Como el lector puede observar, cuenta con opción de multiproceso (da soporte a dos microprocesadores) e incluye integrados los dispositivos más comunes.

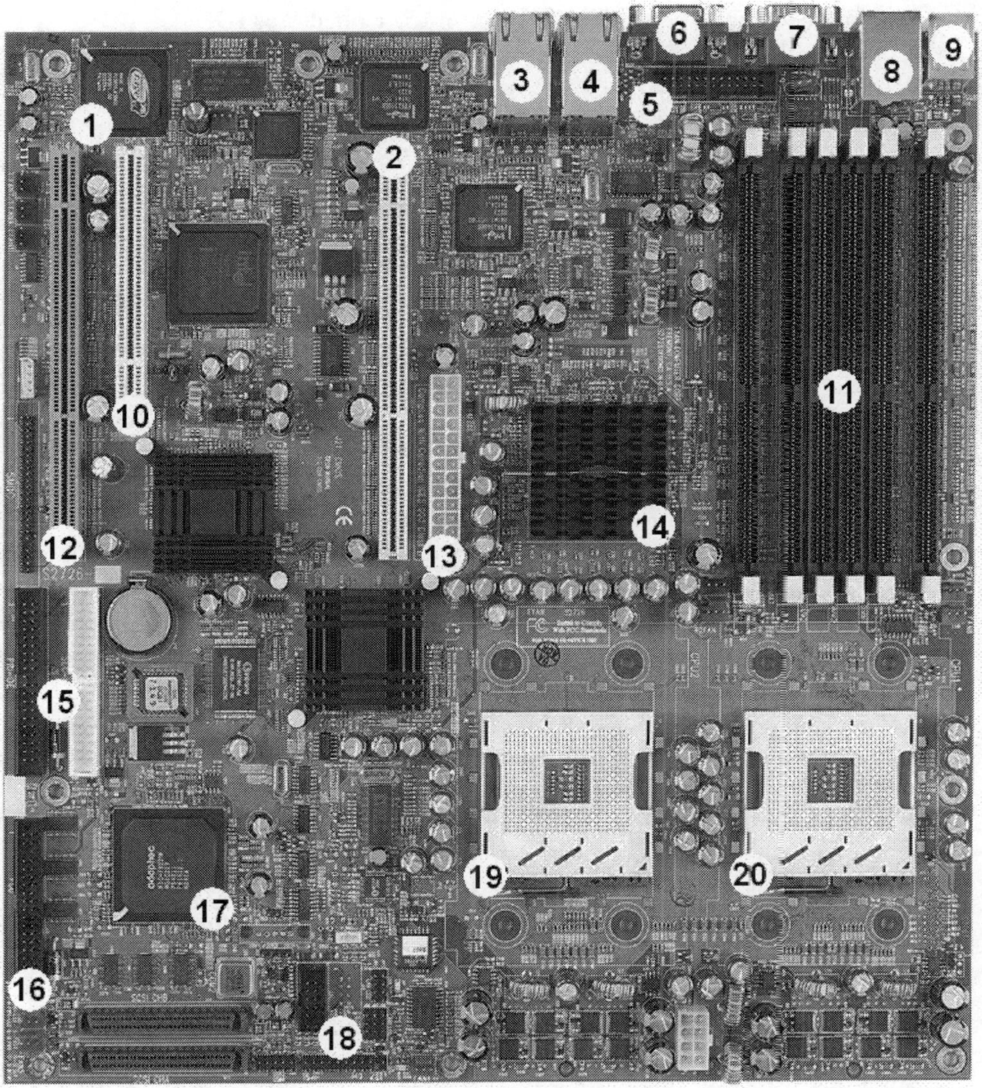

Figura 19.3. Placa base

1. Chip de vídeo (ATI Rage XL)
2. Slot PCI (3,3 v; 66 MHz-…)
3. Puertos GBE (Giga Byte Ethernet)
4. Posibles puertos USB, FireWire…
5. Puerto paralelo
6. Puertos serie
7. Salida de vídeo
8. Salida de red
9. Puertos PS/2 para la conexión de teclado y ratón
10. Slot PCI 32 bits
11. Bancos de memoria
12. Slot PCI 64 bits
13. Conector de alimentación
14. Chipset
15. Conectores IDE
16. Conector FD
17. Controladora
18. Pines varios
19. y 20. Sockets

Esta enumeración somera de elementos (más detallada según el nivel de profundidad que se desee alcanzar –se recomienda la lectura de *Hardware Microinformático: viaje a las profundidades del PC* para mayor nivel de detalle–), se corresponde con la siguiente descripción breve:

1. Se trata de la tarjeta gráfica o, concretamente, del chip correspondiente a la *ATI Rage XL PCI Graphics*. Y no, no debe confundir eso de PCI: téngase en cuenta que, en esencia, el avance del AGP se plasma como una comunicación directa con el micro, esto es: una mayor tasa de transferencia. En este caso, un integrado (que bien podría haberse ahorrado el matiz de PCI ya que, al ir integrado en placa base, la conexión PCI no existe como tal: otra cosa es la coincidencia en número de bits y frecuencia de trabajo) en la propia placa base obtendrá un rendimiento mayor a cualquier otro que "deba pasar" por un slot convencional (PCI o AGP).

2. Se trata de un slot PCI que, en este caso, soporta frecuencias de trabajo a partir desde las más lentas de 66 MHz (realmente le precedieron las de 60 MHz) hasta frecuencias actuales y, siempre, con 64 bits de datos (8 bytes). Este slot concreto proporciona una alimentación de 3,3 v.

3. Se trata de la implementación de dos puertos GBE (*Giga Bit Ethernet*), el estándar más rápido en la actualidad en cuanto a comunicación de redes y, por tanto, recomendable en todos aquellos montajes de servidores (aun a pesar de que los clientes no dispongan *aún* de este tipo de conexiones –obsérvese el énfasis en el complemento circunstancial de tiempo "aún" –.

4. En la placa real se corresponde a otros dos puertos GBE (dispone de un total de cuatro). No obstante, se ha creído conveniente resaltarlo de forma aparte ya que podría tratarse de otro tipo de puertos como, por ejemplo, USB o FireWire. Dado que el interés no es comentar una placa concreta sino, más bien, contemplar las posibilidades de las mismas de

forma genérica, se prevé esta posibilidad en función del modelo y el fabricante elegidos.

5. Se trata del puerto paralelo o, más exactamente, del conector para el puerto paralelo que deberá quedar de forma externa accesible al usuario bajo un formato hembra de 25 pines dividido en dos filas. Éste es un puerto cuya funcionalidad era casi exclusiva para la conexión de impresoras y del que hace años se augura su desaparición a favor del USB, pero lo cierto es que sigue ahí. En la actualidad su uso es irrelevante dado que son muy pocos los periféricos que lo usan.

6. Son dos puertos serie (9 pines macho divididos en dos filas). Su función primordial hace años se circunscribía a los ratones aunque, cuando éstos pasaron a ser de forma general de tipo PS/2, su función es genérica (quizás su desaparición esté próxima...).

7. Se trata de la salida de la tarjeta gráfica o de vídeo correspondiente, en este caso, a una ATI Rage XL tal y como se comentaba en el primero de los puntos. Es un conector de 15 pines hembra dividido en tres filas de cinco pines.

8. Se trata de la conexión RJ 45 para una conexión a red, ya sea de ámbito local o a Internet a través de un router por ejemplo. El estándar actual que rige este tipo de conexiones es el Fast Ethernet que trabaja a 100 Mbps (de forma conjunta al Ethernet con 10 Mbps) aunque es cierto que hace años que existen, de forma no normalizada, funcionamientos a 1 Gbps.

9. Son los puertos PS/2 cuya función es la de conectar el teclado (conector más próximo a la placa base) y el ratón (conector superior). Puede darse a error la conexión ya que ambos conectores son exactamente iguales, si bien este equívoco no produciría daños en ningún caso.

10. Se trata de un conector (slot) PCI a 33 MHz y con 32 bits de datos y 5 v. Su función es la de alojar tarjetas que se correspondan con este tipo de conexión, principalmente tarjetas de grandes requerimientos.

11. Son los bancos de memoria cuya función es la de albergar los módulos que determinarán la memoria total del sistema. Esta placa admite módulos DDR a una frecuencia de 200/266 MHz y con un límite de hasta 12 GB, algo que en la actualidad rebasa las prestaciones más exigentes de la inmensa mayoría de máquinas. No obstante, la limitación de capacidad no viene impuesta directamente por el número de bancos (si

bien de forma indirecta sí limitan el número de módulos) sino por el propio chipset de la placa base.

12. Se trata de un slot PCI de 64 bits, capaz de trabajar a 66 o 100 MHz y 3,3 v. Obviamente su función es la misma que el slot anteriormente descrito pero, en este caso, con mayores prestaciones de transferencia de datos.

13. Se trata del conector de alimentación de la placa base. Es un conector del tipo ATX descrito más en detalle en el capítulo 8. Es común que muchas placas incorporen un conector adicional de 4 pines cuya misión es la de reforzar la alimentación del microprocesador.

14. Es el chipset, el integrado que aglutina toda la electrónica discreta que antes se distribuía por toda la placa. De este chipset depende en gran medida toda la potencia de la placa base. En este caso concreto se trata del Intel E7501.

15. Son los conectores IDE (aunque, siendo ortodoxos, se trata de E-IDE). Son dos canales que permiten la conexión de dispositivos como discos duros, unidades de CD o de DVD en cualquiera de sus formatos (R, RW...). Lo habitual es que cada canal admita hasta dos dispositivos, configurados como master (maestro) y slave (esclavo), si bien hay placas de hasta ocho dispositivos por canal sin mencionar la tecnología SCSI, que establece su propia red de dispositivos numerados. Este tipo está diseñado para soportar discos duros de tecnología PATA (explicados en el capítulo correspondiente), si bien cada vez son más comunes los SATA.

16. Es el conector destinado a la disquetera. Con este dispositivo ocurre como con tantos otros: se prevé su desaparición desde hace años pero nunca acaba de implementarse. No obstante, en este caso, no se trata de una desaparición sino más bien de una evolución hacia disqueteras de conexión USB (algo cada vez más común en los ordenadores portátiles).

17. La gestión de puertos, discos y disqueteras se realizaba hace tiempo mediante una tarjeta externa que recibía el nombre de controladora. En la actualidad y desde hace tiempo esta controladora se integra en la placa base (tal y como ocurre, por ejemplo, con la tarjeta de vídeo o la de red). Este integrado es la controladora como tal del mismo modo que el primero de los integrados citados en esta descripción se corresponde con la tarjeta de vídeo.

18. Son los pines de conexionado diverso con respecto a la caja. Así, aquí deberán aparecer las conexiones correspondientes al altavoz (speaker), LED de alimentación (Power LED), reset o encendido (Power Switch) entre otros.

19. y 20. Como los bancos de memoria son a los módulos, así los sockets son a los microprocesadores. Debe haber una correspondencia entre el tipo de socket y el micro soportado (algo definido de forma física por el propio socket y de forma lógica por el chipset). En este caso se cuenta con dos sockets ya que se trata de una placa dual (capaz del multiproceso) aunque lo habitual en PC convencionales es que sólo haya uno.

19.2 SOLUCIONES AL CAPÍTULO 3

1. Antes de comenzar deberá asegurarse de que la placa base soporta tanto la tensión como los rangos de frecuencia exigidos por los microprocesadores (si es preciso, consulte los capítulos dedicados a la placa base y al ensamblaje del PC). En caso de un cambio en la velocidad del bus, también la memoria deberá ser conforme a la frecuencia deseada. Comprobará que esta operación no representa ningún problema y se trata sólo de una configuración específica a través de jumpers e, incluso, factible de realizar desde el propio *Setup*. Puede realizar pruebas de rendimiento con cualquier programa dedicado a chequeo de uso común (QaPlus, QaFe, CheKit...).

2. El ejercicio es similar al anterior: basta con configurar la placa base para un microprocesador superior en frecuencia al que se va a utilizar. Esta técnica recibe el nombre de overclocking. Si el ordenador no arranca o presenta problemas durante el trabajo, será síntoma inequívoco de que no soporta el cambio, lo cual no significa que otro del mismo modelo no lo haga (en muchos casos depende incluso de la serie de fabricación). Sea precavido con la ventilación de la máquina.

Figura 19.4. Disipador sin ventilador

3. Sin duda, la práctica habrá sorprendido al lector pero todo tiene su explicación. Hubo un tiempo en el que era tristemente común que los microprocesadores se remarcasen mostrando una velocidad superior a la original. De este modo simplemente se realizaba un overcloking involuntario y algunos desaprensivos sacaban ganancias de estas prácticas ilícitas. Lo que al principio sólo fue una serie de pegatinas que se adherían al micro, se sofisticó llegando a pulir los propios microprocesadores para así borrar la velocidad indicada, volviendo a troquelarla de nuevo. Uno de los sistemas de detección consistía en la medida del grosor del micro (obviamente, a niveles que difícilmente serán apreciables con un calibre salvo en casos excepcionales).

19.3 SOLUCIONES AL CAPÍTULO 4

1. Esta operación se puede realizar de diferentes modos. Bastaría con arrancar el PC y observar la información aportada por el propio sistema. No obstante, también es posible comprobar la capacidad tal y como se indica en el capítulo, es decir, accediendo a *Mi PC/Panel de Contro/Sistema*. En lo referente al formato físico de la memoria, lo más fiable puede ser abrir el equipo y comprobar qué se tiene instalado (normalmente serán módulos RIMM o DIMM).

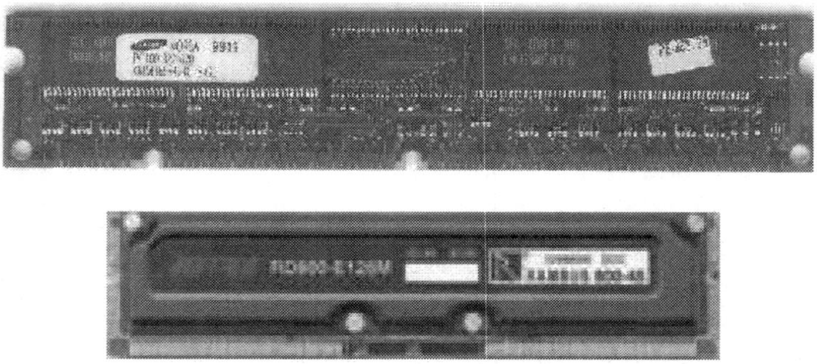

Figura 19.5. Módulos DIMM y RIMM

2. Partiendo de la base de que se dispone de la memoria adecuada, basta con insertar los nuevos módulos según las directrices dadas en el capítulo. El resultado puede ser que el PC rearranque sin ningún tipo de intervención por parte del usuario o bien que indique algún error en referencia al cambio de la configuración efectuada. Si es así y el equipo no ofrece ninguna opción de reconfiguración automática (a veces basta con pulsar la tecla de función *F1*), entre en el *Standard CMOS* del *Setup*

de la BIOS y vuelva a salir grabando los cambios (aunque el usuario realmente no haya realizado ninguno) mediante la opción de *Save&Exit*. De cualquier manera, compruebe la nueva capacidad de memoria mediante alguna de las opciones propuestas en el ejercicio anterior.

3. El resultado es que la máquina no arrancará e, incluso, será incapaz, en la mayor parte de los casos, de identificar error alguno en la pantalla. Lo más probable es que emita una serie de pitidos que corresponderán al tipo de error identificado por el POST (ausencia de memoria). En algunas ocasiones, es el propio fabricante de la placa base quien ofrece una relación entre los pitidos efectuados (según su duración y número) y el tipo de error identificado.

4. Para poder contestar con seguridad a esta pregunta, habría que disponer de más información: esencialmente el tipo de memoria y la aceptación de la misma por la placa base. En tecnologías obsoletas se obligaba a disponer de un número concreto de módulos insertados. Por ejemplo, un microprocesador 486 con un bus de datos de 32 bits precisaría 4 módulos de memoria SIMM 32c ya que cada uno maneja 8 bits. Esto obligaría a que la inserción fuese siempre múltiplo de 4. En los módulos actuales el "ancho" de datos admitido es coincidente con el microprocesador por lo que esta restricción no existe y es posible instalar 1, 2, 3... módulos. Esta limitación vendrá impuesta, por tanto, por la placa base. En cuanto a cómo instalar los 256 MB, la opción ideal si se permite sería la de un único módulo de 356 MB ya que dejaría el resto disponible para el futuro. La peor de las opciones sería la de completar todos los bancos (4 módulos de 64 MB) ya que no habría posibilidad de ampliación en el futuro salvo la retirada de alguno de los módulos. Entre estas dos soluciones extremas, el resto de posibilidades se catalogarían según el número de módulos instalados o, lo que es lo mismo, el número de bancos libres: a mayor número de bancos libres, mejor solución. De cualquier modo, estas posibilidades deben ser contempladas por el fabricante de la placa base.

19.4 SOLUCIONES AL CAPÍTULO 5

1. Para esta práctica, basta con conectar cada unidad de disco sobre el bus que parte de la placa base, atendiendo a colocar una antes del "cruce" de hilos y otra después. La que se encuentre después será la unidad A: y la que está antes del cruce será la B:. Ponga atención a conectar el lado del cable indicado con un color rojo en el pin número 1 de la disquetera en cuestión. En aquellas disqueteras donde no exista una serigrafía clara que

indique el número 1, observe en la parte de las pistas (parte inferior de la disquetera) la isleta con forma cuadrada en lugar de redonda: ésa será el número 1. Por supuesto, ambas deben disponer del conector de alimentación apropiado (es imposible confundirse por su forma). A continuación, reinicie el PC y entre en BIOS (normalmente, pulsando la tecla *Supr* durante el arranque). Dentro de la opción de *Standard CMOS Setup*, en el apartado indicado como *Drive* A:, indique la disquetera en función de la conexión previamente realizada tras el cruce, según la capacidad del disco soportado tal y como se indica en las tablas 5.1 y 5.2. Repita el proceso en *Drive* B:. Salga del *Setup* guardando los cambios (mediante la opción de *Save and Exit* o, en muchas ocasiones, con *F10*). El sistema se reiniciará y ambas disqueteras deberán funcionar. La instalación inversa implicará el intercambio de conexión en las unidades de disco, así como la apropiada configuración en BIOS.

2. El ejercicio es similar al anterior; más sencillo si cabe. Deberá desconectar la unidad del bus de datos y conectarla antes del cruce de hilos. A continuación se deberá entrar en BIOS (tal y como se ha descrito anteriormente) y eliminar la referencia en *Drive* A: y especificar el mismo dato eliminado en *Drive* B:. Tras guardar los cambios (*Save and exit*) y reiniciar, la disquetera estará operativa.

3. Bastará con entrar en la BIOS del PC (generalmente pulsando la tecla *Supr* durante el arranque del sistema) y, dentro de *Standard CMOS Setup*, indicar en la unidad en cuestión (generalmente será *Drive* A:) una nueva configuración. Tras guardar los cambios (con *Save and exit*) y reiniciar el sistema, el comportamiento es imprevisible. En la mayor parte de los casos, el ordenador arrancará y hará referencia a la unidad como se haya definido en BIOS. Es muy probable que, además, sea capaz de leer perfectamente. Lo que en ningún caso se conseguirá será una escritura: siempre devolverá un error. Obviamente este ejemplo sólo tiene sentido con fines didácticos.

4. Resulta obvio: en el ejercicio anterior se puede comprobar que el POST del sistema *identifica* únicamente aquello que se le ha indicado en BIOS, sin entrar en más consideraciones. Por tanto, no se trata de un dispositivo Plug & Play ya que, aparte de no ser detectado, precisaría de una electrónica más sofisticada y una serie de registros precisos para la enumeración y arbitrajes de recursos, conceptos ambos que escapan de los aspectos didácticos de este texto.

5. El resultado debe ser similar al mostrado en la figura siguiente:

1. Disco.
2. Pestaña protectora de escritura.
3. Protector del disco.
4. Muelle de retroceso.
5. Carcasa protectora.
6. Lengüeta móvil.

Figura 19.6. Despiece de un disco

1. La solución a este ejercicio irá en función del sistema operativo usado.

2. En el momento de escribir estas líneas, las capacidades máximas de los pendrives están en torno a los 8 GB.

19.5 SOLUCIONES AL CAPÍTULO 6

1. Será necesario acceder durante el proceso de arranque (POST) al *Setup* (generalmente, mediante la pulsación de la tecla *Supr*). Una vez en la aplicación, bastará con observar los parámetros definidos en el apartado de *Standard CMOS Setup*, en el punto dedicado a discos duros (IDE 1, IDE 2...). Aquí se podrán observar, entre otros datos, los relativos a cabezas, sectores y cilindros, parámetros fundamentales de definición del disco. En caso de aparecer la cláusula *Auto*, indicativo de auto detección en el proceso de arranque, se deberá acceder a *IDE Autodetection* y esperar a que el sistema detecte el disco. Los parámetros aquí obtenidos y previamente aceptados por el usuario quedarán reflejados en el *Standard CMOS Setup*. Obviamente este ejercicio –que se plantea con fines didácticos– carecería de sentido en discos SATA ya que la configuración detallada es exclusiva de la tecnología PATA.

2. El proceso a seguir es muy similar al descrito en el punto anterior. Por cada configuración realizada, será preciso definir los cambios en BIOS y comprobar el correcto funcionamiento. Recuerde que los cambios de *master/slave* son específicos del componente y debe ser el fabricante el que indique cómo realizarlos. En cuanto a la utilización del IDE 1 o el IDE 2, dependerá de la faja de hilos elegida. Es habitual que la propia placa del ordenador ofrezca serigrafiada una referencia identificativa.

Deberá prestarse atención a conectar el dispositivo de modo que el cable de color rojo (en ocasiones azul) coincida siempre con el pin número 1.

3. Será preciso, una vez comprobados los datos de BIOS en el punto anterior, acceder al disco duro y comprobar en la propia etiqueta del disco los parámetros del mismo. Esta práctica no debe entrañar mayor dificultad.

19.6 SOLUCIONES AL CAPÍTULO 7

1. Bajo la premisa establecida de trabajo sobre Windows, será preciso acceder a las propiedades de la tarjeta. Para ello bastará con realizar un clic con el botón derecho del ratón (que no el izquierdo) sobre el *Escritorio*. Una vez allí, habrá que acceder al punto de menú identificado como *Propiedades*. Esto dará acceso a una ventana donde, la última de las lengüetas, será la de *Configuración*. Allí será posible variar la resolución y el número de colores de forma independiente. En caso de no ser así (al aumentar los colores disminuye la resolución o a mayor resolución disminuyen los colores), será porque la memoria de la tarjeta de vídeo es insuficiente para representar las características gráficas solicitadas. En caso de que al reiniciar el sistema de vídeo no sea posible visualizar nada, será indicativo de que el monitor no soporta la configuración: espere 15 segundos y la configuración original se restablecerá. En caso de haber reiniciado el sistema, será preciso volver a arrancar con la opción *Modo seguro* o *A prueba de fallos* y restablecer la configuración original.

19.7 SOLUCIONES AL CAPÍTULO 8

1. Aunque dependerá de las opciones ofrecidas por la propia placa base, al menos se podrán realizar dos comprobaciones básicas: RESET y encendido. En primer lugar será preciso identificar claramente los pines correspondientes a ambos pulsadores y, con ayuda de un destornillador o una pinza, unir entre sí los pines del RESET. Comprobará que el PC se reinicia como si hubiese accionado el pulsador. De forma análoga ocurrirá con los pines identificados como PWR ON: al cortocircuitarlos, el PC arrancará o, si ya estaba en funcionamiento, se detendrá. No realice esta operación con los pines destinados a LED (de encendido, disco duro, otros) ya que, sin duda, estropeará el transistor responsable del encendido o, en el peor de los casos, provocará una avería en la placa base.

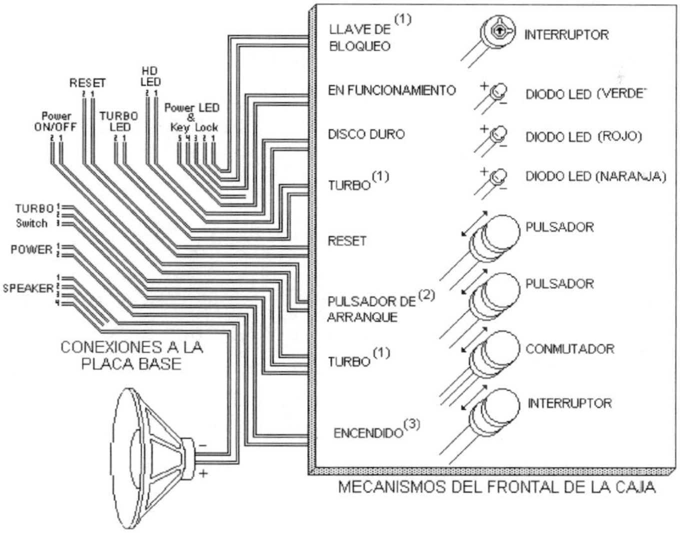

Figura 19.7. Conexionado de una caja

2. Ante esta situación, probablemente se encuentre ante un problema de alimentación. Una vez comprobado que el enchufe al que está conectado el PC tiene tensión (use el polímetro o, simplemente, conecte otro aparato para comprobar si funciona), el error queda circunscrito al interior del PC. Cuando no hay alimentación hay que comprobar la fuente de alimentación. Para ello basta con desconectar la alimentación de la placa base y cortocircuitar con ayuda de unas pinzas el cable de color verde con cualquier masa (cables de color negro). Si la fuente arranca, el error estará en la propia placa base o en el pulsador de encendido (PWR ON) probablemente.

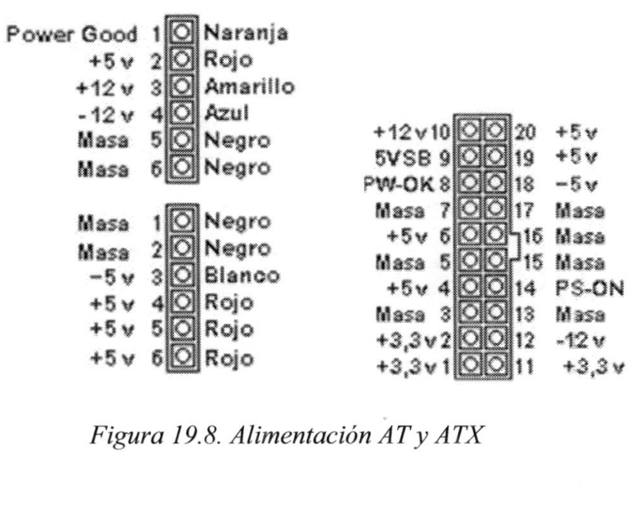

Figura 19.8. Alimentación AT y ATX

3. Esta operación no requiere mayor dificultad. Al retirar la bola, quedarán al descubierto unas ruletas que son las que consiguen el movimiento. Observará que éstas responden de forma inversa al movimiento producido por los dedos ya que la bola gira "al revés" al estar en contacto con la superficie.

19.8 SOLUCIONES AL CAPÍTULO 9

1. La identificación de canales de audio suele venir claramente especificada tanto en la tarjeta de sonido como en las posibles fuentes de sonido. Es habitual que se use la nomenclatura inglesa especificando L para el canal izquierdo (left), R para el derecho (right) y G para ambas masas (ground). No obstante, si éste no fuera el caso, existe una comprobación muy sencilla: habilite un programa que inicie el amplificador de la tarjeta (basta, por ejemplo, con arrancar el reproductor de CD). A continuación y con ayuda de un destornillador o unas pinzas, toque cada uno de los pines de la entrada de audio de la tarjeta asegurándose de que sus dedos están en contacto con el útil (observe que no esté aislado). Cada vez que toque uno de los canales, oirá un ruido característico en cada altavoz. A partir de la ubicación de los altavoces, podrá determinar a qué canal corresponde el pin tocado.

2. Aunque a primera vista pueda parecer que la pregunta no tiene más transcendencia, la observación de una unidad de CD descubre que existe un proceso elaborado para el sonido. Así, es posible encontrar señales de audio analógico en el frontal del CD con un conector mini jack estéreo para ser usado con auriculares. Por otro lado, también existe otra salida que corresponde a la interna que está diseñada para proveer de señal a la tarjeta de sonido. Obsérvese que el potenciómetro de volumen que aparece en el frontal de la unidad sólo actúa sobre la salida de auriculares y no con la interna. Por otro lado hay unidades que disponen de una salida especial serie de datos correspondientes al audio digital y, para finalizar, cabría la consideración de incluir aquí el propio bus de datos de la unidad, encargado de transmitir toda la información multimedia del CD-ROM leído.

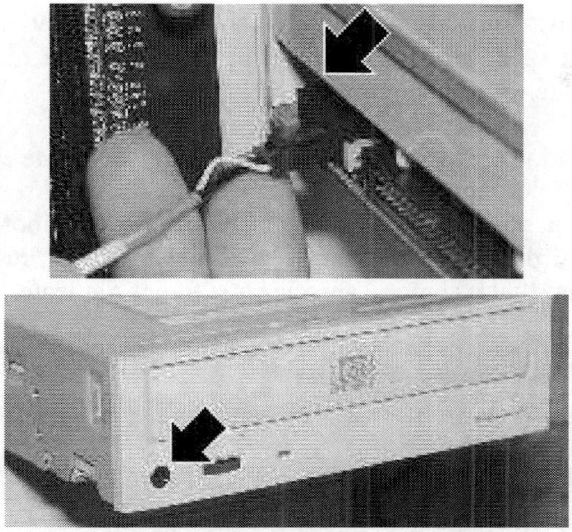

Figura 19.9. Conectores de audio de un CD

3. La respuesta es clara: sí. Sólo hay que prever el usar una entrada de audio auxiliar (AUX) en la tarjeta de sonido. Esta operación puede tener sentido si se desea realizar mezclas de audio desde un mismo PC pero asegúrese de disponer del audio adecuado: si bien a nivel hardware se puede tratar, en cuanto al software se precisa de aplicaciones muy concretas.

19.9 SOLUCIONES AL CAPÍTULO 10

1. Para realizar este ejercicio bastará con disponer de una regla y medir la diagonal o cualquiera de los lados del monitor. Si bien se identifican claramente los tamaños a simple vista, los monitores comunes de 15" y 17" deberán dar las siguientes medidas:

   15" → alto: 22,86 cm → ancho: 30,48 cm

   17" → alto: 25,90 cm → ancho: 34,53 cm

   No se preocupe por la exactitud milimétrica: todo lo expuesto hace referencia a la pantalla y el soporte físico puede inducir a error.

2. Esta operación es delicada en la medida que si se obliga a trabajar a un monitor por encima de la frecuencia máxima para la cual está diseñado, no se podrá visualizar nada en pantalla. Algunos fabricantes advierten

sobre los potenciales daños. Aunque resulta muy improbable que el monitor se dañe, no supere la frecuencia máxima recomendada por el fabricante.

La solución pasa por seleccionar las *Propiedades de pantalla* (accesible con el botón derecho del ratón aplicado sobre el *Escritorio*) y, una vez allí, la pestaña de *Configuración* da el acceso al botón de *Avanzadas*. Será allí donde en la ventana de *Adaptador* pueda realizar los cambios oportunos, tal y como se aprecia en la figura siguiente.

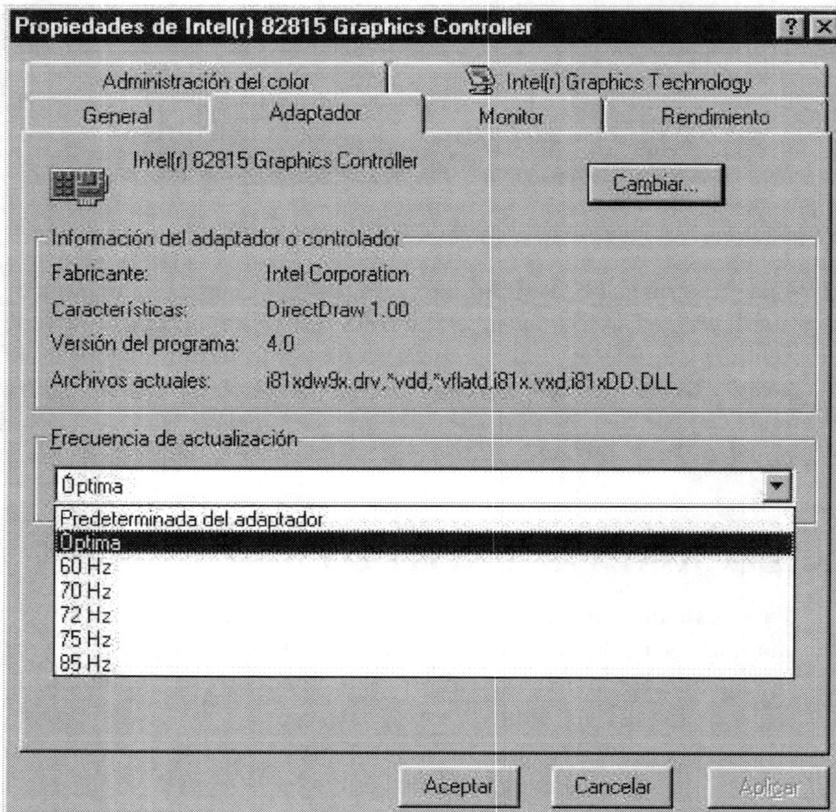

Figura 19.10. Selección de la frecuencia

19.10 SOLUCIONES AL CAPÍTULO 11

1. La solución pasa por acceder a la carpeta de *Impresoras* y, una vez allí, mostrar las propiedades mediante el botón de menú contextual. El resultado debe ser similar al mostrado en la figura siguiente.

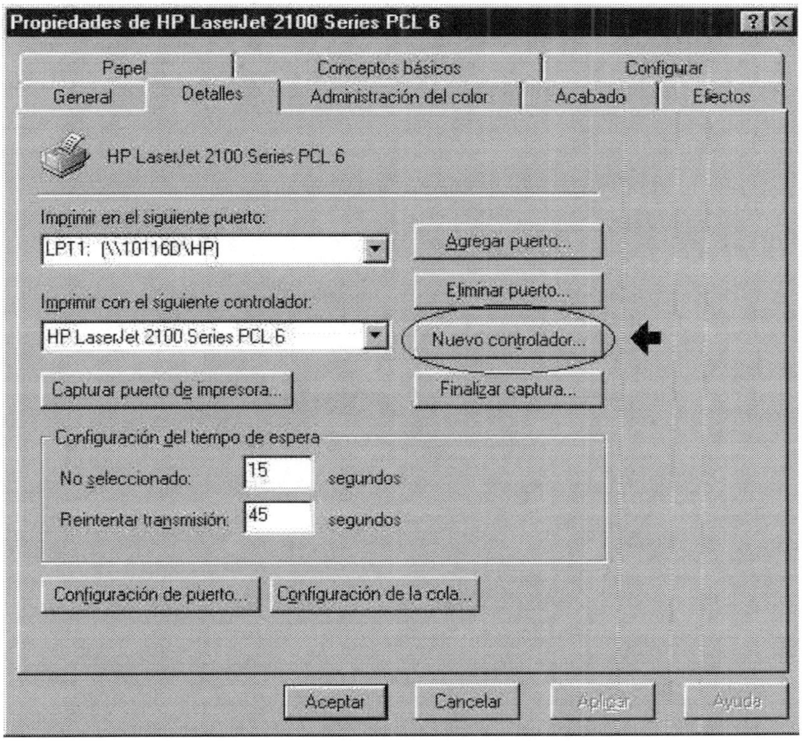

Figura 19.11. Cambio del controlador

2. El proceso es sencillo. Se trata de configurar de forma local la impresora sobre el equipo al que se ha conectado. En definitiva, se trata de aceptar todas las opciones por defecto e indicar que el puerto usado es LPT1 (puerto paralelo local). Para compartirla en red deberá haber seleccionado el servicio de compartir dispositivos desde el icono de red, tal y como se aprecia en la siguiente figura.

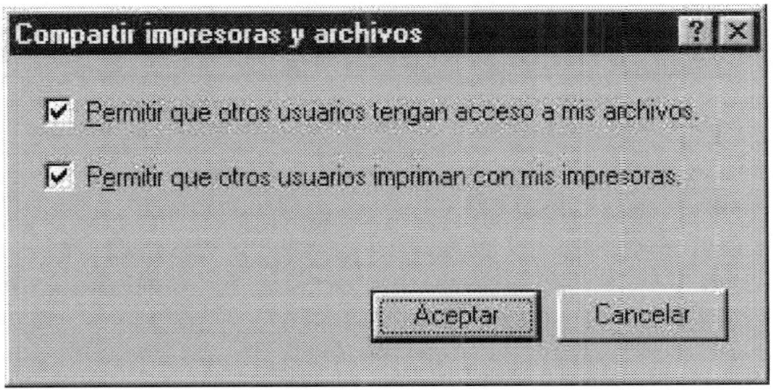

Figura 19.12. Compartición de recursos

A continuación comparta mediante la pulsación del botón derecho del ratón.

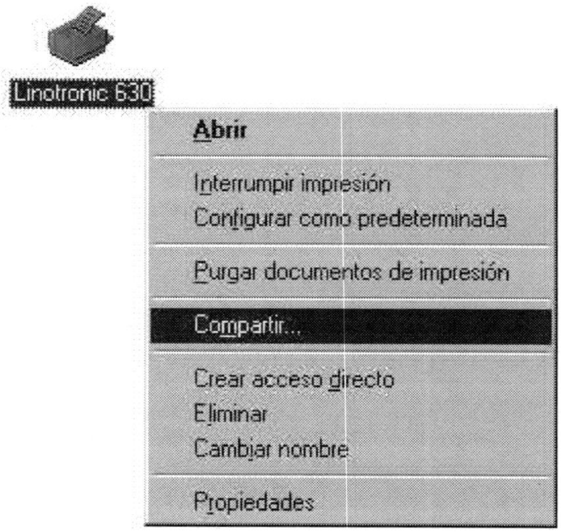

Figura 19.13. Compartir una impresora

El siguiente paso es sencillo: entre en el entorno de red de todos los equipos y localice la impresora en el PC que se compartió. Una vez allí seleccione el icono de impresora e instálela. Otra posibilidad consistiría en una instalación similar a una conexión local, indicando que se encuentra conectada a un puerto remoto que responderá al formato *<nombre del PC>**<nombre del recurso compatido>* como, por ejemplo, *servidor**impresora*.

19.11 SOLUCIONES AL CAPÍTULO 14

1. La contestación a este ejercicio es la puesta en práctica de todo lo expuesto a lo largo del capítulo. En esencia, deberá contar con dos equipos y dotarles de una tarjeta de red. Precisará también (aunque no necesariamente tal y como se verá en el punto 3 de estas prácticas) un HUB y los correspondientes latiguillos. A continuación y en función del sistema operativo usado, instale los clientes, protocolos y servicios necesarios tal y como se muestra en la figura de la página siguiente.

   No obstante, y tal y como se detalla a lo largo del capítulo, una vez establecidos los requerimientos físicos de instalación lo mejor es que recurra al manual específico del sistema operativo de red seleccionado para el montaje. Será allí donde pueda encontrar los pormenores precisos para una correcta instalación y administración de la red.

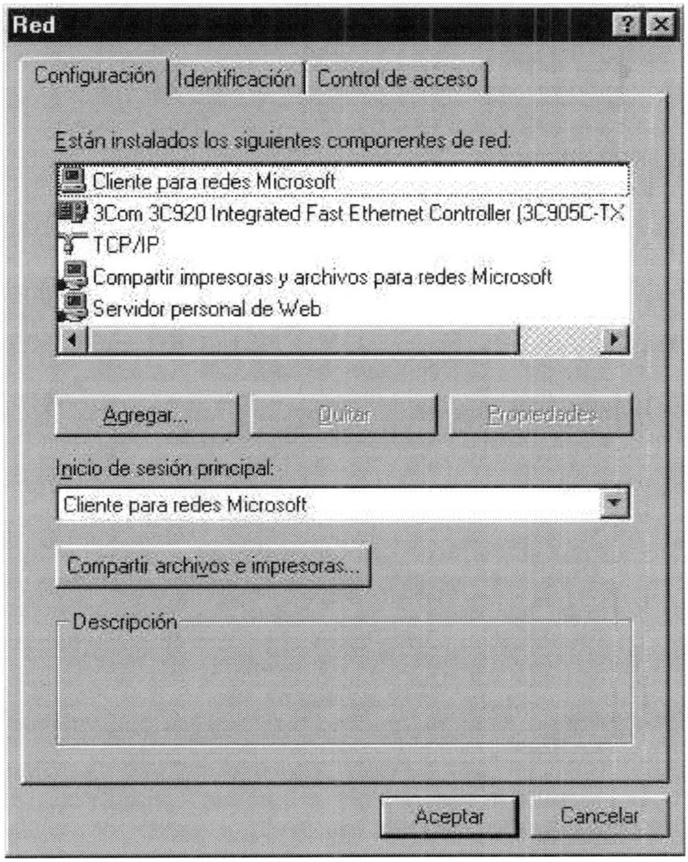

Figura 19.14. Componentes software de red

2. Acceda al recurso que quiera compartir (disco duro, CD-ROM, impresora…) y pulse el botón derecho del ratón. Una de las opciones que aparecerá será la de *Compartir* (en caso de no ser así compruebe que tiene instalado el servicio de *Compartir archivos e impresoras*). A continuación, comparta el dispositivo en la medida que desee (lectura, escritura) y con el nombre de recurso y clave que crea conveniente. Ése será precisamente el nombre que aparecerá al resto de usuarios de la red cuando accedan a su PC. Según el sistema operativo, cabe la posibilidad de establecer la compartición del recurso y, en una fase posterior, determinar quién tendrá acceso a él. Será posible, incluso, establecer permisos unificados (con las mismas características) a grupos de trabajo completos, evitando así la declaración específica de cada uno de los usuarios. No obstante y como ya se ha comentado en diferentes apartados, lo más recomendable es acudir al manual específico del sistema operativo de red usado para conocer los pormenores del proceso.

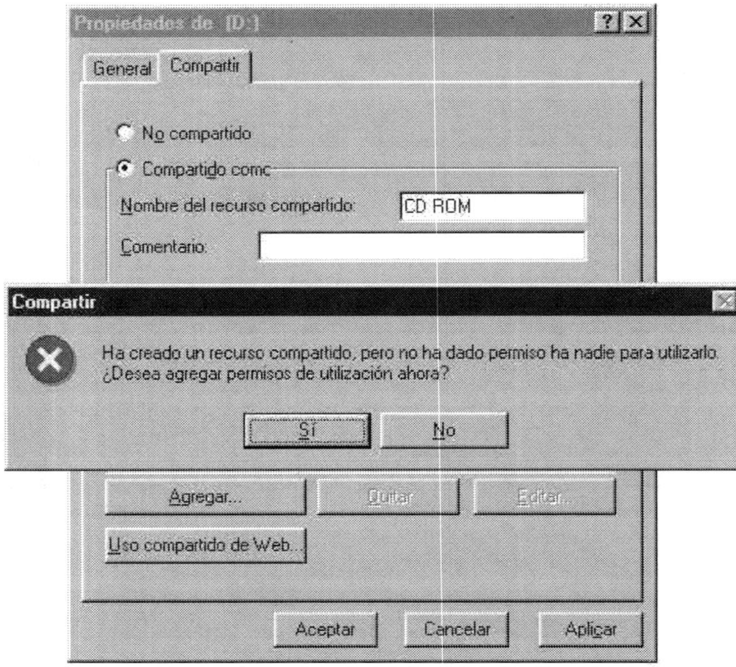

Figura 19.15. Permisos sobre un recurso

La comprobación pasará por intentar acceder a este recurso desde un PC remoto, momento en el que debe aparecer un cuadro de diálogo preguntando por la clave que valide el acceso.

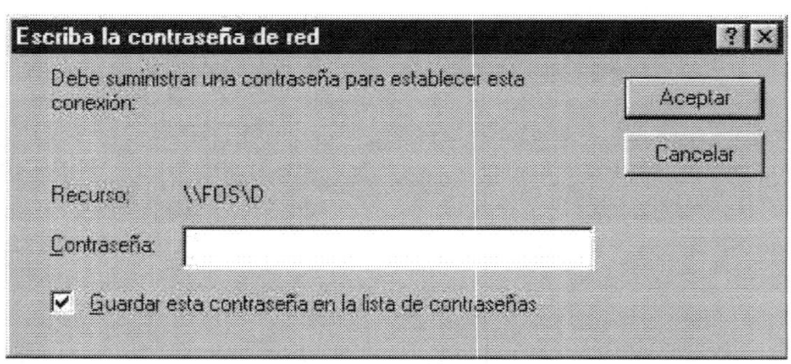

Figura 19.16. Recurso de red restringido

1. Cuando se desee crear una red con sólo dos equipos, cabe la posibilidad de recurrir a una arquitectura en estrella usando únicamente un latiguillo "cruzado". Este cable es diferente en cuanto al conexionado de los latiguillos comunes y su esquema de montaje corresponde al siguiente gráfico:

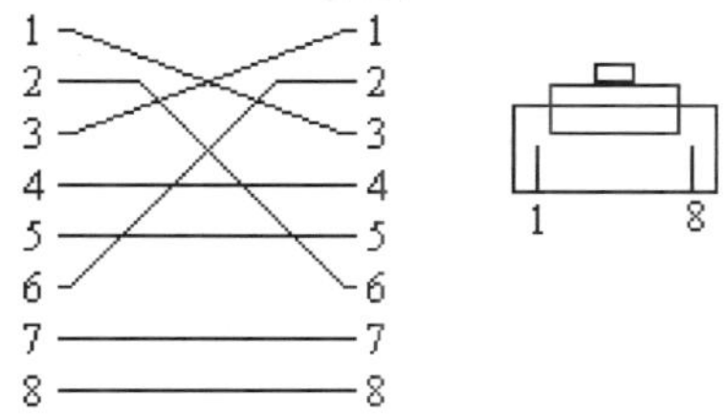

Figura 19.17. Cable cruzado

El resto de parámetros software a tener en cuenta en una red se mantiene sin que se vean afectados por este tipo de montaje.

19.12 SOLUCIONES AL CAPÍTULO 16

1. La selección del tipo de FAT depende en gran medida del sistema operativo con el que se pretenda crear. En caso de hacerlo con el comando FDISK, clásico del MS DOS y de diferentes versiones de Windows, bastará con contestar *Sí* a la pregunta de activar compatibilidad para discos grandes para la creación de una FAT32 y *No* para una FAT16.

```
Su PC tiene un disco mayor que 512 MB. Esta versión de Windows incluye
compatibilidad mejorada con discos grandes, lo que permite un uso más
eficiente del espacio libre en unidades de gran tamaño y el que los discos
de más de 2 GB sean formateados como una única unidad.

IMPORTANTE: si activa la compatibilidad con discos grandes y crea nuevas
unidades en este disco, no podrá tener acceso a las nuevas unidades usando
otros sistemas operativos, incluyendo algunas versiones de Windows 95 y
versions anteriores de Windows y MS-DOS. Además, utilidades de disco que
utilidades de disco que no fueron diseñadas para FAT32 no podrán trabajar con
este disco. Si necesita tener acceso a este disco con otros sistemas
operativos o con utilidades de disco antiguas, no la active.

¿Desea activar la compatibilidad con discos grandes (S/N)...........? [S]
```

Figura 19.18. Selección de FAT

La diferencia fundamental entre una y otra es la capacidad del clúster. Así, para calcular el tamaño del clúster en una partición concreta, es preciso averiguar cuántas direcciones puede gestionar la FAT como máximo y dividir el tamaño total de la partición entre el de cada unidad direccionable, obteniendo el tamaño del clúster expresado en KB. Así, en un disco hipotético (para trabajar con números pequeños) de 256 MB, su tamaño en KB será de 256 · 1.024 = 262.144 KB. Sabiendo que con 16 bits (en FAT16) se puede conseguir direccionar 2^{16}, es decir, 65.536

direcciones, obtendremos 262.144/65.536 = 4 KB de clúster. Si el valor resultante no fuese una potencia de dos, se redondearía hacia arriba:

DISCO DURO	DISCO DURO (KB)	CLÚSTER FAT16 (KB)
20 GB	20.971.520	20.971.520 / 2^{16} = 320
10 GB	10.485.760	10.485.760 / 2^{16} = 160
2 GB	2.097.152	2.097.152 / 2^{16} =32
1 GB	1.048.576	1.048.576 / 2^{16} = 16
512 MB	524.288	524.288 / 2^{16} = 8
256 MB	262.144	262.144 / 2^{16} = 4
128 MB	131.072	131.072 / 2^{16} = 4[26]

Tabla 19.1. Tamaños teóricos de clústeres

Como se puede observar, con 16 bits se puede conseguir direccionar 2^{16}, es decir, 65.536 direcciones, que a un máximo de 32 KB por clúster en el mayor de los casos hace un total de 2.097.152 KB, o lo que es lo mismo, los 2 GB de limitación ya conocidos. La limitación de los 32 KB de tamaño máximo por clúster viene dada por definición; es presumible que los valores superiores supondrían un elevado porcentaje de desaprovechamiento del disco. Para FAT32, el tamaño del clúster máximo permitido es de 16 KB, con un total de 2^{32} = 4.294.967.295 clústeres direccionables. Esto establece una limitación física de la partición de 4.294.967.295 x 16 KB = 68.719.476.720KB = ¡¡63,9999999851 TB!! En referencia a los discos duros actuales, se puede tomar que para particiones inferiores a 8 GB el tamaño del clúster es de 4 KB frente a los 8 KB en particiones superiores o iguales a 8 GB.

[26] Valor mínimo (en la operación, el resultado es de aún menor capacidad).

DISCO DURO	DISCO DURO (KB)	CLÚSTER FAT32 (KB)
20 GB	20.971.520	20.971.520 / 2^{32} = 4^{23}
10 GB	10.485.760	10.485.760 / 2^{32} = 4^{23}
2 GB	2.097.152	2.097.152 / 2^{32} = 4^{23}
1 GB	1.048.576	1.048.576 / 2^{32} = 4^{23}
512 MB	524.288	524.288 / 2^{32} = 4^{23}
256 MB	262.144	262.144 / 2^{32} = 4^{23}
128 MB	131.072	131.072 / 2^{32} = 4^{23}

Tabla 19.2. Tamaños teóricos de clústeres

Este ejercicio tiene, exclusivamente, fines didácticos ya que el sistema de archivos con que el lector trabajará de forma habitual será, necesariamente, NTFS o posteriores.

Apéndice A

GUÍA DE REFERENCIA DE CONECTORES

Uno de los mayores problemas que tienen las personas no experimentadas en el mundo del PC radica en algo tan sencillo como es la conexión del ordenador. Aunque a estas alturas del texto esto pueda parecer algo obvio, realmente representa un problema para muchos usuarios que, sin haber tenido una experiencia previa con el PC, observan cómo una legión de cables deben estar en una ubicación concreta y ¡por algún sitio hay que empezar!

Realmente el problema no es tal y, a poco que se intente, se comprobará que hay una relación directa entre conectores. Dicho en otras palabras, es prácticamente imposible equivocarse. Los PC han sido diseñados de tal forma que no suponga problema alguno su instalación e, incluso sin experiencia, el montaje sea rápido y sencillo. Las escasas coincidencias que entre conectores se pueden dar no provocarán, en ninguno de los casos, daños irreparables en el equipo microinformático, limitándose a anomalías en el funcionamiento que se observarán nada más encender la máquina.

Así, hay una correspondencia directa entre tipo de conector, formato (macho o hembra) y número de pines. De este modo, si se desea conectar un monitor al PC, sólo habrá un conector diseñado en formato sub-D hembra de 15 pines repartidos en tres filas. Todo esto es válido, obviamente, si no se fuerza ninguno de los conectores.

La única posibilidad de error que el usuario puede encontrarse es la coincidencia entre el conector de teclado y el de ratón y, aun así, la única anomalía que se presentará será que el teclado no funciona, momento este en el que se deberá proceder a su correcta conexión.

En definitiva, no hay problema alguno pero, para mayor comodidad, se adjunta una relación de los conectores más usuales del PC, indicando brevemente las características más comunes de los mismos.

A.1 EL CONEXIONADO

Como se indicaba en la introducción, el conexionado del PC no debe suponer mayor dificultad ya que, en casi todos los casos, la relación entre conectores es única. No obstante, se añade una relación de los conectores más comunes, así como sus funcionalidades. Esta relación se obtiene de aquellas interfaces que se encuentran en el PC, debiendo aplicárseles sus homónimos machos o hembras según el caso desde el dispositivo que proceda (teclado, ratón, monitor, impresora...).

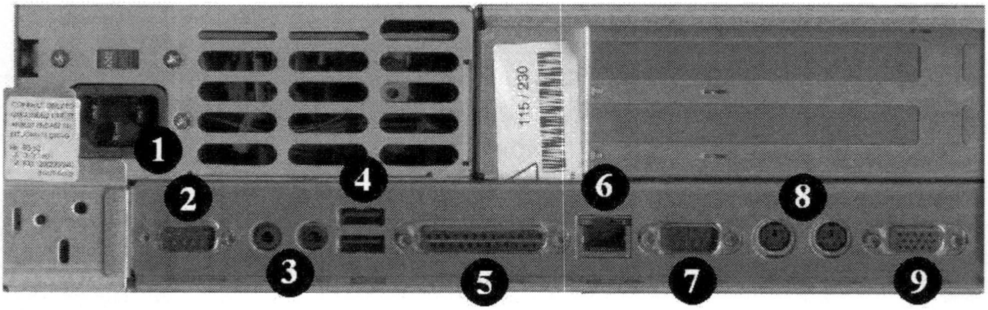

Figura A.1. Parte trasera de un PC

1. Conector de alimentación.
2. Puerto serie.
3. Conectores de audio.
4. Puertos USB.
5. Puerto paralelo.
6. RJ45 (red).
7. Puerto serie.
8. Conectores de ratón y teclado.
9. Conector de vídeo.

En la figura superior se aprecia la parte trasera de un PC de sobremesa. Sobre él, se han identificado los conectores más comunes. Casi todos los ordenadores dispondrán de la mayoría de los conectores explicados. No obstante, se ofrece una relación detallada de cada uno, además de otros que ocasionalmente podrían aparecer.

Se trata del conector de alimentación del ordenador. A él debe llegar el cable de corriente procedente del enchufe y, a partir de ahí, se convierte la tensión de modo que pueda ser utilizada por el ordenador. Sea cauto a la hora de trabajar con este conector que, si bien está protegido, transporta los 220 V de corriente alterna del enchufe que pueden resultar mortales.

Alimentación del monitor. Este conector es opcional y no siempre tiene por qué aparecer. En realidad se trata de una extensión en paralelo de la alimentación del PC que, en ocasiones, es gobernado por el mismo. De este modo, es posible apagar el monitor de forma conjunta al PC. Esto, obviamente, sólo es válido si el PC dispone de un interruptor o se trata de un equipo antiguo de tecnología AT ya que, en los ATX, el PC no llega a apagarse nunca, sino que permanece en un estado de stand by.

Se trata del conector PS/2 correspondiente al teclado. Como se observa, es exactamente igual al del ratón, algo que puede provocar confusiones a la hora de la conexión. No obstante, no se preocupe ya que no se dañará ningún componente de su PC. Al comprobar el error puede colocarlo en su posición correcta sin ningún tipo de problema.

Este conector, idéntico al anterior si bien puede variar en el color según el fabricante, corresponde a la conexión del ratón. Hace tiempo los ratones se conectaban al puerto serie y los conectores PS/2 eran exclusivos de algunas marcas como IBM entre otras. En la actualidad este conector es un estándar.

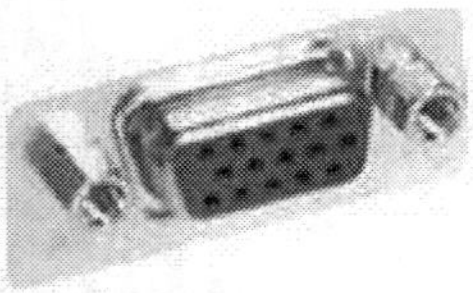

Se trata del conector de vídeo (comúnmente llamado VGA) y está formado por 15 pines hembra distribuidos en tres filas de cinco pines cada una. A través del cable que une el monitor y la tarjeta de vídeo mediante este conector, se establecerán las señales oportunas de color y sincronismo necesarias. Recuérdese que el vídeo está formado por señal de tipo analógico y no digital.

El DVI o Digital Video Interface (Interfaz de Vídeo Digital) tiene como principal característica el modo de señal digital en lugar de analógica (algo que repercute de forma directa en un aumento de velocidad al evitar conversiones digital-analógica). Este conector, definido por el consorcio DDWG (Digital Display Working Group), también se usa para televisores HDTV, EDTV, DVD... Actualmente existen varios tipos tal y como se aprecia en la figura (de izquierda a derecha y de arriba abajo): DVI-I Single Link (analógica y digital), DVDI-I Dual Link (analógica y digital), DVI-D Single Link (digital), DVI-D Dual Link (digital), DVI-A (analógica) y P&D (analógica y digital).

Este conector también se suele encontrar en la tarjeta gráfica y su nombre es RCA de vídeo compuesto. Se diferencia de los de audio en que éstos suelen ser de color rojo y negro, mientras que el dedicado al vídeo es de color amarillo. Proporciona una señal similar a la de una antena de TV, enviando datos de carácter analógico con imágenes y sonido. Es usado, principalmente, para salidas para TV.

El S-Video o S-VHS es otro conector más que se puede encontrar en la tarjeta gráfica. Su misión es la de proporcionar una señal de vídeo para conectar a un aparato de TV mediante una entrada de las mismas características o un adaptador de euroconector. En este caso no se proporciona señal de audio, motivo por el cual debe ser extraída de la tarjeta de sonido.

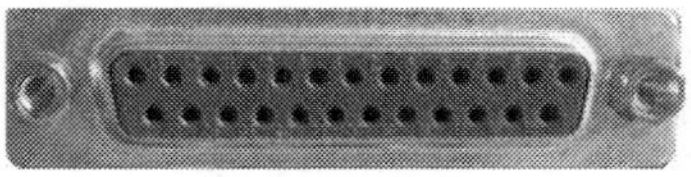

Puerto paralelo. Se trata de un conector de 25 pines hembra distribuidos en dos filas de 13 y 12 pines respectivamente. Su misión, al igual que la del resto de los puertos, es la de permitir una comunicación en paralelo de 1 byte. No obstante, su aplicación más convencional es el manejo de impresoras y, ocasionalmente, escáneres y otro tipo de unidades externas donde el puerto serie se queda pequeño en cuanto a transmisión de datos.

Puerto USB (Universal Serial BUS). Habitualmente los PC disponen de dos puertos USB y son multipropósito, es decir, admiten varias funcionalidades. De este modo, es posible encontrar puertos USB para controlar impresoras, escáneres, ratones, altavoces... Todo parece indicar que este tipo de puerto sustituirá al paralelo ya que gestiona los datos de forma más eficiente.

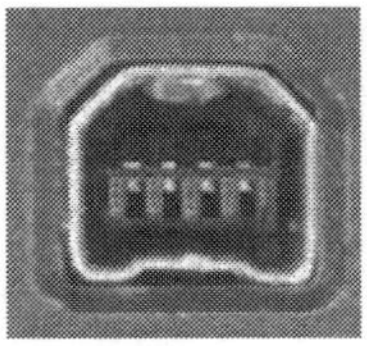

Se trata de una variación del conector anterior USB convencional donde, exclusivamente, aporta unas dimensiones más reducidas. Esto le hace idóneo para su uso en aparatos electrónicos pequeños tales como máquinas fotográficas digitales. No obstante, cada vez es más común su uso en la microinformática.

El FireWire es uno de los estándares de comunicación con periféricos más rápidos. Bajo la norma IEEE 1394, el FireWire puede trabajar en modo síncrono o asíncrono, dependiendo de las necesidades. Es más rápido que el USB pero menos difundido.

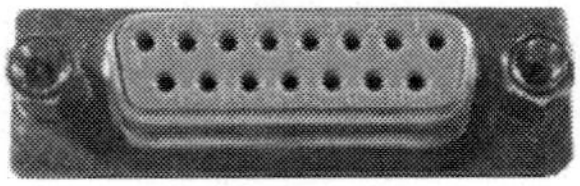

Este conector hembra de 15 pines divididos en dos filas de 8 y 7 pines, es multifunción. Así, se trata de un puerto analógico para la conexión de joysticks para juegos. Por otro lado, se usa también como conector MIDI para instrumentos digitales. Siempre va asociado a una tarjeta de sonido aunque hubo un tiempo en el que se encontraba con las controladoras de disco.

Se trata de los comúnmente denominados conectores mini jack. Son jack de 3,5 mm con una función específica cada uno de ellos. Así, lo habitual es que se destinen a entrada de línea, entrada de micrófono y salida de altavoces. No obstante, se recomienda consultar las instrucciones del fabricante para determinar cuál es cada uno. Según su función, algunos conectores serán estéreo, mientras que otros serán monofónicos.

Este conector recibe el nombre de RJ11 y no debe confundirse con otros similares como, por ejemplo, el RJ45. El RJ11 es un conector usado de forma habitual en la telefonía y que estará disponible en su PC si tiene instalado un módem. Puede ser que incluso disponga de dos conectores: uno destinado a recibir la línea y otro a partir del cual se puede conectar un teléfono convencional. En la actualidad no es muy frecuente y se ha visto desplazado por las tarjetas de red para conexiones de banda ancha. No obstante sigue resultando útil para las conexiones de FAX.

Este conector, muy similar al anterior, recibe el nombre de RJ45. Es el destinado a comunicar su PC con el exterior a partir de una tarjeta de red. A diferencia del RJ11 que sólo dispone de cuatro contactos, el RJ45 cuenta con ocho y es único. Debe tenerse especial atención ya que, si bien no ocurre como en los conectores de ratón y teclado que son exactamente iguales, sí es común que los cables sirvan entre uno y otro (aunque no a nivel funcional).

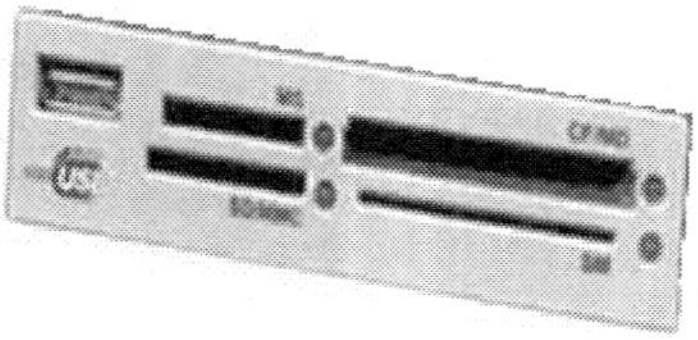

Cada vez resulta más común que los PC, especialmente los equipos portátiles, incorporen ranuras para la lectura de memoria. Este tipo de conectores se ha propiciado con la aparición de las cámaras fotográficas digitales y un estándar de memoria que no ha acabado de definirse en un único formato. Diversos tipos son incluidos sin garantías de disponer del preciso, si bien siempre se dispone de la opción de incorporar un lector externo USB.

Apéndice B

EL CD-ROM INCLUIDO

Este apéndice reúne todas las especificaciones técnicas y de contenido del CD-ROM incluido. El objeto del mismo es dar una panorámica más real del PC que lo que las simples fotografías logran. A tal fin, se ha diseñado una aplicación multimedia que, de forma virtual, permite examinar un ordenador. Esta aplicación consigue manejar en tres dimensiones un PC convencional mostrando todos sus componentes y apoyándose en el texto del libro, ofrecer una información detallada.

Además, se incluyen una serie de aplicaciones *freeware*, *shareware* y de software libre que resultarán especialmente útiles a la hora de operar con un PC. Se trata de aplicaciones no comerciales o en versión de demostración que ofrecen "trucos" y caminos alternativos tanto a la hora de reparar un ordenador como para su configuración u optimización. En cualquier caso, las características, requerimientos y condiciones de uso son expresados por los propios desarrolladores en sus aplicaciones y programas.

También se incluye un glosario detallado (idéntico al del libro que tiene entre sus manos) junto a una guía de conectores del PC y una relación de URL o direcciones de Internet interesantes para obtener información detallada sobre diferentes componentes.

El CD culmina con la inclusión de un software antivirus cedido amablemente por la compañía Panda Antivirus. Así, el lector dispondrá de forma gratuita de una versión con todas las prestaciones operativas de los productos *Titanium* y *Platinium* de la citada compañía.

Por último, agradecer a la compañía Zona Multimedia y, especialmente, a Frank, Dani, Cristina y Laura, su apoyo a la hora de realizar la interfaz de esta aplicación que inicialmente no pretendía ser más que un mero "apuntador" en HTML. Su profesionalidad queda patente en el software realizado y su amistad también.

B.1 EL CD-ROM

El CD-ROM contenido en el libro *Mi PC: Actualización, configuración, mantenimiento y reparación* pretende acercar de manera virtual, al lector, a la ubicación y aspecto de los principales componentes de un PC. Así, de un vistazo puede obtenerse una referencia rápida de qué es una impresora y su aspecto externo, un ratón, un puerto, etc.

El CD es autoejecutable y no realiza instalación alguna, ni necesita de software accesorio. Funciona sobre PC con Sistema Operativo Windows.

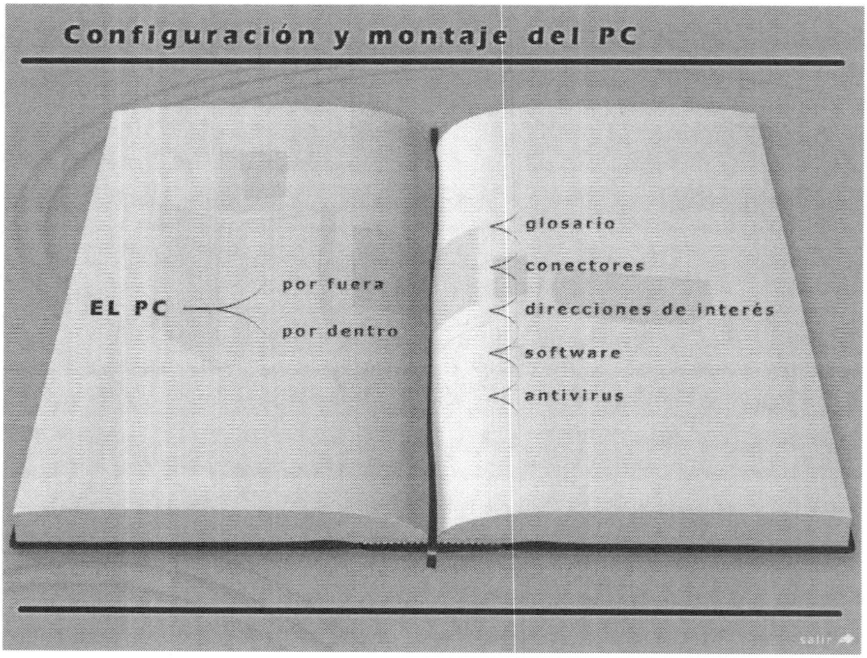

Figura B.1. Pantalla de la aplicación

El CD comienza con un menú principal donde pueden seleccionarse cualquiera de las opciones que se enumeran a continuación.

El PC por fuera

Enlaza con una pantalla en la que se muestra el aspecto externo de un PC convencional. En ella pueden seleccionarse mediante la lista que aparece en la parte inferior o mediante el modelo tridimensional cada uno de los dispositivos que componen el PC. Estos componentes son:

- Caja	- Disquetera	- Ratón
- CD/DVD	- Monitor	- Impresora
- Grabadora de CD	- Teclado	- Multimedia

Al seleccionar un elemento desde el modelo en 3D o bien desde su nombre se muestra una fotografía y un texto descriptivo del mismo. Así mismo, se produce un acercamiento en la imagen virtual de forma que se centra y aumenta la visión del dispositivo seleccionado.

El PC por dentro

Se accede a una pantalla en la que se muestra el aspecto de un PC convencional por dentro. En ella pueden seleccionarse, mediante la lista que aparece en la parte inferior o mediante el modelo en 3D, cada uno de los componentes internos del PC. Los componentes son:

- BIOS
- Cables
- CD
- Grabadora CD
- Conector ratón y teclado
- Conector puertos serie y paralelo
- Conector puertos sonido y juegos
- USB
- Microprocesador
- Disco duro
- Unidad disquete
- Fuente de alimentación
- Pila
- Placa base
- Módulo de memoria
- Tarjeta de red
- Tarjeta de sonido
- Tarjeta de vídeo
- Zócalo AGP
- Zócalo de disquete
- Zócalo IDE
- Zócalo DIMM
- Zócalo PCI

Al igual que sucede en *El PC por fuera*, si se selecciona un elemento se muestra una fotografía y un texto descriptivo del mismo. De igual forma se produce un acercamiento en la imagen en 3D centrándose y aumentando la visión del dispositivo seleccionado.

Glosario

Pantalla donde se encuentra una serie de términos relacionados con el hardware microinformático. La lista de términos se sitúa a la izquierda y tiene un *scroll* en la parte superior para desplazar la lista. Si se selecciona un término, aparecerá su descripción a la derecha. Al entrar en la pantalla, en la zona derecha de la misma, se muestra un texto introductorio.

Conectores Pantalla que adjunta una relación de los conectores más usuales del PC. Si se selecciona uno de ellos, aparece su descripción a la derecha junto a una fotografía ilustrativa del mismo. Al entrar en la pantalla, en la zona derecha de la misma, se muestra un texto introductorio.

Direcciones de interés Pantalla con un apéndice de URL (direcciones de Internet) agrupadas por temática. Si se selecciona una temática en la parte izquierda, aparecerá una descripción a la derecha junto a una fotografía ilustrativa de la misma, y una serie de enlaces en la parte inferior, en los cuales, al hacer clic, se abre el navegador, enlazando con la página. Al entrar en la pantalla, en la zona derecha de la misma, se muestra un texto introductorio.

Software Pantalla con una lista de aplicaciones software agrupadas por temática. Si se selecciona una de éstas en la parte izquierda, aparece una descripción, en la parte inferior, se muestra la lista de programas asociados a esa temática. Después de elegir uno de ellos, puede optarse por instalarlo o almacenarlo en el disco, para lo que se dispone de dos botones.

Panda Antivirus La compañía Panda Software ha proporcionado dos de sus antivirus más versátiles y eficientes: Panda Antivirus Platinum y Panda Antivirus Titanium. Éstos pueden instalarse desde esta pantalla, para ello basta con pulsar el botón *Instalar* correspondiente.

B.2 SOFTWARE INCLUIDO

A continuación se detalla brevemente cada una de las aplicaciones incluidas en el CD. Todas ellas pertenecen a la catalogación de *freeware*, *shareware* o software libre, habiendo manifestado los programadores su autorización expresa para su distribución gratuita con este libro. Por supuesto, esto no exime de la aceptación por parte del usuario (el lector) de las condiciones específicas establecidas en cada uno de los programas. En cualquier caso el autor del libro no asume responsabilidad alguna por el uso, correcto o no, de las siguientes aplicaciones, si bien previamente se han evaluado todas y se han seleccionado por su utilidad y practicidad.

Se han agrupado los diferentes programas según el uso al que están destinados. Por supuesto, esta catalogación podría ser tan extensa como se quisiera pero, en esta edición, se ha considerado apropiada.

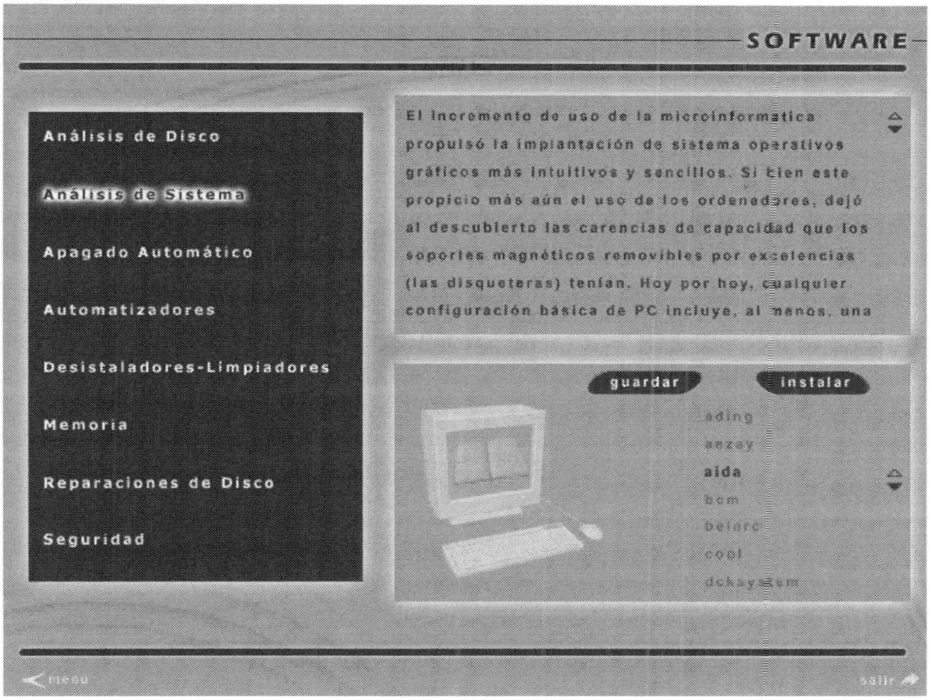

Figura B.2. Pantalla de software

El autor quiere agradecer de forma especial a los autores de las aplicaciones (grandes empresas en algunos casos y programadores únicos en otros) su autorización para incluirlas en el CD-ROM anexo al libro, a la vez que animarles a que continúen con su labor de desarrollo de software de calidad como el, a continuación, definido.

B.2.1 Utilidades de disco

El disco duro es uno de los principales elementos del PC en la medida que está destinado a albergar los datos del usuario, mucho más importantes en ocasiones que el propio hardware. De este modo es imprescindible conocer su rendimiento y, en la medida de lo posible, optimizarlo. Todas las estadísticas y parámetros recibidos desde el disco duro conducirán a un mayor conocimiento del mismo y, por tanto, a contar con una mayor seguridad en cuanto a integridad de datos se refiere. Éstas son las aplicaciones incluidas en el CD-ROM:

Disk Bench Se trata de un test de medición de tiempos de respuesta del disco duro. Esta aplicación, con un diseño de entorno Windows XP, proporciona los tiempos de respuesta reales del PC donde se encuentra instalado. Para ello, realiza una serie de copias de ficheros de un subdirectorio a otro, borrando los archivos usados en el test una vez finalizado el proceso obteniendo estadísticas. Requiere de *.Net FrameWorks*, disponible en *MSDN Downloads* (http://msdn.microsoft.com/library/default.asp?url=/downloads/list/netdevframework.asp).

JDisk Report — Utilidad estadística de control del disco duro. Proporciona diferente información relativa a los aspectos más destacados de uso del disco. Tales como distribución de espacio, clasificación por tamaño, modificación de ficheros... todo en un entorno gráfico muy intuitivo. Requiere disponer de la máquina virtual de JAVA versión 1.3, disponible en http://www.sun.com o en las páginas de actualización de Microsoft.

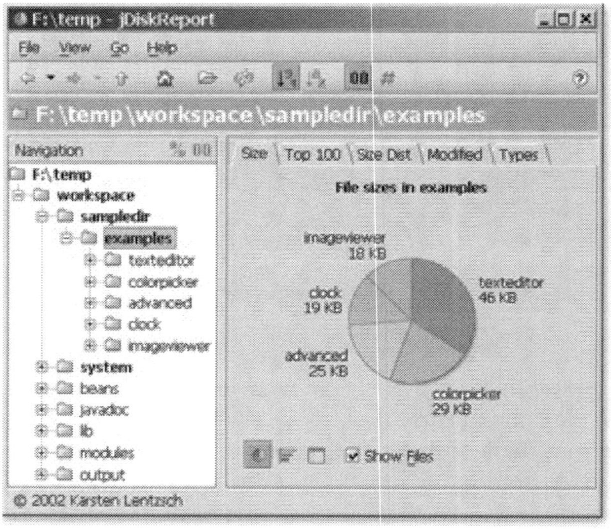

Figura B.3. Pantalla de JDisk Report

MediaChecker — Permite la comprobación de la integridad de los datos en diferentes unidades lógicas (con independencia del tipo de éstas). Es útil su uso antes de proceder a destruir copias de seguridad antigua ya que añade fiabilidad a los nuevos *backups* realizados. Su función real es la de buscar ficheros corruptos o datos inestables.

Scanner — Atractivo entorno gráfico para ver la ocupación real de los ficheros en el PC, ya sea en disco duro o en cualquier otro soporte. Sin duda una ayuda interesante para la gestión del disco duro.

B.2.2 Utilidades del sistema

Se trata de un epígrafe genérico para evaluar diferentes prestaciones del sistema. Aquí tienen cabida aplicaciones tan variopintas como el control de rendimiento de las baterías de un PC portátil hasta la capacidad de evaluar posibles averías de un PC. Sin duda un conjunto de herramientas interesantes e imprescindibles para el diagnóstico y conocimiento del PC. Se trata de las siguientes:

ADing PowerAlarm Utilidad destinada al control de la duración de las baterías de equipos portátiles. Ofrece una información muy exacta en base a la duración real de la batería ofreciendo utilidades diversas como el porcentaje de batería restante, icono variable de energía y gráfica y mensajes acústicos para indicar situaciones de batería baja.

Aida32 Aplicación autoejecutable (no precisa de instalación alguna) que ofrece un análisis detallado del sistema. De forma clasificada es posible acceder a los elementos del PC, así como a las webs de los fabricantes más representativos y sus drivers. Genera informes en diferentes formatos. Una aplicación realmente buena.

Fresh Diagnose Un software interesante para aprender sobre el ordenador y sus componentes, a la vez que poder diagnosticar averías. Dispone de una interfaz muy intuitiva que recuerda al *Explorador* de Windows.

Hot CPU Tester Lite Utilidad para controlar, entre otros componentes, la memoria, chipset, placa base y microprocesador. Ayuda a diagnosticar posibles averías y el origen de cualquier error. Interesante si se usa para controlar microprocesadores en *overclocking*. No es especialmente rápida pero la espera merece la pena.

M2 Information Programa que, en esencia, aporta información al usuario sobre el hardware y software usado. Aporta datos relativos al sistema operativo, microprocesador, memoria...

MetaBench Conjunto de tests para evaluar el rendimiento del sistema. Incluye parámetros para cuantificar la agilidad de proceso de la máquina y poder establecer comparativas. Ofrece, además, diferentes formatos de exportación de datos.

SiSoft Sandra Standard Todo un clásico dentro de los programas de diagnóstico. Ofrece información diversa sobre el hardware en general, el software y componentes específicos del sistema.

X-Setup Programa muy interesante para mejorar las prestaciones generales del sistema. Aumenta la seguridad y aceleración del sistema además de ofrecer un amplio abanico de configuraciones.

B.2.3 Apagado del sistema

Por curioso que a los neófitos les pueda parecer, apagar el ordenador es una operación delicada y que va asociada a la integridad de los datos. Así, los entornos gráficos multitarea difieren en el tiempo de proceso por lo que es posible que, a pesar de que el usuario no esté realizando ninguna operación, el propio sistema se encuentre trabajando con el disco duro. Cerrar el sistema correctamente y, además, poder temporizarlo y programarlo son utilidades interesantes, tal y como se comprueba:

A_ShutDown Permite la temporización del apagado, encendido, reinicio y cambio de sesión en el ordenador. Dispone de utilidades adicionales como el apagado de emergencia o bloqueo del PC.

NisuApagarPC Utilidad extremadamente sencilla con mínimo consumo de recursos del sistema. Permite el apagado, reinicio y cambio de sesión de forma temporizada y automática.

RS Somnífero Automatiza diferentes acciones de forma temporizada. Así, será posible el apagado, reinicio y cierre de sesión pero, además, admitirá la presentación de mensajes personalizados y el cierre de una sesión de Internet.

ShutDownPC Realiza de forma temporizada un apagado "no forzado". Esto implica que, en caso de encontrarse alguna aplicación solicitando la intervención del usuario, el PC no se apagará.

Tempone Permite acciones diversas como la apertura y cierre temporizado de la unidad de CD-ROM o la conexión de Internet. Por supuesto, también admite el cerrado del sistema, reinicio o cierre de sesión.

Windows Shutdown Apaga el equipo de forma temporizada o en un instante concreto. Además, dispone de funciones extra como el bloqueo del sistema, incluyendo prestaciones adicionales si se trabaja con Windows.

B.2.4 Automatizadores del sistema

Herramientas curiosas que nos descubren hasta dónde es capaz de llegar el PC (o los programadores). Los automatizadores son aplicaciones que permiten gestionar aplicaciones diversas del sistema. Casi siempre se basan en sistemas expertos o basados en el conocimiento que, en el caso de los primeros, acaban "conociendo" al usuario y personalizando según sus apetencias. Un buen ejemplo de lo expuesto son:

EasyClip	Se trata, fundamentalmente, de un optimizador del *Portapapeles* de Windows, algo que la compañía Microsoft recientemente ha realizado en algunos de sus productos. No obstante, *EasyClip* posibilita manejar hasta 16 portapapeles independientes que son accesibles mediante la pulsación de una única tecla.
Idox	Se trata de un modo interesante de trabajar con el ordenador. A través de una mascota virtual basada en procesos de inteligencia artificial, es posible mantener conversaciones (siempre divertidas) a la vez que se automatizan diferentes aspectos como la consulta al correo electrónico o la ejecución de aplicaciones.
Kas	Un interesante motor de inteligencia artificial con el que es posible conversar a la vez que aprende del usuario y lo que es más curioso: ¡con iniciativa propia! Permite automatizar tareas como la conexión a Internet, consulta del correo, ejecución de programas...
MediaMat	Interesante aplicación de uso múltiple. Permite realizar interfaces personalizadas para la ejecución de aplicaciones, creación de carpetas, descompresión de archivos... admitiendo procesos diferidos en el tiempo. Dispone de un lenguaje propio.
RemoteKeys	La herramienta definitiva para aglutinar complejas pulsaciones combinadas por una simple acción de ratón. Personalizable a 10 usuarios. Dispone de utilidades anexas relacionadas con el *Portapapeles* de Windows. Muy útil.

B.2.5 Desinstaladores y limpiadores

El mayor rendimiento de las aplicaciones actuales con respecto a otras de hace unos años se debe, entre otros motivos, a una mayor integración con el propio sistema operativo. Tanto es así que los programas ya no sólo se copian en el disco duro, sino que modifican el sistema operativo con todo lo que ello conlleva. La desinstalación de aplicaciones puede conllevar que esas alteraciones del sistema continúen pudiendo producir graves errores además de una inestabilidad del sistema operativo. A fin de solucionar esta serie de problemas, existen programas desinstaladores y limpiadores que aseguran que tanto el registro de Windows como las propias librerías del sistema mantengan su integridad. Las aplicaciones recomendadas son las siguientes:

ClearMe Aplicación destinada a la eliminación de información tanto de carácter personal como privada, almacenada en ficheros históricos. Además, puede eliminar las *cookies*, *Papelera de reciclaje* e, incluso, la memoria caché del navegador permitiendo renovar sus contenidos.

Jv16 PowerTools Un completo conjunto de herramientas que ayuda a optimizar ya no sólo un PC sino, incluso, una red de ordenadores. Permite controlar el sistema de archivos a la vez que ayudar a mantener intacto el registro de Windows gestionando la instalación de aplicaciones. Admite el control de máquinas remotas, administrar tareas, enviar mensajes... un software realmente interesante.

RegCleaner Un programa realmente útil que, interactuando con el usuario, permite gestionar el registro de Windows. Mediante un sencillo proceso dirigido, el usuario tendrá conciencia en todo momento de los cambios realizados. Muy útil, sin duda...

B.2.6 Memoria

La memoria es uno de los elementos de base tanto del PC como del propio sistema operativo. De ella depende en gran medida el rendimiento general del sistema. Conocer, por tanto, sus prestaciones y potenciales problemas ayudará a optimizar la máquina. A continuación se ofrece una serie de aplicaciones que ya no sólo aportan información sobre la RAM, sino que, además, permiten optimizar algunos aspectos concretos, a saber:

BySoft FreeRAM Es un excelente administrador de memoria que permite liberar RAM para el PC tanto de forma manual como automática. También permite configurar la memoria caché.

FreeRAM XP Pro Permite optimizar memoria aprovechando tanto la libre como la reservada por programas que ya dejaron de ejecutarse. El proceso puede realizarse tanto de modo manual como automático permitiendo, además, la desfragmentación de memoria, lo que implica una mayor estabilidad del sistema.

Memory Monitor Aplicación destinada a informar al usuario del consumo de memoria por parte de los programas en su sistema. También ofrece datos relativos a la memoria virtual.

CacheMan Permite mejorar el sistema en general. Esto lo consigue liberando la memoria caché no utilizada, lo que lleva asociado una disminución inmediata del fichero de intercambio de Windows (memoria virtual). Resulta espectacular el aumento de rendimiento de todos los procesos.

MemViewer Editor de memoria en tiempo real. Permite la visualización de la ocupación de memoria. Su entorno gráfico es realmente atractivo y original.

B.2.7 Reparación de disco

¿Quién no se ha llevado un susto ante la pérdida de datos? El hardware es importante pero, en muchas ocasiones, los datos lo son más. Esta aplicación permite conocer algo más el disco duro y anticiparse a potenciales problemas. La estructura lógica, aspectos de optimización... todos son mostrados de un modo sencillo. Una herramienta imprescindible para un técnico de hardware.

O&O Defrag Analiza y desfragmenta discos con los sistemas de archivos más comunes (FAT, FAT32, NTFS, NTFS5, RAID...). Además, permite visualizar la estructura de clústeres así como la identificación del tipo de datos contenidos.

B.3 PANDA ANTIVIRUS

La compañía Panda Antivirus también ha colaborado en la elaboración de este CD-ROM aportando su software. Sin duda resulta inevitable hablar de Panda cuando a virus se refiere y ya no sólo en el ámbito nacional (Panda Antivirus es una compañía española) sino también en el internacional. Las aplicaciones que el lector podrá encontrar en el CD son las siguientes:

Titanium Un buen antivirus si se busca seguridad y facilidad de uso. Ofrece actualizaciones completamente automáticas, escaso consumo de memoria, además de avanzada tecnología para Internet y correo electrónico. Entre sus características cabe citar:

- Detecta y elimina rápidamente todo tipo de virus conocidos. Además, su tecnología heurística de última generación es extremadamente eficaz contra los nuevos virus desconocidos que puedan aparecer en el futuro.

- Muy fácil de usar: comienza a trabajar automáticamente, verificando que la información que entra y sale del PC está limpia.

- Actualizaciones automáticas contra los virus aparecidos desde la última conexión a Internet. Motor *UltraFast*: máxima velocidad y mínimo consumo. Analiza exhaustivamente la información sin apenas consumir recursos del ordenador.

- Avanzada tecnología antivirus para Internet y correo electrónico.

- Tecnología exclusiva *SmartClean* para reparar las averías del sistema ocasionadas por los más recientes gusanos y Caballos de Troya tipo *I Love You*, *Anna Kournikova...*

- Soporte técnico 24 horas al día, 365 días al año.

- Protección para Windows.

Platinum Una solución de seguridad total para los pequeños negocios y profesionales. Dispone de una interesante tecnología antivirus y *firewall* y es indicado para redes entre 1 y 10 PC. Las características más destacables son las siguientes:

- Detecta y elimina rápidamente toda clase de virus. Además, es muy eficaz contra los nuevos virus desconocidos gracias a su avanzada tecnología.

- Defensa contra *hackers*: *firewall* incluido en el antivirus. Incorpora un *firewall* de última generación que detiene a los *hackers* e impide la destrucción, el robo o la corrupción de su información.

- Actualizaciones diarias.

- Máxima velocidad y estabilidad. Respeta completamente el funcionamiento del equipo gracias a la rapidez de su motor de búsqueda de virus UltraFast: una innovación tecnológica de Panda Software que analiza su información más *rápida* y exhaustivamente.

- Soporte técnico 24 horas al día, 365 días al año.

Figura B.4. Panda Titanium y Platinum

Apéndice C

GLOSARIO

Una opinión muy personal del que suscribe (sea dicho con la mayor de las humildades) es que la primera dificultad de la Informática en general y del Hardware Microinformático en particular es el lenguaje.

Sí, aunque pueda parecer una afirmación gratuita, a poco que se reflexione sobre la misma se encontrará que algo de verdad, al menos, hay. La mayor parte de los términos utilizados son, en el mejor de los casos, tecnicismos. A poco que se profundice, comenzarán las siglas, anglicismos, acrónimos y mnemotécnicos. ¿Cómo explicar a un neófito que el *hardware* de la tecnología *wireless* usa componentes *SMD* en la *mother board*? (sirva el ejemplo absurdo). Realmente, una frase corta donde aparecen multitud de términos desconocidos quita las ganas de implicarse a cualquiera. Supongo que esto no es exclusivo de la Informática, sino que forma parte inherente de casi todas las ciencias y sectores profesionales, pero parece obvia la necesidad de comenzar a explicar los términos.

Dado el carácter eminentemente práctico y didáctico de este libro, resulta imprescindible la existencia de este apéndice. Y no, no se trata de potenciar el uso de vocablos extraños sino, simplemente, de entenderlos. De esta forma, un técnico no puede permanecer impasible sin entender de qué se le está hablando (con un lenguaje correcto o no). Resulta, por tanto, tan imprescindible como disponer de las herramientas adecuadas para trabajar sobre un PC, el entender toda la terminología que acompaña a la microinformática tanto a escala técnica como comercial. Por supuesto que esta lista siempre estará incompleta ya que la aparición de nuevos términos es constante pero, al menos, servirá como punto de inicio.

Sirva este apéndice como primera introducción a ese lenguaje que, en pocas "sesiones", formará parte del vocabulario coloquial del lector. Para bien o para mal, tenemos un lenguaje realmente prolijo en términos pero el inglés resulta mucho más técnico y preciso, lo que le hace apropiado para el tema del libro.

ACR — *Advanced Communication* es un avance más de los conectores WOL, AMR y CNR donde se contemplan soportes específicos para comunicaciones DSL y *wireless*.

AGP — Es el puerto de gráficos acelerado (*Adapter Graphics Port*) que en la actualidad constituye el estándar de conexionado de las tarjetas de vídeo.

Alimentación — Sistema de suministro de fluido eléctrico. En los PC proviene de la fuente de alimentación y, exceptuando la placa base, la alimentación genérica de dispositivos corresponde a +12 v, 0 v, 0 v y 5 v (hilos amarillo, negro, negro y rojo respectivamente).

ALU — Unidad aritmético-lógica. Se trata de una parte del microprocesador encargada de gestionar las operaciones aritméticas y las de carácter relacional.

AMD — El acrónimo corresponde a *Advanced Micro Devices* y es uno de los principales fabricantes de microprocesadores mundial junto con Intel, su mayor competidor y con el que en el pasado ha mantenido juicios relativos a la competencia.

AMR — *Audio Modem Riser* que, en esencia, es un conector diseñado de forma específica para módems que aprovechan los recursos del sistema.

AT — Tecnología obsoleta que definía una generación de PC que se establece hasta el Pentium MMX. Entre otras diferencias con respecto a la tecnología ATX actual, se encuentra el cambio de activación de alimentación (antes con un interruptor y ahora con un pulsador) o, simplemente, del conector de alimentación de la placa base. Obviamente los cambios son más profundos que los dos ejemplos enumerados. Ver *ATX*.

ATX — Tecnología actual de los PC que define el sistema de alimentación, arranque y, en parte, ubicación de componentes en la placa base. Es la tecnología sucesora a la AT. Ver *AT*.

Backup — Generalmente hace referencia a copia de seguridad aunque puede entenderse como su sistema de respaldo o redundante si es aplicado a componentes concretos como, por ejemplo, las fuentes de alimentación.

Bahía Alojamiento habilitado en la caja del PC para soportar físicamente unidades de CD-ROM, disqueteras, discos duros. Éstas se referencian según el tamaño de la unidad que son capaces de alojar (3 ½" o 5 ¼").

BIOS Sistema básico de entrada-salida (*Basic Input Output System*). A efectos prácticos, es aquí donde reside la configuración hardware del PC mediante un programa llamado *Setup* al que se accede desde el POST. Los datos dependen de la batería o pila del PC.

BNC Se trata del tipo de conector usado por las tarjetas de red organizadas con una topología en bus. En la actualidad, este tipo de montaje está en desuso.

Bps Se trata de una unidad de transferencia de datos que mide el número de bits transmitidos por segundo (*bits per second*).

Bus La traducción literal sería la de "camino". El micro dispone de tres: datos, direcciones y control. Es especialmente importante el de datos ya que define el número de bits con el que es capaz de trabajar un dispositivo. El de direcciones, entre otras funciones, limita el tamaño máximo de la memoria principal del sistema.

Cable Select Sistema de configuración de dispositivos E-IDE capaz de adoptar de forma automática el estado contrario al del dispositivo ya instalado (*master* o *slave*). Requiere de un bus especial (con el hilo 28 seccionado en uno de sus tramos). Ver *Slave* y *Master*.

Chipset Circuito multifunción alojado en la placa base. Habitualmente se divide en dos circuitos integrados aunque pueden llegar hasta nueve. En gran medida define la potencia y prestaciones de la placa base.

CNR El *Communication Network Riser* se trata de una versión evolucionada del AMR que, básicamente, incorpora funciones para el manejo de tarjetas de red.

CPU Siglas correspondientes a *Control Process Unit* o Unidad de control de proceso. Se trata del microprocesador aunque coloquialmente suele hacer referencia al ordenador como tal (excluyendo periféricos como el monitor y teclado).

DD — Hace referencia a la doble densidad (*Double Density*). Era habitualmente usada esta nomenclatura para definir discos flexibles de $3^{1/2}$" y $5^{1/4}$".

DRAM — Dinamic RAM. Se trata de la memoria RAM dinámica, es decir, aquélla que no es caché que suele ser de tipo estática (SRAM). La memoria principal del sistema es memoria dinámica. Ver *SRAM*.

Drive — Hace referencia a una unidad, generalmente de disco flexible. Es la denominación usada en el *Setup* de la BIOS para configurar e identificar las disqueteras.

Driver — Software encargado de manejar un dispositivo, esto es, la aplicación que hará que el sistema operativo controle y aproveche las características del elemento en cuestión.

DVD — Se trata del nuevo formato impuesto para soportar vídeo, con capacidades de hasta 17 GB y con múltiples posibilidades. Su formato digital y su alta capacidad le hacen idóneo para un gran abanico de posibilidades.

Faja — Hace referencia, generalmente, al conjunto de hilos encargados de conectar la controladora con cualquier dispositivo (disqueteras, discos duros, unidades de CD...). Su nombre proviene de su aspecto físico, habitualmente dispuesto con los cables adyacentes.

FAT — Se trata de la tabla de asignación de archivos (*File Allocation Table*). Se trata de un sistema de archivo muy popular en el entorno de Microsoft dado que fue el usado por el legendario MS DOS y muchas versiones de Windows. Su formato más evolucionado corresponde al de 32 bits aunque todo parece indicar una tendencia hacia otro sistema de archivos de la misma compañía: NTFS.

Floppy — Corresponde al nombre popular, aunque ya en desuso, que se da a las unidades de disco flexible. Su denominación completa corresponde a *floppy drive*.

GUI — Es un modo de hacer referencia a los entornos gráficos operativos. Las siglas provienen de *Graphical User Interface* (interfaz gráfica de usuario).

HD Las siglas HD pueden referenciar dos conceptos que nada tienen que ver entre sí. Así, puede indicar la densidad de un disquete si su acepción es la de *High Density* o un disco duro si es *Hard Disk*. Habitualmente, en este último caso y para establecer diferencias, se suele indicar como HDD (*Hard Disk Drive*).

HDD *Hard Disk Drive*. Se trata del disco duro del ordenador, dispositivo por excelencia encargado de almacenar los datos.

Hyper-Threading Tecnología desarrollada por Intel (Intel® HT). Consigue un aumento en el rendimiento gestionando el procesamiento por hilos en los diferentes núcleos del microprocesador. Requiere que tanto la BIOS como el sistema operativo lo soporten.

ISA *Industry Standard Architecture.* Tipo de slot que si bien cada vez se encuentra más abocado a la obsolescencia, ha sido una interfaz habitual durante muchos años.

Jumper Su traducción literal sería la de "salto", refiriéndose a un cortocircuito (salto de corriente). Se trata de un pequeño elemento que, en definitiva, conecta dos pines. Se usa para configurar placas base y tarjetas diversas.

Land Zone Cada una de las zonas valle que conforman un estado contrario a los pits o *agujeros* de una unidad de CD-ROM. Ver *pits*.

LED *Light Emitting Diode*. Indicador luminoso usado, por ejemplo, para indicar el Power LED, HDD LED, Turbo LED... Se puede encontrar tanto en el frontal de la caja como, en ocasiones, en la propia placa base del ordenador.

Master En microinformática se usa para referenciar un dispositivo de un canal IDE. Las opciones aceptadas, comúnmente, son las de *master* (maestro), *slave* (esclavo) y *cable select* (selección por cable). Ver *Slave* y *Cable Select*.

Microprocesador Elemento fundamental del PC. En gran medida, toda la potencia y rendimiento de la máquina dependerán de este componente. Los dos fabricantes más significativos son Intel y AMD.

Mother Board Placa base. Es la tarjeta de circuito impreso de mayores dimensiones del sistema. Sobre ella se alojan el resto de placas en slots. Suele ser la que ofrece los bancos de instalación de memoria y zócalos apropiados para los microprocesadores. El elemento más significativo de la placa base es el *chipset.*

NIC *Network Interface Card*. Es el acrónimo común utilizado para denominar a las tarjetas de red, con independencia de su topología y características.

NTFS Sistema de archivos de la compañía Microsoft. Fue iniciado por los sistemas de Windows NT (de ahí su nombre de *NT File System* o Sistema de Archivos de NT). Es mucho más potente y seguro que FAT y todo parece indicar que acabará implantándose dentro de la compañía de Bill Gates.

Overclocking Técnica consistente en hacer trabajar el microprocesador a una velocidad superior para la cual ha sido diseñado, aumentando así sus prestaciones. Aunque suele funcionar, requiere de una refrigeración adecuada.

Paralelo Modo de transmisión de datos donde son enviados todos al mismo tiempo. Es un sistema rápido pero con más requerimientos hardware que otros. Se trata del concepto opuesto a la transmisión en serie. Ver *Serie*.

Pin La traducción más literal sería la de contacto. Hace referencia a cada uno de los puntos de conexión que, por ejemplo, confirman un conector. También son pines los contactos de la placa base destinados a ser cortocircuitados mediante jumpers para la configuración del sistema.

Pit Cada uno de los minúsculos agujeros que conforman un estado contrario a las zonas valle o *Land Zone* de una unidad de CD-ROM. Entre los *pits* y las *land zones* se conforman los distintos estados físicos que corresponderán a los dos estados lógicos binarios. Ver *Land Zone*.

Plug&Play Proceso de autodetección y autoconfiguración de dispositivos. Es preciso, para que el Plug & Play funcione de manera efectiva, que tanto el dispositivo a conectar, como la BIOS, placa base y sistema operativo también lo sean. En la actualidad, todos los sistemas en entorno gráfico disponen de esta ventaja.

Polímetro Instrumento de medida eléctrica. Como su nombre indica (múltiples medidas), es capaz de cuantificar magnitudes de tensión, corriente y resistencia. En ocasiones incorporan otras funciones como medida directa de transistores, condensadores, sondas de temperatura...

POST Sistema de comprobación durante el arranque (*Power on Self Test*). Es el chequeo que el ordenador realiza nada más arrancarse. Desde aquí se informa de posibles errores y se ofrece el acceso al *Setup* del sistema.

Prompt El *prompt* o *inductor del sistema* es el indicativo que aparece en el entorno DOS del sistema operativo a partir del cual se pueden teclear los comandos. El más habitual identifica la unidad y la ruta (C:\>).

Reiniciar Proceso de rearrancar el ordenador. Si éste se realiza mediante el botón de *Reset*, se conoce como un *boot* en caliente y algunos registros del microprocesador conservarán su información. Si el proceso se hace mediante un apagado general del sistema, será un *boot* en frío

Serie Modo de transmisión de datos donde son enviados unos tras otros. Se trata del concepto opuesto a la transmisión en paralelo. Ver *Paralelo*.

Setup Programa que reside en BIOS y cuya misión es realizar la interfaz para la introducción de datos de configuración del sistema. Suele ser actualizable y el acceso se realiza, generalmente, pulsando la tecla *Supr* durante el POST.

Slave En microinformática se usa para referenciar un dispositivo de un canal IDE. Las opciones aceptadas, comúnmente, son las de *master* (maestro), *slave* (esclavo) y *cable select* (selección por cable). Ver *Master* y *Cable Select*.

Slot Se trata de cada uno de los conectores preparados para albergar diferentes tarjetas. Se encuentran en la placa base y se denominan según su frecuencia de trabajo y número de bits que son capaces de procesar. Los más comunes son los PCI, ISA y AGP (aunque este último puede tener la consideración de puerto). Este término se puede encontrar castellanizado con el nombre de "ranura".

SMD	Dispositivo (componente electrónico) de montaje superficial. Son aquellos componentes discretos de muy alta escala de integración ("*Surface Mount Device*"). Ver *SMT*.
SMT	*Surface Mount Technology*. Tecnología relativa al montaje de componentes SMD. Ver *SMD*.
Socket	Ésta es la denominación que recibe el zócalo del micro. Existen varias versiones correspondientes al número de pines y, en la actualidad, todos son de formato ZIF (*Zero Insertion Force*) mediante una palanca de fijación del micro.
SRAM	*Static RAM*. Se trata de la memoria caché, a diferencia de la memoria principal del sistema que es de carácter dinámico (DRAM). Ver *DRAM*.
TRC	Corresponde a las iniciales de Tubo de Rayos Catódicos. Se utiliza el término para distinguirse de los de plasma.
Turbo Boost	Tecnología desarrollada por Intel e implementada en su última generación de microprocesadores con microarquitectura "Nehalem". Permite a los núcleos del procesador variar la frecuencia de trabajo, siempre que el resto del hardware y el software lo permitan.
Wi-Fi	Tecnología de conexión wireless (sin hilos) correspondiente a "*Wireless Fidelity*". Todo parece apuntar a que en un breve intervalo de tiempo se convertirá en un estándar *de facto* en las comunicaciones.
Wireless	La traducción literal sería la de "sin cables" y precisamente a eso hace referencia, a toda la comunicación susceptible de realizarse por infrarrojos o vía radio.
WOL	El *Wake on Lan* es un conector que posibilita el arranque del PC (que debe ser ATX) mediante una tarjeta de red.

Apéndice D

DIRECCIONES DE INTERÉS

A estas alturas del texto se supone que el lector contará con los conocimientos necesarios para abordar cualquier cuestión relacionada con los sistemas microinformáticos. No obstante, de lo que no cabe duda es de que cuanto más se conoce sobre un tema, más dudas plantea (quizás esta afirmación sea una versión evolucionada del *sólo sé que no sé nada...*).

A medida que se va profundizando en cada uno de los conceptos de hardware, nuevas preguntas se plantean y éste es un síntoma inequívoco de que se está en el camino correcto. La ventaja que ofrece la tecnología a día de hoy es, precisamente, la de disponer de un medio (*el medio*) que no deja preguntas sin respuestas: Internet, la red de redes.

Gracias a la red es posible encontrar drivers, programas y, sobre todo, información, mucha información. Se trata simplemente de saber buscarla y para ello se cuenta con herramientas tan potentes como los buscadores. A poco que investigue descubrirá páginas realmente brillantes y foros de opinión muy interesantes y aleccionadores. Incluso las propias compañías fabricantes de hardware son las primeras interesadas en ofrecer información detallada para potenciar comercialmente sus productos.

En este breve apéndice se ha pretendido facilitar esta tarea ofreciendo al lector una serie de URL (direcciones de Internet) relacionadas con cada uno de los temas tratados. Obviamente no hay una finalidad propagandística y ningún otro interés que no sea el de ofrecer al lector una respuesta a las preguntas que se han pretendido crear en este texto.

La aparición de éstas y no otras direcciones se explica sólo por su facilidad en las búsquedas por parte del autor, por lo que no debe entenderse que éstas sean las mejores páginas o los mejores fabricantes. Son, simplemente, una fuente de consulta más.

Historia de la informática

Dicen que el estudio del pasado ayuda a comprender el presente y prever el futuro. Esto también es aplicable a la Informática: el único medio de entender el panorama actual e intentar adivinar el futuro (que en estas lides es cuestión de pocos meses) es conocer qué ocurrió, por qué y quiénes fueron los protagonistas. En la siguiente relación de webs se pueden encontrar referencias históricas de la Informática, sin duda interesantes para todos.

De forma concreta la de www.old-computer.com ofrece una visión bastante real enfocada bajo los diferentes prismas con los que cada compañía entendía lo que estaba ocurriendo en los momentos de la aparición de esta nueva revolución tecnológica.

www.old-computers.com	www.comsto.org
www.weller.to	www.thocp.net
www.old-computer-mags.co.uk	www.theoldcomputer.com
www.histoire.info.online.fr	usuarios.lycos.es/conozcasupc
www.conozcasuhardware.com	www.duiops.net/hardware/index.html
www.formfactors.org	www.hardwarebook.net

Microprocesadores

Sin duda se trata del elemento estrella de la microinformática. La visita de estas páginas resulta imprescindible para todo aquél que quiera estar actualizado en conocimientos. Sólo acudiendo a los fabricantes y foros de opinión se puede obtener una idea acertada de la oferta en microprocesadores, tan cambiante en el tiempo que sólo puede ser seguida mediante un medio dinámico como Internet.

Tanto se ha asumido la evolución en cuanto a velocidad de los micros que se ha llegado a un punto en el que se da por supuesta la capacidad de proceso y se requieren otras prestaciones como el bajo consumo o la caché "generosa" entre otras.

www.amd.com	www.alpertron.com.ar/PENTIUM.HTM
www.apple.com	www.conozcasuhardware.com/quees/micro1.htm
www.cyrix.com	www.duiops.net/hardware/micros/microshis.htm
www.intel.com	www.ilustrados.com/publicaciones/EpypFpyyuVhFbKfDNn.php
www.mot.com	es.wikipedia.org/wiki/Microprocesador
www.ti.com	canalhanoi.iespana.es/hardware/microprocesadores.htm

Memoria

La llegada de los nuevos sistemas operativos, cada vez más potentes pero a la par más drásticos en cuanto a prestaciones de memoria se refiere, hace que ésta ocupe un papel importante dentro de la configuración de un PC. Las siguientes direcciones permiten acceder de primera mano a los diferentes fabricantes.

Una visita a las principales URL es un paso obligado antes de abordar la cada vez más común tarea de ampliación de memoria en un PC.

www.fujitsu.com	www.oki.com
www.hitachi.com	www.panasonic.com
www.hei.co.kr	www.samsung.com
www.ibm.com	www.siemens.com
www.kingmax.com	www.spectek.com
www.lgeus.com	www.ti.com
www.micron.com	www.toshiba.com
www.mitsubishi.com	www.ustek.com
www.conozcasuhardware.com	es.wikipedia.org/wiki/Memoria_RAM
www.kingston.com	www.servicioalpc.com/ensamble6d.htm
www.hei.co.kr	www.ucpr.edu.co/amorales/hardware/mempcpal.htm
www.ibm.com	usuarios.lycos.es/aortegon/memorias.htm
www.kingmax.com	www.configurarequipos.com/doc402.html

Tarjetas gráficas

Las tarjetas gráficas o de vídeo ya no son exclusividad de entornos CAD de diseño. Juegos y aplicaciones son cada día más severos en cuanto a lo que se espera obtener de una tarjeta de vídeo. Sólo la visita a las páginas siguientes (entre otras) permite conocer qué ofrece el mercado actual.

Tanto es así que ya se espera que una tarjeta de PC aporte prestaciones como para conseguir la visualización en pantallas de TV y, llegados a este extremo, ¿por qué no capturar directamente la imagen? Sin duda un sector dinámico que hay que vigilar.

ATI	www.atitech.ca	Diamond	www.diamondmm.com
Matrox	www.matrox.com	Creative	www.creativelabs.com
Leadtek	www.leadtek.com	*Adaptec*	www.adaptec-es.com
Dazzle	www.dazzle.com	*Pinnacle*	www.pinnaclesys.com
Aopen	www.aopen.com		

Monitores

Además de la importancia propia de los monitores como elementos de salida de información, son la interfaz más natural con el usuario. Dado que la salud visual dependerá en gran medida de la calidad del monitor elegido, resulta imprescindible conocer cada uno de los parámetros que determinan las diferencias entre unos monitores y otros.

Se trata pues de una relación de URL interesantes de visitar antes de tomar la decisión sobre qué pantalla adquirir, probablemente la decisión más importante:

Compaq	www.compaq.com	Nokia	www.nokia.com
IBM	www.ibm.com	Philips	www.philips.com
NEC	www.nec.com	Samsung	www.samsung.com

Almacenamiento magnético

Hasta la llegada de las unidades de CD-ROM grabables y regrabables, el único modo de almacenamiento de datos ha sido el basado en sistemas magnéticos, es decir, mediante la polarización oportuna de partículas. Cada fabricante ha realizado su aportación y todas quedan reunidas en las siguientes páginas. De todas maneras, los principales fabricantes han evolucionado.

Así cada vez son más los nuevos dispositivos que irrumpen en el mercado intentando afianzar un estándar pero, en la mayor parte de los casos, los principales fabricantes siempre están detrás.

www.conner.com	www.maxtor.com
www.fujitsu.com	www.seagate.com
www.ibm.com	www.sei.dragados.com/puertos.htm
www.quantum.com	es.wikipedia.org/wiki/Sistema_de_archivos
www.wdc.com	www.conozcasuhardware.com/quees/almacen3.htm
www.sabrent.com	www.hardware12v.com/conocimientospc/9.php
www.adaptec.com	www.monografias.com/trabajos12/dispalm/dispalm.shtml
www.vantecusa.com	www.monografias.com/trabajos6/sistar/sistar.shtml
www.promise.com	www.toshiba.com

Almacenamiento óptico

El incremento de uso de la microinformática propulsó la implantación de sistemas operativos gráficos más intuitivos y sencillos. Si bien esto propició más aún el uso de los ordenadores, dejó al descubierto las carencias de capacidad que los soportes magnéticos removibles por excelencia (las disqueteras) tenían. Hoy por hoy, cualquier configuración básica de PC incluye, al menos, una unidad regrabadora de DVD.

Tal ha sido su implantación que ya se considera un “elemento de serie” y las grabadoras (tanto de CD como de DVD) ya no resultan extrañas en una configuración media.

Sony	www.sony.es	Samsung	www.samsung.com
Philips	www.philips.com	Traxdata	www.traxdata.com
Imation	www.imation.com	Verbatim	www.verbatim.com
Creative	www.creative.com	Pioneer	www.pioneerelectronics.com
Hitachi	www.hitachi.com	Panasonic	www.panasonic.com
Philips	www.philips.es	Kenwood	www.kenwood.es
Sanyo	www.sanyo.es		

Módems

Si bien el futuro hace prever la desaparición de los módems favoreciendo los medios de banda ancha, hasta ahora y durante unos años éstos han sido el único medio de comunicación con Internet. Desde los antiguos accesos a BBS hasta las autopistas de la información han requerido de módems.

En la actualidad siguen estando en uso y son un elemento indispensable para funciones prácticas como, por ejemplo, la gestión de faxes.

3COM	www.atitech.ca	Rockwell	www.rockwellautomation.com
Zoom	www.zoomtel.com	US Robotics	www.usr.com
		Motorola	www.broadband.motorola.com

Ratones y teclados

Algunos elementos del ordenador pasan a un segundo plano eclipsados por el protagonismo de otros. Éste puede ser el caso del ratón o el teclado. Sin embargo, resultan imprescindibles y de su calidad depende en gran medida la comodidad del usuario y, por extensión, su rendimiento.

Con una evolución centrada en la desaparición de los cables, los ratones y el teclado siguen siendo, en esencia, lo que eran hace 20 años.

Logitech	www.logitech.com	Eye Control Technol.	www.eyecontrol.com
Microsoft	www.microsoft.com	Dexxa	www.dexxa.net
Zoltrix	www.zoltrix.com		

Impresoras

Son el periférico más usado tanto en el entorno doméstico como en el profesional para obtener de forma física los resultados de un trabajo elaborado en ordenador. Son muchas las técnicas y prestaciones que ofrecen los fabricantes. Una visita a las siguientes páginas webs le ayudará a formarse una idea de lo que el panorama microinformático actual le ofrece.

Diferentes tecnologías confluyen: máxima velocidad y calidad a mínimo precio.

Apple	www.apple.com	IBM	www.ibm.com
Canon	www.canon.com	Lexmark	www.lexmark.com
Epson	www.epson.com	OKI	www.oki.com
Hewlett Packard	www.hp.com		

Redes

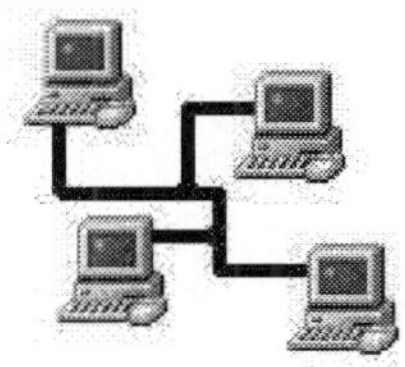

Hace tiempo que las redes dejaron de ser algo exclusivo de empresas para pasar a formar parte del ambiente doméstico cotidiano. Así, con la constante evolución, se favorece que un usuario cuente con más de un PC y la creación de una red potencia las prestaciones de uso del sistema. Si a esto se le añade la constante obsolescencia que genera equipos "de segunda", se ha obtenido el caldo de cultivo apropiado para las redes.

Éstas son algunas de las direcciones más interesantes.

3Com	www.3com.com	Adaptec	www.adaptec.com
Ovislink	www.ovislink.com	Cabletron Systems	www.cabletron.com
SMC Networks	www.smc.com	Aopen	www.aopen.com.tw

Virus

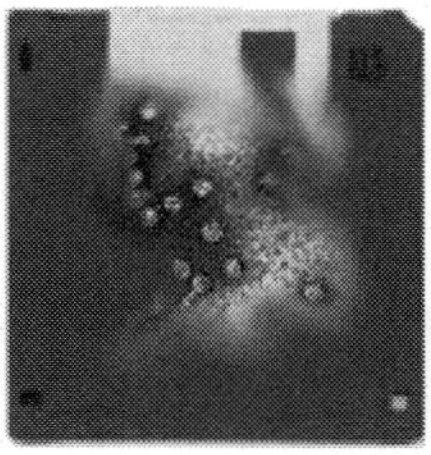

Obviando los aspectos técnicos y de investigación, los virus son la consecuencia más desagradable de la eclosión de la microinformática. Sólo quien los ha padecido puede entender hasta qué punto pueden ser dañinos. Tristemente, son algo que hay que aceptar en este sector con la seguridad absoluta de que existen dos tipos de usuarios a este respecto: los que ya han padecido algún virus y los que, sin duda, lo padecerán en el futuro.

Estas direcciones pueden ser interesantes tanto de forma preventiva como para ofertar soluciones puntuales.

Panda	www.pandasoftware.es	Norton Antivirus	www.symantec.com
McAffe	www.mcafee.com	ThunderBYTE	www.thunderbyte.com
Sophos	www.sophos.com	ICSA	www.icsa.com
F-Secure	www.edata.es	Norman Virus	www.norman.no
Lista Virus	www.viruslist.com		

Apéndice E

ÍNDICE DE TABLAS Y FIGURAS

A estas alturas del texto, se consideran cubiertos los objetivos del mismo: mostrar en una panorámica con cierto detalle el apasionante mundo del PC y su montaje. Esto no significa, ni mucho menos, que no haya mucho más por descubrir pero eso es cuestión de otros libros.

De cualquier modo, un libro con un eminente carácter práctico como pretende ser éste debe estar bien surtido de imágenes y ejemplos. Éste es el único modo de plasmar de forma real todos los conceptos tratados. Además, su carácter didáctico obliga, en cierta manera, a proponer prácticas manuales que requieren necesariamente de una imagen (ya se sabe aquello de las imágenes y las mil palabras...). Por otro lado, ha resultado imprescindible usar tablas (las mínimas) que, a modo de resumen, han servido para esquematizar conceptos que, de otro modo, hubieran precisado de muchas más líneas de texto, menos intuitivas, perdiendo claridad a la hora de su entendimiento.

Así, se resume el libro que tiene entre sus manos en más de 160 imágenes y gráficos que ayudan a comprender cada uno de los conceptos explicados. Sin duda y si el auspicio de nuevas ediciones lo permite, este número crecerá para dar un enfoque cada vez más claro de todos los aspectos prácticos que conlleva el uso del PC. Montaje, identificación de componentes, configuración... son aspectos de difícil explicación que se pueden transmitir de una forma clara y concreta mediante una fotografía.

En las páginas que encontrará a continuación, se reúnen de forma ordenada la relación de tablas y figuras del libro catalogadas por capítulos. Esto pretende ser una ayuda a la hora de buscar conceptos tratados en los capítulos anteriores. Es deseo del autor, y lo ha sido durante todo el libro, que este apéndice le resulte productivo y útil a la hora de abordar las diferentes tareas que este apasionante mundo del hardware microinformático le ofrece.

E.1 TABLAS Y FIGURAS

Tablas

Figuras

ÍNDICE ALFABÉTICO

A

B

C

D